America, Europe, Africa

L'Amérique, l'Europe, l'Afrique

1945-1973

P.I.E. Peter Lang

Bruxelles · Bern · Berlin · Frankfurt am Main · New York · Oxford · Wien

Éric REMACLE & Pascaline WINAND (eds./dir.)

America, Europe, Africa

L'Amérique, l'Europe, l'Afrique

1945-1973

"European Policy" / « Cité européenne »
n° 44

Éditions scientifiques internationales
Brussels / Bruxelles, 2009
1 avenue Maurice, B-1050 Bruxelles, Belgique
www.peterlang.com ; info@peterlang.com

ISSN 1376-0890
ISBN 978-90-5201-529-3
D/2009/5678/21

Library of Congress Cataloging-in-Publication Data
America, Europe, Africa (1945-1973) = L'Amérique, l'Europe, l'Afrique (1945-1973) /
Eric Remacle & Pascaline Winand (eds.).
p. cm. — (European policy = Cité européenne, ISSN 1376-0890)
English and French. Includes index. ISBN 978-90-5201-529-3
1. European Union countries—Foreign relations—United States. 2. United States—Foreign relations—European Union countries. 3. European Union countries—Foreign relations. 4. European Union countries—Military policy. 5. European Union countries—Defenses. 6. European Union countries—Foreign relations—Africa, Central. 7. Africa, Central—Foreign relations—European Union countries. 8. Belgium—Foreign relations—Africa, Central. 9. Africa, Central—Foreign relations—Belgium. I. Remacle, Eric. II. Winand, Pascaline. III. Title: Amérique, l'Europe, l'Afrique, 1945-1973.
D1065.U5A793 2009 327.407309'045—dc22 2009010870

CIP also available from the British Library, GB

Bibliographic information published by "Die Deutsche Bibliothek"
"Die Deutsche Bibliothek" lists this publication in the "Deutsche Nationalbibliografie"; detailed bibliographic data is available on the Internet at <http://dnb.ddb.de>.

Information bibliographique publiée par « Die Deutsche Bibliothek »
« Die Deutsche Bibliothek » répertorie cette publication dans la « Deutsche Nationalbibliografie ». Les données bibliographiques détaillées sont disponibles sur le site http://dnb.ddb.de.

Table of Contents
Table des matières

List of Abbreviations

ABC	Atomic, Biological and Chemical (weapons)
ABM	Anti-ballistic Missile
AEC	Atomic Energy Commission
BIS	Bank of International Settlements
CDU/CSU	*Christlich Demokratische Union/ Christlich-Soziale Union*
CFEP	Council on Foreign Economic Policy
ECA	Economic Cooperation Administration
ECSC	European Coal and Steel Community
EDC	European Defense Community
EEC	European Economic Community
EFTA	European Free Trade Association
ENDC	Eighteen Nations Disarmament Committee
EPU	European Payments Union
FRG	Federal Republic of Germany
FTA	Free Trade Area
GATT	General Agreement on Tariffs and Trade
GDR	German Democratic Republic
GNP	Gross National Product
HA	High Authority
IAEA	International Atomic Energy Agency
IBRD	International Bank for Reconstruction and Development
IMF	International Monetary Fund
MRBM	Medium-Range Ballistic Missile
NATO	North Atlantic Treaty Organisation
NPT	Non-Proliferation Treaty
NSC	National Security Council
OECD	Organisation for Economic Cooperation and Development

OEEC	Organisation for European Economic Cooperation
PNW	Prevention of Nuclear War (Agreement)
SACEUR	Supreme Allied Commander Europe
SALT	Strategic Arms Limitation Talks
SPD	Social Democratic Party
TEA	Trade Expansion Act
WEU	Western European Union

Liste des abréviations

ABCE	Administration belge de coopération économique
ACA	Agence pour le contrôle des armements
AEF	Afrique équatoriale française
AICB	Association des intérêts coloniaux belges
AOF	Afrique occidentale française
ARSOM	Académie royale des sciences d'outre-mer
BIT	Bureau international du travail
CCEE	Comité de coopération économique européenne
CCTA	Commission pour la coopération technique en Afrique au sud du Sahara
CECA	Communauté européenne du charbon et de l'acier
CED	Communauté européenne de défense
CEDAF	Centre d'étude et de documentation africaines
CNAPD	Comité national d'action pour la paix et le développement
CPA	Comité permanent des armements
CPE	Coopération politique européenne
CRISP	Centre de recherche et d'information socio-politiques
Euratom	Communauté européenne de l'énergie atomique
FECOM	Fonds de coopération monétaire
FGTB	Fédération générale du travail de Belgique
FMI	Fonds monétaire international
GEIP	Groupe européen indépendant de programmes
IDS	Initiative de défense stratégique
INSOC	Institut universitaire d'information sociale et économique
MRP	Mouvement républicain populaire
OCDE	Organisation de coopération et de développement économiques
ODUO	Organisation de défense de l'Union occidentale

ONU	Organisation des Nations unies
OTAN	Organisation du traité de l'Atlantique Nord
OTB	Organisation du traité de Bruxelles
PDC	Parti démocrate chrétien
PESD	Politique européenne de sécurité et de défense
PIB	Produit intérieur brut
PNB	Produit national brut
PSC	Parti social chrétien
PSOE	Parti socialiste ouvrier espagnol
PTOM	Pays et territoires d'outre-mer
RDC	République démocratique du Congo
RFA	République fédérale d'Allemagne
SDN	Société des Nations
SME	Système monétaire européen
TOM	Territoires d'outre-mer
UEO	Union de l'Europe occidentale
UEP	Union européenne des paiements
UNAR	Union nationale rwandaise
UO	Union occidentale
UPRONA	Union pour le progrès national

Foreword

It has been nine years since we lost Alfred Cahen, Honorary Professor at the Université libre de Bruxelles (ULB) and Ambassador of Belgium.

Ambassador Cahen was appointed to the post of Lecturer in the Faculty of Social, Political and Economic Sciences at a time when the two present editors were finishing their respective degrees in Classics and Germanic Languages.

Although we could not have foreseen it at the time, our paths were to cross some ten years later. Under the direction of Professor Cahen we both went on to defend theses on subjects that he held dear i.e., transatlantic relations and European defence.[1]

Jacques Nagels, in the contribution that follows, traces the career of Alfred Cahen and speaks of the warm relationships he nurtured with colleagues, students and doctoral candidates alike, that were so much a mark of the man we knew and respected.[2]

This book seeks to pay our respects to his memory in another way. We have not sought to produce a traditional *Festschrift* which would draw together the contributions of the scores of diplomats, politicians and former students scattered around the world who would have wished to contribute. Such a volume (or indeed, volumes!) would not just have been a huge undertaking but would also have seemed an act of the utmost presumption, in view of the very many people whose relationship with Alfred Cahen made them undoubtedly better qualified than us to take on such a task.

It seemed more appropriate to us to pay tribute with a volume based on our own research interests, inspired as they were by the main milestones of Alfred Cahen's career. These included European integration, the transatlantic partnership and relations between Belgium

---

1 These theses were the inspiration for two books, namely: Winand, P., *Eisenhower, Kennedy and the United States of Europe*, New York, St Martin's Press, 1993 and Dumoulin, A., Remacle, É., *L'Union de l'Europe occidentale, phénix de la défense européenne*, Bruxelles, Bruylant, 1998.

2 See also the present editors' preface to Alfred Cahen's final publication: Remacle, É., Winand, P., "Alfred Cahen: le double tropisme européen et atlantique" in A. Cahen, *L'Alliance atlantique pour le XXIe siècle*, Bruxelles, P.I.E.-Peter Lang, 2001, pp. 15-29.

and her ex-colonies. We have been joined in our efforts by many colleagues at the ULB and at other universities including French and British universities with whom Alfred Cahen had a special relationship. This, in itself, is a sign of his close attachment to Paris and London, both of which rivalled Brussels and Kinshasa for his affections.

This book focuses on transatlantic relations and the place of Europe in international relations between the end of the Second World War and the start of the 1970s. This was to be a key period, as it saw an end to American post-war dominance (the Vietnam War and the ending of the dollar gold standard) and the emergence of a more self-confident Europe (the accession of the United Kingdom to the European Communities, the mutual recognition of the German Democratic Republic and the German Federal Republic, and the start of *détente*, especially with the advent of the Strategic Arms Limitation Talks (SALT) agreements and the Conference on Security and Cooperation in Europe (CSCE).

By way of introduction to this volume, Pierre Gerbet has sketched the key events of this important period. It is hoped that this will help the reader to follow the thread of the various contributions in this volume and to situate them in their historical context.

Part One treats of the principal factors pertaining to transatlantic relations between 1943 and 1973. Ginette Kurgan-Van Hentenryk and Jean-François Crombois deal with the issues surrounding the post-war reconstruction of Europe and the part played in this enterprise by the United States. Gérard Bossuat, Pascaline Winand and Jussi Hanhimäki examine the political evolution of the transatlantic partnership in the successive American administrations from Truman to Nixon.

The attempts made to achieve European military integration are the subject of Part Two. In this section Éric Remacle outlines the evolution of the Western (European) Union during the Cold War while Evgeny Kuznetsov studies the saga of the Multilateral Force and the difficulties associated with the creation of a nuclear Europe.

Part Three consists of three contributions by Paule Bouvier, Véronique Parqué and Filip Reyntjens, along with Étienne Deschamps. The first two treat of relations between Belgium and her three ex-colonies (Democratic Republic of Congo, Burundi and Rwanda). This, of course, was the other great passion of Alfred Cahen's career. The third contribution, from the pen of Étienne Deschamps, deals with Belgian Africa and the project of the European Political Community.

Clearly, it was never our intention to produce a definitive work of reference on all these diverse and difficult subjects. Our aim was rather to put forward the various contributions as successive brush strokes to paint the scene of when the young Alfred Cahen was taking his first steps as a diplomat.

We also wish to show by this gesture of friendship that the torch has passed from the diplomat-cum-professor to that new generation of university teachers and researchers, which we have become, thanks in large measure to his efforts. It seems to us that the best way to honour the memory of Professor Cahen is to preserve that same spirit of inquiry that was his own regarding the realities of international politics and diplomacy, all the while exercising nothing less than scientific rigour with a critical spirit, coupled with the sort of free and open-minded enquiry that were the hall marks of his approach.

Finally, we would like to extend a warm thank you to Sylvie Mantrant and Cormac McMahon for their in-depth and dedicated work on this manuscript.

Éric Remacle and Pascaline Winand

Avant-propos

Il y a neuf ans déjà disparaissait Alfred Cahen, professeur honoraire à l'Université libre de Bruxelles (ULB) et ambassadeur de Belgique.

Celui-ci était devenu chargé de cours à la faculté des sciences sociales, politiques et économiques de l'ULB au moment où nous terminions, l'une et l'autre, notre licence à la faculté de philosophie et lettres de la même université, l'une en philologie germanique, l'autre en philologie classique.

Nous ne le savions pas à l'époque, mais nos destins allaient se croiser de manière plus substantielle et plus durable une décennie plus tard lorsque, l'une et l'autre, nous défendrions notre thèse de doctorat en sciences politiques sous sa direction sur deux thèmes qui lui tenaient à cœur : les relations transatlantiques et la défense européenne.[1]

La contribution de Jacques Nagels ci-après résume la carrière d'Alfred Cahen et rappelle la chaleur humaine dont il imprégnait ses relations avec collègues, étudiants, et doctorants.[2]

Le présent ouvrage est une autre manière de lui rendre hommage. Nous n'avons pas cherché ici à réaliser des Mélanges au sens le plus traditionnel du terme, sous la forme d'un ou plusieurs volume(s) reprenant les contributions des dizaines de diplomates, politiques, académiques et anciens étudiants dispersés à travers le monde qui auraient assurément voulu y contribuer. La tâche nous paraissait non seulement titanesque, mais surtout présomptueuse, car nombreux sont ceux qui auraient pu prétendre bien mieux que nous en assurer l'édition vu leurs relations avec Alfred Cahen.

Il nous est apparu plus adapté de laisser une trace liée à nos propres travaux de recherche et inspirée par les jalons principaux de sa carrière – construction européenne, partenariat transatlantique, relations entre la Belgique et ses anciennes colonies. Nous y avons associé plusieurs

1 Ces deux thèses ont inspiré en grande partie les ouvrages : Winand, P., *Eisenhower, Kennedy and the United States of Europe*, New York, St Martin's Press, 1993 ; Dumoulin, A., Remacle, É., *L'Union de l'Europe occidentale, phénix de la défense européenne*, Bruxelles, Bruylant, 1998.

2 Voir aussi notre préface de la dernière publication d'Alfred Cahen, Remacle, É., Winand, P., « Alfred Cahen : le double tropisme européen et atlantique » in A. Cahen, *L'Alliance atlantique pour le XXIe siècle*, Bruxelles, P.I.E.-Peter Lang, 2001, pp. 15-29.

collègues de l'ULB ou d'universités françaises et britanniques avec lesquelles Alfred Cahen entretenait des relations privilégiées – car c'est très largement à Paris et à Londres, autant qu'à Bruxelles ou à Kinshasa que battait son cœur.

L'ouvrage se focalise en priorité sur les relations transatlantiques et sur la place de l'Europe dans les relations internationales entre la fin de la Seconde Guerre mondiale et le tournant des années 1970, ce moment-charnière qui voit la fin de la prédominance américaine de l'après-guerre (guerre du Vietnam, fin de la convertibilité du dollar en or) et l'émergence d'une Europe plus sûre d'elle (adhésion du Royaume-Uni aux Communautés européennes, reconnaissance mutuelle des deux Allemagnes, débuts de la détente avec notamment les accords SALT (*Strategic Arms Limitation Talks*) et la Conférence sur la sécurité et la coopération en Europe (CSCE).

Les temps forts de cette époque marquante sont retracés en introduction par Pierre Gerbet afin d'aider le lecteur à suivre le fil des contributions ultérieures et à les resituer dans leur contexte.

Une première partie permet d'appréhender dans la continuité historique les principales dimensions des relations transatlantiques entre 1945 et 1973. Ginette Kurgan-Van Hentenryk et Jean-François Crombois mettent en relief les enjeux de la reconstruction de l'Europe d'après-guerre, et la place qu'y ont joué les États-Unis. Gérard Bossuat, Pascaline Winand et Jussi Hanhimäki dressent le tableau de l'évolution politique du partenariat transatlantique au fil des administrations américaines de Truman à Nixon.

Une seconde partie dépeint les tentatives d'intégration militaire européenne. Éric Remacle y retrace l'évolution de l'Union (de l'Europe) occidentale pendant la guerre froide tandis que Evgeny Kuznetsov se penche sur les péripéties de la Force multilatérale et les difficultés de la création d'une Europe nucléaire.

Une troisième partie propose trois contributions, signées par Paule Bouvier, Véronique Parqué et Filip Reyntjens, ainsi que Étienne Deschamps. Les deux premières sont relatives à la relation entre la Belgique et ses trois anciennes colonies (RDC, Burundi, Rwanda), cette autre grande passion de la carrière d'Alfred Cahen. La troisième, sous la plume d'Étienne Deschamps, met l'accent sur l'Afrique belge et le projet de la Communauté politique européenne.

On le voit, il ne s'est nullement agi pour nous d'offrir un livre de référence exhaustif sur l'ensemble de ces problématiques, mais plutôt de proposer des études qui, par touches successives et parfois impressionnistes, évoquent une époque, celle dans laquelle le jeune Alfred Cahen faisait ses premiers pas de diplomate. Par ce geste d'amitié, nous avons voulu aussi montrer qu'un passage du témoin a eu lieu, entre ce diplomate devenu professeur, et les jeunes professeurs que nous sommes devenus grâce à lui. Conserver la curiosité qui était la sienne sur les réalités de la politique internationale et de la diplomatie tout en exerçant la rigueur scientifique, l'esprit critique et le libre-examen auxquels nous ont formés notre commune Alma Mater, c'est la manière la plus fidèle dont nous pouvions lui rendre hommage.

Enfin nous souhaiterions remercier chaleureusement Sylvie Mantrant et Cormac McMahon pour leur travail éditorial minutieux et professionnel dans la relecture du manuscrit.

Éric Remacle et Pascaline Winand

Hommage

Jacques NAGELS

Né à Paris en 1929, Alfred Cahen entre à l'Université libre de Bruxelles comme étudiant de la faculté de droit en 1948 et cinq ans plus tard il est docteur en droit, après un bref passage au DULBEA (département ULB d'économie appliquée) dont Étienne Sadi Kirschen était le directeur.

Le diplomate

Alfred Cahen réussit en 1956 le concours diplomatique et il entre, la même année, comme stagiaire au ministère des Affaires étrangères. C'est le début d'une longue et riche carrière diplomatique qui débute à Paris où il participe aux négociations du traité de Paris qui crée l'OCDE (Organisation de coopération et de développement économiques) en 1960.

En 1962, il devient deuxième secrétaire d'ambassade à Léopoldville. Son passage en Afrique l'a marqué. En effet, trente ans après, en 1992, dans sa préface à *Dans Stanleyville* de Patrick Nothomb, il écrivait : « Ce pays, cette région, fascinants, envoûtants, à la fois périlleux et amicaux, imprévisibles et fidèles, mais toujours chaleureux, nous – il s'agit de Patrick Nothomb et d'Alfred Cahen – les avons passionnément aimés. Au point, sans doute, de ne nous en être jamais remis ».[1]

De retour à Bruxelles en 1964, il devient conseiller au cabinet d'Henri Fayat, secrétaire d'État aux Affaires étrangères.

Deux ans après en 1966, nouveau tournant, Alfred Cahen est à New York, comme premier secrétaire d'ambassade. Pas pour longtemps, car en 1968 il retourne à ses amours africaines et ce pour six ans, comme numéro deux de l'ambassade de Belgique à Kinshasa.

Après un passage de quelques années comme ministre à l'ambassade de Belgique à Washington – passage obligé de toute grande carrière diplomatique – il revient à Bruxelles pour devenir en 1977 chef de cabinet d'Henri Simonet, alors ministre des Affaires étrangères.

---

1 Nothomb, P., *Dans Stanleyville*, Paris, 1993, (Préface d'A. Cahen, p. 5).

On a bien connu Henri Simonet à l'Université libre de Bruxelles, dont il a été le président du conseil d'administration dans l'après-1968. On l'a bien connu dans notre faculté des sciences sociales, politiques et économiques, où il a dispensé de nombreux cours et séminaires liés aux finances publiques. On a donc bien connu son caractère. On peut dès lors se demander quels moments de la carrière d'Alfred Cahen ont été les plus tumultueux : ceux passés à Kinshasa dans cette contrée « fascinante, périlleuse et imprévisible » ou ceux passés dans l'entourage d'Henri Simonet.

Après les cabinets : retour à l'administration. D'abord en 1979 comme directeur général des Affaires politiques aux Affaires étrangères, puis en 1985 comme secrétaire général de l'Union de l'Europe occidentale et enfin, en 1989, ambassadeur à Paris.

Le professeur

Telle fut la longue et riche carrière diplomatique d'Alfred Cahen. Ce diplomate-né a négocié toute sa vie : à Bruxelles, à Washington, au Zaïre, à Paris. Il a sillonné le monde. En même temps, il menait, si on veut bien, une double vie : sa vie officielle de diplomate ou d'homme de cabinet et une vie d'enseignant. Car l'enseignement lui tenait aux tripes : il a prodigué des cours de pratique diplomatique et consulaire à Kinshasa au sein de l'École nationale de droit et d'administration, il a été conférencier de l'Université de Columbia puis au Centre d'études stratégiques et internationales de Washington aux côtés de Henry Kissinger et de Zbigniew Brzezinski, il a été professeur invité à Lille II et membre de l'Institut de France.

Il a été également professeur à l'ULB.

Début 1980, le décès du professeur John Bartier – dont Alfred Cahen avait été l'étudiant – laissait vacants six cours (à l'époque 180 heures). John Bartier était un poids lourd de notre faculté. Historien, il consacre en 1937-1938 son mémoire de licence de 191 pages à l'histoire des Ducs de Bourgogne. Sa thèse de doctorat défendue en 1950 poursuit la même piste de recherche : *Légistes et gens de lettres au XVe siècle. Les conseillers des Ducs de Bourgogne Philippe le Bon et Charles le Téméraire*. Dans la biographie qui lui est consacrée, Pierre Cockshaw et Jacques Willequet définissent en ces termes ses champs d'investigation :

> John Bartier fut à la fois un maître et un chercheur, un historien du Moyen Âge et un spécialiste des temps contemporains, un esprit attiré par l'histoire sociale du XVe siècle et un travailleur passionné par les problèmes que

posent, hier comme aujourd'hui, la laïcité, le libéralisme, la franc-maçonnerie.[2]

Il nous a laissé une œuvre : 137 livres et articles scientifiques.

Remplacer, au pied levé – John Bartier nous ayant quitté tôt, beaucoup trop tôt – ce maître, ce chercheur, cet enseignant de haut vol, n'était pas chose aisée. La vacance externe de ces enseignements a été ouverte du 12 juin au 15 juillet 1980.

La commission scientifique, désignée pour pourvoir à sa succession était composée du doyen et de l'ancien doyen de la faculté de philosophie et lettres, Hervé Hasquin et Jean Stengers, deux historiens de renom, et, pour la faculté des sciences sociales, politiques et économiques, nos collègues Bernard, Claeys, De Vleeschouwer, Willequet et moi-même qui présidais la commission comme doyen.[3] En règle générale, les doyens ne participent pas aux travaux des commissions scientifiques. Ils préfèrent se tenir un peu à l'écart, ce qui leur laisse les mains libres pour évoquer les préférences en termes de politique facultaire aux stades ultérieurs de la procédure. Dans cette commission-ci siégeaient deux doyens en fonction, un ancien doyen et un futur doyen. C'est dire qu'il s'agissait de circonstances exceptionnelles : les enjeux étaient de taille et la lutte s'annonçait serrée.

Pour les deux cours qui nous intéressent : « Problèmes actuels de politique internationale » (45h) et « Exercices sur les fonctions de politique internationale » (30h) il y avait quatre candidats. Deux dits « de l'intérieur » et deux « de l'extérieur ». Les deux candidats internes avaient certes les titres requis et des publications scientifiques honorables. Au demeurant, l'objet de leurs recherches – l'un était juriste, l'autre spécialiste de l'histoire de Belgique – n'était pas, comme le dit la commission scientifique, « en conformité avec les enseignements à dispenser ».[4]

Restaient donc en lice les deux candidatures extérieures : Maria-Antonietta Macciocchi et Alfred Cahen. Aucun des deux n'avait à vrai dire un profil académique classique.

Mme Macciocchi, bien que docteure en philosophie et lettres de l'Université de Rome et détentrice d'un doctorat d'État de la Sorbonne, était surtout une journaliste de talent, à l'*Unita* de 1949 à 1968, puis une parlementaire qui voguait d'un parti politique à l'autre (Parti

---

2 Cambier, G., *John Bartier 1915-1980, Libéralisme et socialisme au XIXe siècle*, Bruxelles, Éditions de l'Université de Bruxelles, 1981.

3 On disait Président de Faculté à l'époque.

4 *Rapport de la commission scientifique « Succession J. Bartier »*, le 10 novembre 1980, p. 3.

communiste italien, Parti radical, Parti socialiste) et, en définitive, un auteur d'innombrables ouvrages tels que *De la Chine* (1971), *Pour Gramsci* (1974), *De la France* (1979), *Les femmes et leurs maîtres* (1978) qui tenaient plus du pamphlet contestataire que du patient et modeste travail scientifique.

Alfred Cahen, quant à lui, était, comme je l'ai montré, un grand commis de l'État, un homme indiscutablement au fait des « Problèmes actuels de politique internationale » (l'intitulé des cours vacants), auteur d'innombrables notes et rapports internes du ministère des Affaires étrangères mais n'ayant que peu ou prou de publications réellement scientifiques.

Si les commissions scientifiques sont outillées pour départager des dossiers scientifiques – il y a ici un arsenal de critères tels que « le nombre d'articles dans les revues scientifiques nationales avec ou sans comité de lecture », « le nombre d'articles dans des revues scientifiques internationales avec ou sans comité de lecture », « le nombre de participations à des colloques internationaux », etc. – elles sont assez démunies face à des profils comme ceux de Mme Macciocchi et d'Alfred Cahen.

La commission scientifique était au départ très partagée. Elle comptait parmi ses membres des défenseurs passionnés, voire lyriques, de Mme Macciocchi ; ma foi, Alfred Cahen, qui avait beaucoup d'amis, pouvait compter sur des défenseurs, certes moins lyriques, mais tout aussi efficients.

Elle a procédé en plusieurs étapes. Dans un premier temps, elle a formulé une appréciation globale sur les deux candidats et elle en a tiré les conclusions :

> Par ses fonctions, dit-elle, M. Cahen est amené à traiter tous les grands dossiers de politique internationale. L'homme est, par ailleurs, d'une élévation de pensée que les membres de la Commission qui ont eu l'occasion de l'entendre se plaisent à souligner. Il semble, par conséquent, que l'attacher à notre Maison ne peut être que bénéfique à la qualité de l'enseignement en Sciences politiques. Mme Macciocchi, quant à elle, a produit une œuvre dont personne ne conteste les très grands mérites même si on ne partage pas les prises de position souvent fulgurantes et parfois rapides de l'auteur. Héritière d'une longue tradition de pensée politique en Italie, ouverte aux problèmes vitaux de notre temps, il ne fait pas de doute qu'elle pourrait constituer un apport de sang neuf pour notre Université et une source d'enrichissement intellectuel pour nos étudiants.[5]

Si les deux candidats méritent « d'être attachés à notre Maison » selon l'expression consacrée et s'il y a deux cours vacants, on peut

---

5 *Ibid.*, p. 4.

songer à confier l'un à Mme Macciocchi et l'autre à A. Cahen. Il se fait que les deux cours ont des poids et des « prestiges » différents : l'un compte 45 heures et est d'orientation théorique ; l'autre ne compte que 30 heures et est consacré à des exercices. Par conséquent, il fut impossible de trouver un consensus portant sur le partage des cours. Dans une telle situation, les commissions sont souvent amenées « à scinder les cours en deux ». Cette commission-ci s'y refuse. Elle dit :

> La Commission juge utile que les deux candidats puissent dispenser des exercices qui seuls permettent une prise de contact plus franche et plus directe avec les étudiants. Au rebours, scinder 30 heures d'exercices ne semble guère souhaitable et provoquerait, de fait, un alourdissement excessif de la charge des étudiants.
>
> La Commission juge tout aussi utile que ces deux personnalités puissent se déployer dans le cadre d'un enseignement plus théorique, que seul le cours « Problèmes actuels de politique internationale » autorise. Répartir un tel cours entre ces deux enseignants ne semble pas constituer une solution heureuse.

À ce stade-ci, on frôlait l'impasse. Pour débloquer la situation, la commission a fait la proposition suivante : « Chaque candidat dispense une année sur deux le cours théorique et une année sur deux les exercices ». C'est à l'unanimité que cette proposition a été retenue et c'est par 31 oui, 8 non et 3 abstentions que la commission spéciale du 18 décembre 1980 l'a entérinée. Le conseil d'administration de l'ULB l'a fait sienne le 9 février 1981.

Alfred Cahen a fait sa leçon inaugurale le mercredi 25 février 1981 à 17h dans l'amphithéâtre 1301 du Bâtiment H sur « La problématique de la paix dans un monde de tensions ». Et il y a poursuivi son cours pendant le deuxième semestre 1980-1981.

Quelques semaines plus tard, Mme Macciocchi a également fait sa leçon inaugurale. Ce fut d'ailleurs la seule « leçon » qu'elle a donnée à l'ULB. En effet, elle m'a signifié qu'elle ne serait pas disponible le premier semestre 1981-1982. J'ai donc demandé à Alfred Cahen de commencer le cours théorique en octobre 1981.

Quant aux exercices, j'ai tenté à diverses reprises de convaincre Mme Macciocchi de venir les dispenser à sa guise, soit au premier, soit au second semestre 1981-1982. Devant ses réponses évasives et la certitude que j'avais acquise qu'elle ne viendrait jamais donner ces exercices, j'ai assuré comme président de la faculté la responsabilité de ceux-ci et j'ai demandé officieusement (en *stoumelinckx* comme on dit à Bruxelles) à Alfred Cahen de s'en occuper avec l'aide de Mme Beaurain, chargée d'exercices.

C'est avec beaucoup de dévouement et un sens aigu des responsabilités envers l'Institution qu'Alfred Cahen s'est « occupé » de ses exercices sans en être titulaire.

Après coup, tout a été régularisé, Mme Macciocchi a démissionné de ses enseignements à l'ULB, une nouvelle vacance a été ouverte pour les « Exercices sur des questions de politique internationale », la commission scientifique présidée cette fois par Mme P. Bouvier a eu à examiner cinq candidatures et elle a désigné à l'unanimité A. Cahen dans son rapport du 22 avril 1982. Ce rapport a été approuvé par la commission spéciale à une très confortable majorité (25 voix sur 35 votants) et le conseil d'administration l'a entériné le 12 juillet 1982.

Il a donc fallu deux ans pour que A. Cahen succède à John Bartier pour l'ensemble des cours qui ont trait à la politique internationale.

Il a ensuite gravi tous les échelons de la carrière universitaire : suppléant, chargé d'enseignement, maître de conférences, chargé de cours pour devenir professeur en 1992. S'il n'avait pas au départ « un profil académique classique », il l'a acquis au fil des ans. Comme le constate la commission scientifique qui s'est penchée sur sa promotion au titre de professeur en mars 1991 :

> au plan scientifique M. A. Cahen peut faire état d'une production importante et de qualité. Il jouit d'une réputation internationale comme l'attestent ses prestations dans les universités étrangères les plus prestigieuses. En ce qui concerne ses charges pédagogiques, A. Cahen a toujours montré une grande disponibilité à l'égard des étudiants en tant que directeur de mémoires et de maîtrises.[6]

Quand on propose un extérieur – ce qui fut le cas lors de la succession de John Bartier – on prend toujours un risque. Avec Mme Macciocchi nous avons perdu notre pari. Je tiens néanmoins à souligner que les étudiants n'en ont pas pâti : le suivi du cours et des exercices a été assuré sans interruptions. Avec Alfred Cahen, l'Université a gagné son pari.

Elle a gagné son pari parce qu'il fut un remarquable pédagogue. Je l'ai dit au début : il avait l'enseignement dans le sang. Il était clair, précis, chaleureux, ouvert au dialogue. Il ne se réfugiait pas derrière un « devoir de réserve ». C'était en libre-exaministe convaincu qu'il parlait des questions de politique internationale : il disséquait les accords, les traités, les politiques menées par tel ou tel État ; il divulguait les intérêts en présence ; il pouvait « lire entre les lignes » les textes de conventions internationales qu'il avait à maintes reprises contribué à rédiger. Il avait,

---

[6] *Rapport de la Commission scientifique chargée de formuler un avis sur la demande de M. Cahen d'être nommé professeur*, le 4 mars 1991.

si on veut bien, été « dans les tranchées de la politique internationale », là où elle se conçoit, là où elle est pensée, là où elle est faite. Sans jamais tomber dans l'anecdote il pouvait faire part de son vécu dans l'enseignement qu'il dispensait. De là, sa très grande qualité d'enseignant.

Lors de son entrée en fonction à l'université, il n'avait pas de publications scientifiques. Les premiers rapports des commissions scientifiques le signalent. Après une dizaine d'années, son CV scientifique s'était nettement enrichi. De surcroît, il a mené à la thèse de doctorat les deux collègues qui aujourd'hui honorent sa mémoire, Pascaline Winand et Éric Remacle.

Il a été nommé « professeur » parce qu'il l'était devenu.

L'homme

Sur le plan humain, et je terminerai par là, Alfred Cahen avait énormément d'entregent. D'une courtoisie exquise, il devisait aussi bien avec des ministres, avec des collègues qu'avec des étudiants. Et cet homme charmant était aussi un grand charmeur. Il était très fidèle en amitié. Inutile d'ajouter qu'il était libre-examiste. Dans le sens fort du terme : pas seulement, en principe, abstraitement. Il pratiquait le libre-examen dans la vie quotidienne, était à l'écoute de son interlocuteur, et tout disposé à infléchir sa position s'il estimait que votre argumentation était pertinente.

L'Université libre de Bruxelles et la Maison du Libre-Examen ont perdu un grand Monsieur.

Introduction

Pierre GERBET

L'Europe a été le centre du monde pendant quatre siècles. Depuis les grandes découvertes, elle a rayonné dans toutes les directions, explorant et colonisant, affirmant sa puissance technique, économique, militaire. Il est plus juste de dire « les puissances européennes » car, en dépit de traits communs de civilisation, le terme d'Europe, expression géographique, recouvrait des États concurrents, souvent en conflit les uns avec les autres. Ces divisions internes, facteurs d'émulation et de progrès, ont été aussi des causes d'affaiblissement et de ruine. Les deux guerres mondiales, dont l'Europe a été l'origine et le théâtre, lui ont fait perdre sa position dominante dans les relations internationales.

La Première Guerre mondiale a entraîné le déclin de l'Europe. L'équilibre entre les alliances en conflit n'a pu être rompu, après quatre ans de « guerre fratricide », que par l'intervention d'une puissance extra-européenne, les États-Unis, qui a permis la victoire des Alliés. Ce sont aussi les Américains, appuyés par les Britanniques, qui ont inspiré le règlement de la paix : redécoupage des frontières selon le principe des nationalités, organisation internationale basée sur le droit et la coopération (Société des Nations) pour remplacer un système d'équilibre entre les puissances qui s'était révélé désastreux.

La guerre avait favorisé la montée des puissances extra-européennes : États-Unis, Japon. Quant à la Russie bolchevique, elle s'était retirée de l'Europe et allait se développer en puissance euro-asiatique. Au contraire, l'Europe balkanisée se trouvait affaiblie. L'espace économique qu'elle constituait était désormais morcelé, l'appauvrissement inégal des pays ayant entraîné des disparités monétaires, des mesures protectionnistes. Les capitaux américains jouaient un rôle essentiel mais dangereux, la crise boursière de 1929 se propageant d'Amérique en Europe.

L'organisation de la paix allait vite rencontrer ses limites. Les États-Unis refuseront d'entrer à la Société des Nations (SDN) et l'Union soviétique n'y sera admise qu'en 1934. Les deux puissances dominantes à la SDN, la France et la Grande-Bretagne, ne pourront s'entendre sur l'adoption d'un système de sécurité collective. L'organisation sera paralysée par des divisions profondes entre pays vainqueurs et vaincus, entre démocraties et dictatures. Les démocraties ne pourront s'opposer aux agressions du Japon, de l'Italie, de l'Allemagne, de l'Union soviétique.

La Seconde Guerre mondiale a eu pour conséquence la ruine de l'Europe : conquête et pillage du continent par les nazis, entrée en guerre de l'Union soviétique, puis des États-Unis, rôle déterminant de ces deux puissances dans la libération, avec la Grande-Bretagne, la France libre, les résistances. Au cœur de l'Europe, les troupes américaines et soviétiques font leur jonction à Torgau, sur l'Elbe, le 25 avril 1945. Champ de bataille, l'Europe a subi des destructions énormes, des pertes humaines considérables, la ruine financière. Hors d'Europe, les puissances coloniales voient s'affaiblir leurs empires, qui étaient la base de leur rôle mondial et avaient contribué à la victoire. La France doit faire face aux troubles d'Algérie en 1945, à la révolte de l'Indochine en 1946 et reconnaître l'indépendance de la Syrie et du Liban en 1945. La Grande-Bretagne doit accorder l'indépendance à l'Inde et au Pakistan en 1947, puis à la Birmanie et Ceylan. Les Pays-Bas ne parviennent pas à reprendre le contrôle de l'Indonésie, devenue indépendante en 1949. L'Italie avait perdu ses colonies africaines pendant la guerre. La Belgique gardera le Congo jusqu'en 1960 et le Portugal ses colonies d'Afrique jusqu'en 1975.

Un nouveau système international s'était constitué pendant la guerre. Les relations internationales sont désormais dominées par deux superpuissances de taille continentale, qui disposent de forces militaires et économiques très supérieures à celles des États européens dont les plus importants ne sont plus que des moyennes puissances. Les États-Unis sont de loin les plus forts avec la bombe atomique, la flotte et l'aviation et surtout le dollar. L'Union soviétique dispose d'une immense armée et d'une idéologie conquérante. Les deux Grands s'intéressent à l'Europe. Les États-Unis, extra-européens, veulent néanmoins rester présents pour ne pas laisser le champ libre aux soviétiques et au communisme. L'Union soviétique, ruinée par la guerre, entend bien obtenir des réparations et, obsédée par sa sécurité, veut étendre son influence le plus loin possible en Europe. Ces deux superpuissances allaient soit s'entendre en poursuivant la coopération du temps de guerre, soit s'affronter. De toute façon, les Européens n'y pourront pas grand chose.

Le statut de l'Europe d'après-guerre avait été prévu par les trois Grands (États-Unis appuyés par la Grande-Bretagne et Union soviétique). La conférence de Yalta (4-11 février 1945) n'a été ni le partage du monde, ni celui de l'Europe. L'avancée des troupes soviétiques risquait de donner à l'URSS la maîtrise de l'Europe orientale. Roosevelt refusait le partage de l'Europe en zones d'influence. Il préconisait au contraire une action commune des trois Grands – auxquels la France était invitée à se joindre – pour aider les peuples libérés à se relever et à se doter d'institutions démocratiques. C'était le sens de la « Déclaration sur l'Europe libérée » prévoyant des élections libres. Staline l'avait signée, mais ne la respecta point. Des gouvernements communistes seront installés en Bulgarie et Roumanie. Dès le 12 mai 1945 Churchill évoquait le « rideau de fer » qui était tombé sur le front soviétique. À la conférence de Potsdam (17 juillet-2 août 1945), après la capitulation allemande, il n'était pas question de partage de l'Europe, mais les divergences entre les trois Grands les conduisirent en fait à pratiquer le système des zones d'influence. Un contrôle commun des quatre alliés n'était instauré qu'en Autriche et en Allemagne, divisées chacune en quatre secteurs d'occupation.

Ainsi, au lendemain de la guerre, très peu d'États européens étaient en mesure de jouer un rôle dans les relations internationales : la Grande-Bretagne et la France qui ont statut de grandes puissances, les pays du Benelux (Belgique, Pays-Bas, Luxembourg), les pays scandinaves. L'Espagne et le Portugal restent isolés avec leur régime autoritaire. L'Italie subit les conséquences de sa défaite. Les pays de l'Est vont être soumis à la férule soviétique.

On examinera successivement la place et le rôle de l'Europe dans l'organisation mondiale, dans les relations économiques internationales, dans le cadre atlantique de politique étrangère et de défense. On évoquera enfin la façon dont les pays européens ont inventé dans leurs rapports une nouvelle forme de relations internationales, passant de la coopération intergouvernementale à la méthode d'intégration communautaire.

L'Europe dans l'organisation mondiale

Alors que la SDN, à vocation mondiale, était surtout européenne, du fait de sa localisation à Genève, de l'absence des États-Unis, du rôle international joué par les puissances européennes dotées d'empires coloniaux en Afrique, en Asie et en Océanie, l'Organisation des Nations unies (ONU), en raison de la présence des États-Unis et de l'Union soviétique, de la décolonisation et de l'accession à l'indépendance de nombreux États extra-européens, allait voir sa dimension mondiale affirmée et le rôle des puissances européennes diminué, l'installation du siège à New York consacrant la prédominance de l'influence américaine.[1]

D'ailleurs les Européens n'avaient guère eu d'influence sur l'élaboration de la nouvelle organisation à laquelle avaient procédé les trois grands alliés : États-Unis, Grande-Bretagne, Union soviétique.

Winston Churchill, Premier ministre de Grande-Bretagne, voulait avant tout maintenir la cohésion du *Commonwealth* et renforcer les liens privilégiés de son pays avec les États-Unis. Il était cependant favorable, pour l'organisation de la paix, à un groupement européen au sein de l'organisation mondiale. Il craignait un vide politique en Europe après le retrait alors probable des troupes américaines et une possible avancée soviétique. Il était d'autre part sensible au désir des gouvernements européens en exil à Londres de voir la Grande-Bretagne prendre la tête d'une union européenne. Dans une adresse au congrès paneuropéen de New York (21 mars 1943) il estimait que les pays européens devraient se grouper au sein d'un « Conseil de l'Europe » disposant d'un tribunal suprême pour trancher les différends et de forces armées pour veiller à l'exécution de ses décisions et empêcher de nouvelles agressions. Ainsi s'opérerait la réconciliation de la « famille européenne ». Ce serait aussi le moyen de surveiller l'Allemagne et de constituer une barrière contre l'influence soviétique.

Aussi Churchill avait-il suggéré, lors des discussions entre les trois Grands sur la future Organisation des Nations unies, une structure régionale comportant trois Conseils pour l'hémisphère américain, l'Europe et l'Asie, placés sous l'autorité suprême des trois grandes puissances. Mais il n'eut pas gain de cause. Staline était certes intéressé par un Conseil européen où il espérait bien développer l'influence soviétique et il n'aurait pas admis d'en être exclu. Mais le président Roosevelt était hostile à un groupement européen sans les États-Unis, ce qui aurait risqué d'encourager l'isolationnisme en Amérique. D'autre part, il estimait que la paix mondiale dépendrait de l'accord entre les deux très grandes puissances, États-Unis et Union soviétique, au sein d'une

1 En raison de l'ampleur du sujet et du caractère synthétique de ce chapitre, il n'a pas été possible d'indiquer des références de sources et de travaux particuliers. On trouvera les précisions nécessaires et les bibliographies dans quelques ouvrages de base : Duroselle, J.-B., *Histoire diplomatique de 1919 à nos jours*, Paris, Dalloz, 11e édition, 1993 ; Vaïsse, M., *Les relations internationales depuis 1945*, Paris, Armand Colin, 6e édition, 1999 ; Girault, R., Frank, R., Thobie, J., *Histoire des relations internationales contemporaines*, *Tome 3, La loi des géants 1941-1964*, Paris, Masson, 1993 ; Gerbet, P., Ghébali, V.-Y., Mouton, M.-R., *Le rêve d'un ordre mondial de la SDN à l'ONU*, Paris, Imprimerie nationale éditions, 1996 ; Gerbet, P., *La construction de l'Europe*, Paris, Imprimerie nationale éditions, 3e édition, 1999.

organisation mondiale dotée de pouvoirs réels. Churchill dut se rallier à la conception américaine.

La charte des Nations unies fut élaborée à la conférence de Dumbarton Oaks (Washington, DC) du 21 août au 7 octobre 1944 par les seuls représentants américains, britanniques, soviétiques et accessoirement chinois. À la conférence de San Francisco (25 avril-25 juin 1945), qui procéda à la rédaction et à l'adoption de la Charte, l'Europe n'était que partiellement représentée par les pays en guerre contre l'Axe : Grande-Bretagne, France, Belgique, Pays-Bas, Luxembourg, Danemark, Norvège, Grèce, Tchécoslovaquie, Pologne, Yougoslavie, avec l'Union soviétique, la Biélorussie et l'Ukraine, soit quatorze pays sur cinquante-et-un. Il manquait l'Allemagne, l'Italie et leurs satellites (Autriche, Hongrie, Roumanie, Bulgarie, Albanie), les pays baltes annexés par l'URSS, les pays membres neutres (Suède, Suisse, Irlande).

Dans les organes des Nations unies, les pays européens étaient bien représentés au Conseil de sécurité, les cinq membres permanents avec droit de veto étant : les États-Unis, la Grande-Bretagne, la France, l'Union soviétique, la Chine, les membres non permanents étant désignés sur la base de zones géographiques. À l'Assemblée générale au contraire, les pays européens ne représentaient qu'un quart des délégations. De toute façon, ils étaient divisés ; les pays d'Europe occidentale faisaient partie de la « majorité automatique » des deux tiers des voix au Conseil de sécurité et à l'Assemblée générale dont bénéficiaient les États-Unis tandis que les Russes, isolés avec leurs trois voix à l'Assemblée générale, usaient et abusaient du veto au Conseil de sécurité. Cette opposition s'accentua avec la guerre froide. Pour contourner le veto soviétique, les États-Unis qui intervenaient en Corée sous le drapeau de l'ONU, firent adopter le 3 novembre 1950, la résolution « Union pour le maintien de la paix » par l'Assemblée générale prévoyant que celle-ci pourrait, en cas de blocage du Conseil, faire des recommandations sur les mesures collectives à prendre pour maintenir ou rétablir la paix et la sécurité. C'était un changement d'équilibre au sein de l'ONU qui affaiblissait la position, non seulement de l'Union soviétique, mais aussi de la France et de la Grande-Bretagne. Celles-ci avaient approuvé par solidarité avec les États-Unis, mais s'étaient inquiétées du rôle nouveau donné à l'Assemblée générale, en majorité anticolonialiste. De fait, les Britanniques et surtout les Français feront l'objet d'attaques de plus en plus vives de la part de l'Assemblée. En novembre 1956, la France et la Grande-Bretagne utilisèrent leur droit de veto contre une résolution américaine soutenue par l'URSS exigeant l'arrêt de leur intervention militaire sur le canal de Suez nationalisé par Nasser, mais la résolution fut reprise par l'Assemblée générale et les

Franco-Britanniques durent céder la place aux « casques bleus » de l'ONU.

N'étant plus protégées par leur statut de grande puissance, la France et la Grande-Bretagne devenaient de plus en plus minoritaires au sein des Nations unies en expansion. Avec la détente Est-Ouest, le blocage des admissions avait cessé. Le 8 décembre 1955, furent admis en bloc seize États, dont dix Européens : cinq du côté de l'Est (Albanie, Bulgarie, Finlande, Hongrie, Roumanie) et cinq du côté de l'Ouest (Autriche, Espagne, Irlande, Italie, Portugal). Il s'y ajoutera en 1960 Chypre, en 1964 Malte, en 1973 les deux Allemagnes. L'Europe géographique était désormais représentée dans sa totalité, mais divisée entre pays communistes faisant bloc autour de l'URSS (sauf la Yougoslavie depuis 1948 et l'Albanie depuis 1961) et les pays non communistes, eux mêmes partagés entre membres de l'Alliance atlantique et pays neutres.

Dans le même temps, affluaient les anciennes colonies, sitôt leur indépendance acquise, souvent avec l'appui de celles déjà membres de l'Organisation. En 1955, l'URSS mise à part, il y avait vingt-deux pays européens sur soixante-seize membres et en 1973 vingt-six sur cent-trente-cinq. Minoritaires, les Européens étaient de surcroît mal organisés. Les groupes politiques à l'ONU jouaient un rôle qui s'était accru avec l'augmentation du nombre de pays membres et le renforcement des attributions de l'Assemblée générale.

Le groupe latino-américain existait depuis la conférence de San Francisco. Le groupe afro-asiatique s'était progressivement développé à partir des pays de la Ligue arabe, présents à San Francisco, à la faveur de la décolonisation en Asie, puis en Afrique. Il comptait en 1955 vingt-trois pays sur soixante-seize membres de l'ONU, en 1960 quarante-six sur cent (soit plus du tiers bloquant), en 1971 soixante-dix sur cent-trente-deux (soit plus de la majorité). Quant aux Européens ne faisant pas partie du bloc communiste, ils ne formaient pas de groupe spécifique. Il existait certes un groupe administratif – utilisé pour les élections aux organes restreints – intitulé « États d'Europe occidentale et autres États », mais outre les Européens de l'Ouest, il comprenait aussi la Grèce, la Turquie, les États-Unis, le Canada, l'Australie et la Nouvelle Zélande ! Alors que les autres groupes correspondaient plus ou moins à des organisations régionales (Pacte de Varsovie, Union des États américains, Ligue arabe, Organisation de l'Unité africaine, par exemple), il n'y avait pas de groupe des pays de l'Alliance atlantique, en raison sans doute de la volonté des grandes puissances – à commencer par les États-Unis – de garder, en dehors des questions de défense, la plus grande autonomie possible de politique extérieure. Si la solidarité des pays atlantiques à l'ONU avait été forte pendant la guerre froide, elle n'existait pas au même degré sur les questions coloniales, les États-Unis appuyant la décolonisation au détriment de leurs alliés européens. Des sous-groupes avaient toutefois une certaine consistance : les Cinq du Pacte de Bruxelles, les Six des Communautés européennes, et surtout les membres de l'OECE / OCDE : dix-huit pays européens plus les États-Unis et le Canada, sorte de club atlantique pour les questions économiques, élargi au Japon en 1964, à la Finlande en 1970, à l'Australie en 1971 et à la Nouvelle-Zélande en 1973. Quant aux Scandinaves, ils se montraient particulièrement intéressés par l'ONU dans le domaine des opérations de maintien de la paix et d'aide au développement.

Pour défendre leurs positions, les puissances européennes avaient trouvé des appuis. Alors que les États-Unis pouvaient compter sur une vaste clientèle en Amérique latine, en Europe occidentale, au Proche-Orient et en Asie du Sud, la Grande-Bretagne et la France avaient de moindres possibilités. Les Britanniques étaient les mieux placés. Depuis San Francisco, ils pouvaient s'appuyer sur les pays du *Commonwealth*, blanc au début, puis asiatique et enfin africain avec les progrès de la décolonisation, soit une trentaine de pays. Groupe très hétérogène dont la Grande-Bretagne faisait partie, mais qu'elle ne dirigeait pas, l'utilisant au mieux comme lieu de contact, d'influence. La France, qui décolonisait beaucoup plus difficilement, subissait, après les Pays-Bas, la pression de l'ONU, non pas sur la guerre d'Indochine considérée comme lutte contre le communisme, mais sur les affaires de Tunisie et du Maroc, puis d'Algérie. Longtemps isolée, la France, après avoir réussi la décolonisation en Afrique noire, pouvait compter sur l'appui des quatorze pays africains entrés à l'ONU en 1960-1961 et formant le Groupe de Brazzaville. Celui-ci aida la France lors de la guerre d'Algérie. Mais, la décolonisation achevée, le gouvernement du général de Gaulle garda une certaine distance à l'égard de l'ONU. Comme celui de Londres, il n'admettait pas la tendance de l'ONU à jouer un rôle supranational et à intervenir dans les affaires intérieures (exemple du Congo) mais, à sa différence, ne cherchait guère à utiliser l'Organisation. C'est plus tard que la France y exprimera une politique mondiale entre les deux Grands.

À partir du milieu des années 1960, la position des pays d'Europe occidentale au sein de l'ONU s'est améliorée avec le rétablissement de l'équilibre institutionnel. L'Assemblée générale, très hétérogène, avait éprouvé les limites de ses possibilités. Elle pouvait voter des résolutions, mais n'avait pas les moyens de les faire appliquer, sauf lorsque les grandes puissances et principaux contributeurs étaient d'accord. Le Conseil de sécurité restaura sa primauté. Il reprit le contrôle des opérations de maintien de la paix. Avec la détente relative entre l'Est et l'Ouest, un plus grand équilibre s'établit entre les membres permanents. Au cours des années 1970, les États-Unis, qui ne disposaient plus d'une « majorité automatique », utilisaient à leur tour le veto, davantage que l'Union soviétique, et la Grande-Bretagne et la France y eurent également recours. De toute façon, le rôle des Nations unies allait diminuer avec le quasi-achèvement de la décolonisation, la volonté des États-Unis et de l'Union soviétique de ne plus se faire concurrence à l'ONU et d'établir un duopole, chacun protégeant sa zone d'influence et refusant l'immixtion de l'organisation mondiale.

Les pays européens de l'Ouest et les relations économiques internationales

Comme pour l'établissement de l'ONU, les pays européens se trouvaient en position de faiblesse lorsque furent mises sur pied les organisations visant à réguler les relations économiques internationales du monde d'après-guerre. Il s'agissait d'éviter le retour des nationalismes économiques entraînant le protectionnisme, des dévaluations de combat, des crises monétaires et économiques, bref d'assurer le bon fonctionnement de l'économie mondiale et l'expansion commerciale.

L'essentiel était de mettre en place un système monétaire stable. Les Américains avaient consulté à ce sujet les seuls Britanniques dès 1942 mais ne retinrent pas leurs suggestions. Le plan élaboré par John Maynard Keynes proposait la création d'une Union internationale de compensation, organisme supranational émettant une monnaie fiduciaire (« le bancor ») dont le volume pourrait être proportionné à celui du commerce mondial. Il consentirait des crédits en cette monnaie aux pays en déficit de paiements et les pays excédentaires qui la recevraient s'engageraient à ne pas la convertir en or. Le Comité national français, qui n'avait pas été consulté, publia de son côté le plan Alphand-Istel prévoyant, dans la perspective du retour à l'étalon-or, un système provisoire de paiements internationaux fondé sur l'extension progressive d'accords bilatéraux, sans organe central de compensation, les ajustements n'étant pas automatiques mais résultant de l'action concertée des gouvernements.

Ainsi, les Européens, ruinés, mettaient-ils l'accent sur les crédits à octroyer aux pays en difficultés. Les Américains y voyaient une source d'inflation et craignaient d'avoir à financer ces crédits. Ils ne voulaient pas se dessaisir de leur souveraineté monétaire. Aussi préférèrent-ils le plan *White*, élaboré par leur Trésorerie, qui prévoyait un système de taux de change fixes fondé sur l'or et le dollar, avec des institutions disposant de ressources monétaires mises à leur disposition par les États membres et attribuées aux pays déficitaires pour corriger des déséquilibres temporaires de balance des paiements ou pour financer la reconstruction et le développement.

À la conférence de Bretton Woods (New Hampshire), du 1er au 22 juillet 1944, les Américains firent triompher leurs vues, auxquelles s'étaient ralliés les Britanniques. Les autres pays européens n'étaient représentés que par les délégués des gouvernements en exil et n'eurent guère d'influence. Ils pensaient surtout aux crédits à obtenir et visèrent à en adoucir les conditions. Les Américains allaient avoir une influence déterminante dans les nouvelles institutions internationales, dont le siège fut fixé à Washington : le Fonds monétaire international (FMI) chargé d'assurer la stabilité des taux de change par l'octroi de crédits et la Banque internationale pour la reconstruction et le développement pouvant prêter à long terme pour des investissements de base. Les Européens étaient assez bien représentés dans les organes de direction, mais les quotes-parts dans le capital étant calculées principalement sur la base du revenu national, ils venaient très loin derrière les Américains pour les droits de tirage et le nombre de voix correspondant. Au FMI, les États-Unis disposaient de 31,46 % des voix, la Grande-Bretagne de 15,02 %, la France de 6,23 %. Les États-Unis pouvaient en outre s'appuyer sur les pays d'Amérique latine, du *Commonwealth* et la Chine nationaliste. L'Union soviétique n'avait pas ratifié ces accords de caractère « capitaliste ».

Le règne du dollar était consacré. Les pays membres devaient définir leur unité monétaire par un certain poids d'or ou par rapport au dollar, lui-même défini par l'or (1$ = 35 onces d'or) et librement convertible en or. Et les États-Unis détenaient les deux tiers du stock d'or mondial. Les monnaies nationales devaient être convertibles en devises étrangères. En cas de déséquilibre des paiements, les États ne devaient pas avoir recours aux restrictions d'importations ni au contrôle des changes ; ils pouvaient utiliser leurs droits de tirage auprès du FMI ou, si nécessaire, modifier leur parité monétaire après autorisation du Fonds.

Ce système visait à maintenir la stabilité monétaire et la liberté des changes. Le FMI pouvait remédier à des situations accidentelles ou temporaires, mais n'était pas en mesure d'agir sur le déséquilibre structurel des balances des paiements entre les États-Unis et le reste du monde (*dollar gap*). Il n'était pas conçu pour contribuer à la reconstruction de l'Europe, mais pour fonctionner lorsque celle-ci serait réalisée. D'ailleurs une période de transition était prévue (en principe jusqu'en 1952) comportant beaucoup d'exceptions.

Après l'organisation des relations monétaires et financières internationales, les États-Unis s'étaient préoccupés des relations commerciales. De tradition protectionniste, ils n'en souhaitaient pas moins la liberté des échanges internationaux dont ils auraient tiré profit plus que les autres pays – particulièrement européens – affaiblis par la guerre. Dans les accords de prêt-bail conclus par les États-Unis avec la Grande-Bretagne (23 février 1942), l'Union soviétique (11 juin 1942), la France (28 février 1945), les pays bénéficiaires s'engageaient à éliminer toutes les formes de discrimination dans le commerce international et à réduire les tarifs et autres barrières commerciales moyennant réciprocité. La conférence mondiale sur le commerce et l'emploi réunie par l'ONU sur proposition américaine, avait abouti à la Charte de La Havane (24 mars 1948) instituant une Organisation internationale du commerce, en vue de développer le commerce international et d'atteindre un niveau d'activité économique susceptible de réaliser le plein emploi. Mais la Charte ne fut pas ratifiée par le Congrès américain qui considérait comme trop dirigistes les dispositions concernant les produits de base (dont il fallait stabiliser le marché) et n'acceptait pas les nombreuses discriminations commerciales prévues ainsi le droit des pays en développement de surveiller les investissements étrangers.

Toutefois la partie de la Charte relative à la politique commerciale a pu être sauvée. Les États-Unis avaient engagé dès 1947 une négociation tarifaire multilatérale – la première du genre – réunissant à Genève, siège de la Commission pour l'Europe de l'ONU, vingt-cinq pays qui réussirent à diminuer leurs droits de douane sur un volume d'échanges représentant la moitié du commerce international. C'est la méthode qui fut retenue par l'Accord général sur les tarifs douaniers et le commerce (*General Agreement on Tariffs and Trade – GATT*) du 30 octobre 1947, cadre de négociations multilatérales doté d'un secrétariat installé à Genève. Les pays socialistes à commerce d'État n'en faisaient pas partie. L'objectif des Américains était d'éliminer les discriminations en matière commerciale et de mettre en œuvre la « clause de la nation la plus favorisée », les avantages consentis par un pays à un ou plusieurs autres devant s'étendre à tous. Mais les Européens, dont certains étaient de tradition protectionniste (la France en particulier) et qui tous devaient reconstituer leurs économies, obtinrent de nombreuses exceptions à ce principe. La Grande-Bretagne et la France firent admettre le maintien de régimes préférentiels entre territoires politiques liés (*Commonwealth* britannique, Union française, empires coloniaux). Les pays européens ont fait admettre la possibilité de créer entre eux des unions douanières et des zones de libre-échange. Des régimes préférentiels pourront être établis entre territoires insuffisamment développés.

Pour sa mise en œuvre, le *GATT* prévoyait la disparition des restrictions quantitatives (contingents) au terme d'une période transitoire allant jusqu'en mars 1951, avec possibilité de prolongement pour les pays en voie de reconstruction et des exceptions en cas de déséquilibre des paiements et pour les produits agricoles. Les droits de douane devaient faire l'objet de réductions sur une base de réciprocité lors de cycles de négociations périodiques. Pour les pays européens, c'était toutefois la protection assurée par les restrictions quantitatives aux échanges qui était la plus efficace. Ils essayaient de les conserver le plus longtemps possible tout en promettant au *GATT* de les supprimer dès qu'ils le pourraient.

C'est dans le cadre de ces organisations économiques mondiales que les pays d'Europe occidentale procédèrent à leur reconstruction, en utilisant les périodes de transition et les exceptions, en bénéficiant de l'aide américaine (refusée par l'Union soviétique et ses satellites), mais sans pouvoir pendant longtemps s'organiser dans un cadre européen solide. Toutefois l'Europe occidentale, dans la mesure où elle saura s'unir, retrouvera un rôle de premier plan dans les relations économiques internationales.

La reconstruction des pays d'Europe occidentale a été due avant tout au travail et aux capacités des populations, aux sacrifices qu'elles durent consentir, mais aussi à l'aide américaine qui a permis de remédier au déficit avec la zone dollar, d'importer des machines et des technologies plus modernes. Après des débuts difficiles, la production avait retrouvé en 1950 et même dépassé le meilleur niveau d'avant-guerre. De 1951 à 1959 la progression annuelle du PIB en Europe continentale dépassait 4 %, la République fédérale d'Allemagne étant devenue le moteur alors que la Grande-Bretagne ne progressait plus.

Dans le même temps, l'Europe occidentale avait le plus grand mal à s'organiser en dépit des incitations des Américains. Ceux-ci estimaient que le plan Marshall d'aide aurait des effets d'autant plus bénéfiques que les Européens l'utiliseraient en commun. Or, l'Organisation européenne de coopération économique (16 avril 1948), si elle assuma la répartition de l'aide américaine entre les seize pays, ne parvint pas à élaborer un plan à long terme pour son utilisation commune, principalement à cause des divergences entre la Grande-Bretagne et la France. Aussi la reconstruction de l'Europe occidentale se fit-elle dans les cadres nationaux. Quant à une union douanière européenne préconisée par les Américains et envisagée favorablement par plusieurs pays, elle se heurtait au protectionnisme français et à la volonté britannique de préserver les préférences impériales. Plusieurs projets d'unions partielles furent lancés, après que le Benelux eut montré la voie dès la libération : union France–Italie, union France–Benelux, qui n'aboutirent pas. L'Europe restait morcelée entre multiples territoires douaniers. Le contrôle des changes subsistait. Le commerce intra-européen dépendait d'accords bilatéraux de paiements qui réglaient les échanges sous forme de troc. Il était cependant indispensable de le développer pour mieux utiliser les capacités des différents pays et pour moins dépendre des importations payables en dollars.

Dès l'été 1947, les Belges, Néerlandais et Luxembourgeois proposaient le plan Ansiaux de multilatéralisation des paiements intra-européens. Des accords de paiements partiels furent conclus en 1947, 1948 et 1949. C'est seulement le 19 septembre 1950 que fut instituée l'Union européenne de paiements (UEP) entre les pays de l'OECE (Organisation européenne de coopération économique). Elle avait pour objectif de rendre convertibles les monnaies européennes et de réduire progressivement les restrictions quantitatives aux échanges sans pour autant toucher aux droits de douane, de la compétence du *GATT*. L'UEP consistait en un système de compensation multilatéral, dont le fonds de roulement était fourni par les États-Unis, accordant des crédits automatiques aux pays en déficit dans la limite de leurs quotas. Il permit de mettre en œuvre le Code de libération des échanges adopté le 18 août 1950. En 1958, les contingents étaient supprimés pour les neuf dixièmes du commerce privé (mais non pour le commerce d'État), les droits de douane subsistant et étant parfois renforcés. La convertibilité des monnaies entre elles et avec le dollar fut rétablie. Aussi l'UEP fut-elle, le 27 décembre 1958, remplacée par l'Accord européen de paiements, système plus souple et non automatique. Ainsi l'Europe occidentale reconstruite retrouvait-elle une situation conforme au système international mais restait divisée économiquement comme politiquement.

C'est seulement dans la mesure où les pays d'Europe occidentale s'intégreront qu'ils seront en mesure de peser sur les relations économiques internationales. La création des Communautés conduisit les Six – France, Allemagne, Italie, Belgique, Pays-Bas, Luxembourg – depuis 1952, rejoints par la Grande-Bretagne, l'Irlande et le Danemark en 1973, à mettre en commun leurs ressources dans un marché unique et à adopter des politiques économiques communes à l'égard du reste du monde. Les Communautés techniques n'ont eu qu'un impact limité. La Communauté européenne du charbon et de l'acier (CECA) dut faire face aux crises charbonnières et sidérurgiques. Euratom n'aboutit pas à la constitution d'une véritable industrie atomique européenne en raison des divergences entre la France, qui voulait assurer l'indépendance européenne en combustible nucléaire et en technologie, et ses partenaires qui préféraient s'en tenir à la « filière » américaine et à l'uranium enrichi proposé par les États-Unis. En revanche, la Communauté économique européenne (CEE) allait devenir un nouvel acteur essentiel sur le plan international avec l'établissement du marché commun entre les Six, puis les Neuf. Bénéficiant d'une forte croissance, encore stimulée par l'ouverture du marché, les échanges intra-communautaires s'intensifièrent :

ils furent multipliés par 6 de 1958 à 1970 alors que les échanges de la CEE avec les pays tiers triplaient. Les Six faisaient désormais entre eux la moitié de leurs échanges commerciaux.

La constitution de l'Union douanière européenne avec un tarif extérieur commun donnait aux Six, dans les négociations commerciales internationales, un poids que chacun d'entre eux était loin d'avoir. La part de la CEE dans les exportations mondiales (y compris entre eux) passait de 20,4 % en 1954 à 28 % en 1964. Avec l'élargissement à la Grande-Bretagne, la CEE devenait la première puissance commerciale mondiale. Au sein du *GATT*, les Européens, qui parlaient d'une seule voix, pouvaient se confronter aux États-Unis pour négocier les réductions réciproques de tarifs lors des *rounds* successifs : Dillon en 1962, Kennedy en 1967, Tokyo en 1979. Le tarif extérieur commun se trouva ainsi raboté progressivement à un niveau légèrement inférieur à ceux des États-Unis et du Japon. L'Europe n'était plus protectionniste, sauf pour l'agriculture. Grâce à la Politique agricole commune, l'Europe occidentale, jadis déficitaire, était devenue auto-suffisante et même fortement exportatrice (2e rang mondial après les États-Unis qui s'en inquiétaient).

L'Europe jouait également un rôle international important dans le domaine de l'aide au développement, distribuée par plusieurs canaux : aide bilatérale des anciennes puissances coloniales aux territoires et États sous leur influence, aide communautaire de la CEE aux pays d'Afrique, des Caraïbes et du Pacifique, aide fournie dans le cadre des Nations unies et de ses institutions spécialisées.

Toutefois la CEE restait vulnérable. Sa puissance économique n'était souvent que l'addition de capacités nationales insuffisamment intégrées. Il n'y avait pas de politique industrielle car certains pays l'auraient considérée comme contraire au libéralisme. Il n'y avait pas de politique énergétique, alors même que l'Europe occidentale était de plus en plus dépendante d'approvisionnements pétroliers extra-européens. Lorsque, à la suite de la guerre du Kippour entre Israël et ses voisins, les pays arabes producteurs de pétrole décidèrent de réduire leur production de brut et d'augmenter son prix, un choc pétrolier frappa l'Europe occidentale et, dans une moindre mesure, les États-Unis et le Japon. À l'automne 1973 le prix du brut quadrupla. Il devait doubler encore en 1979. C'était la fin de l'énergie à bon marché. D'où la hausse des prix, le retour de l'inflation, le déficit des comptes extérieurs. La croissance du PIB dans l'Europe communautaire, qui avait été de l'ordre de 4,8 % par an pour la période 1961-1973, tomba à 2,1 % pour la période 1974-1988. Les investissements reculèrent. Le chômage augmenta. C'est seulement au milieu des années 1980 que s'engagera un mouvement de reprise.

Devant le choc pétrolier, les Neuf ne purent se mettre d'accord. La solidarité ne se manifesta guère à l'égard des Pays-Bas, frappés par l'embargo pétrolier. La création d'un Comité de l'énergie, en principe décidé par le sommet de Copenhague en décembre 1973, ne put se réaliser en raison des divergences entre la France, qui préconisait l'élaboration d'une politique énergétique commune des Neuf et l'ouverture d'une conférence euro-arabe sur les problèmes pétroliers, et ses partenaires qui préféraient la proposition américaine de groupement des pays consommateurs afin d'être en position de force pour négocier avec les producteurs de pétrole. C'est dans le cadre de l'Organisation de coopération et de développement économiques (OCDE) que sera créée, le 15 novembre 1974, une Agence internationale de l'énergie à laquelle participaient tous les pays industrialisés à économie de marché, sauf la France, et dont l'objectif était de développer la coopération afin de réduire la dépendance des pays consommateurs. L'Europe n'avait donc pas été capable d'affirmer son identité dans ce domaine.

Sur le plan monétaire enfin, la Communauté ne s'était pas donné des moyens suffisants. Le système du FMI reposant sur les taux de change fixes fonctionnait et les parités entre les monnaies des Six restaient stables depuis la dévaluation française de décembre 1958. Les gouvernements n'estimaient pas nécessaire d'aller plus loin et ne prirent pas en considération la suggestion de Jean Monnet, dès le 20 novembre 1959, de créer un Fonds européen de réserve centralisant une partie des réserves en or et devises des pays membres (réserves qui dépassaient alors celles des États-Unis). Cela aurait pourtant été le premier pas vers une monnaie européenne indispensable à la consolidation du marché commun.

Il fallut bien s'occuper du problème monétaire lorsque, à partir de 1966, les différences d'inflation s'accentuèrent entre les Six et surtout quand le système monétaire international fut remis en cause par l'aggravation du déficit des paiements américain et l'affaiblissement du dollar. Le 17 juillet 1969, le Conseil adoptait le plan Barre de coordination des politiques économiques et de soutien monétaire mutuel. Mais il fallait aller plus loin et instituer un système proprement européen. Au sommet de La Haye (1er-2 décembre 1969), il fut décidé de mettre à l'étude un projet d'union économique et monétaire. Le plan Werner proposait la création d'un centre de décision indépendant des gouvernements pour la politique économique et monétaire et d'un système communautaire des banques centrales pour gérer les réserves monétaires et intervenir sur le marché des changes. Le gouvernement français ayant refusé le caractère supranational du plan et le gouvernement allemand ne voulant pas financer des politiques monétaires laxistes de ses partenaires, il ne fut possible que d'adopter des mesures de coordination des politiques économiques et monétaires par le moyen de consultations et de réduire les marges de fluctuation entre monnaies européennes.

Mais la crise s'aggrava en 1971. Pour faire face à l'afflux de dollars en Europe dû à la spéculation sur le marché des changes, les Six réagirent différemment : l'Allemagne et les pays du Benelux laissèrent flotter leur monnaie tandis que la France et l'Italie maintenaient la parité des leurs par le contrôle des changes. Un certain rapprochement des positions européennes en face des États-Unis allait cependant s'opérer après la décision du président Nixon, le 15 août 1971, de suspendre la convertibilité du dollar en or, mesure déjà pratiquée en fait depuis 1968. C'était la fin du *gold exchange standard*. Le système de Bretton Woods de parités fixes subsistait mais devait être revu pour tenir compte de l'affaiblissement de la devise américaine. Les Européens obtinrent la dévaluation du dollar par rapport à l'or de 7,89 % par l'accord du Smithsonian Institute (Washington) du 17-18 décembre 1971. Les autres monnaies étaient réévaluées pour les Six, la Grande-Bretagne, le Canada et le Japon. La marge de fluctuation des monnaies autour de leur parité autorisée par le FMI passait de ± 1 % à ± 2,25 %.

Des fluctuations d'une telle ampleur risquaient de remettre en cause le Marché commun. Les Six décidèrent de réduire cette marge de moitié entre leurs monnaies (21 mars 1972) et les pays candidats à l'adhésion aux Communautés acceptèrent de se joindre à ce mécanisme. C'était le système du « serpent » (bande de fluctuation des monnaies des Six et des pays candidats) dans le « tunnel » (bande de fluctuation du dollar). Mais les Américains ne purent maintenir la parité du dollar qui fut dévalué de 10 % le 12 février 1973 et flotta librement à la baisse à partir de mars. C'était la fin du « tunnel » : désormais le dollar allait connaître sur le marché des changes des variations considérables par rapport aux autres monnaies. Quant au « serpent », il était maintenu avec ses marges de fluctuation internes de 2,25 % autour de la parité. Un Fonds de coopération monétaire (FECOM) était créé le 3 avril pour faire fonctionner le système de change communautaire, mais sans mise en commun des réserves. Le « serpent sans tunnel » aurait pu constituer une Europe monétaire indépendante du dollar, mais il ne put résister aux mouvements spéculatifs. Les principales monnaies ne purent maintenir leur parité et durent sortir du « serpent » pour flotter à la baisse (les livres anglaise et irlandaise, la couronne danoise, la lire, le franc). Le « serpent » se réduisit aux monnaies allemande, belgo-luxembourgeoise, néerlandaise et pour un temps aux couronnes nordiques. C'est en 1979 seulement que sera adopté le Système monétaire européen (SME), disposant d'une partie des réserves des banques centrales et capable de maintenir les monnaies participantes dans la bande de fluctuation. Le SME rendra de grands services et préparera le passage à une véritable monnaie européenne.

Pour pallier l'affaiblissement du FMI, le président Valéry Giscard d'Estaing prit l'initiative de réunir en 1975 les dirigeants américains, anglais, allemands et japonais, pour discuter des solutions à apporter aux problèmes économiques mondiaux et donner des orientations lors de réunions annuelles. L'Italie et le Canada participèrent depuis 1976, puis le président de la Commission des Communautés européennes depuis 1977. C'est le groupe des Sept (G7) où l'Europe est bien représentée. Les ministres des Finances se réunissent plus souvent et essaient de limiter les variations de change des monnaies européennes avec le dollar et le yen.

L'Europe occidentale dans l'Alliance atlantique

Alors que les pays européens avaient réussi à retrouver une place importante dans les relations économiques internationales, ils y sont beaucoup moins parvenus en ce qui concerne la politique étrangère et la défense. La Communauté, « géant économique », est restée un « nain politique ». Cette situation peut s'expliquer par plusieurs facteurs. D'abord par « la loi des géants », les États-Unis et l'Union soviétique, qui soit en s'affrontant, soit en se concertant, laissent de toute façon peu de place à l'action des autres puissances. La Grande-Bretagne et la France ne sont plus que des puissances moyennes, en dépit de leur statut de « grandes ». Ensemble, elles auraient pu avoir un certain poids, mais leurs divergences quant aux rapports avec les États-Unis et à l'organisation de l'Europe ne le permettent guère. D'autant que les politiques extérieure et militaire restent au cœur des souverainetés nationales et ne s'accommodent que de la coopération interétatique. Enfin le cadre de l'Alliance atlantique mis en place au temps de la guerre froide, garantissant la présence américaine, est considéré comme essentiel par la plupart des Européens qui estiment inutiles ou secondaires des organismes de politique étrangère et de défense propres à l'Europe.

Un système diplomatique européen avait été esquissé pendant la guerre. Pour prévenir la renaissance d'un danger allemand, avaient été conclus le pacte anglo-soviétique de 1942 et le pacte franco-soviétique de 1944. Un pacte franco-britannique devait fermer le triangle, mais sa conclusion fut retardée par les différends entre les deux pays au Levant et le traité de Dunkerque ne sera signé que le 4 mars 1947. Mais déjà ces alliances sont dépassées, car le danger n'est plus l'Allemagne, mais l'Union soviétique. À la conférence de Moscou (10 mars-24 avril 1947) les quatre « grands » ne peuvent se mettre d'accord sur le sort de l'Allemagne. Les États-Unis commencent leur politique de *containment* de l'URSS, appuyés par la Grande-Bretagne. La France, qui cherchait à maintenir une position médiane entre les Anglo-Américains et les Soviétiques, n'étant pas soutenue par ceux-ci dans ses positions sur l'Allemagne et la Sarre, opère une « révision déchirante » de sa politique extérieure en ralliant le camp occidental.

La division de l'Europe va s'aggraver avec le refus par l'URSS de l'aide américaine pour la reconstruction proposée par le général Marshall (5 juin 1947). Ce refus, accueilli avec satisfaction à Londres, Rome, Bruxelles, est déploré par les Français – surtout les socialistes – qui voulaient faire jouer à la France un rôle de « pont » entre l'Est et l'Ouest. Georges Bidault avait proposé à Molotov qu'un comité directeur anglo-franco-soviétique établisse un plan de relèvement européen. Mais l'URSS ne voulait aucune ingérence ou influence occidentale dans sa zone. Elle refusa le plan Marshall et contraignit la Tchécoslovaquie et la Pologne à refuser alors qu'elles étaient intéressées. Désormais, la coupure de l'Europe obligeait à organiser l'Europe occidentale pour la reconstruire et – pour certains en France et en Grande-Bretagne – avec l'espoir qu'elle constituerait peut-être une « troisième force » entre les deux superpuissances.

Mais la priorité était désormais à la défense de l'Europe devant la menace soviétique. Dès la fin de 1947, Bevin et Bidault, ministres anglais et français des Affaires étrangères, avaient sollicité une assistance militaire américaine. Bevin évoquait une union de l'Europe occidentale soutenue par les États-Unis et les *Dominions*. Dans un discours retentissant du 22 janvier 1948, il proposait, sans bien la définir, la création d'une Union occidentale pour l'Europe de l'Ouest, avec une coopération militaire et économique. Le « coup de Prague » du 25 février justifia ses craintes. À la demande d'aide militaire, le général Marshall répondait que la condition préalable à tout engagement des États-Unis était la conclusion d'une alliance entre les Européens de l'Ouest eux-mêmes. Le Pacte de Bruxelles du 17 mars 1948, alliance défensive en Europe entre la Grande-Bretagne, la France, la Belgique, les Pays-Bas et le Luxembourg, n'était que la première étape vers la constitution de l'Alliance atlantique qui allait l'absorber.

Certes les Cinq de Bruxelles avaient mis sur pied une organisation politique avec un conseil des ministres des Affaires étrangères, un état-major multinational à Fontainebleau, mais son efficacité était limitée en raison des divergences stratégiques entre la France, soucieuse d'une défense le plus à l'Est possible, et de la Grande-Bretagne qui entendait assurer surtout la défense des Îles britanniques. D'ailleurs les moyens étaient très insuffisants, même pour résister sur le Rhin. De toute façon, dès la signature du Pacte, les négociations avaient commencé avec les États-Unis. Elles aboutirent au Pacte atlantique du 4 avril 1949, entre les États-Unis et le Canada d'une part et du côté européen, non seulement les Cinq, mais aussi, pour des raisons stratégiques, au nord l'Islande, la Norvège, le Danemark, et au sud l'Italie et le Portugal. Le traité prévoyait une assistance mutuelle, mais non automatique comme le traité de Bruxelles. La présence de troupes américaines assurerait la garantie indispensable aux Européens. L'éclatement de la guerre de Corée (25 juin 1950) accéléra la mise en œuvre de l'Organisation du traité de l'Atlantique Nord (OTAN) avec ses conseils, ses états-majors intégrés.

Pour diriger cet imposant ensemble, la France estimait qu'il faudrait que les trois grands constituent un organisme chargé d'élaborer la stratégie mondiale. Mais la Grande-Bretagne préférait rester le fidèle second des États-Unis qu'elle se flattait d'influencer sans l'intervention d'une tierce puissance. Quant aux États-Unis, qui exerçaient le *leadership* de l'alliance, ils voulaient garder les mains libres. L'influence des Européens aurait pu être plus grande si l'Union occidentale des Cinq avait pu être maintenue, comme le désiraient les Français et même les Américains, mais les Britanniques préféraient se désengager. Le traité d'assistance mutuelle a été conservé, mais il a été vidé de substance, les organes militaires étant supprimés au profit de l'OTAN.

Une possibilité pour les Européens d'exister en tant que tels dans l'OTAN s'est présentée avec le traité de Communauté européenne de défense (CED), signé par les Six (France, Allemagne occidentale, Italie, Belgique, Pays-Bas, Luxembourg). L'armée européenne aurait été placée sous le commandement atlantique, mais elle aurait eu son administration, son budget et surtout des services communs, en particulier pour l'armement. Elle aurait donc eu sa personnalité au sein de l'Alliance atlantique, ce qui aurait peut-être permis de rééquilibrer celle-ci. Le rejet du traité de CED par l'Assemblée nationale française, le 30 août 1954, rendit inévitable le réarmement national de l'Allemagne et son entrée dans l'Alliance atlantique (accords de Paris, 23 octobre 1954).

Un « habillage » européen du réarmement fut élaboré avec l'utilisation du pacte de Bruxelles élargi à l'Allemagne et à l'Italie et devenu Union de l'Europe occidentale (UEO) avec un conseil des ministres des Affaires étrangères ayant reçu des pouvoirs de décisions pour les aspects militaires mais sans disposer de troupes. Le rôle de l'UEO était de contrôler le niveau des armements pour empêcher l'Allemagne de trop accroître les siens, mais celle-ci n'a pas cherché à le faire et elle était d'ailleurs solidement encadrée puisque les douze divisions auxquelles elle avait droit étaient toutes intégrées dans l'OTAN, à la différence des autres pays. Quant à l'Agence d'armements de caractère supranational, seul élément de la CED repris par Pierre Mendès France, il fut écarté au profit d'un contre-projet britannique d'un Comité permanent dépourvu de pouvoirs. L'UEO n'a pas été le cadre, espéré par certains, d'une Europe à Sept avec la Grande-Bretagne, car le gouvernement britannique s'en est vite désintéressé, préférant comme les autres pays le cadre de l'OTAN pour discuter des questions diplomatiques et militaires et celui de l'OECE pour les problèmes économiques. L'UEO ne sortira de son sommeil que de façon épisodique, lorsque la Grande-Bretagne tentera de l'utiliser lors du second veto du général de Gaulle à sa candidature aux Communautés en 1968-1969. C'est bien plus tard que l'on cherchera à faire de l'UEO le « pilier européen » de l'OTAN.

Pendant la guerre froide, la cohésion fut complète entre les puissances européennes et les États-Unis, les notes diplomatiques adressées à Moscou étant identiques. De même lorsque se produisit un certain « dégel » après la mort de Staline, marqué par la signature du traité d'État autrichien par les quatre « grands » (15 mai 1955). La Grande-Bretagne et la France, soucieuses d'améliorer les relations avec l'Union soviétique, poussèrent à la réunion des quatre chefs de gouvernement à Genève (18-21 juillet 1955). Malgré les maigres résultats, on espérait que « l'esprit de Genève » allait accentuer la détente et conduire à la coexistence pacifique. Mais l'attitude soviétique se raidit à nouveau sur le problème allemand, le désarmement, les contacts Est-Ouest.

La solidarité atlantique se trouva brutalement rompue lorsque la Grande-Bretagne et la France décidèrent d'intervenir militairement contre l'Égypte à la suite de la nationalisation du canal de Suez. Les États-Unis, désireux de maintenir de bonnes relations avec les pays arabes producteurs de pétrole, s'y opposèrent et le président Eisenhower exigea l'arrêt de l'intervention. L'URSS s'empressa d'en faire autant, menaçant d'utiliser les armes nucléaires. Londres et Paris durent s'incliner (6 novembre 1956) mais en tireront des conclusions opposées. Pour les Britanniques, il ne faudrait jamais plus se séparer des États-Unis ni de l'Alliance atlantique. Pour les Français, au contraire, en butte à l'anticolonialisme américain, il conviendrait de se doter des moyens d'agir seuls – en particulier sur le plan nucléaire – et de s'appuyer sur une Europe organisée. Il n'était pas question de rompre l'Alliance, mais de la rééquilibrer.

L'Europe des Six de la CECA (1952) se renforça avec les traités de Rome instituant la CEE et l'Euratom, entrés en vigueur en 1958. Mais la relance ne se faisait que dans le domaine économique et technique. Après l'échec de la CED il n'était pas question d'aborder les aspects diplomatiques et militaires.

Le retour au pouvoir du général de Gaulle (1er juin 1958) modifia les perspectives. Il estimait que la France devait jouer son rôle de puissance mondiale. Il revendiqua d'abord – comme jadis Bidault – la participation de la France à la direction tripartite de l'Alliance atlantique avec les États-Unis et la Grande-Bretagne (24 septembre 1958) pour élaborer une stratégie mondiale. N'ayant pas obtenu satisfaction, il envisagea la formation d'un groupement européen pour obtenir la réforme de l'OTAN et d'utiliser à cette fin le cadre des Six. Dès janvier 1960, les ministres des Affaires étrangères décidèrent de se réunir tous les trimestres pour « consultation » sur les prolongements politiques de l'activité des Communautés et sur les autres problèmes internationaux. Puis, à Bad Godesberg (18 juillet 1961), le sommet des Six affirma la vocation politique des Communautés et fit étudier un plan d'Union d'États. La commission Fouchet (du nom du négociateur français) élabora un système de conseils intergouvernementaux de chefs d'État et de ministres des Affaires étrangères dont l'objectif serait d'établir et de mener une politique étrangère unifiée. Le général de Gaulle espérait ainsi constituer une « Europe européenne » sous son impulsion et sous protection nucléaire française, qui pourrait négocier avec l'URSS. Mais les partenaires hésitaient. La Belgique et les Pays-Bas mettaient comme condition la participation de la Grande-Bretagne à la Communauté, dans un souci d'équilibre, ce que de Gaulle refusait. Les négociations furent interrompues (17 avril 1962). L'Union à Six se réduisit à une coopération à Deux avec le traité franco-allemand de l'Élysée (22 janvier 1963) visant la politique étrangère et de défense. Mais, en ratifiant le traité, le Bundestag en réduisit considérablement la portée en insistant sur l'intégration militaire atlantique, la coopération avec les États-Unis, le respect des Communautés et la nécessité d'y admettre la Grande-Bretagne. Entre-temps, le général de Gaulle avait, dans sa conférence de presse du 14 janvier, écarté la candidature aux Communautés de la Grande-Bretagne, trop liée aux États-Unis et déclinait l'offre américaine de fusées nucléaires utilisables dans le cadre de l'OTAN.

N'ayant réussi, ni à créer un directoire de l'Alliance atlantique, ni à créer une Europe politique pour appuyer ses vues, le général de Gaulle, dans une troisième phase, en vint à reprendre sa liberté d'action, à pratiquer une politique des « mains libres ». Il n'était pas question de sortir de l'Alliance atlantique, et de Gaulle avait manifesté sa solidarité avec le président Kennedy lors de la crise de Cuba en 1962, mais du système militaire intégré. De Gaulle l'annonça au président Johnson le 7 mars 1966 : retour sous commandement national de toutes les troupes françaises en Europe, y compris celles stationnées en Allemagne fédérale, transfert hors de France des commandements militaires de l'OTAN et des bases américaines. Les autres membres de l'Alliance protestèrent par la déclaration de Bonn (18 mars) : l'affaiblissement de l'OTAN risquait de compromettre la sécurité de Europe, de provoquer le retrait des Américains, de laisser les mains libres à l'Allemagne. Le fossé s'approfondit avec le voyage en URSS du général de Gaulle, dès le 20 juin suivant, et le discours de Pnom Penh du 31 août critiquant la politique américaine au Vietnam. Voulant mettre à profit les premières fissures provoquées dans le bloc communiste par la déstalinisation, le général fit un voyage en Pologne en août 1967 et en Roumanie en mai 1968, mais l'intervention du Pacte de Varsovie à Prague, le 20 août, rendit illusoire cette politique de détente avec l'Est.

La nécessité d'une Europe politique n'en existait pas moins. Inquiets de la politique du général de Gaulle, les partenaires de la France cherchèrent à utiliser l'UEO. Pierre Harmel, ministre belge des Affaires étrangères, proposa, le 3 octobre 1968, de développer dans le cadre des Sept, une coopération dans tous les domaines non couverts par les Communautés, particulièrement dans ceux de la politique extérieure, de la défense, de la technologie, de la monnaie. Le gouvernement français y était hostile, ne voulant pas voir se constituer une Europe politique avec la Grande-Bretagne, d'autant que le général de Gaulle prononçait le 27 novembre son second veto à l'entrée de celle-ci dans les Communautés. Lorsque le Conseil de l'UEO entendit quand même tenir des réunions de consultation sur la politique internationale, en février 1969, la France pratiqua la politique de la « chaise vide » et le Conseil continua à se réunir sans elle. Elle reviendra le 5 juin 1970.

Avec le président Georges Pompidou, les perspectives avaient en effet changé. L'opposition de principe à l'entrée de la Grande-Bretagne était levée à la réunion au sommet de La Haye (1er-2 décembre 1969). Par ailleurs, la conférence posait le problème de l'union politique de l'Europe. C'est dans le cadre de la Communauté élargie qu'il faudrait l'aborder. Il s'agissait, selon le communiqué, de « permettre à l'Europe de jouer son rôle dans la détente internationale, l'équilibre du monde et la protection de la paix ». À cet effet le comité des directeurs politiques des Affaires étrangères, présidé par Étienne Davignon (Belgique), produisit un rapport concluant : « C'est dans le domaine de la concertation des politiques étrangères qu'il convient de faire porter concrètement les premiers efforts pour manifester aux yeux de tous que l'Europe a une vocation politique ». Cette concertation ne se ferait pas dans le cadre communautaire, mais par une procédure intergouvernementale, ce qui correspondait aux conceptions françaises, avec cependant des contacts avec la Commission et le Parlement européen, progrès par rapport au plan Fouchet, qui permettait de surmonter les réticences des partenaires de la France. Il ne s'agirait que de politique étrangère, les questions de défense étant exclues à cause des divergences sur l'OTAN.

Le mécanisme de la Coopération politique reposait sur le rapprochement des administrations des Affaires étrangères des États membres aux différents niveaux (ministres, directeurs politiques, services) avec réunions périodiques, mais sans création d'une structure particulière. Il s'agissait pour les ministres et leurs services de se consulter, de rechercher des positions communes sur des problèmes de relations internationales extérieures à la gestion des Communautés. La création du Conseil européen en 1974 permettra d'évoquer ces questions au niveau des chefs d'État et de gouvernement. Il ne s'agissait donc pas d'élaborer une politique étrangère de la Communauté, mais d'essayer de coordonner des politiques nationales, les États – surtout les « grands » – étant soucieux de préserver leur liberté d'action et l'unanimité étant la règle. Quant aux moyens d'actions, ils consistaient en démarches diplomatiques, envoi de mission, utilisation d'armes économiques (aides, embargos), mais souvent en simples déclarations.

Dans ces conditions, le bilan a été modeste et l'influence de la Communauté européenne sur les relations internationales bien limitée. Observateur à l'ONU depuis 1974, la CEE a obtenu une certaine harmonisation des votes de ses membres. Dans le cadre atlantique, « l'identité européenne » fut affirmée le 23 juillet 1973 par les ministres des Affaires étrangères qui, tout en reconnaissant qu'il n'y avait « pas d'alternative à la sécurité qu'assurent la présence des armes nucléaires des États-Unis et la présence des forces de l'Amérique du Nord en Europe », n'en demandaient pas moins que les relations avec les États-Unis s'établissent sur une base d'égalité et « n'affectent pas la détermination des Neuf de s'affirmer comme une entité distincte et originale ». Cette position de principe ne reposait toutefois sur aucun accord concret pouvant servir de base à une politique commune à l'égard des États-Unis. Bien plus, les Européens se désunirent lors de crise pétrolière de 1973 et la France refusa, à l'inverse de ses partenaires, de participer à l'Agence internationale de l'énergie proposée par les États-Unis et où leur influence était déterminante. Les Européens se divisèrent aussi lorsque Henry Kissinger, en 1973, voulut obtenir que les pays de la Communauté s'engagent à consulter les États-Unis avant toute décision qu'ils pourraient prendre en commun. Les partenaires de la France étaient disposés à accepter, mais le président Pompidou s'y opposa, estimant que les Neuf devaient d'abord se mettre d'accord entre eux avant d'informer les États-Unis. Une formule de compromis fut adoptée par le Conseil atlantique d'Ottawa (19 juin 1974) : les Alliés proclamaient leur volonté de s'informer mutuellement, mais sans engagement contraignant. Il était évident que la plupart des Européens continueraient à donner la priorité à leurs bons rapports avec les États-Unis et que ceux-ci pourraient s'informer auprès d'eux. Quant à la France, avec le nouveau président Giscard d'Estaing, elle allait mener une politique plus souple à l'égard des États-Unis sans pour autant tomber dans l'atlantisme.

C'est vis-à-vis de l'Est que la Coopération politique prit vraiment forme. À la Conférence sur la sécurité et la coopération en Europe (CSCE), les États de la Communauté réussirent à définir des positions communes et à affirmer une politique distincte de celle des États-Unis. Les Neuf se mirent d'accord sur un mandat de négociations et restèrent solidaires jusqu'à la signature de l'Acte final d'Helsinki (1er août 1975), d'autant qu'il s'agissait de principes et non d'intérêts précis. Le pays exerçant la présidence était le porte-parole unique des Neuf et les représentants de la Commission étaient présents lors de la discussion des aspects économiques. Ainsi les Neuf purent-ils avoir une grande influence dans la négociation, en raison aussi d'un relatif effacement américain.

À l'égard du Proche-Orient, la coopération politique s'est montrée active. Déjà la Communauté avait multiplié accords d'association et traités de commerce, mais la définition d'une politique globale se heurtait aux divergences des Neuf sur le conflit israélo-arabe. Un rapprochement se fit toutefois autour des thèses défendues par la France et un dialogue euro-arabe s'ouvrit en juin 1975 entre les représentants de la Communauté et les pays de la Ligue arabe, sans parler de pétrole ni d'Israël mais seulement de coopération économique et technique. Toutefois les Neuf tinrent à prendre position sur le conflit israélo-arabe, préconisant des négociations, un équilibre entre intérêts arabes et israéliens. Alors que les Américains réussissaient à amener Israël et l'Égypte à faire la paix (traité de Washington, 26 mars 1979), le Conseil européen de Venise (12-13 juin 1980) adoptait une déclaration affirmant le droit à l'existence et à la sécurité de tous les États de la région, y compris Israël et la reconnaissance des droits légitimes du peuple palestinien. Les Européens proposaient des formules de règlement de paix, mais n'étaient pas en mesure de les concrétiser.

Les Neuf adoptèrent également des positions communes sur le conflit de Chypre (1974), la guerre entre l'Irak et l'Iran (1980), sur la condamnation de l'apartheid en Afrique du Sud et sur le respect des droits de l'homme. Cette diplomatie, le plus souvent déclaratoire, s'est parfois manifestée par des démarches auprès des gouvernements, l'envoi de missions, des initiatives dans les instances internationales. Mais la

Coopération politique restait le plus souvent marginale par rapport aux politiques nationales des puissances européennes.

L'apport de l'Europe aux relations internationales

Si les pays d'Europe occidentale ont pu retrouver un rôle dans les relations internationales, c'est parce qu'ils ont su mettre fin à leurs affrontements et créer entre eux une certaine solidarité qui leur a permis de s'affirmer vis-à-vis de l'extérieur. Cette nécessaire union de l'Europe, objectif fondamentalement politique, ne pouvait être réalisée par l'adoption d'une constitution, comme le préconisaient les fédéralistes, en raison de la résistance des États-nations qui n'entendaient pas dépasser le stade de la coopération intergouvernementale. Pour progresser il fallait se placer sur le terrain moins sensible de l'économie, faire progresser l'intégration à la base afin de créer les conditions indispensables à une future organisation politique.

À cet égard, la déclaration Schuman du 9 mai 1950, préparée par Jean Monnet, a ouvert une voie nouvelle. « L'Europe ne se fera pas d'un coup, ni dans une construction d'ensemble ; elle se fera par des réalisations concrètes, créant d'abord une solidarité de fait ». La première étape fut la mise en commun du charbon et de l'acier, la seconde l'ouverture d'un marché commun général. Il ne s'agissait pas de simple libre-échange et de coopération, mais bien d'intégration avec des politiques communes et des institutions européennes dotées de pouvoirs. Il ne s'agissait plus de se livrer, entre pays voisins, à des négociations confrontant les intérêts nationaux pour aboutir à des compromis, mais de prendre conscience d'un intérêt commun, de trouver ensemble et de mettre en œuvre des solutions communes. Cette méthode nouvelle a pu être qualifiée de « révolution copernicienne » des relations internationales. Il s'agissait en effet d'une vision tout à fait différente des rapports entre entités nationales.

La méthode communautaire a réussi à créer un espace économique de l'Europe occidentale. « L'engrenage » de l'intégration a réussi : le Marché commun appelant l'Union douanière, la Politique agricole commune, le Système monétaire européen. Il a fonctionné parce que, à chaque étape, les États membres désiraient ou acceptaient un nouveau progrès. Sur le plan politique, les résultats ont été inégaux. Certes un système politique de la Communauté a été mis en place avec le « triangle institutionnel » original (Commission, Conseil des ministres, Parlement) assurant une dialectique entre les positions nationales et l'approche globale, pour l'élaboration des politiques communautaires dans le cadre des traités économiques et techniques. Mais la politique étrangère et la défense y ont échappé, restant du domaine de la coopération intergouvernementale. Il n'y a pas eu d'effet d'engrenage de l'économique au politique, en raison de la différence de nature des domaines et de la résistance des États pour conserver leur liberté d'action, au moins pour les puissances à vocation mondiale. Il n'empêche que l'intégration économique, en rapprochant les intérêts des pays participants, facilite la convergence des points de vue sur les relations avec l'extérieur. De plus, les relations économiques déjà communautarisées réduisent l'espace des diplomaties nationales aux problèmes principalement politiques.

La nouvelle conception des relations internationales, mise en œuvre par les Communautés européennes, peut-elle avoir une valeur universelle ? Oui en principe, mais la mise en œuvre dépend du cadre géographique. À l'échelle mondiale, sans doute pas, car l'hétérogénéité des entités politiques et économiques est trop grande. À l'échelon régional certainement, à condition que la régionalisation, qui s'est développée après la Seconde Guerre mondiale, ne consiste pas en ensembles trop vastes et déséquilibrés. Ainsi l'Organisation des États américains longtemps dominée par la puissance politique et économique des États-Unis. Ainsi le camp atlantique où l'influence américaine est souvent décisive. C'est à l'intérieur de ces vastes zones que des groupements plus restreints, plus homogènes ont cherché à s'intégrer pour défendre leurs intérêts et affirmer leur identité. L'Europe occidentale a ouvert la voie avec les Communautés. La méthode gradualiste de rapprochement volontariste à partir de l'économie a constitué une référence, pour l'Amérique latine (avec le Marché commun centraméricain, 1960 ; la Communauté des Caraïbes, 1974 ; l'Association latino-américaine d'intégration, 1980, etc.), pour l'Afrique décolonisée (Communautés des États de l'Afrique de l'ouest 1975, Communautés des États de l'Afrique centrale 1964).

Ainsi la mise en œuvre de la méthode communautaire proposée par l'Europe, en commençant par des unions douanières, permet-elle à des groupements régionaux de renforcer leurs relations internes, et leur capacité vis-à-vis du monde extérieur, donc, en fin de compte, de rééquilibrer les relations internationales globales.

I.

Europe and America, 1945-1973

L'Europe et l'Amérique, 1945-1973

Le plan Marshall ou les paradoxes de la collaboration belgo-américaine à la reconstruction de l'Europe

Ginette KURGAN-VAN HENTENRYK

Introduction

Dans un rapport d'évaluation des relations belgo-américaines de 1952, Paul van Zeeland soulignait le paradoxe selon lequel le pays le moins hostile aux États-Unis était celui qui avait été réduit à la portion congrue dans le plan Marshall. Il en imputait les raisons à la compréhension de la Belgique à l'égard des problèmes des autres pays européens et probablement à l'absence d'une ingérence américaine qui ailleurs s'était davantage fait sentir.[1] Sans être inexacte, c'était là une vision partielle de la réalité, inspirée sans doute par l'aggravation des tensions Est-Ouest.

En vérité, ce n'est pas le seul paradoxe des relations belgo-américaines à l'époque du plan Marshall. À cet égard, trois questions méritent d'être posées :

1. Pourquoi le pays européen le plus conforme au modèle américain a-t-il reçu le moins d'aide ?

2. Pourquoi, alors qu'il a reçu le moins d'aide, a-t-il été le plus actif dans la participation à la politique américaine d'intégration européenne ?

3. Pourquoi, en dépit de cette aide réduite, les États-Unis obtiennent-ils sans difficulté le ralliement des syndicats socialistes et chrétiens au plan Marshall, ralliement qui servira de prétexte à l'expulsion des communistes de l'appareil de la FGTB (Fédération générale du travail de Belgique) et à la rupture avec la Fédération syndicale mondiale ?

À examiner les choses de plus près, les relations belgo-américaines n'ont pas été aussi idylliques qu'il y paraît. En fait elles se sont

---

1 Projet de rapport sur les relations belgo-américaines rédigé dans le cadre d'une étude sur les relations entre l'Europe et les États-Unis, c. 1952, Université catholique de Louvain, Papiers van Zeeland.

déroulées en trois phases et se sont développées à deux niveaux, le niveau gouvernemental et celui de l'administration.

Ces trois phases sont :

1. Les négociations belgo-américaines de juin 1947 à juillet 1948, soit du discours de Harvard du 5 juin 1947 à l'accord bilatéral belgo-américain signé le 2 juillet 1948.

2. La mise en œuvre du plan Marshall et la contribution de la Belgique à la politique américaine d'intégration européenne d'avril 1948 à la chute du cabinet Spaak en juin 1949.

3. Le temps des désillusions avec l'arrivée de Paul van Zeeland aux Affaires étrangères et la détérioration des rapports belgo-américains en 1950-1952.[2]

Phase 1. Les négociations belgo-américaines (juin 1947-juillet 1948)

Pour comprendre les relations belgo-américaines à propos du plan Marshall, une question préalable se pose. La Belgique avait-elle besoin de l'aide américaine ? En juin 1947, la Belgique se distingue des autres pays européens par la rapidité de son redressement économique dont elle tire une grande fierté. Malgré la croissance spectaculaire de ses exportations, elle enregistre un déficit commercial important vu le déséquilibre de ses échanges avec les États-Unis. Son problème majeur réside dans l'incapacité de ses débiteurs européens de faire face à leurs engagements. Par ailleurs, la Belgique est le seul pays d'Europe libre de toute dette de guerre vis-à-vis des États-Unis.

---

[2] Cet article est fondé sur plusieurs études approfondies que nous avons consacrées au plan Marshall : « Le plan Marshall, un début de la construction européenne ? Approche de l'opinion belge » in M. Dumoulin (dir.), *La Belgique et les débuts de la construction européenne de la guerre aux traités de Rome*, Louvain-la-Neuve, Ciaco, 1987, p. 77-86 ; « Le plan Marshall et le développement économique de la Belgique » in E. Aerts *et al.* (dir.), *Studia Historica Economica. Liber amicorum et Liber alumnorum Herman Van der Wee*, Leuven, Leuven University Press, 1993, pp. 157-172 ; « La Belgique et le plan Marshall. Les négociations belgo-américaines juin 1947-juillet 1948 » in R. Girault et M. Levy-Leboyer (dir.), *Le plan Marshall et le relèvement économique de l'Europe. Actes du colloque tenu à Bercy les 21, 22 et 23 mars 1991*, Paris, Comité pour l'histoire économique et financière de la France, 1993 ; « La Belgique et le plan Marshall ou les paradoxes des relations belgo-américaines », *Revue Belge de Philologie et d'Histoire*, 71, 1993-2, pp. 290-353. Nous y renvoyons le lecteur pour les références aux sources et à la bibliographie antérieures à 1993. Depuis lors une partie importante des sources belges relatives au plan Marshall sont publiées : Kurgan-van Hentenryk, G. et Sirjacobs, I., *Documents diplomatiques belges 1941-1960. De l'indépendance à l'interdépendance*, Tome IV, *L'Europe : aspects économiques*, Bruxelles, Académie royale de Belgique, 2001.

La politique extérieure conduite par Paul-Henri Spaak depuis 1939 est inspirée par la conviction de la nécessité de la coopération internationale pour résoudre les problèmes politiques et économiques de l'après-guerre. Dans cet esprit, Spaak signe en septembre 1944 avec les Américains et les Britanniques l'accord secret leur réservant le monopole des livraisons d'uranium du Congo pendant deux ans. Le gouvernement belge participe activement à la mise en place des institutions internationales patronnées par les États-Unis. Sur ces facteurs politiques généraux se greffe l'existence de nombreux liens personnels des milieux dirigeants belges, hommes politiques, syndicalistes, intellectuels, hommes d'affaires, avec les États-Unis.[3]

Dans les plans américains d'aide à l'Europe, la Belgique ne figure pas parmi les pays prioritaires. Par contre, aux yeux des Américains, elle apparaît comme « a political and economic regime which is in closer accord with our principles and interests than that of any other continental country ».[4] La Belgique a aussi le mérite d'avoir fait œuvre de pionnier de l'intégration économique européenne en créant le Benelux. Par conséquent, il y a lieu pour les États-Unis de veiller à s'attacher la coopération belge dans les affaires internationales.

Tant que Spaak est aux commandes de la politique extérieure, l'entente belgo-américaine à l'échelle gouvernementale et des dirigeants de l'*ECA* (*Economic Cooperation Administration*) est excellente. Ici se pose une question controversée tant dans les écrits du temps que dans l'historiographie plus récente. Spaak a-t-il été l'instrument de la politique américaine d'intégration de l'Europe ?

La réaction du gouvernement belge au discours de Harvard et les choix décisifs effectués au cours de l'été 1947 invitent à une vision nuancée de la réalité.

Tout d'abord, il faut souligner que la réaction de la diplomatie belge au discours de Harvard est des plus réservées et ce pour deux raisons. À première vue, la situation économique de la Belgique n'en fait pas une bénéficiaire de l'aide américaine et en second lieu, à Bruxelles comme à Washington, on redoute la rupture avec l'Europe de l'Est. Le gouvernement belge est d'autant plus enclin à s'abstenir de toute manifestation d'intérêt spectaculaire qu'un différend oppose alors Spaak aux Américains à propos de l'accord sur l'uranium. Après le départ des communistes du gouvernement, Spaak demande avec insistance depuis

3 Dumoulin, M., *Spaak*, Bruxelles, Éditions Racine, 1999 ; Crombois, J.-Fr., *Camille Gutt 1940-1945. Les finances et la guerre*, Bruxelles, Éditions Quorum et Ceges, 2000.

4 Office of Intelligence Research, OIR Report N° 4402, 1947, National Archives (Washington), DS 097.3 Z/092 4402 (PS).

le mois de mai 1947 que l'accord soit rendu public. Il considère que la prolongation du mystère risque de faire plus de mal que de bien. Les Américains refusent de céder parce qu'ils veulent empêcher l'URSS de savoir la quantité d'uranium qu'ils ont obtenue.[5]

La Belgique ne sort de sa réserve que sous la pression des Pays-Bas qui veulent exploiter la bienveillance américaine à l'égard du Benelux qui est considéré comme le modèle à suivre par les pays européens. Dans cette conjoncture, le gouvernement belge fait trois choix décisifs :

1. Jouer la carte Benelux en acceptant un partage des rôles au sein du Benelux pour les négociations à mener. Les Néerlandais prennent en charge les problèmes économiques. Les Belges se réservent le règlement des problèmes monétaires et le rôle politique.

2. Priorité est accordée aux problèmes des paiements. Fier de ses succès économiques et malgré les avertissements précoces quant à leur caractère provisoire et à la nécessité de moderniser l'industrie, le gouvernement dans sa majorité opte pour une politique de libération des moyens de paiement.[6]

3. Le gouvernement décide d'établir des relations directes avec les États-Unis pour combattre l'hégémonie de la France et de la Grande-Bretagne dans la négociation et l'exécution du plan Marshall. Ce choix a pour résultat le soutien actif des États-Unis en faveur du Benelux et leur volonté de confier à Spaak la tâche de faire de l'OECE (Organisation européenne de coopération économique) l'instrument de l'intégration européenne.

Les premières entrevues de Spaak avec l'un des inspirateurs du plan Marshall, William Clayton, révèlent de profondes divergences de vues quant aux modalités de l'aide américaine et la conception des échanges européens. Libre-échangiste convaincu, le millionnaire texan et sous-secrétaire d'État aux affaires économiques rejette la suggestion de Spaak de répartir entre les pays européens l'augmentation de la production provenant de l'aide américaine. Il la juge incompatible avec la volonté américaine de promouvoir le libre-échange à l'échelle mondiale,

---

5 Vanderlinden, J. et Buch, P., *L'uranium. La Belgique et les puissances. Marché de dupes ou chef-d'œuvre diplomatique*, Bruxelles, De Boeck Université, 1995 ; Crombois, J.-Fr., *Camille Gutt 1940-1945*, *op. cit.*, p. 308 et s.

6 Lors du conseil des ministres du 1er septembre, le ministre des Finances Gaston Eyskens met néanmoins ses collègues en garde contre l'idée d'une convertibilité des monnaies européennes entre elles. « Un tel système suppose la constitution d'un fonds dont les pays relativement prospères font en général les frais ». Verachten, L. (dir.), *Procès-verbaux du conseil des ministres (1916-1949)*, CD-ROM, Archives générales du Royaume, Bruxelles, 2000 ; Eyskens, G., *De Mémoires*, Tielt, Lannoo, 1994, p. 237.

puisqu'elle favorise un commerce intereuropéen. Pour lui l'aide américaine doit consister principalement en dons de marchandises. Toutefois, la conviction de Spaak qu'en obligeant les pays européens à évaluer en commun leurs ressources et leurs besoins, à établir des programmes et promouvoir leurs relations commerciales, on les amènera progressivement à coopérer, converge avec l'objectif américain de réaliser l'intégration économique européenne.[7]

Malgré la bonne volonté des diplomates américains en poste à Bruxelles, inquiets de ce que la Belgique ne demande pas d'aide directe, malgré l'impression très favorable recueillie par la délégation du Congrès américain lors de sa visite à Bruxelles, la politique adoptée par le gouvernement belge en juillet 1947 a pour effet que lors de l'adoption de l'*Economic Cooperation Act* du 3 avril 1948, les Pays-Bas obtiennent l'attribution d'une aide considérable tandis que la part de la Belgique est réduite à la portion congrue. Par contre, à l'issue de laborieuses tractations, Spaak accède à la présidence de l'OECE. Le Département d'État a présenté Spaak au Président Truman en ces termes : « Prime Minister Spaak, a Socialist, is strongly anti-Communist and perhaps the ablest statesman in Europe today ».[8]

La négociation de l'accord bilatéral belgo-américain ne se révélera pas moins extrêmement laborieuse, certains membres du gouvernement considérant que la Belgique concluait un marché de dupes et que les dispositifs de contrôle prévus par les Américains pour l'exécution de l'*ERP* (*European Recovery Programme*) étaient inacceptables en vertu de la tradition libérale du pays. Ces objections seront balayées pour des motifs politiques et en raison de la priorité qu'il y avait lieu d'accorder à l'intégration européenne.

Ce qui se dégage de ces négociations belgo-américaines de 1947-1948, ce sont d'une part un décalage extraordinaire entre le discours officiel et l'opinion publique en Belgique quant aux bienfaits du plan Marshall et d'autre part les difficultés considérables rencontrées par le gouvernement belge pour en bénéficier.

Le décalage entre les milieux politiques et l'opinion est confirmé par les conflits au sein du mouvement syndical. Dès novembre 1947, le plan Marshall divise les milieux syndicaux. Tant les syndicats chrétiens que les dirigeants socialistes de la FGTB, dont certains entretiennent de bonnes relations avec les organisations syndicales américaines,

---

7 Sur l'entrevue Spaak-Clayton, cf. aussi la correspondance de Spaak citée par Dumoulin, M., *Spaak*, *op. cit.*, pp. 408-409.

8 Memorandum du secrétaire d'État adjoint Lovett pour Truman, 6 avril 1948, Truman Library, *Truman Papers*, Naval Aid File.

combattent la propagande communiste contre le plan Marshall en invoquant sa nécessité immédiate pour le relèvement de l'Europe. Le 16 décembre 1947, le bureau de la FGTB décide l'acceptation du plan et propose la réunion d'une conférence des syndicats des seize pays engagés dans les négociations avec les États-Unis. C'est le départ d'une utilisation délibérée du plan Marshall dans la lutte d'influence que se livrent socialistes et communistes au sein de la FGTB, lutte qui débouche sur l'expulsion des communistes de l'appareil de la FGTB et la rupture avec la Fédération syndicale mondiale en mars 1948.[9]

Phase 2. La mise en œuvre du plan Marshall et la contribution de la Belgique à la politique américaine d'intégration européenne (avril 1948-juin 1949)

La mise en œuvre du plan Marshall a déclenché en Europe des processus de développement bureaucratique qui nous sont devenus familiers. Leur origine réside autant dans les conflits de pouvoir entre l'administration Truman et le Congrès à majorité républicaine que dans les difficultés des pays européens à définir des positions communes face aux États-Unis. En imposant à chaque pays membre de l'OECE la signature d'un accord bilatéral, l'administration américaine nourrissait l'espoir de contrôler de plus près la réalisation des objectifs du plan Marshall sur le terrain tandis que le Congrès avait pour préoccupation majeure de veiller à ce que l'aide soit uniquement attribuée sous forme de livraison de biens et de services.

Nous ne nous attarderons pas aux circonstances de la mise en place du dispositif administratif belge. Au mois de mai 1948 l'Administration belge de coopération économique (ABCE) est créée et Spaak en confie la direction à son chef de Cabinet et secrétaire du Conseil des ministres Roger Ockrent. Sous sa férule, l'ABCE jouera un rôle essentiel dans la mise en œuvre du plan Marshall et l'élaboration de la politique belge vis-à-vis des États-Unis et de l'OECE.

Ici surgit un nouveau paradoxe des relations belgo-américaines : la Belgique, citée en exemple par les États-Unis pour son libéralisme économique, résiste farouchement au contrôle bureaucratique instauré par l'*ECA* pour appliquer un plan motivé par la défense de l'économie de marché en Europe. La lecture des archives révèle que c'est la résistance à l'ingérence américaine qui est à l'origine de la renonciation par la

9 Grosbois, T., « L'attitude des syndicats socialistes néerlandais, belge et luxembourgeois à l'égard du Benelux, du plan Marshall et de l'OECE, 1946-1950 » in É. Bussière et M. Dumoulin (dir.), *Milieux économiques et intégration européenne en Europe occidentale au XX*e *siècle*, Arras, Artois presses université, 1998, p. 340 et s.

Belgique à l'aide directe. Systématiquement, les fonctionnaires belges recherchent toute solution allégeant les procédures administratives de récupération des fonds, tout en s'efforçant de faire admettre le financement via l'*ERP* de l'importation du plus grand nombre de produits. Cette résistance a été vécue intensément au sein de l'administration qui s'est soigneusement abstenue d'en faire état à l'extérieur. Au contraire, en exécution de l'accord bilatéral, l'ABCE a veillé à donner une large publicité au plan Marshall et à tous les aspects de la coopération européenne. Ceci explique sans doute que malgré les désillusions ressenties à la fin du plan Marshall, les États-Unis ne sont pas mis en cause, la responsabilité de l'échec étant imputée au manque de coopération des pays européens.

Les difficultés rencontrées sur le terrain pour l'exécution du plan Marshall contrastent avec la coopération entre le gouvernement belge et les responsables américains du plan Marshall pour réaliser l'intégration économique de l'Europe. Les relations de Spaak avec Paul Hoffman, qui dirige l'*ECA*, et Averell Harriman, représentant spécial de l'*ECA* en Europe, sont excellentes. Dès le départ, ils ont partagé l'opinion qu'il fallait faire de l'OECE le moteur de cette intégration. La décision américaine de confier à l'OECE la tâche de répartir l'aide américaine entre les pays membres entrait dans les vues de Spaak et de Snoy. Elle avait pour inconvénient que leur position à la présidence du conseil de l'OECE, et la nécessité d'arbitrer les conflits d'intérêts lors de la fixation du montant de l'aide américaine et de sa répartition, les contraignaient à modérer les demandes belges.[10]

Au cours de l'été 1948 la collaboration belgo-américaine atteint son sommet avec la mise au point de l'aide conditionnelle, premier pas vers la création d'un système de paiements européen dont la Belgique a fait un objectif prioritaire. La Belgique obtient contre le gré des Britanniques un revirement de la politique américaine. Dans sa conception initiale, celle-ci visait à résoudre le problème des déficits européens envers la zone dollar. Grâce à l'appui des fonctionnaires du Trésor américain qui apprécient l'orthodoxie de la politique financière belge, les États-Unis acceptent d'accorder aux pays créanciers une somme en dollars, à condition que ceux-ci mettent à la disposition de leurs partenaires européens un montant équivalent en monnaie nationale. Ainsi les pays débiteurs se voient-ils attribuer un droit de tirage sur les

---

[10] Secrétaire général du ministère des Affaires économiques, le baron Jean-Charles Snoy était, avec le directeur de la Banque nationale Hubert Ansiaux et Roger Ockrent, l'un des proches collaborateurs de Spaak pour les négociations et la mise en œuvre du plan Marshall. Il fut nommé suppléant de Spaak à la présidence de l'OECE.

pays dont la balance des paiements prévisibles est en boni, ce qui permet d'établir un système de compensation entre créditeurs et débiteurs européens.

En confiant à l'OECE la tâche de proposer la répartition de l'aide, en mettant au point l'aide conditionnelle pour amorcer un système de paiements intra-européens, les États-Unis n'avaient pas obtenu de résultat satisfaisant dans la poursuite d'un des objectifs majeurs du plan Marshall. Dès l'été 1948, ils s'engagent dans une troisième tentative, renforcer l'autorité de l'OECE avec le concours de Spaak. C'est ici en particulier que la pertinence de l'image de Spaak comme instrument de la politique américaine doit être vérifiée.

Dès juillet 1948, il y a accord entre Spaak, Robert Schuman qui vient d'arriver au Quai d'Orsay, Hoffman et Harriman sur la nécessité de placer à la tête de l'OECE une personnalité politique d'envergure internationale capable d'en faire le fer de lance de la coopération européenne à long terme. En octobre 1948, Harriman propose officiellement à Spaak le poste de directeur général de l'OECE. Tant l'ambassadeur des États-Unis à Bruxelles qu'Ernest Bevin mettent en garde contre le risque d'un abandon par Spaak de sa position de Premier ministre qui lui ferait perdre son influence dans la construction de l'Europe occidentale. Spaak décline la proposition mais tente d'utiliser sa position de président du conseil de l'OECE pour la renforcer sur le plan politique. Ainsi s'engage une partie de bras de fer avec les Britanniques dont l'enjeu dépasse la personnalité de Spaak et se cristallise sur le problème du rôle envahissant de Harriman.

Suite à la défaite électorale des socialistes en juin 1949 et à la relance de la campagne américaine pour la réorganisation de l'OECE, Spaak est prêt à accepter le poste de directeur général de l'OECE et à prendre ses distances par rapport à la politique belge envenimée par la question royale. Malgré l'action diplomatique américaine, malgré le soutien de Paul van Zeeland qui lui succède aux Affaires étrangères et l'accord des autres partenaires européens, Spaak se heurte à une opposition irréductible du gouvernement travailliste britannique. Exaspéré, Spaak ne se privera pas de critiquer publiquement la politique européenne du cabinet travailliste à la veille des élections britanniques, ce qui aura pour conséquence le refroidissement du secrétaire d'État américain Dean Acheson à son égard et le relâchement de la pression du Département d'État en faveur de sa nomination.[11] La tentative américaine de placer Spaak à la tête de l'OECE échoue en janvier 1950. Cet échec fournira d'ailleurs au

---

11 Sur les rapports orageux de Spaak avec les Britanniques qui le surnommaient « superman », cf. Dumoulin, M., *Spaak*, *op. cit.*, p. 434 et s.

Congrès américain le prétexte pour demander la réduction du montant de l'aide proposé par Truman.

Phase 3. Le temps des désillusions (1950-1952)

Malgré la collaboration prêtée par van Zeeland aux manœuvres américaines pour confier la direction de l'OECE à Spaak, les relations avec l'*ECA* se dégradent dès la fin de 1949 face aux exigences croissantes de contrôle américain sur l'usage des marchandises importées des États-Unis. La publication du rapport Robinson sur la situation de l'industrie charbonnière belge déclenche de violentes polémiques au printemps 1951, en pleine négociation du plan Schuman. Contrairement à d'autres pays bénéficiaires du plan Marshall, la Belgique rencontre de grandes difficultés pour obtenir des fonds pour l'envoi de missions de productivité. Par ailleurs, les espoirs placés dans l'aide conditionnelle sont déçus, dans la mesure où les pays bénéficiaires n'utilisent pas ou limitent leurs droits de tirage sur la Belgique, ce qui la prive de la possibilité de disposer d'importantes sommes en dollars. De plus le gouvernement belge prend conscience de ce que les pays voisins ont largement utilisé les fonds Marshall pour moderniser leurs industries.

Au printemps 1950, on assiste à un revirement complet de la politique belge. Le 14 mars 1950, Snoy, Ansiaux et Ockrent, qui tous trois comme proches collaborateurs de Spaak avaient privilégié la politique d'intégration économique européenne en modérant les revendications belges, rallient van Zeeland à la décision de demander de l'aide directe aux États-Unis pour faire face aux besoins d'investissement du pays. Ils sont bien décidés à la monnayer contre l'adhésion de la Belgique à la future Union européenne des paiements (UEP).

Ainsi se trouve-t-on devant un nouveau paradoxe des relations belgo-américaines. C'est au moment où les États-Unis ont convaincu la Grande-Bretagne d'adhérer à l'UEP que les rapports belgo-américains se grippent. Les États-Unis refusent de prendre en considération la détérioration de l'économie belge, liée en partie à l'accroissement de la capacité concurrentielle acquise par ses voisins grâce aux fonds Marshall. Non seulement ils rejettent la demande d'aide directe du gouvernement belge, mais le forcent à augmenter ses crédits aux autres pays européens. Cette fois la Belgique devient un obstacle au seul succès obtenu par les États-Unis en matière d'intégration européenne. Mais elle est aussi devenue victime du préjugé forgé par les succès d'après-guerre et ancré dans l'opinion américaine sur la prospérité de son économie.

Le déclenchement de la guerre de Corée reléguait dès la fin de 1950 l'intégration européenne au second plan au profit des impératifs de défense. La Belgique arrive trop tard. Le rapprochement anglo-américain au début de 1950 et l'abandon de l'intégration européenne au profit des objectifs de sécurité compromettent définitivement un concours significatif des États-Unis au développement économique de la Belgique, sans mettre pour autant en question la participation belge à l'Alliance atlantique et son soutien à l'OECE. Il n'en demeure pas moins qu'à l'expiration du plan Marshall, une certaine amertume règne en Belgique. Il est vrai qu'en 1952 le bilan économique du plan Marshall n'était guère brillant. La part belge dans l'aide américaine représentait moins de 5 %, soit 559 millions sur 12,4 milliards de dollars. Encore la part de dons et de prêts était-elle dérisoire, soit 32 et 68 millions comparés aux 796 et 149 millions encaissés par les seuls Pays-Bas. Qui plus est, les lenteurs et tracasseries administratives avaient eu pour résultat que les dons avaient été à peine utilisés. Au Parlement, des membres de la majorité ne se privèrent pas de dénoncer le préjudice subi par la Belgique « pour avoir trop bien travaillé à la reconstruction économique du monde et à la défense de la civilisation ».[12]

L'heure n'était pas encore venue de la prise de conscience de la part de responsabilité des milieux dirigeants belges dans ce constat désabusé.

[12] D'Aspremont-Lynden, H., « Rapport de la commission du Sénat sur le budget du ministère des Affaires étrangères pour l'exercice 1952 » in *Documents parlementaires, Sénat*, session 1951-1952, n° 7, séance du 13 novembre 1951, p. 14.

International Organisations and Regional Integration

The IMF and the EPU (1946-1958)[1]

Jean-François CROMBOIS

Introduction

The creation of the European Payments Union (EPU) in 1950 is considered to be the first attempt by Europeans to solve the monetary and financial problems they had inherited from the Second World War. The EPU's contribution to European integration has not been as significant as that of the European Coal and Steel Community (ECSC). Nevertheless, the issue of its relations with the International Monetary Fund (IMF) sheds an informative light on the dynamic between regional integration and international organisations. Regional integration, as reflected in the EPU, and international organisations such as the IMF, have not evolved as separate entities, but rather interact with each other. As a result, they create a dynamic which shapes their mutual relations.

This chapter addresses the issue of the IMF's relationship with the EPU. It will argue for a revision of the IMF's attitude towards Europe. From a methodological point of view, the chapter is based on IMF material as well as material taken from the personal archives of its first Managing Director, Camille Gutt.[2] It will emphasise the formation of policies within the IMF, as well as external constraints, such as the IMF's relations, on one hand, with the US, and on the other hand, with its West European member states.

1 This chapter was written while the author was a Postdoctoral Wiener-Anspach Fellow at Balliol College, Oxford University, between 1999 and 2002. The author gratefully acknowledges the support of the Philippe Wiener-Maurice Anspach Foundation for his post-doctoral research.

2 On Camille Gutt, see Crombois, J.-F., *Camille Gutt. Les finances et la guerre 1940-1945*, Brussels, Quorum/Ceges, 1999.

The Bretton Woods System and European Reconstruction

In July 1944, the creation of the Bretton Woods institutions was aimed at dealing with the monetary and financial problems resulting from the Second World War.[3] For its British and American architects, the restoration of an international liberal monetary regime was seen to be as important as the new system of collective security embodied in the new United Nations Organisation.[4]

The Bretton Woods system consisted of new binding international agreements leading to the creation of two international institutions: the IMF and the International Bank for Reconstruction and Development (IBRD).[5] This new international regime was based on the principle of universalism. It was designed to encompass all the Allied and Associated Nations, including the Soviet Union. Only at the end of 1945 did the Soviets announce their decision not to attend the Savannah Conference planned to implement the Bretton Woods agreements.[6]

According to its constituting instrument, the authority of the IMF is exercised by the Board of Governors, the Board of Executive Directors and the Managing Director. General jurisdiction of the Fund is vested in a Board of Governors consisting of representatives of the member states (for the most part Ministers of Finance). The Board of Executive Directors, made up of elected and appointed members, is responsible for the conduct of the general operation of the Fund. Ordinary business (and staff management) is carried out by the Managing Director under the supervision of the Board of Executive Directors.[7] In May 1946, as a result of the Savannah Conference, the position of IMF Managing Director fell to a European and the presidency of the IBRD to an American. Camille Gutt, former Minister of Finance in the Belgian

---

3 On the negotiation process, see Van Dormael, A., *Bretton Woods. Birth of a Monetary System*, New York-London, Macmillan, 1978; Gardner, R.N., *Sterling-Dollar Diplomacy in Current Perspective: the Origins and Prospects of Our International Order*, New York, Columbia University Press, 1988; James, H., *International Monetary Cooperation since Bretton Woods*, Washington, DC, International Monetary Fund, International Monetary Fund, 1996.

4 Morgenthau Jr., H., "Bretton Woods and International Cooperation", *Foreign Affairs*, No. 2, January 1945, pp. 175-188.

5 Simmons, B.A., "The Legalisation of International Monetary Affairs", *International Organization*, 54/3, No. 8, pp. 387-315.

6 James, H., *International*, *op. cit.*, pp. 48-49.

7 Hexner, E., "The Executive Board of the International Monetary Fund: A Decision-Making Instrument", *International Organization*, Vol. 18, No. 1, Winter 1964, pp. 74-96.

Government-in-exile in London during the Second World War, was elected as head of the IMF.[8]

The decision-making process within the IMF is based on a system of quotas. The quotas or contributions of each member to the capital determine their voting strength and the amount of their drawings.[9] In 1944, the determination of the quotas led to a first rift between the Americans and the Europeans. The French took the lead in the protest against the importance of the American bloc compared to the European bloc. Only in October 1946 was the French quota re-evaluated from USD $450 million to $525 million,[10] less though than the three big powers, the United States, the United Kingdom and China.[11]

The main authority of the IMF concerns two main areas. The first of these concerns the determination of the fixed par values, i.e. the definition of the exchange rate and the obligation of the member states to consult the IMF and obtain prior approval for any devaluation of more than 10%. The second consists of the declaration of scarcity, i.e. the possibility, as a last resort, for the IMF to allow its members to restrict their trade in a currency facing a scarcity situation.[12]

Thus the Bretton Woods system was designed to restore a liberal economic order based on international cooperation. But this restoration left the Europeans facing a dilemma. One the one hand, they would have to open their economies while, on the other, this opening was difficult unless a new equilibrium was found between Western Europe and the USA as the main source of credit.[13]

This dilemma was exemplified by the dollar shortage. The dollar shortage was defined as a situation of an excess demand for dollars over the dollars supplied, the difference being made up by borrowing from

8 Crombois, J.-F., "Camille Gutt et la création du Fonds Monétaire International", *Relations Internationales*, 99, Fall 1999, pp. 289-305.

9 Altman, O.L., "Quotas in the International Monetary Fund", *IMF Staff Papers*, Vol. V, 1956-1957, pp. 129-150.

10 All figures are quoted in US dollars.

11 Bossuat, G., "La France et le FMI au lendemain de la Seconde Guerre mondiale" in *La France et les institutions de Bretton Woods 1944-1994. Colloque tenu à Bercy les 30 juin et 1er juillet 1994*, Paris, Comité pour l'histoire économique et financière de la France, 1998, pp. 17-21.

12 Perroux, F., "Les Accords de Bretton Woods. Ce que chacun doit savoir" in F. Perroux, *Œuvres complètes*, Vol. I: *L'Europe dans le monde. Textes complémentaires sur la coexistence pacifique*, Grenoble, Presses universitaires de France, 1992, pp. 68-72.

13 *Economic Survey of Europe since the War*, Geneva, United Nations, 1953, pp. 25-33.

the US.[14] In order to fill the dollar shortage, Europeans could try to increase their imports from non-dollar countries and increase their exports to dollar countries in order to displace American goods in these markets.

In Western Europe, bilateral payment agreements were concluded in the aftermath of the Second World War. These agreements were based on the provisions of reciprocal credit margins being settled either in gold or in dollars. But the system of bilateral agreements quickly reached its limits due to the different levels of economic recovery among European countries.[15] For instance, Belgium became the main creditor of the United Kingdom and France. As a result, the Belgians pressed the French and the British to settle their accounts. This situation led in 1948 to the British imposing import licences for Belgian products.[16]

It would certainly be wrong to say that these economic problems were ignored by post-war planners. First, the Bretton Woods agreements included provisions for a transition period of five years, but this was short-lived after the conclusion, in 1946, of the financial agreement between the UK and the USA.[17] According to this agreement, the British had to restore a sterling convertibility at the end of the year following its ratification. Second, trade in commodities and trade liberalisation problems were to be taken charge of by a new international organisation, the International Trade Organisation. However, this project never came to fruition, after the American refusal to ratify the 1948 Havana Charter.[18]

The IMF and European Reconstruction: Dollar Scarcity and Par Values

In the two first years of its creation, the IMF had to face two key issues that would have important consequences for the process of European reconstruction and for the future of economic cooperation. The first was the question of whether the IMF should declare the dollar a "scarce" currency under the terms of the Bretton Woods agreements. The second was the issue of France's ineligibility for IMF drawings.

---

14 Harris, S.E., "Dollar scarcity: some remarks inspired by Lord Keynes", *Economic Journal*, June 1947, 228, pp. 165-178.

15 "European and Trade Payments", *The Economist*, 19 June 1948, p. 1027.

16 Craincross, A., *Years of Recovery. British Economic Policy 1945-1951*, London, Methuen, 1987, pp. 88-120.

17 "USA Foreign Assistance", *Federal Reserve Bulletin*, Vol. 34, September 1948, pp. 1995-2000.

18 Diebold, H., "The End of the ITO" in *Essays in International Finance*, Princeton, Vol. 16, October 1952, pp. 11-37; Gardner, R.N., *Sterling*, *op. cit.*, pp. 136-148.

According to the scarcity clause provisions, the IMF had the right to declare a currency as scarce when facing a shortage of supply in this currency. In August 1948, the IMF's Executive Board started discussing whether the dollar shortage justified a declaration of scarce currency.[19] Officially, the IMF's own Research Department explained the dollar shortage as a result of a production gap in Western Europe. In other words, it was not due to the failure of the US to import European goods but rather the consequence of abnormal levels of American exports.[20] However, another document in the IMF archives tells a different story, one less favourable to the US. This document highlighted the consequences of the lifting of price controls by the Truman administration.[21] This decision was part of a new economic policy aimed at promoting private enterprise and reducing the tax burden.[22] The policy had two important consequences for Western Europe. The first was a decrease in the purchasing power of the loans, grants and credits from the US. The second was the risk of a knock-on inflationary effect which would undermine the financial stabilisation policies carried by most Western European governments. Therefore, the IMF pointed out that even if the US were not responsible for the dollar shortage, they were nevertheless responsible for the intensification of the dollar scarcity.[23] One solution would be to devalue the dollar in order to alleviate the Europeans' financial predicament. But this solution would meet major obstacles. The first of these was the difficulty of convincing the US public that their currency had lost part of its value. No less troublesome was the second difficulty of contemplating a dollar devaluation, given that the link between gold and the dollar was paramount in the Bretton Woods agreement. Thirdly, it became clear that US authorities were reluctant to accept an adjustment of the dollar to promote exchange stability but rather expected their partners to adjust to the changing American economic policy.[24]

The second issue concerned the IMF's decision to declare the French ineligible to draw on their quota. This issue was the result of the IMF

---

19 Archives International Monetary Fund (AIMF), Board of the Executive Directors (BED), Meeting 206, 14 August 1947, p. 5.

20 AIMF, Staff Memo 109, June 1947: "Scarce Currency Provisions Archives of the International Monetary Fund (AIMF of the Fund Agreement)".

21 AIMF, "The Monetary Fund and the Dollar Scarcity, 3 September 1947", author non-identified.

22 Higgs, R., "From Central Planning to the Market: the American Transition", *The Journal of Economic History*, Vol. 59, 3 (September 1999), pp. 599-623.

23 AIMF, "The Monetary", *op. cit.*, p. 2.

24 *Ibid.*

"par values" policy. At first, the IMF decided to agree on the existing European exchange rates as a starting basis.[25] As a consequence, most Western European currencies were over-valued against the dollar. The IMF claimed that this was not a problem as long as the Western Europeans needed to supply their economies with primary goods in order to re-start their industrial activities. In 1948, the French asked the IMF to agree to a 44% devaluation of their currency. This change in the French par value was part of an economic package put forward by France's new Finance Minister, René Mayer and Prime Minister Robert Schuman in order to balance the national public finances.[26] The French authorities informed the IMF's Managing Director, Camille Gutt, of their plans during a visit in Paris in August 1947. During the talks, Gutt told the French that if the IMF agreed to the French devaluation it would certainly object to their plans for multiple exchange rates.[27]

In December 1947, the French sent a high-profile delegation to Washington led by the former Finance Minister, Pierre Mendès France. The American administration was divided on the French plan. The Department of State supported it, knowing that the future of Schuman's government was at stake.[28] A failure would lead to new elections and the possibility of the return of the Communists to power. The Treasury Department was more reluctant to accept what was considered an infringement to the Bretton Woods agreements. More importantly, the Treasury was worried that the multiple exchange rates would accentuate the pressures on the devaluation of sterling.[29]

The French Cabinet refused to reconsider its plans, even after the sustained lobbying efforts of the IMF's Managing Director. As a result,

---

25 Gutt, C., "Exchange Rates and the International Monetary Fund", *The Review of Economics and Statistics*, May 1938, pp. 81-90.

26 On the origins of the Schuman Plan, see Bossuat, G., *La France, L'aide américaine et la construction européenne, 1944-1954*, Paris, Imprimerie nationale, 1992, Vol. I, pp. 266-273. In 1947, Mayer succeeded Schuman as Finance Minister as the latter became Prime Minister.

27 These events are described in a letter of Gutt to Ansiaux, Centre for Historical Research and Documentation on War and Contemporary Society, Brussels, (CEGES), Gutt Papers (GP) 98, "Gutt to Ansiaux 9 March 1948", pp. 4-8.

28 *Foreign Relations of the United States*, Vol. II: *Western Europe*, "Caffrey to the Secretary of State, 14 January 1948", Washington, DC, US Government Printing Office (hereafter USGPO), p. 605.

29 "Minute of the NAC 20 January 1948", pp. 594-595 in *Foreign Relations of the United States*, Vol. II: *Western Europe*, "Minute of the NAC 20 January 1948", Washington, DC, USGPO, pp. 594-595.

the Executive Board of the IMF decided on 19 January 1948 that France be declared ineligible to use IMF resources.[30]

The severity of the IMF decision surprised the Europeans and shocked the French. Good friends of Camille Gutt, such as Hubert Ansiaux, Director of the National Bank of Belgium and father of the early inter-European payment schemes, rejected the IMF decision, believing it ignored the economic problems of Western Europe. To Gutt, Ansiaux wrote: "The general feeling is that the Fund has acted more like a Court of last resort, relying on rigid principles rather than like a financial expert who would seek reasonable and humane solutions".[31]

In answering these criticisms, Camille Gutt explained the three main reasons for the IMF's decision. First, the decision was the logical consequence of the Bretton Woods' agreement provisions. For the IMF to allow multiple exchange rates would be to risk the collapse of the Bretton Woods' regime based on fixed-exchange rates. Second, the credibility of the IMF was at stake in the context of the early discussions of its participation in the Marshall Plan. Finally, there were the likely consequences for sterling. There was no doubt that the new cross-rate sterling/dollar would have revealed the extent to which the pound was overvalued towards the dollar.[32] As former Minister of Finance in the Belgian government in exile during the Second World War and witness of the cost of the conflict for the British, Camille Gutt was not ready to precipitate the collapse of sterling. As he wrote to Ansiaux:

> The world has long lived on the solidity of three key currencies. Before the First World War [there was] the French Franc, the Pound Sterling and, a bit less solidly, the Dollar. After the Great War, the Dollar and, a little less solidly, the French Franc. At the moment, the French Franc is out of the picture. The Dollar has maintained its primacy (In the Land of the Blind, the one-eyed man is king, and England, if you will, is playing the role of one-eyed man in the sense that the pound has been shaken but remains, to a certain degree, a world currency). Is it in our interest to precipitate its collapse? Personally, I think not.[33]

---

30 AIMF, BED, "Meeting 249, 19 January 1948", p. 7.

31 "Le sentiment général est que le Fonds a agi plus comme un tribunal en dernier ressort sur la base de principes rigides que comme un expert financier qui chercherait des solutions raisonnables et humaines", CEGES, GP 98, "Ansiaux to Gutt 16 February 1948", p. 2.

32 "The Franc devalued", *The Economist*, 31 January 1948, p. 4.

33 "Le monde a vécu longtemps sur la solidité de trois monnaies clés. Avant la guerre de 1914 le franc français, la livre sterling et un peu moins solidement le dollar. Après la Grande Guerre, le dollar, un peu moins solidement le franc français. Pour le moment le franc français est écarté. Le dollar a gardé sa primauté (dans le royaume des aveugles les borgnes sont rois, et l'Angleterre si vous voulez joue le rôle du

With regard to the French, the IMF's decision reinforced their hostility to the Bretton Woods agreements. As a result, they had to find a European solution to their monetary and financial problems without involving the IMF. The search for this European solution was supported by the US Department of State within the framework of the Marshall Plan, in which France would occupy a central position.

The IMF and the Marshall Plan

In 1947, the changing political conditions in Europe, the deadlock on the future of Germany and the assessment of the economic challenges of reconstruction led the Truman administration to launch a new aid programme known as the Marshall Plan or European Recovery Programme (ERP).[34] Although the Marshall Plan did not reveal a profound change in the US foreign economic policy, it did constitute a departure from the 1944-1946 basis. Economic foreign policy was henceforth linked with short-term political and security objectives. Within the Truman administration this change of priorities translated into a growing overlap between the State Department, the newly created Economic Cooperation Administration (ECA) and the Treasury Department.[35] As its main objective, the Marshall Plan was designed to boost industrial and agricultural production as well as monetary stabilisation and trade liberalisation in Western Europe.[36]

Personal, public and official support from Camille Gutt for the Marshall Plan was immediate. In a public lecture at The Hague, the Managing Director stated: "The development of a common recovery programme would have provided a unique opportunity for all European countries to work together in a cooperative enterprise of the highest importance for their general well-being".[37] To the Belgian Minister of Foreign Affairs, Paul-Henri Spaak, he nevertheless confessed:

---

borgne en ce sens que la livre est secouée mais qu'elle est restée dans une certaine mesure une monnaie mondiale). Avons-nous intérêt à précipiter son effondrement ? Personnellement, je ne le crois pas", CEGES, GP 98, "Gutt to Ansiaux 6 mars 1948", p. 1.

34 On the Marshall Plan, see Milward, A.S., *The Reconstruction of Western Europe 1945-1951*, London, Methuen, 1984; Hogan, M.J., *The Marshall Plan. America, Britain and the Reconstruction of Western Europe*, Cambridge, Cambridge University Press, 1987.

35 Arkes, H., *Bureaucracy, the Marshall Plan and the National Interest*, Princeton, Princeton University Press, 1972, pp. 224-28.

36 Maier, Ch., *In Search of Stability. Explorations in History Economy*, Cambridge, Cambridge University Press, 1987, pp. 95-139.

37 CEGES, GP 35, "The Hague Lectures March 1948", pp. 35-36,

"Unfortunately, I remain sceptical of the ability of Western Europe to agree on a common economic plan".[38]

According to Gutt, the main obstacle would come from the French and their lack of commitment to a new liberal trade policy. In this respect, the IMF Managing Director made no secret of his support for Jean Monnet.[39] At the same time, he considered that, thanks to the prestige of his position as President of the First United Nations General Assembly, Spaak was the best person to take charge of the future of European cooperation.[40]

In January 1948, the IMF was confronted with the question of whether countries taking part in the Marshall Plan should be allowed to draw on IMF resources. The Executive Board decided that they should not. The main reason given was that, according to the IMF Research Department, European countries would still have a deficit towards the US at the end of the Marshall Plan in 1952.[41] Therefore, it would be prudent for them to keep their reserves for that period. But the US Executive Directors declared that the IMF was not to be involved in the Marshall Plan as its main objectives concerned reconstruction needs rather than short-term financial aid.[42] In April 1948, the IMF released its ERP decision stating that purchases of US dollars from the Fund would be allowed only in exceptional and unforeseen circumstances.[43]

As far as IMF and the ECA relations are concerned, the Board of the Executive Directors recognised the need to maintain a close relationship between the two organisations. In this respect, the US Executive Director, Andrew Overby, stated that the ECA would not interfere in

---

38 "Je reste malheureusement sceptique sur la capacité de l'Europe occidentale de se mettre d'accord sur un plan économique d'ensemble", CEGES, GP 136, "Gutt to Spaak 21 June 1947", p. 1.

39 *Ibid.*, p. 2.

40 It should be pointed out that the Americans tried unsuccessfully in 1948 to appoint Spaak to a possible position of Managing Director of the OEEC in order to re-launch their attempts to promote European integration, see Kurgan-van Hentenryk, G., "La Belgique et le plan Marshall ou les paradoxes des relations belgo-américaines", *Revue Belge de Philologie et d'Histoire*, Vol. LXXI, 1993/2, pp. 290-354; Dumoulin, M., *Spaak*, Bruxelles, Racine, 1999, pp. 423-425; CEGES, GP 136, "Gutt à Spaak 21 June 1947", p. 2.

41 AIMF, "Material for Summarisation of the Marshall Plan Discussion", pp. 8-9.

42 AIMF, BED, "Meeting 253, 21 January 1948", p. 4.

43 Horsefield, J.K. & Lovassi, G., "Evolution of the Fund's policy on Drawings" in M. De Vries & J.K. Horsefield (eds.), *The International Monetary Fund 1945-1965*, Vol. II: *Analysis*, Washington, International Monetary Fund, 1969, p. 394.

IMF activities. Nevertheless, he added that the cooperation between the two organisations should remain informal.[44]

At the personal level, Camille Gutt, as a former businessman, enjoyed good relations with the ECA staff, dominated by fellow businessmen: Paul Hoffman, head of the ECA; Averell Harriman, ECA special representative in Europe; Richard Bissel, Executive Secretary and William Clayton, former Under-Secretary of State who served on the ECA investment panel. During a European trip in the summer of 1948, Camille Gutt and Edward Bernstein met the ECA officials in Paris. From these discussions, the IMF's Managing Director remained optimistic about the prospect of close cooperation with the ECA. To the Executive Directors, he stated: "When in France we had a meeting with Mr Hoffman and Mr Harriman. The people there were manifestly struck by the close liaison and understanding existing between the two organisations, and I may say that it increased their respect for the Fund".[45]

The IMF and the EPU

One of the main issues of interest to the IMF was the question of payment and trade liberalisation in Western Europe. Following the Marshall Speech of June 1947, Europeans decided to set up a pan-European organisation, the Committee for European Economic Cooperation – later renamed Organisation for European Economic Cooperation (OEEC) – designed to administer the European Recovery Programme (ERP). During the conference of the sixteen nations taking part in the ERP, the Belgian Hubert Ansiaux presented a plan aimed at creating a system of compensation between European countries.[46] The plan introduced the concept of transferability of the European currencies, aimed at paving the way for their convertibility in gold and in dollars. The Europeans also agreed to use part of the US aid to finance the system until full convertibility was achieved. Finally, the OEEC decided to create a special committee in charge of payment problems, the Committee on Payments Agreements, under the chairmanship of Hubert Ansiaux.

In September 1947, the Payment Committee decided to convene a technical conference in London. During the conference, the British

44 AIMF, BED, "Meeting 253, 21 January 1948", p. 4.

45 AIMF, BED, "Meeting 356, 1 September 1948", p. 5.

46 Godts-Peters, S., "Le rôle des Belges dans l'élaboration d'un système de paiements en Europe, de 1947 à l'Union européenne des Paiements" in M. Dumoulin (dir.), *La Belgique et les débuts de la construction européenne, de la guerre aux traités de Rome*, Louvain-la-Neuve, CIACO, 1987, pp. 89-105.

decided not to take part in the Ansiaux scheme preferring the option of bilateral agreements. As a result, the Conference led to a possible payment agreement between the Benelux countries, Italy and France. In November, the agreement was signed between the five countries in Paris. Among its provisions, it gave the Bank of International Settlements (BIS) the function of acting as a clearing agent. This provision was decided in London in the absence of IMF representatives.[47]

More than one year later, Camille Gutt explained the absence of the IMF as the result of a "genuine misunderstanding".[48] However, this decision would have far-reaching political and economic consequences. First, against Camille Gutt's wishes, the IMF was excluded from a discussion on issues directly related to its mission, such as currency convertibility and payment liberalisation. Second, this decision resurrected the BIS, created in 1929, upon whose liquidation the delegates at Savannah had not agreed.[49] At the same time, this decision revealed the preference of West European central bankers to rely on old networks of cooperation embodied in the BIS.[50] Finally, the recourse to the BIS should also be put in the context of the willingness of the French to remove the IMF from the European monetary scene. At first, the use of the BIS did not impress Camille Gutt, who was confident of the support of the US Treasury for the IMF. To Hubert Ansiaux, he wrote: "If there is one organisation that has the backing of the American Treasury, it is not the International Bank [but rather] it is the Monetary Fund, via Overby".[51]

At the same time, Camille Gutt remained involved with the ECA in the discussions leading to the creation of conditional aid and offshore accounts for ERP countries. But he failed to convince the IMF's Board of Executive Directors to remain committed to European problems. In November 1948, Gutt pleaded for an IMF commitment to the OEEC projects. To the Executive Directors, he stated: "the OEEC represents the first – and if it failed – might be the last attempt at the inter-

47 *Ibid.*, pp. 104-105.

48 AIMF, BED, "Meeting 382, 12 November 1948", p. 2.

49 In Bretton Woods, a resolution aimed at suppressing the BIS was agreed. But at Savannah, the American delegation did not push for the decision to be implemented, see James, H., *International*, *op. cit.*, pp. 48-50.

50 Fforde, J., *The Bank of England and Public Policy 1941-1958*, Cambridge, Cambridge University Press, 1992, pp. 177-178.

51 "Si un organisme a de l'autorité à la Trésorerie américaine ce n'est pas la Banque internationale, c'est le Fonds monétaire via Overby", CEGES, GP 98, "Gutt to Ansiaux 24 May 1948", p. 8.

European cooperation".[52] According to Gutt, there was an even more compelling argument for IMF involvement:

> The Paris plan is much concerned with multilateralisation e.g. convertibility [...] the Fund agreement is an attempt at convertibility [...] therefore nothing of what passes in Paris can leave us indifferent [...] our two fields are too near to each other, have too many connections with each other.[53]

In December 1949, the ECA decided to commit itself to the European payments problem by drawing up a blueprint for a European Currency Union, later renamed the European Payments Union.[54] The EPU's blueprint was mostly inspired by the Ansiaux Plan and aimed at creating a system of compensations in multilateralising the bilateral European payment agreements. However, although the system sought to end discrimination within Europe, it actually contributed to maintaining a discriminatory regime against the US. The EPU also infringed the Bretton Woods rules by allowing exchange controls and discriminatory practices. The IMF was particularly interested in two issues related to the EPU: first, its relations with EPU and, second, the Fund involvement in the EPU's institutional framework. With respect to the relations between the IMF and Europe, the EPU plan was a retreat from the Ansiaux Plan which still offered a possibility for the Fund to be involved in European payments.[55]

The acceptance of the IMF in the EPU framework would create some institutional difficulties. On the one hand, countries such as France, Greece and Austria were unable to draw on IMF resources. On the other hand, ERP countries such as the new Federal Republic of Germany, Portugal, Sweden and Switzerland were not yet members of the IMF.[56] The second difficulty came from the question of whether the EPU should have a strong managing board, with IMF participation, even though the French and the British were opposed to such an idea, each for their own reasons. For the French, IMF involvement was unthinkable after their rebuff of January 1948. For the British, IMF involvement would lead to the creation of a strong managing board which was seen as a threat to their economic sovereignty. In addition, as far as sterling was concerned, the desire of the British to keep it as an international currency – as a currency used by other countries in

---

52 AIMF, BED, "Meeting 382, 12 November 1948", p. 4.

53 *Ibid.*

54 Kaplan, J., *The European Payments Union: Financial Diplomacy in the 1950s*, Oxford, Clarendon Press, 1989, pp. 120-135.

55 AIMF, IMF Secretariat, "EPU and Ansiaux Plan, 15 May 1950", p. 13.

56 *Ibid.*, p. 15.

settlement of international transactions and as a monetary reserve – and the existing bilateral monetary agreements of Britain were the main obstacles for their adhesion to the European Payments System. In respect to these problems, the EPU provided that there would be an option for net creditors to elect to hold sterling instead of claims expressed in the unit of account and for net debtors to use the sterling balances whether accumulated before or after the EPU.[57]

In January 1950, Gutt tried to re-launch the issue of an IMF involvement in the EPU. This time, the Belgian Executive Director, Ernest Selliers de Moranville, raised some objections based on what he called the negative attitude of the IMF towards Europe,[58] and stated that an IMF initiative would be counter-productive at that time. In September 1950, the signing of the EPU agreement confirmed the expulsion of the IMF from Europe in favour of the BIS as clearing agent of the new organisation.[59] In January 1951, Camille Gutt held a meeting with the Executive Directors, Andrew Overby and Jan Mladek as well as Irving Friedmann, Director of Department of Change Restrictions and Georges Weyer, Director of the Department of Latin America. The subject of the meeting was relations between the IMF and Europe.[60] Andrew Overby stated that he considered the question of relations between the IMF and the EPU as secondary. In his mind, priority ought to be given to the IMF members' problems. In 1951, Camille Gutt acknowledged in his last address to the meeting of the Board of Executive Directors the failure of the IMF with regard to the EPU and pleaded for a policy of presence for the Fund instead of a policy of absence which prevailed with European problems.[61] A direct consequence of the growing tension between the IMF and the US administration would be the announcement made by Camille Gutt of his intention to resign only a few weeks before a possible renewing of his mandate. Officially, if not in fact, Gutt's decision was motivated by health problems but his decision was symptomatic of the growing

---

57 Kaplan, J., *The European Payment Union*, *op. cit.*, p. 52.

58 AIMF, BED, "Meeting 503, 15 May 1949", p. 6.

59 Agreement for the establishment of a European Payment Union (with Annexes and Protocol of Provisional Applications), Paris, 19 September 1950, London, 1950, p. 15.

60 AFMI, "Meeting on 25 January 1951 in Mr Gutt's office. Subject: Fund's relations with Europe", pp. 1-3.

61 CEGES, GP 35, "Note for the statement made by the Managing Director M. Camille Gutt to the Executive Board of the International Monetary Fund at the meeting 652, 19 March 1951".

tension between the IMF and the US in a changing geopolitical context which affected the mechanism of multilateral economic cooperation.[62]

The IMF, EPU and European Integration

As the OEEC, the EPU made a limited contribution to the processes of European integration during the 1950s. As far as the IMF was concerned, the return to convertibility opened up the prospect of better relations. But at the same time, a turn in the European integration process and changing economic conditions led to new problems and new challenges.

First were the devaluations of 1949, which precipitated the end of the prospect of a European integration under the OEEC and EPU umbrella. The devaluation of sterling was part of the ECA's willingness to press for a realignment of European currencies to more realistic levels. These negotiations took place behind closed doors between the Americans, Canadians and British and the IMF was excluded. The British only notified the IMF of their decision three days before announcing it, complying with the provisions of the Bretton Woods agreements. The Managing Director of the IMF supported the principle of a devaluation of sterling but disapproved of the behaviour of the British towards the IMF.[63] From a political point of view, the consequences of the devaluetion of sterling were tremendous. The French Minister of Economic Affairs, Maurice Petsche defined the new rate of exchange as "trade-war rate".[64] The Belgians also warned of the consequences for the European integration process. To Camille Gutt, the Belgian Minister of Foreign Affairs, Paul-Henri Spaak, wrote: "I also think that they [the English] have struck a fairly hard blow against European cooperation and I am not without worry for the future of the OEEC and even for the Strasbourg organisation".[65]

From an economic point of view, the contribution of the 1949 devaluations remains difficult to assess. Authors, including current analysts, have suggested that the reduction of the Western European dollar deficit towards the US was mostly due to the recovery of the US economy, a

62 "Dilemmas of Leadership", *The Economist*, 22 July 1951, pp. 213-214.

63 CEGES, GP 136, "Gutt to Spaak, 3 October 1949", p. 3.

64 "Devaluations and consequences", *The Economist*, 14 September 1949, pp. 680-685.

65 "J'estime aussi qu'ils (les Anglais) ont porté à la coopération européenne un coup assez dur et je ne suis pas sans inquiétude à l'avenir de l'OECE et même de l'organisation de Strasbourg", CEGES, GP 136, "Spaak to Gutt, 28 September 1949", p. 1.

consequence of the new armament policy embodied in Resolution 68 of the National Security Council.[66]

Second, the failure of the OEEC to promote European integration encouraged the French to find a European solution to their economic problems. This policy led to the Schuman Plan and, in 1951, to the creation of the European Coal and Steel Community (ECSC). For a while, the IMF seemed out of touch with European problems. In the mid-1950s, different elements brought the IMF back to life. In May 1954, the Randall Report ordered by the Eisenhower administration reconciled the IMF with the European monetary scheme.[67] This compatibility between the two meant that the road followed by the Europeans to achieve monetary convertibility had to be accepted. In July 1954, the EPU Ministerial Council of London decided to involve the IMF in the convertibility process. But the financial problems in the United Kingdom and in France, as a consequence of the Suez crisis of 1956, delayed once more the prospect of a return to convertibility. In 1958, convertibility was finally achieved and the EPU was dissolved.[68]

Finally, there was the creation of the European Economic Community (EEC) in 1957. The EEC reinforced the role of the French in the process of integration. From an economic point of view, it opened the prospect of the permanence of European discrimination against the US. The dilemma would become more acute in the early 1960s when the Europeans, following the French, would criticise the asymmetric role of the dollar as, on the one hand, an international reserve currency on which the Bretton Woods regime was based and, on the other, as a means for the Americans to cover their deficit by printing their own currency.[69] Although the crisis of the 1960s goes beyond the scope of this chapter, its origins can be traced back to the problems in the relations between the IMF and the EPU.

---

[66] Blok, F., "Economic Instability and Military Strength: The Paradoxes of the 1950 Rearmament Decision" in G.J. Ikenberry, *American Foreign Policy. Theoretical Essays*, New York, Free Press, 1996, pp. 230-238; Polak, J., "Contributions of the September 1949 Devaluations to the Solution of Europe's Dollar Problem", IMF Staff Papers, 1951/3, pp. 1-23.

[67] Lepage, S., "Chronique d'un malentendu: la direction des finances extérieures et le Fonds monétaire international, 1944-1958" in *La France et les Institutions de Bretton Woods*, *op. cit.*, pp. 56-57.

[68] Oppermann, J., "L'Europe monétaire: de l'Union européenne des paiements à l'Euro", *Continentalisation*, *Cahier de recherche-Université de Québec-Montréal*, 2000-10, juillet 2000, pp. 9-11.

[69] Bobay, F., "La France, les institutions monétaires européennes et le FMI 1944-1994" in *La France et les Institutions de Bretton Woods*, *op. cit.*, pp. 162-164.

Conclusions

This chapter has highlighted the fundamental question of the relationship between the IMF and the EPU. As far as international economic cooperation is concerned, the issue of dollar scarcity has illustrated how reluctant the US was to adjust its money supply for the sake of international monetary stability. Its insistence that other countries should adjust to changing US economic policy casts its priorities in a very clear light. The Marshall Plan would push this unilateralism further. At the same time, the IMF suffered from the growing overlap in US foreign economic policy between short-term political-security objectives and long-term economic objectives. There is no doubt that the ERP decision of April 1948 was adopted by the IMF in the hope that it would be associated with the Marshall Plan administration. With regard to Europe, the IMF's decision of January 1948 concerning France would have tremendous importance for the future of its relations with Western European countries.

As a consequence, these two decisions – the ERP decision and the decision on France – triggered a European dynamic embodied in the creation of the EPU, without IMF participation. Despite the efforts of Camille Gutt to restore an IMF role in Europe, the EPU's objectives proved to be irreconcilable with those of the IMF. Only in 1952 would the EPU and the IMF begin to establish close cooperation; reconciliation finally proved possible only in the aftermath of the Suez crisis. These successes should not hide the fundamental dilemma for the IMF and the EPU. For the IMF, the EPU was acceptable as long it represented a transitory regime aimed at restoring full convertibility. For some Europeans, mainly the French, the EPU's main objective was to restore European economic independence from the dollar zone; in other words, the permanence of some form of discrimination against the US.

Nevertheless, although the EPU eventually led to convertibility, the EEC brought new challenges with regard to relations between the IMF and Europe. As this chapter has shown, an international organisation such as the IMF and regional integration as reflected in the EPU did not evolve as separate entities but rather interacted with each other.

The US and European Integration from the Second World War to the Mid-1950s

Opportunities, Challenges and Control

Pascaline WINAND

Second World War

During the Cold War, a large part of the US administration reckoned that European unity would contribute to the prosperity and political stability of Western Europe and reinforce the Atlantic Alliance. However, there were other motives for supporting European integration, not just limited to a Cold War context, which had already surfaced in US post-war planning much before the Marshall Plan or the creation of the first European Community.

During the Second World War US planners in Washington,[1] who later played a key role in the Marshall Plan, pondered the pros and cons of encouraging European unity after the war. Their first concern was whether this would further US interests in a liberal trading and democratic environment. The German question was central to their attitudes towards a united Europe. Some anticipated that German resources were vital for European recovery. At the same time Germany's independence also had to be "contained". Their preferred solution was to integrate it within an economically prosperous and politically unified Europe, which would channel German energies towards European recovery and unification. The planners further calculated that a European customs union would help control protectionist forces, help remove intra-European trade and financial barriers, and simplify commercial policy with the US. This in turn would be conducive to European efficiency and prosperity, and stimulate a higher demand for imports of raw materials, food and manufactured goods from the US. Economic prosperity would in turn foster political stability in Europe,

1 On US post-war planning towards a united Europe see Mélandri, P., *Les États-Unis face à l'Unification de l'Europe 1945-54*, Paris, Pedone, 1980; Winand, P., *Eisenhower, Kennedy and the United States of Europe*, New York, St Martin's Press, 1993, pp. 1-8, and G. Bossuat, in this book.

thereby contributing to international and US security. In other words, prosperous US and European markets would prime the pumps of democracy in Europe and in the world. This would contribute to maintain a congenial environment for American culture, democratic institutions, and capitalism.

In spite of the positive aspects of the project of a united Europe, US planners also anticipated a number of unwelcome developments, some of which continued to worry the US well after the Second World War. During the war, the planners feared that a unified Europe might be dominated by a single power or a group of powers with belligerent intentions. They also feared a protectionist Europe, surrounded by high tariff walls. A strong European regional bloc and the creation of similar entities as a reaction to it could further result in "the break up of the world organisation in favour of a series of power blocs acting in unstable equilibrium".[2] Finally, a united Europe might be perceived in Moscow as a threat to its security as Germany might come to dominate the unification process. US support for European integration might thus jeopardise prospects for cooperation with the Soviet Union for post-war reconstruction. This last point eventually convinced Roosevelt to put US support for a kind of European federation on the back burner.

Marshall Plan and North Atlantic Treaty

As prospects for cooperation with Moscow dimmed, European unification later came back to the fore in the context of the Marshall Plan and the containment policy of the US *vis-à-vis* the Soviet Union. In June 1947, during an address at Harvard, Secretary of State George C. Marshall called for a European-wide recovery plan without specifically mentioning European integration. Yet those officials who backed the Marshall Plan initiative in the US administration, including the architect of containment, George Kennan, head of the Policy Planning Staff, clearly envisaged that European economic integration, and possibly political association or federation, could maximise US and European efforts towards recovery.[3] A more economically viable,

---

2 Subcommittee on Problems of European Organization, "How would the Political Unification of Europe affect the Interests of the United States", Subcommittee on Problems of European Organization of the Advisory Committee on Post-War Foreign Policy, 10 December 1943, RG 59, The Records of Harley A. Notter, box 84, R63c, National Archives, Washington, DC (hereafter cited as NA).

3 As G. Bossuat points out in this book, the 1948 Economic Cooperation Act mentioned European economic integration, see also Winand, P., *Eisenhower, Kennedy*, *op. cit.*, p. 11.

prosperous and politically stable Western Europe would then better be able to resist communism.

In addition, European integration was seen as a way to channel German energies towards the reconstruction of Europe, while making German rehabilitation acceptable to the French. There would be no European recovery without German recovery as the latter was both "one of the most important suppliers of such acutely needed commodities as coal, mining machinery, and industrial equipment" and "potentially an important market for European goods". At the same time, German recovery "was largely dependent on the economic recovery of other European countries" which were "the chief markets for her goods".[4] Failing German economic revival within a Western European context, US leaders, including Marshall, Army Chief of Staff Dwight D. Eisenhower and the US Secretary of Defense, feared that the whole of Germany might be tempted to combine its industrial resources and technological advancement with enormous Soviet manpower. Conversely, if Western Europe did recover economically, Kennan and his colleagues hoped that Western European integration and prosperity would exert an irresistible pull on Russian satellites, which could be a prelude to the reunification of Europe. Kennan felt that in the long run "some form of federation in Western and Central Europe" which would incorporate "the parts of Germany" would be "sufficient to hold Germany in her place" and would help avert both German and Russian domination of Europe.[5]

In 1948 and 1949, strongly encouraged by Europeans, in particular the British and the French, and worried about Soviet behaviour towards Italy, Czechoslovakia and Norway, the US administration and Congress gradually reached the conclusion that Western Europe could not psychologically withstand communism and fully recover economically without a US military guarantee.[6] On the one hand, Kennan, John D.

---

4 Harriman to Truman, 12 August 1947, in Harry S. Truman Library, PSF, Germany; Department of State Policy Statement, Germany, 16 August 1948, in *Foreign Relations of the United States* (hereafter *FRUS*), *1948*, Vol. 2, Germany and Austria, Washington, DC, US Government Printing Office (hereafter USGPO), 1973, p. 1310, quoted in H.-J. Schröder, "Die Amerikanische Deutschlandpolitik und das Problem der West Europäischen Integration 1947/48-1950" in *Origins of the European Integration, March 1948-May 1950, Actes du colloque de Strasbourg 28-30 November 1984*, Brussels, Bruylant, 1986, pp. 78-79.

5 *FRUS, 1948*, Vol. 1, General, United Nations, Washington, DC, USGPO, 1976, Report by the Policy Planning Staff, "Review of Current Trends, US Foreign Policy", 24 February 1948, p. 515.

6 See Kaplan, L.S., *NATO and the United States. The Enduring Alliance*, Boston, Twayne Publishers, 1988, pp. 16-27.

Hickerson, Director of the State Department's Office of European Affairs, and others felt that the communist threat was more political than military: they did not fear a direct Soviet military offensive. On the other, they recognised that West Europeans feared a Soviet armed attack just as much as political subversion. They accordingly concluded that a military alliance with Western Europe was necessary to bolster European self-confidence. The Marshall Plan and economic recovery alone would not be enough to strengthen Europe economically and politically in the face of the communist menace. The result was the adoption of the Vandenberg Resolution on 11 June, and the subsequent signing and ratification of the North Atlantic Treaty on 4 April and 27 July 1949, which sanctioned US commitment to European security.

But while some US leaders hoped that European recovery and economic integration would pick up momentum under the military guarantee of the US, others were not so sure. Could the Marshall Plan and the North Atlantic Treaty actually be detrimental to European integration, especially political integration? Would they not perpetuate a division of Europe that would not be viable in the long run? John Foster Dulles remarked at the time of the hearings of the North Atlantic Treaty that "the Economic Recovery Act and the Atlantic Pact were the two things which prevented a unity in Europe which in the long run may be more valuable than either of them".[7] The Marshall Plan encouraged the recognition of both a US and a Soviet economic and political sphere of influence in Europe, and the North Atlantic Treaty created, according to Kennan, the "irrevocable congealment of the division of Europe into two military zones: a Soviet zone and a US zone". For him, this arrangement would foster European economic prosperity but would also preclude "the development of a real federal structure in Europe which would aim to embrace all free European countries, which would be a political force in its own right".[8]

In attempting to confront the danger of Soviet domination by establishing a security system in Western Europe under its leadership, the US risked undermining the emergence a real pan-European federation, which Kennan had earlier favored to escape from both the dangers of Soviet and German domination. From now on, the US would be very much within Europe through the maintenance of a significant military

---

7 North Atlantic Treaty Hearings, Senate Committee on Foreign Relations, 81st Cong., 1st sess., Washington, DC, USGPO, 1949, 2: pp. 368-69, quoted in L. Kaplan, *NATO and the United States*, *op. cit.*, p. 26.

8 Kennan draft memorandum for Marshall and Lovett, 26 September 1948, Policy Planning Staff Records, box 27, "Europe 1947-1948", quoted in J.L. Gaddis, *The Long Peace*, New York, New York University Press, 1987, p. 63.

presence on the Old Continent and its membership and leadership in NATO. Kennan's initial "dumbbell" concept, which envisioned the creation of a "European unit separate in identity and membership but connected to a United States-Canada grouping through participation in mutual security planning" was thus no longer on the cards: the US would now be a member of the European team in the defence field, and this would have profound implications for the military, political and economic development of European construction.[9]

Meanwhile US journalists, Congress and the US administration backed different kinds of European unification with different timetables and tactics in mind. Journalist Clarence Streit, who headed the Atlantic Union Committee, went as far as advocating US membership of a European federal union. In 1947 other journalists, along with Senators J. William Fulbright and Elbert D. Thomas and Congressman Hale Boggs, favoured the "creation of United States of Europe within the framework of the United Nations".[10] Yet by the time of the implementation of the Marshall Plan, Senator Arthur Vandenberg as well as the State Department cautioned against public US advocacy of European integration, and, in particular, against linking the provision of Marshall Plan aid to it. This, they felt, might be perceived by Europeans as US interference in the domestic affairs of Europe. Senator Fulbright, who headed the American Committee for a Free and United Europe, and Paul Hoffman, the head of the Economic Cooperation Administration (ECA), which ran the European Recovery Programme in Washington, disagreed with such views. In October 1949, Hoffman publicly urged the Europeans to integrate economically and to create "new central institutions". Yet, heeding the State Department's concerns, he did not go as far as mentioning ECA's plans for a European central bank and a trade commission. By contrast, the State Department continued to oppose linking aid to progress in European integration and refrained from advocating European political unification, which it felt was still somewhat premature.[11]

9 Kaplan, L.S., *NATO and the United States*, *op. cit.*, pp. 25-26, and pp. 38-39.

10 See Lipgens, W., *A History of European Integration, 1945-1947*, Vol. 1, Oxford, Clarendon Press, 1982, pp. 468-470, quoted in L.S. Kaplan, *NATO and the United States*, *op. cit.*, p. 18. See also Gérard Bossuat's contribution in this volume.

11 For a full text of Hoffmann's speech, see OEEC Document, C (49), p. 176. See also Winand, P., *Eisenhower, Kennedy*, *op. cit.*, pp. 20-21 and G. Bossuat, in this book.

Leading a United Europe

At the same time as they were confronted with the problem of how to or how not to encourage Europeans to unite, Americans faced the additional difficulty of identifying who among the Europeans would take the lead in a united Europe. The fears of a German or Soviet-dominated Europe identified during the Second World War endured, while the US initially showed no enthusiasm for the prospect of French leadership of European integration. From a US perspective, the British started as favorites but it soon became clear that they were not interested in taking on a leadership role in the supranational integration of Western Europe. The creation of the Organisation for European Economic Cooperation (OEEC) in April 1948 was a sobering experience for the US. The French, intent on bolstering the chances of their own recovery while holding German recovery in check, advocated the creation of a strong European organisation. Similarly, the State Department wanted a dynamic supranational European organisation with a powerful secretariat under the leadership of an outstanding European statesman.[12] The organisation would act independently of national governments in initiating and carrying through its own projects. But the UK insisted that real authority should ultimately be vested in national governments and not in some sort of supranational body. It accordingly blocked all efforts to give the organisation independent authority and resisted US moves to appoint a prominent European to the post of Director General of the OEEC. In justifying this position, the Foreign Office invoked British special ties with the Commonwealth. But there was a second, no less compelling motive, i.e. the hope of continuing to deal bilaterally with the US as a world power rather than as "a purely European power". For this, it was imperative to give a wide berth to entangling commitments with the European continent from which the UK would be unable to "extricate" itself should Europe embark on policies that were detrimental to British economic and political interests and its "position as a world power".[13]

The OEEC controversy with the British served to magnify the need for the US to look for another leader of European integration in Western Europe and forced them to accept the fact that the British would not participate in a supranational Europe. The formal establishment of the

12 Winand, P., *Eisenhower, Kennedy*, *op. cit.*, p. 16.

13 Bevin Dispatch to Hall Patch, 26 October 1949, FO 371, 78134, UR 10815, as quoted in M. Hogan, *The Marshall Plan. America, Britain, and the Reconstruction of Western Europe*, 1947-1952, Cambridge, Cambridge University Press, 1987, p. 284. See also Lundestad, G., *"Empire" by Integration. The United States and European Integration, 1945-1997*, Oxford, Oxford University Press, 1998, pp. 30-31.

Federal Republic of Germany in May 1949 and signs that nationalism might again be on the rise in Germany further underscored this need. In October 1949 Secretary of State Dean Acheson wrote the US Embassy in France that the French should "take the lead" in European integration and in "integrating Western Germany into Western Europe".[14] But this took some time to become official US policy. Some US Ambassadors were soon to point out that the French would never agree to face the Germans alone on the Continent in an integrated Europe without British participation. In addition, some sections in the State Department found it difficult to let go of the idea that the British, who were after all the US "principal ally and partner", should not lead European integration: perhaps this could be done "in conjunction with the French"?[15] Yet the US remained at a loss to see how any kind of European integration might be achieved in practice, given that the French were unwilling to join a supranational organisation without the British while the British, for their part, would not join any organisation with supranational pretensions.

The Schuman Plan and the European Coal and Steel Community (ECSC)

On 9 May 1950, French Foreign Minister Robert Schuman made an historic declaration at the Quai d'Orsay in which he proposed "to place the whole of Franco-German coal and steel production under an international Authority open to the other countries of Europe". This, he said, would be the beginning of "the European federation which is indispensable to the maintenance of peace".[16] Jean Monnet, who at that time served as General Commissioner for the French Plan of Modernisation and Equipment, was the real initiator of the plan and had persuaded Schuman to endorse it. His proposal was close to that of the US High Commissioner in Germany John McCloy who about two weeks earlier had floated the idea of "an international authority for control of all

14 *FRUS, 1949*, Vol. 4, Western Europe, Washington, DC, USGPO, 1975, Secretary of State to the Embassy in France, 19 October 1949, pp. 469-470.

15 *FRUS, 1950*, Vol. 3, Western Europe, Washington, DC, USGPO, 1977, Paper prepared in the State Department: Essential elements in US-UK relations, 19 April 1950, pp. 869-81, as quoted in G. Lundestad, *"Empire"*, *op. cit.*, p. 36. See also Lundestad, G., *"Empire"*, *op. cit.*, pp. 32-36 and Winand, P., *Eisenhower, Kennedy*, *op. cit.*, p. 17.

16 Monnet, J., *Memoirs*, translated by Richard Mayne, London, Collins, 1978, pp. 295-98.

Western European coal and steel" to replace the controls imposed on Germany via the Ruhr Authority.[17]

In spite of Dean Acheson's earlier support for French leadership of European integration, his first reaction to the Schuman Plan was negative: he viewed it as a giant cartel for coal and steel. Having been reassured (if not entirely) by McCloy, US Ambassador to France David Bruce and Monnet that the ECSC would not amount to a cartel, Acheson convinced President Truman to announce US official support for the plan. US reactions remained rather mixed, however. On the one hand, key policy-makers such as Dulles praised the plan as a way of reconciling the French and the Germans by uniting their interests and as a stepping-stone towards peace and greater European federation. On the other hand, some US leaders feared that the Schuman Plan, since it was theoretically open to "all countries that wanted to participate in it" would foster an attitude of European disengagement and neutrality in world politics.[18] Fears of a giant cartel in coal and steel, which would be detrimental to US industrial interests and fly in the face of US free trade policy, also endured.

The way to address these concerns was for the US to be part of the solution to the problem. At Monnet's request, several US officials, including Ambassador to France David Bruce and Robert Bowie, who was general counsel to McCloy, helped Monnet to draft several sections of the ECSC treaty, some of which dealt with antitrust. Both Bowie and McCloy put pressure on the Adenauer government to resist the demands of powerful industrial groups and to de-concentrate the coal and steel industries of the Ruhr.[19]

Right from the beginning of the Schuman Plan initiative, the UK refused to participate in the discussions for the establishment of the ECSC. Some members of Congress reacted forcefully and sought to cut all Marshall Plan aid to the British if they did not join the Community. The US administration succeeded in fending off this move but now fully endorsed the French lead in European unification. When the High Authority of the ECSC set up shop in Luxembourg in August 1952,

---

17 *FRUS, 1950*, Vol. 4, *Central and Eastern Europe; The Soviet Union*, Washington, DC, USGPO, 1980, McCloy to the Secretary of State, 25 April 1950, p. 635.

18 See Dulles to Monnet, 23 May 1950, Dulles Papers, box 54, Seeley Mudd Library, Princeton University; William Diebold, Jr., "Imponderables of the Schuman Plan", *Foreign Affairs*, October 1950, p. 120.

19 Ball, G., *The Discipline of Power*, Boston, Little, Brown and Co., 1968; Gillingham, J., *Coal, Steel and the Rebirth of Europe: The Germans and the French from Ruhr Conflict to Economic Community*, Cambridge, Cambridge University Press, 1991, pp. 259-271.

Acheson declared the "strong support" of the US for the ECSC in light of its "importance to the political and economic unification of Europe".[20] This support was much needed in light of the predicament of two other European Communities: the European Defence Community (EDC) and the European Political Community (EPC), both of which threatened to undermine the chances of the ECSC.

The European Defence Community and the European Political Community

The Schuman conference, which was to prepare the way for the ECSC, had barely convened in Paris when a bolt from the blue threatened its endeavors. On 25 June 1950, North Korea invaded South Korea. Five days later Truman authorised military intervention in Korea. In the eyes of Acheson, Adenauer and many Europeans, the aggression in Korea was a prelude to a Communist onslaught on Western Europe via Germany. The US, which had already been considering the idea since 1948,[21] now declared German rearmament necessary so that the country could defend itself in case of attack. But this rearmament needed to be controlled. By September Acheson had announced that four to six divisions of US troops would be sent to Europe and would be included in a NATO defence force to be commanded by an American. German divisions were to be integrated within the united command structure and put under the command of the NATO Commander-in-Chief. Thus, there would not be a regular, constituted army. There would be no German General Staff, no German Air Force and no German Navy.[22] In July 1951, Truman approved an interdepartmental memorandum which insisted that "substantial German sovereignty" be restored.[23] Germany would also become a member of NATO.

This did not go down well with the French, who were hardly enthused by the prospect of German rearmament and adamantly refused to countenance West German membership of NATO. For Schuman and Monnet, the US plans also threatened to doom the chances of the ECSC in Germany and France. Having their sovereignty restored, the Germans would find the Schuman Plan much less attractive, while the French would be reluctant to sign the ECSC Treaty with a re-armed Germany.

20 *Department of State Bulletin*, 25 August 1952, p. 284.

21 Skogmar, G., *The United States and the Nuclear Dimension of European Integration*, Basingstoke, Palgrave Macmillan, 2004, p. 13.

22 Winand, P., *Eisenhower, Kennedy*, *op. cit.*, p. 26.

23 *FRUS, 1951*, Vol. 2, United Nations, The Western Hemisphere, Washington, DC, USGPO, 1979, Memorandum from the Secretary of State and the Acting Secretary of Defence (Lovett) to the President, 30 July 1951, p. 838.

France countered with a new initiative. On 24 October 1950, at the instigation of Monnet, French Prime Minister René Pleven proposed the creation of a European army of mixed nationalities with a single executive and a European Defence Minister; the army would be answerable to a Common Assembly to be shared with the ECSC. West Germany would contribute units to it, but they would not be allowed to form divisions. There would be no independent German General Staff or Defence Ministry.[24]

Initial US reactions to the French proposal, including those of Truman and Acheson, were negative. The US found it militarily badly conceived and suspected it to be a device to delay German rearmament and to maintain Germany in "a second-class status" *vis-à-vis* France.[25] General Eisenhower's first reaction was to describe it as "almost inherently to include every kind of obstacle, difficulty and fantastic notion that misguided humans could put together in one package".[26]

Yet by the spring and summer 1951 the US appeared more supportive. By then, Eisenhower seemed convinced that the EDC could make a crucial contribution to European integration, which was essential for solving the German problem. In July 1951, having just taken on his new function as Supreme Allied Commander, Europe (SACEUR), he made a strong public plea for European economic and political integration: a united Europe would have the political and psychological self-confidence, as well as the economic health and resources to assist the US in furthering the objectives of the Atlantic pact, no longer as a weak recipient of US aid but as a strong partner.[27] As for Acheson, he saw some benefits in considering the EDC as a long-term solution to the European defence problem. If tensions between West and East abated and if the presence of US troops was no longer needed, then a European defence force would ensure that European national forces would not be reconstituted "solely under national control". But in the short run, he insisted that such a force must not hamper the command structure of

24 Winand, P., *Eisenhower, Kennedy*, *op. cit.*, p. 26.

25 Acheson, A., *The Struggle for a Free Europe*, New York, W.W. Norton and Co., 1971, pp. 142-143; *FRUS, 1951*, Vol. 3, European Security and the German Question, part 1, Washington, DC, USGPO, 1981, Circular Telegram, The Secretary of State to Certain Diplomatic Offices, Washington, 29 January 1951, pp. 760-762.

26 Galambos, L., (ed.), *The Papers of Dwight David Eisenhower. NATO and the Campaign of 1952: XII*, No. 304, Baltimore and London, Johns Hopkins University Press, 1989.

27 *Department of State Bulletin*, 30 July 1951.

NATO and must "clearly [be] a part of and under [the] NATO umbrella".[28]

By the end of July 1951, Truman approved a joint policy paper from the State and Defense Departments, which specified the respective roles to be fulfilled by the European defence force and NATO. While the European army would serve to allay French and German fears, the NATO framework would deflect the objections of those who feared European integration, especially the British. The EDC was not to "constitute a separate European field army but would be based on the idea of European contingents which could be disposed of" by SACEUR. There would thus be no autonomous European command: the development of the European army would be circumscribed by NATO, under the leadership and control of the US.[29]

During the last months of the Truman administration and in the first months of the Eisenhower administration, the limits of US support for European military integration became even more apparent in debates within the administration on its policy towards Europe. A secret report of the committee presided over by the US Special Representative in Europe, William Draper, while supporting the idea of a strong, supranational Europe, also insisted that US interests would best be served by controlling European military integration within an Atlantic framework. A strong, modern European military power possessing "atomic or other novel weapons for mass destruction" acting out of step with the US outside of NATO would clearly not help these interests.[30]

Some US policy-makers also feared that an integrated Europe in the defence field might be dominated by Germany and adopt a neutral attitude between East and West. These fears were to persist during the Kennedy and Johnson administrations. The Multilateral Force (MLF) initiative, which was hatched at the end of the Eisenhower administration, was a way of addressing such fears by circumscribing German nuclear ambitions within an Atlantic framework that might or might not become European. In the MLF, both the UK and France were to renounce their independent deterrent, thereby reducing German appetites for acquiring one of their own.

---

28 *FRUS, 1951*, Vol. 3, part 1, Top Secret Telegram, The Secretary of State to the Embassy in France, Washington, 28 June 1951, p. 802.

29 *FRUS, 1951*, Vol. 3, part 1, Memorandum from the Secretary of State and the Acting Secretary of Defense (Lovett) to the President, Washington, 30 July 1951, pp. 849-852.

30 "Certain European Issues Affecting the United States", Office of the United States Special Representative in Europe, 14 April 1953, III-7-9, WHCF-Confid./Subj., box 99, Dwight D. Eisenhower Library (hereafter DDEL).

Prominent US leaders continued, nonetheless, to reaffirm their support for the European army, along with European economic and political unification. On 27 May 1952 Acheson hailed the signing of the EDC Treaty as "one of the most important and far-reaching events of our time […] the beginning of the realization of an ancient dream – the unity of the free people of Western Europe". The "true meaning of the EDC", he said, "extends far beyond the field of defense".[31] Congress added concrete commitments to his pronouncements. The Mutual Security Act of 1952 provided that part of the funds ear-marked for Europe would go to the EDC. Congress recommended that "the act should be so administered as to support concrete measures for political federation, military integration, and economic unification in Europe".[32] These grandiose overtones hid another much more prosaic consideration: perhaps the EDC could help centralise US military aid to Europe and save US dollars.

But a strong Commissariat would only be acceptable under the control of a democratically elected European Parliament. Monnet was intent on meeting the demands of the French socialists on this point. Without their votes he felt that there would be no ratification of the EDC Treaty in the French Assembly. Italian federalist Altiero Spinelli held similar views. In 1951 he had convinced Italian Prime Minister and Foreign Minister Alcide De Gasperi that a federal structure must be created to provide adequate democratic control to the EDC. De Gasperi in turn persuaded the other Foreign Ministers of the ECSC that the EDC Treaty should provide for a draft treaty to create a political community. Monnet, for his part, proposed holding European elections in the six ECSC countries by 1953 to elect a new assembly for the ECSC and the future EDC which would have responsibility for drafting a treaty creating a European Political Community. In the end, a draft treaty for a European Political Community was prepared by a Constitutional Committee of an enlarged ECSC Assembly – the *ad hoc* Assembly – without waiting for the ratification of the EDC and without holding elections. Its members included Paul-Henri Spaak, then President of the ECSC's Common Assembly, Spinelli and Fernand Dehousse. US experts Professors Bob Bowie and Carl J. Friedrich played a key role in the committee, with the financial support of the American Committee on United Europe.[33] The *ad hoc* Assembly adopted a draft treaty by a large

31 *Department of State Bulletin*, 9 June 1952, p. 895.

32 Quoted in M. Beloff, *The United States and the Unity of Europe*, Washington, DC, Brookings Institution, 1963, p. 67. The Act was approved on 20 June 1952.

33 Winand, P., *Eisenhower, Kennedy*, *op. cit.*, p. 32; Pinder, J., "Altiero Spinelli's European Odyssey" in *The International Spectator*, Vol. 42, No. 4, December 2007,

majority on 10 March 1953, that is, in the very early days of the Eisenhower administration.

When Eisenhower became US President, he and his Secretary of State John Foster Dulles strongly backed European integration. The administration included many Europeanists,[34] some of whom had close ties to Monnet, René Mayer,[35] Adenauer, his deputy, Walter Hallstein, not to mention many other key European figures. Both Eisenhower and Dulles hoped that the EDC would lead to a European federation. Solving the German problem was uppermost in their minds. For Eisenhower, the EDC would incorporate German strength, without posing a threat to the Alliance. Early on in the administration Dulles told military leaders that the EDC was a far better political solution than German full membership of NATO: it could put a definitive end to recurrent Franco-German conflicts by "combin[ing] Germany and France in a manner more trustworthy than a treaty relationship".[36] Eisenhower also had in mind the contribution European unification could make to the economic health of the West and the solvency and security of the US. He felt that the unification of Europe was "a *sine qua non* of permanent security" because, without it, there could not be any "long-term economic health in this region; and without economic strength, adequate military force [could not] be maintained".[37] European economic health and a European contribution to Western defence thus appeared indissolubly linked. The interconnection between economic soundness and a strong defence also held true for US economic and security fortunes. Eisenhower's recurring nightmare was that the USSR would spend the US into bankruptcy. Perhaps European integration could help prevent this from happening by saving US dollars? He further calculated that a united Europe would not only provide desirable markets for US goods but would also contribute more to common defence. This would reduce US costs and strengthen the Alliance.

In this way US support for the EDC fit in well with the top-secret statement of the revision of military strategy which the President

pp. 573-575; Dinan, D., *Europe Recast. A History of European Union*, Basingstoke, Palgrave Macmillan, 2004, pp. 61-62.

34 For more details on Europeanists in the Eisenhower administration, see Winand, P., *Eisenhower, Kennedy*, *op. cit.*, pp. 40-42, and G. Bossuat in this book.

35 René Mayer succeeded Monnet as President of the High Authority of the ECSC in June 1955 and had known Dulles since 1949.

36 *FRUS, 1952-1954*, Vol. 5, Western European Security, Washington, DC, USGPO, 1983, Meeting DOS/MSA/JCS, 28 January 1953, Washington, DC, USGPO, 1983, p. 712.

37 Galambos, L., (ed.), *The Papers of Dwight D. Eisenhower. NATO and the Campaign of 1952*: XII, No. 578.

approved in October 1953. The "New Look" (NSC 162/2) searched for ways to streamline US defence costs, in part by asking allies to do more. The need for fiscal responsibility determined a policy which placed "more reliance on deterrent power and less dependence on local defensive power". In case of aggression, even by conventional forces, the US would consider the early use of strategic and tactical nuclear weapons. According to this strategy, conventional ground forces were to be used only to counter minor incursions or, more generally, to serve as a trip wire. They were not intended to defeat Soviet troops on the ground. Rather their function was to "hold an attack until the total weight of the retaliatory power could be brought to bear".[38] This determined a division of labor between the US and its Western European allies. In exchange for the protective strategic nuclear umbrella of the US, the Europeans would provide most of the ground troops to counter local aggression, and, inevitably, financial support, notably by buying US weapons. European ground forces, armed with tactical A-bombs to compensate for their relative manpower inferiority, were expected to hold the line until full nuclear retaliation could be unleashed on the aggressor. Eisenhower hoped that the Europeans would ultimately assume most of the costs and furnish the manpower for their own defence. According to Dutch Foreign Minister Dirk Stikker, Eisenhower's support for the EDC was motivated in part by his desire to bring American boys back home.[39]

Yet the EDC was in trouble. In 1952, it faced ratification difficulties in European parliaments. In Germany, the Social Democratic Party (SPD) was hostile to it. The Dutch and the French feared that it might be dominated by Germany, all the more so since prospects for the accession of the UK to the EDC looked quite remote in view of UK admission to the nuclear club in October. French involvement in Indochina made the idea of the French facing the Germans alone on the Continent with a limited number of troops even more unpalatable. In 1953, growing signs of *détente* further undermined the chances of the EDC. Stalin's death, the uprising in East Berlin and the end of the Korean War, signaled a reduction of the threat to be countered and thus a diminished need for German rearmament and the EDC. To help the

---

[38] Dulles, J.F., "The Evolution of Foreign Policy", pp. 107-10, quoted in D.N. Schwartz, *NATO's Nuclear Dilemmas*, Washington, DC, Brookings Institution, 1983, pp. 23-25; NSC 162/2, 30 October 1953, p. 22 quoted in J.L. Gaddis, *The Long Peace*, New York, Oxford University Press, 1987, p. 149; Mutual Security Act of 1958, Senate Hearings, p. 187, quoted in D. Schwartz, *NATO's Nuclear Dilemmas*, Washington, DC, Brookings Institution, 1983, p. 34.

[39] Winand, P., *Eisenhower, Kennedy*, *op. cit.*, p. 36; Skogmar, G., *The United States and the Nuclear Dimension*, *op. cit.*, pp. 17-21.

chances of the EDC, Eisenhower and Dulles did not hesitate to press forcefully for it both privately and publicly. In the process, the EPC and the ECSC seemed to be put on the back burner.

For Dulles the EDC ratification came first and the EPC second. He and other officials worried that debates over the EPC might prejudice the ratification of the EDC and German rearmament. Another concern was that the EPC might weaken the supranationality of the ECSC and the EDC through a mish-mash "of national and supranational elements", which seemed to "make these two components equal".[40] For Monnet, who now headed the High Authority of the newly created ECSC, Dulles placed too much emphasis on the EDC as compared to both the EPC and the ECSC. The Frenchman accordingly applied all his energies to convincing Congress, key industrialists and the US administration that the ECSC was making great strides and needed a concrete manifestation of US support. He asked Eisenhower, Dulles and his other US contacts to back a US loan to the ECSC which would serve to magnify US support for the ECSC and European integration, thereby indirectly strengthening the chances of the EDC. After much lobbying in Washington, he succeeded in obtaining the loan. An agreement was signed in April 1954. But by that time, the EDC was almost dead.[41]

Throughout the pre-ratification and the ratification phase, Dulles became increasingly frustrated with French attempts to control German power and maintain France's "position as *primus inter pares*" *vis-à-vis* the Germans by introducing discriminatory provisions via additional protocols in 1953, and, subsequently in 1954, via a new *protocole d'application* to the EDC treaty.[42]

Fears that the US might elect to provide more military equipment, including by transferring nuclear weapons, to West Germany than to France in the EDC prompted the French to urge that the US should not be able to channel military aid to individual EDC states but only to the EDC as a whole which would then deliver the aid. In this manner, the EDC, and the French, could control deliveries to the Germans. At the same time, the French were intent on preserving their national option to

40 *FRUS, 1952-54*, Vol. 6, Western Europe and Canada, Washington, DC, USGPO, 1986, The Ambassador to France (Dunn) to the Department of State, 13 July 1952, p. 123; and The Secretary of State to the Office of the United States Representative to the ECSC at Paris, 21 November 1953, p. 329; and Memorandum to Rosalind Sawyer and Ruth H. Phillips of the Office of European Regional Affairs, 20 November 1953, p. 327.

41 On the ECSC loan, see Winand, P., *Eisenhower, Kennedy*, *op. cit.*, pp. 43-54.

42 Memo by L.W. Fuller, "France as a Problem for United States Foreign Policy", 13 May 1954, NA/RG 59/LF 65D101, box 87, RG 59, NA.

make nuclear weapons, thus evading the supranational character of the EDC treaty.[43] In a way, the French seemed to want both a supranational EDC to control Germany and a non-, or less, supranational EDC to prevent France from being controlled.

When the new French Prime Minister Pierre Mendès France presented the *Protocole français d'application*[44] of the EDC Treaty to the other five ECSC members during the Brussels Conference in mid-August 1954, with the pretext of making the EDC more palatable to the French Assembly, it was only too obvious that France sought both almost to eliminate the supranational character of the EDC and to ensure that the French would not be equal to the Germans in the EDC. The US reacted with consternation to the new proposal. US Ambassador to France Douglas Dillon wrote that it was "unacceptable beyond our worst expectations". The State Department and Dulles continued to insist on absolute equality for the Germans and on supranationality. For Dulles, a supranational EDC, in particular a supranational procurement system – in which West German arms production would be included – was essential to keep German nuclear ambitions in check.[45]

In the event, France's five partners were to reject most of France's proposals at the Brussels conference. Last ditch US attempts to save the EDC by applying pressure on the French through joint UK-US actions did not succeed and the EDC predictably died in the French National Assembly on 30 August 1954. On the whole, US tactics to pressure the French, including by brandishing the threats of unpalatable new alternatives to the EDC, did not bring the expected results.[46] Their only tangible effect was to irritate the French and to identify partly the EDC

---

43 One of the additional protocols proposed by France in 1953 would have allowed her to produce nuclear weapons in her overseas territories outside of the ambit of the EDC. The French view was that the protocols would have the same validity as the treaty itself.

44 French Implementation Protocol.

45 Skogmar, G., *The United States and the Nuclear Dimension*, *op. cit.*, especially pp. 57-63; Gerbet, P., *La Construction de l'Europe*, Paris, Notre Siècle, 1983, p. 179; *FRUS, 1952-54*, Vol. 5, The Ambassador to France (Dillon) to the Department of State, Paris, 15 August 1954, p. 1039 and The Secretary of State to the Embassy in Belgium, Washington, 17 August 1954, p. 1047.

46 See Winand, P., *Eisenhower, Kennedy*, *op. cit.*, pp. 57-61. On American, British, French and German alternatives to the EDC see Winand, P., *Eisenhower, Kennedy*, *op. cit.*, pp. 48-49 and Skogmar, G., *The United States and the Nuclear Dimension*, *op. cit.*, pp. 45-52.

as a US diktat, which is exactly what Acheson had been trying to avoid under the Truman administration.[47]

The Western European Union (WEU) Solution

During the Brussels Conference Dulles had written to Mendès France that should the EDC fail, the US would consult with those EDC countries that had ratified the EDC and with the UK to find a solution that would "associate Germany with the West on the basis of full equality, and to proceed to rearmament".[48] But while Dulles insisted on full equality for the Germans in the EDC or any subsequent replacement organisation, he was also working to substantially circumscribe German power in the nuclear field in the EDC, as well as that of the other five EDC signatories. The supranational character of the EDC, which was itself embedded in an Atlantic framework, offered a number of important guarantees to the US. Its supranational arms-procurement system was one such guarantee. In addition, the EDC was organised to include all the West German troops, which would in turn be "under the command of NATO's commander in Europe, who was always an American general". Could US nuclear weapons conceivably be transferred to the EDC? The treaty was not clear on that point, but Dulles' interpretation was that if the EDC wanted it, the European option of a common nuclear force was possible. The US would keep control of the force, however, and of German nuclear ambitions through NATO. Other guarantees were the continued stationing of US troops in the FRG and the US monopoly in the supply of enriched uranium.[49] Thus, from a US perspective, the best possible EDC combined supranational and Atlantic features to circumscribe both German and European ambitions in the nuclear field. When the EDC failed, Dulles attempted to salvage some of its supranational elements in the WEU solution.

Who should be a member of the replacement solution? Was the US favorable to British membership of the EDC? In June 1951, when still Supreme Allied Commander, Eisenhower could see no satisfactory solution to the European security conundrum unless there existed "a US of Europe – to include all countries now in NATO; West Germany and […] Sweden, Spain and Jugoslavia, with Greece definitely in if Jugoslavia [were]". Tellingly, he added: "If necessary, [the] UK could

47 For more details on these tactics, which included the famous "agonising reappraisal" speech, see Winand, P., *Eisenhower, Kennedy*, *op. cit.*, pp. 48-54.

48 DDF 1954, annexe 3, 20 August 1954, as quoted in G. Skogmar, *The United States and the Nuclear Dimension*, *op. cit.*, p. 57.

49 Skogmar, G., *The United States and the Nuclear Dimension*, *op. cit.*, pp. 61-63.

be omitted". By December 1951, he no longer counted on British participation, be it in the EDC or in a European political union, but he still hoped for British political and economic leadership in supporting European unity. As President, he later bemoaned Prime Minister Winston Churchill's preference for the special Anglo-American partnership over support for European unity, including the EDC. Dulles partly blamed the British lack of support for the EDC for its eventual demise.[50] Ironically, for lack of viable alternatives, the US ended up having to support what was, in part, a British replacement solution to the EDC.

Towards the end of the Brussels conference, the British Prime Minister recommended a plan for bringing West Germany into NATO. If the French vetoed it, there would then be "a new NATO, if necessary without the French".[51] Yet the US soon concluded that France must come on board otherwise the Germans might not agree to be re-armed at all. For Dulles, there was "no use of talking about the US proceeding unilaterally to re-arm Germany". West Germany might then not want to re-arm and might well be tempted by Soviet overtures to reunify Germany. He concluded that there was "no good alternative if the French torpedo the NATO solution, and we must not assume that we can go ahead independently to rearm Germany if the French won't agree".[52]

Having reached the conclusion that the French could not be dispensed with in any arrangement, the US now looked for compromise solutions that would accommodate the wishes of the French, while seeking to avoid any blatant discrimination against the Germans. West Germany must be re-armed and its sovereignty restored while allaying the apprehensions of its European neighbours. Perhaps the road to Paris was through London? Echoing some of Dulles' own ruminations, Policy Planning Staff member Leon W. Fuller argued in September 1954 that the British should, in future, be more involved in European unification projects. This would have the advantage of calming French fears of

50 Galambos, L., *NATO and the Campaign of 1952*, *op. cit.*, p. 340 and Winand, P., *Eisenhower, Kennedy*, *op. cit.*, p. 37.

51 Note for Foreign Office (Kirkpatrick) and Minister of Defence (Earl Alexander of Tunis), 20 August 1954, and draft with numerous handwritten corrections by Churchill, 19 August 1954, both in PRO, PREM 11/618, quoted in R. Steininger, "John Foster Dulles, the European Defence Community and the German question" in R.H. Immerman (ed.), *John Foster Dulles and the Diplomacy of the Cold War*, Princeton, Princeton University Press, 1990, pp. 94-95.

52 *FRUS, 1952-1954*, Vol. 5, NSC Meeting, 24 September 1954, pp. 1263-8.

domination of a European Union by the Germans while also diminishing the prospects of a supranational union.[53]

Notwithstanding Fuller's recommendations, Dulles still hoped to salvage some of the supranational elements of the EDC in the NATO arrangement. Without these, Dulles felt that the US might be tempted by isolationism in fear that "another world war would ultimately start in Europe" in which it did not "wish to be involved".[54] His first reaction to the EDC rejection was anger and despair. He then criticised the British plan for not being sufficiently supranational. Yet Dulles was soon forced to adopt a more positive attitude, given Eisenhower's critique, concurring with some of his advisers that the US could not simply "sit down in black despair and admit defeat".[55] A positive attitude was needed to approach Congress, which was now deeply critical of the administration and was disappointed by the failure of US tactics for helping the ratification of the EDC. Dulles consequently tried to infuse a dose of supranationalism into the NATO plan, and now pointed to the supranational elements of the EDC that had been salvaged through the WEU agreements, in part with the intention of appeasing Congress.[56]

In the search for novel arrangements that would preserve at least some of the supranational aspects of the EDC the French arms pool project seemed to have some potential. The plan was proposed by the French before the London Conference, which met from 28 September to 3 October 1954, and was again discussed by a Working Group at a special conference in Paris in January 1955. Americans had mixed feelings about the French Plan, which was essentially a WEU common procurement system. As we have seen, during the EDC saga Dulles considered a supranational procurement system – in which West German arms production would be included – essential to keep German nuclear ambitions in check. For US Europeanists such as Douglas Dillon and Bob Bowie, the French project could be a way of furthering European unity while controlling German arms production. If the arms pool were sufficiently supranational and efficient and were to lead to arms standardisation and thus to encourage economic collaboration, then it should be supported. For Dulles, it had the potential of controlling the production of armaments by all member states, not just the Germans. In

53 Skogmar, G., *The United States and the Nuclear Dimension*, *op. cit.*, p. 72.

54 *FRUS, 1952-1954*, Vol. 5, Meeting Dulles/Merchant/Mendès France, 27 September 1954, p. 1286.

55 *FRUS, 1952-1954*, Vol. 5, Butterworth to the Assistant Secretary of State for European Affairs (Merchant), 1 September 1954, p. 1127 and Eisenhower to Smith, 3 September 1954, p. 1145.

56 Winand, P., *Eisenhower, Kennedy*, *op. cit.*, pp. 62-63.

order to secure the agreement of the French, Dulles did not rule out French production of armaments in France's territories outside Europe. He did not "exclude working with the Arms Pool in a manner comparable to the EDC".[57]

Yet the Germans and most of France's European partners opposed this plan. By supporting it, and thus by siding with the French, the US thus risked dooming the chances of the on-going negotiations for transforming the Western Union into a Western European Union, enlarged to include Italy and West Germany. In addition, French ulterior motives were only too obvious. The US found the plan biased toward French interests and discriminatory towards the Germans as it seemed to aim to prevent any independent armament production and military potential in Germany.[58] The US also did not care for French insistence on having the Pool, via the Council of the Brussels organisation, distribute all US aid to Europe. Clearly the French, as in the EDC, wanted to prevent a situation where the US might favour West Germany over France in arms production, especially if that meant equipping the Germans with nuclear weapons. France wanted to keep a say in the process by means of the arms pool.[59] Dulles much preferred a NATO solution which would allow the US to keep its veto on the distribution of its aid to the WEU: the NATO Commander in Europe would make recommendations on how to distribute US aid. His advisers counseled keeping the issue of distribution of US aid via the WEU separate from discussions about the arms pool.[60] In the end, the US did not budge on this point and remained non-committal.

Yet other features of the French plan worried the US. Right from the start Dulles had warned that the pool should avoid any duplication of NATO's undertakings. The US further worried about the practical implications of the mish-mash of supranational and national features of the proposal. In addition, although the original French plan did not include the British, the new version presented in early 1955 did, which also meant that the arms pool would not be sufficiently supranational.

---

57 Skogmar, G., *The United States and the Nuclear Dimension*, *op. cit.*, p. 81, pp. 103-104.

58 *Ibid.*, pp. 75-77, p. 79; *FRUS, 1952-1954*, Vol. 5, Meeting Dulles/Merchant/ Mendès France, 29 September 1954, pp. 1308-11.

59 In order to gain German support for the plan, while still controlling German production, the French would seem to have proposed to their German interlocutors some kind of collaboration in the joint production of arms in a French territory overseas. According to the French record of the conversations, the Germans proposed to pattern the pool after the ECSC. See Skogmar, G., *The United States and the Nuclear Dimension*, *op. cit.*, p. 102.

60 *Ibid.*, p. 79, pp. 113, pp. 104-105.

Clearly, the WEU was not the EDC. Intent to adopt more discrete tactics than during the EDC saga and so as not to muddy the waters before the debate in the Council of the Republic, which would finalise the ratification of the Paris Accords in France, the US decided not to take sides.[61]

By the end of December 1954, the French National Assembly approved the Paris Accords Agreements. In March 1955, the French Council of the Republic also gave its approval. This meant the revival of the Brussels Treaty and the revamping of the Western Union into the Western European Union, enlarged to include Germany and Italy. In spite of its new European label, the WEU was entirely devoted to NATO both in structure and strategy, and enabled Germany's allies to control its air and naval production and to put a cap on its manufacture of nuclear and chemical weapons. In exchange for accepting such controls, after the ratification of the Paris Accords, the Western allies recognised the FRG. The FRG was then accepted as a member of NATO. The eventual success of the WEU solution was much helped by various concessions to the French, which partly met their concerns, especially towards a potential German superiority in the nuclear field.

Firstly, the British promised to maintain their troop levels on the European continent, including in Germany. Second, the Germans, much encouraged by Dulles, proposed temporarily (the time limit was not specified) to renounce the manufacture of atomic, biological and chemical (ABC) weapons and the missile-warship-aircraft category on German soil, the so-called *Kernwaffenverzicht*. Yet this renunciation did not preclude the transfer of nuclear weapons to West Germany via a cooperation agreement with, say, the US. Here French manoeuvers to put a cap on the German possession of nuclear weapons, in addition to the manufacture of such weapons, did not succeed. US reassurances that a transfer of nuclear weapons was unlikely in light of the Atomic Energy Act, which prohibited their transfer to other countries, did little to calm their apprehensions. What if the US decided to change its mind in the future? Finally, the *Kernwaffenverzicht* left the door open to German nuclear production of fissionable material and to the manufacture of propulsion reactors intended for civil use, which were only a few steps away from production for defence use. This was, in part, a result of French reluctance to accept limitations over their own civil atomic energy sector, limitations which might translate into controls over a French nuclear weapons programme. From the French viewpoint, the specter of a German army armed with nuclear weapons was thus only partly held at bay. This factor may have been decisive in

---

61 *Ibid.*, pp. 76-78, p. 81, p. 101 and ff.

speeding up French plans for manufacturing nuclear weapons of their own.[62]

But the French could derive some solace from the fact that the German renunciation did not exclude the manufacture of nuclear weapons outside German territory, for example in cooperation with the French. Thus, German help to the French nuclear programme, under French control, was still a possibility, and might even lead to a European army. By arguing that significant controls over French nuclear production would doom the ratification of the WEU solution in France, the French also succeeded in side-tracking attempts by France's European and US partners to curb French nuclear ambitions. The result of the interplay of all the actors in the WEU saga was a WEU that retained little of the supranational features of the EDC and was very Atlantic in its decision-making structure. From a US viewpoint the WEU-NATO tandem temporarily solved the German problem. Yet the supranational option subsequently reappeared as the preferred solution of part of the US administration for finding a more permanent solution to German, French and British ambitions in the nuclear field with the Euratom proposal.

62 *Ibid.*, p. 78 and p. 81; pp. 93-94; p. 110; p. 83; pp. 99-101.

Les États-Unis et la construction européenne, 1950-1954

Gérard BOSSUAT

En janvier 1950, l'intégration européenne est très limitée. Le Conseil de l'Europe s'enlise et l'OECE ne peut conduire le relèvement économique européen faute de pouvoirs supranationaux. Quel est l'état d'esprit des dirigeants américains ? Il n'est pas possible de présenter leur état d'esprit sans se référer au rapport du *National Security Council* (*NSC*) 68 du 15 avril 1950. Quelques lignes de ce rapport sont utiles à rappeler : « [...] the Soviet Union, unlike previous aspirants to hegemony, is animated by a new fanatic faith, antithetical to our own, and seeks to impose its absolute authority over the rest of the world ».[1] Guerre froide donc ! Cette menace s'accompagne dans l'esprit des auteurs d'un risque de destruction thermonucléaire. Les États-Unis sont le seul rempart de la liberté et l'URSS est désignée comme l'ennemi. Bâtir une société libre consiste donc à construire une société prospère politiquement et économiquement et à changer fondamentalement les rapports de forces au sein de la société soviétique. Il s'agit aussi de préparer le monde occidental à l'affrontement nucléaire avec l'URSS. Les États-Unis ont manifesté leur soutien au pacte de Bruxelles (mars 1948). Ils ont, par le *Mutual Defense Assistance Program*, appliqué la résolution Vandenberg de 1948, à savoir encourager les efforts européens de coopération, puis négocié une alliance militaire avec l'Europe occidentale en 1949 (pacte atlantique). Ils contribuent à la résurrection du monde européen occidental par leur aide Marshall. Le contexte de la politique étrangère américaine en 1950 est celui décrit par *NSC*-68. Mais rien dans le rapport ne paraît aller dans le sens d'une union européenne, hors la présence de grandes déclarations sur la coopération intereuropéenne et le développement militaire de l'Alliance. Il y est souligné toutefois la faiblesse militaire et économique de l'Europe de l'Ouest. Parmi les quatre alternatives offertes par *NSC*-68, la seule jugée valable porte sur l'augmentation des capacités du monde libre. Les autres

---

1 NSC-68 Prologue to rearmament by P.Y. Hammond, in W.R. Schilling, P.Y. Hammond and G. Snyder, *Strategy, Politics, and Defence Budgets*, New York, Columbia University Press, 1962.

portent sur les budgets militaires trop limités, la guerre préventive, et le retrait des États-Unis d'Europe. Toutefois, il faut savoir que ce rapport est discuté. Charles Bohlen, conseiller au Département d'État, critique l'analyse de Paul Nitze, car il estime que l'objectif de l'URSS est de conserver son influence sur ses dépendances et non de conquérir le monde. George Kennan qui ne croit guère à la possibilité de prévoir ce que sera la menace soviétique approuve Bohlen. Nitze souhaite au contraire une déclaration claire du gouvernement américain sur l'effort atlantique à accomplir. L'acceptation de *NSC*-68 par le président Harry Truman et Louis Johnson, secrétaire à la Défense, comme expression de la politique américaine rend acceptable une union européenne comme tout renforcement de l'homogénéité du monde libre dans la Communauté atlantique. Mais l'unité européenne n'apparaît plus comme le seul moyen de réaliser les objectifs de *NSC*-68. Les États-Unis veulent-ils encore l'intégration de l'Europe (occidentale) ? Une réponse positive est admise comme principe, car trop de faits bien connus vont dans ce sens. Les raisons et l'intensité de cet appui à l'unité européenne sont, en revanche, discutées. Quatre pistes sont explorées ici. Les États-Unis veulent l'unité (1) en raison de la guerre froide, (2) par messianisme, (3) pour lier l'Allemagne à la communauté atlantique, (4) pour libérer les États-Unis du fardeau de la sécurité européenne.

L'intérêt des États-Unis pour l'unité de l'Europe (occidentale)

Des préoccupations immédiates entretiennent constamment les élites américaines dans l'espoir de faire naître les États-Unis d'Europe, En 1947, en raison de la situation désastreuse de l'Europe, les sénateurs J. William Fulbright et Elbert Thomas, associés au représentant Hale Boggs appelaient le Congrès à « favoriser la création des États-Unis d'Europe, dans le cadre des Nations unies ».[2] On sait que l'*Economic Cooperation Act*, en avril 1948, instituant le plan Marshall, préconisait aussi l'intégration économique européenne.[3] La guerre froide et la volonté de faire pièce à l'URSS soit par l'endiguement diplomatique et militaire conventionnel, soit plus radicalement par la fabrication de bombes nucléaires A et H inclinent les États-Unis à favoriser l'unité européenne. En juillet 1951, le général Dwight D. Eisenhower, alors

[2] Vaicbourdt, N., « Les ambitions américaines pour l'Europe, 1945-1968 » in G. Bossuat, N. Vaicbourdt (dir.), *États-Unis, Europe, Union européenne, histoire et enjeux d'un partenariat difficile, 1945 à nos jours*, Bruxelles, P.I.E.-Peter Lang, « Euroclio », 2001.

[3] Bossuat, G., *L'Europe occidentale à l'heure américaine*, Bruxelles, Complexe, 1992.

qu'il dirige l'OTAN,[4] affirme que « l'unité est la première condition requise pour que la puissance se déploie dans sa plénitude ».[5] Le succès économique de l'Europe occidentale est conditionné par son unité, et par l'aide américaine.

Le soutien des États-Unis à la Communauté européenne de défense (CED) se fonde sur les raisons présentées plus haut, mais en plus l'unité militaire de l'Europe occidentale permettra le retour des troupes américaines stationnées en Europe. Le secrétaire d'État John Foster Dulles estime aussi qu'une Europe unie, puissante économiquement – et même militairement – attirera nécessairement, et pacifiquement, les satellites comme « un aimant ».[6] Bien entendu tout passe par le réarmement allemand, dans le cadre d'une construction européenne qui contiendra l'Allemagne. Et pour cela l'entente franco-allemande est une nécessité. Les dirigeants américains tracent donc l'épure idéale des objectifs de leur politique européenne : l'intégration européenne est destinée à rendre heureux et prospères les peuples d'Europe. Elle dissoudra le monde soviétique et contiendra l'Allemagne. L'objectif conjoncturel du double endiguement serait atteint.[7] Ces objectifs expliquent le soutien des États-Unis à la Communauté européenne du charbon et de l'acier (CECA) et à la CED.

Maintenant si on déconnecte la réflexion de l'histoire immédiate, celle de la guerre froide en l'occurrence, ou celle, *stricto sensu*, des institutions européennes, si on se place sur le temps long, il apparaît que les élites américaines ont conscience que le XXe siècle est celui de l'Amérique.[8] Cela signifie que les États-Unis se donnent le droit de montrer le chemin à suivre à l'Europe. Le messianisme américain, c'est-à-dire l'idée que les États-Unis sont le phare du XXe siècle, est un puissant facteur de soutien à l'intégration européenne. L'idée d'intégration fait partie du *package* américain fourni à l'Europe occidentale et orientale (par *Radio Free Europe* dans ce dernier cas). Durant la Seconde Guerre mondiale, les élites américaines ont fait d'importants efforts pour imaginer l'intégration européenne.[9] Il n'était pas question

---

4 En décembre 1950, Eisenhower est nommé Commandant suprême de l'OTAN.

5 Vaicbourdt, N., « Les ambitions américaines », *op. cit.*, p. 20.

6 *Ibid.*, p. 21.

7 Schwabe, K., « Le rôle des États-Unis dans la politique de construction européenne de l'Allemagne fédérale » in G. Bossuat et N. Vaicbourdt (dir.), *États-Unis, Europe, Union européenne, histoire et enjeux d'un partenariat difficile, 1945 à nos jours*, Bruxelles, P.I.E.-Peter Lang, « Euroclio », 2001.

8 Henry R. Luce, « The American Century », *Life*, 17 février 1941, cité par N. Vaicbourdt, « Les ambitions américaines », *op. cit.*, p. 18.

9 Bossuat, G., « Jean Monnet et l'avenir de l'Europe, 1940-1948 » in M. Dumoulin, (dir.), *Plans de temps de guerre pour l'Europe d'après guerre, 1940-1947*, actes du

alors de guerre froide. Ces dispositions de fond ne peuvent s'expliquer par la seule conjoncture diplomatique tendue de la guerre froide. Elles viennent d'une vaste réflexion sur la réorganisation du monde pour assurer la paix. John Foster Dulles était, durant la guerre, président du Conseil fédéral des Églises du Christ. Une des commissions du conseil, la *Commission to study the bases of a Just and Durable Peace* avait publié des livres et opuscules que Monnet avait aussi sur sa table de travail. Dans l'un d'entre eux, du 18 septembre 1941, *Long Range Peace Objectives*, Dulles commente les huit points de la Charte de l'Atlantique et propose de réorganiser l'Europe continentale en une communauté fédérée (*federated commonwealth*), au point de dire que le rétablissement de la pleine et entière souveraineté des États européens serait *a political folly*. Il le répète lors d'une conférence en mars 1943.[10] La guerre mondiale s'est produite à cause du heurt des souverainetés. Il faut une « autorité commune » qui organise la vie économique des nations européennes à moins d'aller vers une baisse du niveau de vie et à des affrontements militaires périodiques. Les opinions de Dulles étaient partagées par bien d'autres personnes. Pierre Mélandri a noté les rapports entre Clarence Streit, Dulles et Jean Monnet.[11] Une mention particulière doit être faite de la revue *Fortune* et de John Davenport. *Fortune* était dirigée par Henry Luce, fondateur de *Time*, *Life*, *Fortune* et *Sports Illustrated*. Elle était l'organe de la haute banque et des cartels américains. Le journaliste John Davenport y posa en décembre 1943 deux questions essentielles : l'Allemagne est-elle supportable sans unité européenne ? L'Angleterre veut-elle tenir sa place dans une Europe unie ?[12] Une voie pour l'intégration était proposée par *Fortune*, celle des unions fonctionnelles. Ainsi pensait-on à une corporation européenne des transports pour répondre aux nécessités de la reconstruction immédiate et pour organiser à terme une communauté des communications au dessus des États. La création d'une communauté monétaire européenne où les monnaies seraient fixées les unes par rapport aux autres selon les directives d'une Banque européenne était aussi imaginée.[13] Les Britanniques proposèrent même en 1944 que les routes aériennes soient gérées

---

colloque de Bruxelles, 12-14 mai 1993, Bruxelles/Bruylant, Milano/Giuffré, Paris/LGDJ, Baden-Baden/Nomos Verlag, 1995, pp. 325 à 365.

10 AFJME (Archives de la Fondation Jean Monnet pour l'Europe, Lausanne), AME 66/20/14, « Toward World Order », 5/03/1942, by J.F. Dulles, Ohio Wesleyan University.

11 Mélandri, P., *Les États-Unis face à l'unification de l'Europe, 1945-1954*, Paris, Pedone, 1980, p. 29.

12 AFJME AME 56/1/3, 23/12/43, Lettre de Davenport à Monnet.

13 AFJME AME 66/20/39, *Fortune, The United States in a New World in relations with Europe*, 1943.

par une autorité internationale. Davenport développait l'idée que l'Europe doit être très proche des États-Unis et de la Grande-Bretagne avec un argument intéressant : une Europe repliée sur elle-même serait une Europe germanisée.[14] Un rapport a été soumis à Roosevelt par le Conseil fédéral des Églises du Christ, *The Six Pillars of Peace*. Mais il s'avéra trop éloigné de ses visions universalistes et de ses projets de réorganisation à l'échelle mondiale pour retenir son attention.[15] De plus, à un moment où, aux États-Unis comme dans les milieux de la résistance européenne, on croyait fermement à une organisation mondiale pour assurer la paix, des secteurs de l'opinion américaine craignaient l'autarcie résultant d'une unification européenne ou paradoxalement, – car les termes du débat ont changé radicalement –, que l'unité européenne apparaisse comme une menace inutile contre l'URSS.[16] Toutefois, Truman proposa la création d'une organisation économique paneuropéenne après la guerre, notamment grâce à l'internationalisation des voies fluviales, qui permettrait de réunir les ressources agricoles de l'Europe centrale et orientale aux régions industrielles de l'Europe occidentale, que Staline refusa.[17]

La question allemande, très réaliste, traverse donc tous les projets d'unité européenne évoqués aux États-Unis, à côté de la tendance messianique américaine. L'unité supranationale de l'Europe aurait été voulue par Washington pour lier indissolublement l'Allemagne au monde atlantique. Ces deux motivations américaines pour faire l'unité européenne se rejoignent vite en 1947. Dulles tient un discours messianique et conjoncturel à New York.

> Il appelle le pays à soutenir une reconstruction de l'Europe sur des bases fédérales et l'organisation de l'Allemagne selon le modèle d'une confédération décentralisée destinée à se joindre à cette nouvelle Europe. Développant les mérites politiques et économiques d'une « européanisation » du bassin du Rhin et de la Ruhr, il insiste sur la nécessité d'une réorganisation

---

14 AFJME AME 56/1/9, Éditorial de Davenport dans *Fortune*, 20/04/1944, « France, the American stakes ».

15 Pruessen, R., *John Foster Dulles, The Road to Power*, New York, Macmillan, 1982, notamment pp. 190-217 et 307-312, et Guhin, M., *John Foster Dulles, A Statesman and his Time*, New York, Columbia University Press, 1972, pp. 212-214, cités par Vaicbourdt, N., « Les ambitions américaines », *op. cit.*, p. 23.

16 Sur ces différentes perspectives, on pourra utilement se reporter à Rappaport, A., « The United States and European Integration: The First Phase », *Diplomatic History*, 1981, vol. 5, N° 2, pp. 121-149.

17 Winand, P., *Eisenhower, Kennedy, and the United States of Europe*, New York, St Martin's Press, 1993, pp. 9-10 et Bossuat, G., *Les fondateurs de l'Europe unie*, Paris, Belin Sup Histoire, 2001, p. 133.

économique de l'Europe occidentale fondée sur l'intégration des capacités de production et de consommation,[18] écrit N. Vaicbourdt.[19]

Un véritable courant en faveur de l'intégration européenne se développe autour de Dulles, du sénateur Arthur Vandenberg, du journaliste Walter Lippman et de Sumner Welles.[20] Le Congrès lui-même rallie le mouvement, rappellent Mélandri et Vaicbourdt, avec les résolutions proposées aux deux chambres, respectivement par les sénateurs Fulbright et Thomas – proches du Comte Richard Coudenhove-Kalergi – et le représentant Boggs, auxquels il a été fait référence.[21] Toutefois ce n'est pas nécessairement la politique officielle des États-Unis, même si les débats sur le plan Marshall sont marqués par l'espérance d'une unité européenne, même si le discours de Marshall du 5 juin 1947 subordonne l'aide à l'Europe à une coopération étroite des Européens entre eux. Au Département d'État, l'unité européenne rencontre une autre exigence, celle de préserver les chances du libéralisme mondial. Mais les débats sur le vote du *European Recovery Programme* (ERP) sont l'écho de la soif d'unité européenne des parlementaires américains. Leur donner satisfaction immédiate, sous la forme d'une union douanière, par exemple, faciliterait le vote des appropriations.[22]

Pour mieux comprendre la politique américaine en matière d'unification européenne, il faut aussi savoir quel espace européen les États-Unis veulent réunir. Il s'agit évidemment de l'Europe occidentale à partir de 1948, alors que durant la guerre leur vision était paneuropéenne. Ils ont voulu, certes, que les pays d'Europe orientale participent au plan Marshall, mais Staline le leur a refusé. Cette question pose aussi le problème de la place de la Grande-Bretagne dans les projets d'unité européenne de Washington. George Kennan pense à une « union » intime anglo-saxonne en 1949, qui laisserait les continentaux libres de s'organiser ou non. Il est certain que les États-Unis entendent prendre en compte l'ensemble de l'Europe occidentale, de la Scandinavie à l'Espagne, la grande Europe, dans laquelle le Royaume-Uni aurait le

18 Dulles address to the National Publisher Association, 17 janvier 1947, Dulles Papers, Princeton University.

19 Vaicbourdt, N., « Les ambitions américaines », *op. cit.*, p. 24.

20 Sumner Welles fut sous-secrétaire d'État de 1937 à 1943 et ensuite fut un bon observateur de la politique étrangère américaine.

21 Mélandri, P., *Les États-Unis face à l'unification de l'Europe*, Paris, Publications de la Sorbonne, 1980, pp. 80-8.

22 Bossuat, G., *La France, l'aide américaine et la construction européenne, 1944-1954*, 2 vol., Comité pour l'Histoire Économique et Financière de la France, Paris, Imprimerie Nationale, bibliographie, chronologie, index, octobre 1992.

premier rôle. Mais dans ce cas il est difficile de prêcher pour l'intégration en raison des choix britanniques de l'empire.

Trois importantes manifestations de la politique américaine

Les événements permettent de se faire une idée de la politique européenne des États-Unis et de ses motivations. Deux témoignages sont perceptibles : l'opinion des élites et des hauts responsables politiques et les grands événements eux-mêmes (le plan Marshall et la création de l'Organisation européenne de coopération économique (OECE), le plan Schuman, l'échec de la CED). Ils permettent de répondre aux quatre problématiques de départ. L'unité européenne voulue par les États-Unis vient-elle de leur propension messianique, de leur souci de protéger l'Europe démocratique de l'URSS, du danger allemand ou du désir de la société américaine de se replier sur soi et donc d'évacuer l'Europe sans cependant laisser la place aux communistes ?

Le plan Marshall

L'administration américaine est marquée par le débat permanent entre le Département d'État et les diplomates américains en poste, sur ce qu'il faut conseiller ou exiger des Européens au moment du plan Marshall. Les diplomates de terrain exercent très souvent une pression pour l'intégration, tandis que l'administration de Washington reste plus prudente. Elle ne veut pas qu'on confonde les méthodes de pression des États-Unis avec celles, plus coercitives, de l'URSS en Europe orientale. Si une administration américaine (*European Cooperation Administration, ECA*) pour toute l'Europe du plan Marshall est installée à Paris, un représentant américain n'en est pas moins nommé dans chaque capitale des pays signataires.[23] Il faut respecter les particularismes nationaux. Dean Acheson, successeur de George Marshall à la tête du Département d'État, ne soutient guère les partisans de l'intégration pensant inutile d'imposer une forme d'unité à l'Europe pour ne pas être assimilé aux pratiques soviétiques. Il ne tranche pas entre Français intégrationnistes en 1948 et Britanniques résistants. Toutefois, note un auteur, « les européanistes s'efforcèrent d'être plus efficaces et s'organisèrent dans un "Comité américain pour une Europe unie" qui, sous la présidence du sénateur Fulbright, regroupa désormais républicains, démocrates et intellectuels les plus en vue dans un activisme fervent ». Paul Hoffman, directeur de l'*ECA* Washington, fait un discours devant les seize pays de l'OECE, le 31 octobre 1949, ressenti comme un ultimatum : unissez vous ou l'aide américaine disparaîtra. Son appel fait peur et favorise un projet français de petite Europe monétaire, le Finebel, qui n'aboutit pas

[23] Bossuat, G., *L'Europe occidentale à l'heure américaine*, *op. cit.*, pp. 93-106.

(mai-novembre 1949).[24] Petite ou grande Europe ? La question ne se pose pas avant le plan Schuman. Les Américains veulent certainement la grande Europe de l'OECE, étroitement liée aux États-Unis dans une communauté atlantique. Ils font une proposition de coopération intereuropéenne, l'Union européenne des paiements (UEP) qui est un grand succès technique puisqu'elle facilite les échanges et les paiements entre les pays de l'OECE. Il est intéressant de noter que le bureau Europe du Département d'État place l'UEP dans le cadre de l'endiguement de l'Allemagne. La coopération économique et monétaire de l'année 1950 en Europe occidentale (UEP) s'apparente à des abandons de souveraineté monétaire du type de ceux pratiqués par les États avant 1914, dans le cadre du *Gold Standard* ; ils ne peuvent être tenus pour des formes d'intégration.[25]

Le plan Marshall donne lieu à la création de l'OECE. Cette organisation, négociée entre Européens, ne satisfait pas les États-Unis. Ils l'acceptent toutefois. Le chercheur a l'impression, en plongeant dans les documents d'archives des États européens, que les gouvernements français et britannique subissent des pressions américaines pour créer une véritable organisation européenne d'unité. Mais l'exigence n'est pas poussée jusqu'au bout. En témoigne la quasi-convocation secrète à Washington des délégués du Comité de coopération économique européenne (CCEE), l'ancêtre de l'OECE, en octobre 1947 sur ce sujet et sur le montant de l'aide aux Européens. Le CCEE s'en sort par de vagues promesses de bâtir un programme européen de relèvement administré par une organisation européenne qui sera l'OECE.[26] Le discours du *Foreign Secretary* Ernest Bevin de janvier 1948 consacré à une *Western Union* endort aussi les européanistes du Département d'État. Cependant la forme d'organisation européenne retenue par les Européens pour le plan Marshall, l'OECE, n'est pas celle que les diplomates américains demandent. Ils désirent des abandons de souveraineté pour faciliter la bonne utilisation des fonds américains et rationaliser les investissements et pour apaiser la querelle franco-allemande. Pourquoi les États-Unis ne poursuivent-ils pas leurs pressions initiales sur les

---

24 Le Finebel prévoyait une association économique et monétaire entre la France, la Belgique, le Luxembourg, les Pays-Bas et l'Italie ouverte à l'Allemagne.

25 Bossuat, G., « Les représentations de l'unité européenne chez Jean Monnet et ses interlocuteurs américains de 1948 à 1959 », *Les Cahiers de l'IHTP*, Images et imaginaires dans les relations internationales depuis 1938, sous la direction de R. Frank, avec la collaboration de M. Le Puloch, cahier n° 28, juin 1994, pp. 111-131.

26 Bossuat, G., *La France, l'aide américaine et la construction européenne*, *op. cit.*, p. 171.

Européens ? Sans aucun doute parce qu'ils font confiance, en 1948-1949, à la Grande-Bretagne pour rassembler l'Europe.

La CECA

Le plan Schuman surprend les chancelleries, y compris les Américains. En dépit de réticences sur la forme de l'union, qui ressemble à un gigantesque cartel de l'acier et du charbon, Truman et Acheson manifestent leur enthousiasme. L'intégration de l'Allemagne au monde occidental est inscrite dans ce projet. Les négociations du traité sont suivies par les fonctionnaires américains en poste en Europe dont John McCloy. « Nous sommes en pleine bataille ; qui va gagner ? », écrit Monnet.[27] Ses excellentes relations avec John McCloy, haut commissaire américain en RFA, William Tomlinson, membre de l'administration du plan Marshall en France et Robert Bowie, bientôt directeur du *Policy Planning Staff* (*PPS*), jouent à plein. Ils condamnent l'esprit de « domination » des Allemands et obtiennent du chancelier Adenauer la promesse de décartelliser la Ruhr. Il est indéniable que les États-Unis s'impliquent en faveur du plan Schuman, y compris sur la supranationalité. « John McCloy, le haut commissaire américain en Allemagne, menaça en indiquant que l'Amérique annulerait le processus de réhabilitation de l'Allemagne occidentale si le gouvernement n'acceptait pas la décartellisation de l'industrie lourde de la Ruhr », écrit Klaush Schwabe.[28] Adenauer résiste trois longs mois avant d'approuver la déconcentration le 14 mars 1951 !

Le plan Schuman est une aubaine pour ceux qui croient indispensable de renforcer le monde libre comme l'exige la *NSC*-68, comme pour ceux qui veulent l'unité européenne ou pour ceux que l'Allemagne inquiète. Il satisfait tout le monde. Washington, indique Klaus Schwabe, devient plus exigeant, insistant ouvertement sur une structure supranationale pour une future Europe unifiée, de préférence une fédération européenne.[29] Schwabe estime même que c'est à cause de l'Allemagne que l'Amérique choisit la supranationalité et pas du tout en raison de la guerre froide.[30] Les concessions américaines faites à

---

27 Bossuat, G., *L'Europe des Français, 1943-1959, une aventure réussie de la IVe république*, Paris, Publications de la Sorbonne, 1997, p. 171.

28 Schwabe, K., art. cité in G. Bossuat et N. Vaicbourdt, *États-Unis*, *op. cit.*

29 Schwabe, K., « Der Marshall-Plan und Europa » dans *Europa im Blick der Historiker (= Historische Zeitschrift, Beiheft 21)*, München, 1995, pp. 167-190.

30 Schröder, H., *Jean Monnet und die amerikanische Unterstützung für die Europäische Integration, 1950-1957*, Frankfurt, Peter Lang, 1994, pp. 101-129 ; Schwabe, K., « Ein Akt konstruktiver Staatskunst – die USA und die Anfänge des Schuman-Plans » in K. Schwabe (ed.), *Die Anfänge des Schuman-Planes*, Baden-Baden/ Nomos Verlag, Milano/Giuffré, Bruxelles/Bruylant, Paris/LGDJ, 1988, pp. 211-240 ;

l'Allemagne en termes de retour à la souveraineté sont liées à son acceptation de la supranationalité. En novembre 1950, le bureau Europe du Département d'État accepte le plan Schuman plus pour des raisons politiques (le rapprochement franco-allemand) que pour ses vertus économiques qui sont contestées. Cette structure regrette assez nettement qu'il ne soit pas un organe d'intégration militaire. Les États-Unis redoutent toujours que la CECA se comporte en cartel européen du charbon et de l'acier. La création du Marché commun général en 1959 ne peut que les rassurer. La petite Europe participe bien à la libéralisation des échanges.

L'initiative française du 9 mai 1950 est donc soutenue pour ses mérites thérapeutiques du mal franco-allemand, plus que pour la guerre froide. Au regard de la *NSC*-68 le plan Schuman renforce à l'évidence le monde occidental mais il n'est pas utile de le justifier par la guerre froide ; d'ailleurs, il ne vient pas des États-Unis et l'Alliance atlantique pourvoit depuis avril 1949 à la sécurité européenne. Il vaut mieux le considérer comme un point fort de la réconciliation franco-allemande, une étape de l'insertion de la RFA dans le système atlantique, une bonne affaire économique (vu du côté français) et une bonne affaire politique (vu du côté américain, allemand et français).

CED et OTAN

La négociation de la CED ouverte après l'annonce par le gouvernement français d'un plan d'armée européenne en octobre 1950 satisfait les Américains après quelques hésitations. L'arrivée au pouvoir des républicains à la présidence en janvier 1953, après la signature du traité de Paris de CED, est une excellente opportunité pour les europhiles du Département d'État de se manifester en faveur de sa ratification. L'équipe du Département d'État est europhile : John Foster Dulles le premier, mais Walter Bedell-Smith (secrétaire d'État adjoint) et de nombreux conseillers politiques (Robert Murphy, Jr. Douglas MacArthur, en charge des services politiques du Département d'État, Robert Bowie, directeur du *PPS*).

Dulles s'engage à fond dans le projet de CED, d'où son immense déception au mois d'août 1954 de l'échec du projet d'armée européenne et de communauté politique européenne. Il attache une dimension historique au projet de CED. Réapparaît l'aspect messianique de certains positionnements américains sur l'unité européenne car il ne s'agit pas uniquement de l'opinion d'un homme, fût-il secrétaire d'État, mais d'un groupe d'europhiles. Ce milieu, encouragé par Jean Monnet, croit que

---

Gillingham, J., *Coal, Steel, and the Rebirth of Europe 1945-1955*, Cambridge, Cambridge University Press, 1991, pp. 275-281.

vient le temps où l'Europe unie peut retrouver sa grandeur et son influence historique dans l'alliance avec les États-Unis. La CED est un projet au potentiel politique, économique et culturel énorme. D'autres responsables américains, plus pragmatiques, attendent d'abord et avant tout un réarmement rapide et économique de l'Allemagne. Pour eux, il ne s'agit plus de messianisme, mais de fonctionnalisme. Les Américains savent que la supranationalité est un moyen de contrôler l'Allemagne et l'Allemagne sait qu'en l'acceptant elle regagnera de la souveraineté.[31]

En même temps des craintes apparaissent qu'une Europe intégrée militairement ne prenne, sous *leadership* allemand, une troisième voie entre l'Est et l'Ouest ou encore ne fasse alliance avec le Sud ou l'Asie. C'est pourquoi les diplomates du Département d'État et les cercles dirigeants américains cherchent aussi à structurer l'Alliance atlantique. Paul Porter, *Deputy Special Representative for Economic Affairs to Europe* après 1952, imagine un cercle constitué par les Six de la CECA et de la CED, et un cercle constitué par les pays de l'OECE et de l'OTAN. Le point sécant des deux cercles paraît être l'UEP. En effet celle-ci appartient à l'OECE et les Six pré-fédérés en font partie. L'UEP introduit la logique américaine de la perméabilité des marchés et de la convertibilité des monnaies. L'UEP organise une transférabilité provisoire des monnaies européennes en attendant la convertibilité générale. L'UEP est la porte d'entrée des USA dans les constructions économiques et peut-être dans la future institution monétaire de l'OTAN. Un document du 12 septembre 1952, dont les auteurs sont des conseillers du secrétaire d'État ou à l'USRO (*US Mission to NATO or Regional European Organizations*) explique que l'unité européenne n'est pas une fin en soi. Elle n'a de valeur qu'au regard des intérêts des États-Unis. Cette vision euro-atlantique de l'unité tranche par rapport à celle de l'époque du plan Schuman. Certes une Europe intégrée mettrait fin aux protectionnismes en Europe et renforcerait la défense européenne. Elle serait complémentaire des États-Unis. Mais il est dit aussi que les États-Unis ne veulent pas d'Europe forte, capable d'une action indépendante des États-Unis. Les Américains redouteraient-ils l'unité européenne ? Sans doute car ils redoutent son autonomie politique, n'excluant pas qu'une Europe unie puisse mener une politique différente vis-à-vis de l'URSS. Le cauchemar d'une Europe puissante et autonome hante les Américains comme si la faiblesse européenne des années 1940 n'était plus qu'un souvenir :

> If by « integration » we mean the establishment of independently powerful central, supranational institutions in Europe, we may, in view of Germany's historic role in this century, and in view of potential internal political

---

[31] Schwabe, K., article cité dans G. Bossuat et N. Vaicbourdt, *États-Unis*, *op. cit.*

developments in Germany, Italy and France, find ourselves encouraging developments that are not basically in US interests.[32]

Un des fonctionnaires du *RA* (*Office of European Regional Affairs, Department of State*) affirme non pas en contre-point approbateur mais plutôt comme un acte réaliste que « we must accept it as a fact that a united Europe can become a third force and that its very size and strength will give it an independence from US domination and control ». Ainsi Charles Bonesteel (*PPS*) écrit à William Draper (*Special Representative to Europe* après janvier 1952) qu'on discute encore à Washington de l'étendue géographique de l'unification européenne : comprend-elle la Grande-Bretagne ? La réponse est claire : sans la Grande-Bretagne, cette Europe risquerait de se transformer en une troisième force qui jouerait à la fois contre les USA et la Russie. Cette image d'une Europe des Six, menaçante pour les États-Unis, devient caduque après août 1954. Pendant ce temps, Dulles veille avec foi sur les négociations CED et sur celles d'une Communauté politique européenne (CPE). Il défend une CPE à Six économiquement et militairement forte. En effet il ne pense pas que les États-Unis maintiendront indéfiniment leurs forces en Europe.

L'échec du projet de CED bouleverse les plans et les hommes et la donne des relations atlantiques. Le 1er septembre 1954, deux jours après « le crime du 30 août », le président Eisenhower comme son secrétaire d'État, John Foster Dulles, indiquent la nouvelle route américaine. Les Américains, officiellement attristés, mais pas en colère, réaffirment la nécessité d'une Communauté européenne de défense. Ils veulent laisser les Européens et surtout la France reprendre le dossier. Il n'est pas question de mettre la France de Mendès France à l'écart, ce qui réjouirait les Soviétiques. Il faut travailler avec les Français à un système de sécurité en Europe, fondé sur l'entente franco-allemande et l'égalité des droits. Les attaques contre le président du Conseil, Pierre Mendès France, sont exclues.[33] Néanmoins ces dispositions modérées sont ruinées par le comportement du secrétaire d'État. En route vers l'Extrême-Orient, Dulles s'arrête à Bonn et à Londres et évite ostensiblement Paris. Il fait sa cour à Adenauer, pas à Mendès France.

---

32 NARA, RG 469, USRO, executive Secretary, box 13, Plans and Policy Planning Staff, « What can we do to help European Institutions for Integration and to insure that they develop in a manner consistent with our policy toward Atlantic Community », non signé, 7 pages dactylog, 12 septembre 1952.

33 NARA, Office of African and European Operations Regional Organization staff, subject files, 1953-57, box 18, Washburn, to USITO 86, « Infoguide : What next on EDC », 1 September 1954, RG 469, archives du Département d'État, Washington, NARA.

L'OTAN, cadre naturel de l'intégration européenne

La sagesse de la politique américaine n'est donc qu'apparente, car le trouble s'installe au Département d'État. Les hypothèses les plus folles circulent à l'automne 1954 : ne faut-il pas forcer les Six à l'intégration, si la sécurité des États-Unis en dépend ? L'intégration européenne est perçue ici comme le perfectionnement de l'organisation atlantique et de la sécurité commune. Un document du *PPS* développe une variante de la thèse de Léon Fuller, un très brillant analyste du *PPS*, qui n'a pas été retenue antérieurement par le *NSC*. Il explique que les États-Unis doivent identifier davantage leurs intérêts à ceux de l'Europe libre et unie au point d'institutionnaliser leurs relations avec elle par la création d'une Assemblée atlantique commune, consultative.[34] Les États-Unis devront en payer le prix en partageant leurs secrets atomiques. Le *Strategic Air Command* sera placé sous l'autorité du *SACEUR (Supreme Allied Commander, Europe)* et non de l'armée américaine. L'hypothèse d'une Communauté atlantique intégrée reprend de la force.[35] Théodore C. Achilles, *Chief of Mission* à l'ambassade des États-Unis à Paris, déclare :

> Je continue de croire que c'est une erreur pour nous d'essayer de forcer l'intégration des Six. Je sens encore que l'intégration des Six, bien que populaire comme slogan politique aux États-Unis, pourrait être contraire aux intérêts américains et que l'arrivée de Mendès est seulement une démonstration de plus de la sagesse douteuse d'essayer de construire une troisième force en Europe au lieu d'une intégration des Européens libres avec nous aussi fermement que possible. Je continuerai de me faire l'avocat de cette doctrine jusqu'à me faire tuer pour elle.[36]

La solution d'une Communauté atlantique des peuples libres retrouve de la force comme alternative à l'échec de l'union des Six, qualifiée de troisième force, autrement dit de pôle de neutralité inacceptable pour les États-Unis. La poussée des atlantistes au sein du Département d'État n'a pas pu être évitée, contrecoup normal d'un échec de la politique européenne de Dulles. Les europhiles du Département d'État semblent disparaître.

La crainte récurrente d'une Europe troisième force économique, concurrente des États-Unis, se développe alors que les Américains

---

34 NARA, NSC 9, NSC 5433, copy N° 64, 16 September 1954, « Immediate US policy toward Europe ».

35 NARA, 5 D 101, box 88, Europe, draft, 10 June 1954, Fuller, « An appraisal of US Policy respecting Europe », 38 pp.

36 NARA, RG 84, Paris Embassy, top secret general records, 1954, box 20, Th.C. Achilles to American Embassy, Paris, 30 September 1954.

rappellent leur contribution au relèvement réussi de l'Europe. Les républicains craignent surtout le volet politique d'une Europe « troisième force », capable d'interférer dans les relations internationales. Léon Fuller doute de la validité du projet fédéral de Dulles et de Monnet. L'intégration européenne doit être un instrument dans la guerre froide plus qu'une fin, à la différence de ce que pensent les europhiles comme Dulles ou Bowie. Fuller a bien entendu les avertissements des ambassades américaines en Europe sur les réticences envers la CED. Il ne croit pas possible l'unification européenne, il ne croit pas que la France puisse satisfaire ce grand espoir. Le pilier européen doit être assuré par la Grande-Bretagne et l'OTAN, solution qui prévaut après août 1954 et se pérennise encore jusqu'à nos jours. Pour Dulles au contraire, en dépit de l'échec du 30 août, le nouveau pilier européen peut être Adenauer. Déçu par la France, il soutient cependant dans un esprit « messianique » l'initiative en faveur d'une Europe atomique après la conférence de Messine de juin 1955. Seul Dulles, dans le personnel politique américain au pouvoir, tranche en faveur de l'intégration atomique à Six, en raison de ses choix anciens en faveur d'une fédération européenne pour le renouveau civique des sociétés européennes.[37] David Bruce affirme : « Mr. Dulles was a tremendous believer in what was then called European integration – in all of its forms ». Le témoignage de W. Walton Butterworth, ambassadeur américain auprès de la CECA, va aussi dans ce sens : « Dulles always had a firm and sincere conviction about the desirability of European integration ».[38]

Dans cette Europe, il y a la France. Vers 1950, les États-Unis sont prêts à lui offrir le *leadership* de l'Europe continentale. Vers 1953, ils en ont une image fortement dévaluée. Ils la voient comme la « belle France », nostalgique de son passé militaire, à la recherche de la grandeur politique et culturelle, craignant les abandons de souveraineté dans le cadre européen. D'autres fonctionnaires du Département d'État comprennent les critiques françaises envers les États-Unis comme le résultat du rapport de force très défavorable aux Européens dans l'Alliance atlantique. Car les analystes du Département d'État sont conscients que les Européens sont victimes aussi de phénomènes d'autoritarisme et de mépris de la part des Américains. L'affaire de la CED

---

[37] Cf. le texte de N. Vaicbourdt pour le colloque d'Essen de mai 1996, « Le Département d'État et les projets d'institutions européennes, 1953-1959 » in M.-Th. Bitsch, W. Loth, R. Poidevin, (dir.), *Institutions européennes et identités européennes*, Bruxelles, Bruylant, 1998.

[38] Transcript of a recorded interview with Ambassador David K.E. Bruce, Dr. Philip A. Cowl, interviewer, London, 9 June 1964, p. 6 ; interview with Ambassador W. Walton Butterworth, Ottawa, Ontario, Canada, 8 September 1965, p. 30, The John Foster Dulles Oral History Project, Princeton University.

illustre bien les liens étroits entre messianisme à l'américaine, revu par un Dulles idéaliste, et construction européenne. Les liens entre espoir de sécurité et construction européenne, loin de tout idéalisme sont présents, car la CED est vue comme un moyen d'accélérer le réarmement allemand. Les deux thèses peuvent coexister dans l'esprit de Dulles, probablement pas dans celui de Fuller, ni même d'Eisenhower.

L'idée d'une Europe forte et indépendante des États-Unis n'est pas exclue du cercle des hauts fonctionnaires américains tout à fait conscients que les alliés européens des États-Unis ne doivent pas devenir leurs marionnettes (*supine puppets*). Mais cette tendance ne triomphe pas dans les faits. Chaque fois que les Européens hésitent à prendre des décisions concernant l'intégration européenne (Finebel en 1949, CED en 1952-1954, Marché commun et Euratom avant la conférence décisive de Venise en mai 1956), revient en force chez les Américains l'envie de coiffer les faibles institutions européennes par l'OTAN, structure beaucoup plus sécurisante pour eux. Par une dérive du discours parfaitement observable les analystes des bureaux du Représentant spécial en Europe comptent inconsciemment l'OTAN parmi les organisations européennes sans jamais le justifier. Pour eux, les États-Unis, sage *leader* du monde libre, ont leur place parmi les États européens.

Pourtant les Américains hésitent à privilégier la solution de l'unité atlantique comme berceau de l'unité européenne et donc à contester le bien fondé de l'Europe des Six. On le voit à leur réaction au Grand Dessein d'Eden, dont le projet Fuller fait l'épure. Le Département d'État s'oppose en fait à l'idée de fondre toutes les Assemblées européennes régionales en une seule comme Eden le recommande en mars 1957. Les États-Unis considèrent en effet qu'il faut signer rapidement les traités de Rome plutôt qu'inventer des solutions délicates à promouvoir à plus large échelle. S'il n'est pas par principe opposé à l'idée d'une assemblée unique pour les Institutions européennes et pour la Communauté atlantique, Dulles comprend les réticences des Six à l'idée de voir des parlementaires américains siéger dans une Assemblée « européenne » ayant de réels pouvoirs. Il a la sagesse d'y renoncer.

Conclusion

D'après K. Schwabe, la diplomatie américaine veut une Europe supranationale. En fait elle manifeste une ambiguïté permanente. L'idée de faciliter la construction d'une Europe supranationale, voire même d'une Europe unie, n'est pas évidente sauf chez les « messianiques ». Manifestement les Etats-Unis ont raté une magnifique occasion, au début du plan Marshall, de contraindre les Européens à l'intégration. Les europhiles du Département d'État triomphent seulement et pour peu de temps au moment de la CECA. Le plan Schuman réconcilie le messianisme américain et les exigences de guerre froide de la *NSC*-68. K. Schwabe estime que l'ancrage de l'Allemagne dans le monde atlantique est « la raison principale pour l'Amérique d'insister sur le modèle supranational de la construction européenne ».[39] Les raisons de la propension supranationale du Département d'État restent discutées. La fréquentation, par archives interposées, des diplomates américains entre 1949 et 1950 nous conduit à penser que l'intérêt des États-Unis pour une Europe unie réside dans leur volonté de transférer à l'Europe les valeurs de leur révolution qui leur a si bien réussi et d'organiser le mieux possible la résistance européenne à l'ennemi. La meilleure façon est de construire l'intégration européenne. Toutefois rien ne peut se faire hors de l'Alliance atlantique qu'ils souhaitent transformer en communauté atlantique.

Il ressort des notes et télégrammes de diplomates ou de hauts fonctionnaires américains que l'Europe occidentale paraît être modelable par les États-Unis, parce qu'elle est faible et si proche des États-Unis que le concept de communauté atlantique peut remplacer valablement celui d'unité européenne. En effet les États-Unis jugent qu'ils font spirituellement partie de l'Europe et qu'en conséquence le concept de communauté atlantique respecte pleinement les aspirations des Européens à l'unité. L'autre Europe n'apparaît plus sauf à n'être qu'un appendice du diable soviétique. Dans les réflexions et propositions des fonctionnaires du Département d'État, la Grande-Bretagne est distincte du continent européen et co-dirigeante du monde atlantique ; la France aurait pu être le chef de file de l'Europe continentale occidentale entre 1949 et 1954 mais elle faillit à sa mission. Le cas de Dulles, chef de file d'un courant européiste au Département d'État, est particulier. Dulles pense que l'Union européenne à Six est une merveilleuse opportunité politique puisqu'elle assure la prospérité des Européens, qu'elle les rendra forts contre les dangers de l'Est, qu'elle fera taire définitivement le danger allemand et dispensera à terme les États-Unis de trop engager leurs soldats en Europe. Les États-Unis veulent bien l'intégration européenne, mais à part les idéalistes, ils en redoutent l'indépendance et préfèrent une communauté atlantique qu'ils tentent même de faire passer pour une communauté européenne.

---

39 Schwabe, K., « Do Personalities make a Difference? Washington Working with Europeans » in K. Burk & Melvyn Stokes (eds.), *The United States and the European Alliance since 1945*, New York, Berg, 1999, pp. 260-262 ; Schröder, H., *Jean Monnet und die Amerikanische Unterstützung für die Europäische Integration*, Frankfurt, 1994, pp. 487-508.

American Attitudes towards European Unity from the Rome Treaties to the Kennedy Administration

Pascaline WINAND

The European Relaunch: Euratom and the European Economic Community

From 1 to 3 June 1955, the Foreign Ministers of the six European Coal and Steel Community (ECSC) countries met at Messina, Italy. The result was the so-called Messina resolution, which envisaged two main avenues for re-launching European integration: a sectoral approach, and a more comprehensive general economic integration approach. The functional, sectoral approach, which was supported by Jean Monnet and Belgian Foreign Minister Paul-Henri Spaak, originally encompassed both the communication and energy sectors, including civil atomic energy. Yet the report of the Intergovernmental Committee, which was organised after Messina, met in Brussels and was headed by Spaak, recommended focusing sectoral integration on atomic energy. As for overall integration, an approach initially favoured by Dutch Foreign Minister Johan Willem Beyen, the report supported the creation of a customs union with a common external tariff as opposed to the establishment of a free trade area.[1] The 21 April 1956 "Spaak Report", which included proposals for Euratom and the Common Market, was approved at the Venice Conference of Foreign Ministers on 29-30 May 1956 as a negotiation base. The ensuing intergovernmental conference led to the signing of the Treaties of Rome on 25 March 1957 and their subsequent ratification by the six founding members of the ECSC. Two new communities were created: Euratom and the European Economic Community (EEC).

The French did not initially show much enthusiasm for the creation of a general common market. They feared competition from their

1 Milward, A., *The European Rescue of the Nation-State*, London, Routledge, 1992, 1994, pp. 173-223; Winand, P., *Eisenhower, Kennedy and the United States of Europe*, New York, St Martin's Press, 1993, p. 74.

neighbours, all the more so as their price levels were much higher than those of some of their partners. Much of the French civil service preferred protecting French industry from German competition until it grew strong enough to withstand it. On the other hand, the Socialist Guy Mollet, a member of Monnet's Action Committee for the United States of Europe, who became French Prime Minister in February 1956, and his Foreign Minister, Christian Pineau, were more favourable to the idea of a common market. Pineau saw it as a means of modernising the French economy by opening it to foreign competition. At the same time he realised that a "Common Market would not be possible […] without […] a great deal of education in France".[2]

Monnet had quite a different set of priorities. In April 1955, while still head of the High Authority (HA) of the ECSC, he and his emissaries had told US officials that, whereas Euratom could "identify the Community with the power of the future and capture public imagination", the Common Market seemed to be "a pretty nebulous project" for the Six, with a slim chance of being ratified.[3] When Pineau approached him to get his support for a common market treaty in early 1956, Monnet, who by that time was no longer head of the HA but presided over his newly created Action Committee, retorted that he was hostile to the common market at that point in time. For him, a sectoral, Euratom approach had a much better chance of succeeding than a more ambitious common market that might founder on French opposition and jeopardise the entire European relaunch.[4] Only in the Fall of that year did Monnet seem to lean towards supporting the common market approach. This was in part because he realised that French farmers would benefit greatly from a common agricultural policy that would provide protected outlets for their agricultural surpluses and that the Germans would not accept Euratom without the EEC.[5] This said, some French interests certainly banked much on Euratom, but not all for the same reasons, or for the same kind of Euratom.

In a way, for both France and the US, Euratom presented a means of completing the unfinished business of the failed European Defence

---

2 *Foreign Relations of the United States* (hereafter *FRUS*), *1955-57*, Vol. 4, Western European Security and Integration, Washington, DC, USGPO, 1986, 7 February 1956, pp. 407-8, quoted in F. Duchêne, *Jean Monnet. The First Statesman of Interdependence*, New York, W.W. Norton, p. 290.

3 *FRUS, 1955-57*, Vol. 4, Memorandum of Conversation, Department of State, 20 April 1955, Words from Mr. Albert Coppé, p. 288; Monnet, J., *Memoirs*, London, Collins, 1978, pp. 417-430.

4 Pineau, C. & Rimbaud, Ch., *Le Grand Pari. L'aventure du traité de Rome*, Paris, Fayard, 1991, pp. 194-195.

5 Duchêne, F., *Monnet*, *op. cit.*, p. 291.

Community (EDC) and the Western European Union (WEU) replacement solution. The latter had only partially succeeded in controlling German nuclear industry in the military field, while it did little to control German civil production. Even though the Germans had temporarily renounced the manufacture of nuclear weapons, there was no guarantee that the Federal Republic of Germany (FRG) would not one day decide to go from peaceful uses of nuclear energy to military uses. There were also recurrent fears in France, as during the EDC and in the WEU negotiations that the US, or the UK, might cooperate bilaterally with the FRG, thereby ultimately leaving France behind in the nuclear field. The French, including Monnet, accordingly hoped that Euratom would control German civil nuclear industry and thus help prevent the FRG from developing an independent nuclear industry altogether. From a French perspective, a Euratom procurement system, which would cover both the procurement and supply of fissile material and the control of its use, was essential to circumvent German appetites in the military field. It was also essential to prevent a special relationship between the FRG and the US or Britain from emerging in the civil nuclear field.[6] Intent on having the Germans participate in Euratom on an equal footing with the other members however, Monnet insisted that the new community must be limited exclusively to the peaceful uses of nuclear energy. This was also the demand of the German socialists, who were members of his Action Committee, and who made German participation in Euratom contingent on preventing the emergence of a European bomb.[7] Monnet's adamant opposition to using Euratom for military ends did not go down well with the advocates of the French nuclear programme.

While the French hoped to control German nuclear power by integrating it in Euratom, they also hoped that Euratom would help the French military nuclear programme. One of the key anticipated benefits of Euratom was that France's partners might agree (via Euratom) to foot most of the bill for an enrichment plant. France possessed no such plant. Yet the French would need enriched uranium to produce a Hydrogen bomb and to graduate to the same nuclear class as the British and the US, who were the only producers of enriched uranium in the Atlantic community.[8] France also hoped that a steady supply of cheap uranium might be guaranteed by obtaining access to uranium from the Belgian Congo via Euratom. No such continued access could be guaranteed in

---

6 Skogmar, G., *The United States and the Nuclear Dimension of European Integration*, Basingstoke, Palgrave Macmillan, 2004, p. 128, p. 147, p. 171.

7 Winand, P., *Eisenhower, Kennedy*, *op. cit.*, p. 72.

8 Skogmar, G., *The United States and the Nuclear Dimension*, *op. cit.*, p. 116.

the long run from France and its African territories. For this, however, the Belgians, and the Americans, who had up to now, along with the British, mostly relied on the supply of uranium from the Belgian Congo, would have to agree to make changes in the US-Belgian bilateral agreement. Belgian Foreign Minister Spaak hoped to use the potential transfer of uranium rights to Euratom as a bargaining chip in the negotiations: if the Six approved Euratom in principle, he told the US, he would tell them that he would start negotiating with the US and the UK on this crucial issue.[9] In addition, while some members of the French government hoped that Euratom would not stand in the way of a French bomb, but would even contribute to its development, the French also backed Euratom, hoping that it would make Europe less dependent on outside suppliers in the energy field.

In the wake of the EDC debacle, Louis Armand, the Managing Director and Chairman of French Railways (SNCF), a member of the Board of the French *Commissariat à l'énergie atomique*, and the author of a report for the Organisation for European Economic Cooperation (OEEC) on Europe's future energy needs, had shared his thoughts with Monnet about an atomic EDC, in which both West Germany and Britain would participate. The atomic pool, which would benefit from US technology and British cooperation, would launch Europe on the road to independence in the energy field, especially with regard to oil imports.[10] He expected to obtain US help for a European atomic pool via the "Atoms for Peace" programme, recently launched by Eisenhower.

By 1953, the McMahon Act, which instituted the US policy of denying nuclear technology even to US wartime allies, appeared more and more obsolete. In 1949, the USSR had detonated its first nuclear weapon. The UK followed suit in 1952. To meet the Soviet challenge, the Eisenhower administration sought to maintain its lead in the nuclear field and to regain the initiative by developing the peaceful applications of nuclear technology. On 8 December 1953, Eisenhower addressed the delegates of the United Nations (UN) General Assembly. He proposed that the US and the USSR contribute normal uranium and fissionable materials to an International Atomic Energy Agency (IAEA) under the surveillance of the UN. The fissionable material "would be allocated to serve the peaceful pursuits of mankind. Experts would be mobilised to apply atomic energy to the needs of agriculture, medicine, and other peaceful activities".[11] The debate over the modification of the McMahon

9 *Ibid.*, p. 178, note 215 and pp. 116-117.

10 Winand, P., *Eisenhower, Kennedy*, *op. cit.*, p. 71.

11 Eisenhower, D.D., *The White House Years. Mandate for Change 1953-1956*, New York, Doubleday and Co., p. 223.

Act that followed was contemporaneous with debates on the ratification of the EDC. In 1954, the Atomic Energy Act allowed the US private sector to engage in the construction of nuclear plants, both at home and abroad, as well as the sale of patents and fissile materials to other countries.[12]

But while Eisenhower's Atoms for Peace initiative was, as the name indicated, devoted to the peaceful uses of atomic energy, Armand's Euratom, unlike Monnet's, was not limited exclusively to such uses. Armand, who headed the nuclear sub-group during the Brussels negotiations, envisaged that Euratom members would find ways of jointly financing an enrichment plant. His Euratom did not rule out the manufacture of nuclear weapons by France, and left the door open for the creation of a European nuclear force. Monnet, on the other hand, pleaded for Euratom control of all nuclear resources of its members and opposed a French nuclear force. His position was close to that of Eisenhower, Dulles and the State Department.

By 1957 the IAEA was created in Vienna. The US proceeded to sell enriched uranium for nuclear plants abroad via bilateral agreements. This included members of the Six and created some problems for Euratom. In the US, the State Department, not unlike Monnet, argued that the bilaterals with future members of Euratom should be delayed to convince the Six that they would be better off dealing with the US on a multilateral, Euratom basis than on a bilateral basis. In particular, Dulles made a special effort to delay a bilateral agreement with the FRG. Not only would the French resent it deeply, but it might also diminish the attractiveness of Euratom to the Germans. By contrast, the Chairman of the Atomic Energy Commission, doubting that Euratom would soon come into existence, and intent on showing Congress progress on the peaceful uses of atomic power abroad, was reluctant to delay the bilaterals. The matter was settled in January 1957 upon consultation with the Six, who agreed to transfer their benefits or obligations under bilateral agreements to Euratom. By so doing, a German, Italian, French or other bilateral atomic energy agreement with the US lost their potential adverse effects on the Euratom negotiations.

US Reactions to the European Relaunch: What Kind of Integration?

American first reactions to the Messina Conference were lukewarm, as one of the only tangible results of the conference seemed to have been

[12] Gerbet, P., *La Construction de l'Europe*, Paris, Notre Siècle, 1983, p. 193; Howlett, D.A., *Euratom and Nuclear Safeguards*, London, Macmillan, 1990, p. 40.

to divest Monnet – then featured in prominent American newspapers as Mr. Europe – of his post as President of the HA of the ECSC. At that point, European integration seemed, to much of the US public and also to a substantial part of Congress, to have an uncertain future following the demise of the EDC. In January 1955, the resignation of the US representative to the ECSC, a position that symbolised the US commitment to the Community of the Six, had seemed to signal American disenchantment with European integration. For a while, Monnet and his successor at the HA, René Mayer, pleaded in vain for the establishment of an American Mission to the ECSC, which they asked to be kept separate from US missions to intergovernmental organisations such as the OEEC and NATO, as a confirmation of American commitment to supranationality. Only on 10 October 1955 did the State Department announce Eisenhower's decision to establish such a Mission.[13]

By the end of the year the State Department and US representatives abroad had finally reached a consensus, not only on how to define European integration, but also on whether the ECSC approach should be assigned greater importance relative to looser, cooperative associations such as the WEU or the OEEC. European integration was defined as entailing "supranational authority and responsibility […] [whereas] arrangements less binding were merely cooperative". Such integration was politically and economically important for the West because it "pav[ed] the way for the truly integrated association, politically, economically and otherwise, of member countries, and especially Germany and France, upon which [the] long term welfare, strength, and security of [the] Atlantic Community may well depend". For the State Department and Dulles, the WEU did not seem "to offer promise of accelerating integration in this sense". Nor did the OEEC, which did not involve "waivers of sovereignty in favor of [an] authority such as now existed for [the] CSC".[14]

The reasons for this tendency to side with the Six stemmed from a realisation that European integration remained an important economic and political tool for solving the German problem and for strengthening the West. By channeling German energies and loyalties towards European integration, one would increase economic efficiency in

13 *Department of State Bulletin*, 24 October 1955, and Mélandri, P., *Les États-Unis et le "défi" européen 1955-1958*, Paris, Presses universitaires de France, 1975, p. 63.

14 *FRUS, 1955-57*, vol. 4, Memorandum prepared in the Office of European Regional Affairs, Washington, 6 December 1955, p. 358 and Telegram from the Acting Secretary of State to the Embassy in Italy, 30 May 1955, p. 290; Skogmar, G., *The United States and the Nuclear Dimension*, *op. cit.*, p. 125.

Western Europe, prevent the ghost of German nationalism from re-awakening, and circumvent German tendencies to exploit East-West tensions. This would also avert the threat that German nationalism might encourage nationalism in Western Europe, which would play into the hands of the Soviet Union and its satellite countries. By contrast, if the pull of European integration proved insufficient, the West might be weakened by competitive economic nationalism within Europe, and Germany might look East. If the FRG re-orientated itself towards the Eastern Bloc, German economic power would fail to accrue to the West, and Soviet power would benefit. Worse still, the State Department projected that the Soviet Union was making great economic strides and would overtake Western Europe's aggregate GNP by 1975. Hence, another fear: might a lack of unity and diminished prowess in the West perhaps encourage developing nations to cast their eyes towards the communist bloc for leadership? This negative chain reaction was mirrored by a more positive and opposite scenario. President Eisenhower envisaged the development in Western Europe of "a third power bloc, after which development the United States would be permitted to sit back and relax somewhat". European unity would guarantee the cohesiveness of the West for "a solid power mass in Western Europe would ultimately attract to it all the Soviet satellites, and the threat to peace would disappear".[15]

Euratom and US Interests

If we now turn specifically to Euratom, the Americans hoped that an atomic authority would be another step towards European integration, which would "set in motion ancillary and concomitant developments which would lead, over time, towards a real United States of Europe".[16] The project would also allow Europeans to pool their "inadequate resources" in the field of atomic energy, and thus be economically efficient, which would reinforce the cohesion of the West.[17] In addition, Euratom would forge "a new link between Germany and the West".[18] Robert Schaetzel, who worked in the Office of the Special Assistant to the Secretary of State for Atomic Energy Affairs, hoped that the project could avert the threats of a nuclear sector "increasingly dominated by

[15] *FRUS, 1955-57,* Vol. 4, 267th meeting of the National Security Council, 21 November 1955, p. 349.

[16] *FRUS, 1955-57,* Vol. 4, "Peaceful Uses of Atomic Energy and European Integration", p. 356.

[17] *FRUS, 1955-57*, Vol. 4, Letter from the Acting Director of the Office of European Regional Affairs (Palmer) to the Counselor of the Embassy in Belgium (Sprouse) Washington, 8 July 1955, p. 310.

[18] *Ibid.*, p. 312.

German industry with only nominal Government control". His worst fear was that West Germany might seek to cooperate with East Germany, notably to access its neighbour's admittedly low-grade but nonetheless vast uranium resources. A reunited, but "possibly uncommitted Germany" could become "a formidable military threat".[19] Schaetzel also hoped that a strong US backing of Euratom would convince the French to endorse supranationality more wholeheartedly and would persuade them to renounce their national nuclear weapons programme. But for these hopes to be realised the members of Euratom would have to renounce "the right and intention to develop nuclear weapons". The agency must also be truly supranational both in its institutional design and in the degree of ownership and control it exerted over nuclear ores and fuels. It would, in addition, have to provide for adequate inspection by the IAEA.[20] If that were not forthcoming, the US would be less inclined to support Euratom and might look towards the alternative intergovernmental OEEC programme for nuclear cooperation, which encompassed more countries than the Euratom plan did.

By late 1955 there were, in fact, two competing plans for nuclear cooperation: the Spaak committee's study for a supranational European atomic organisation and the proposals of the OEEC working party on nuclear energy. The British had a clear preference for the OEEC solution. By July 1955, officials in the State Department had mostly written the British off as participants in Euratom since they seemed "to be more interested in cooperative efforts within the OEEC framework than in a six-nations approach".[21] Indeed, the British were intent, as were the Americans, on preventing the French and the Germans from developing the bomb, and from collaborating with each other in the nuclear field. The British thought that controls via the OEEC cooperative plan, along with those of the WEU, would be enough to achieve these aims. No supranational Euratom was needed. If Germany wanted to "break away from her Western connections", she could just as easily leave Euratom as she would an OEEC organisation. Similarly, Euratom controls were no guarantee in the face of a determined company, bent on evasion.[22] In November the British declined to join

19 Memorandum by Schaetzel, "Europe and Atomic Energy", 2 December 1955, RG 59/LF 57D688, box 363, NA, quoted in G. Skogmar, *The United States and the Nuclear Dimension*, *op. cit.*, pp. 135-138.

20 Skogmar, G., *The United States and the Nuclear Dimension*, *op. cit.*, p. 138.

21 *FRUS, 1955-57*, Vol. 4, Memorandum of Conversation, Department of State, Washington, 15 July 1955, "Proposals for Six Nation European Atomic Energy Authority Patterned on the Schuman Plan", p. 314.

22 Allen to Caccia, 24 January 1956, PRO/FO 371, 122022, quoted in G. Skogmar, *The United States and the Nuclear Dimension*, *op. cit.*, p. 156.

the Six in building either Euratom or a European Common Market. They explained to the Six that they could not participate in Euratom because of the intermingling of the civil and military dimensions in the British nuclear programme.[23]

Having declined to join the Six, the British now faced the prospect of having to compete as outsiders against them, instead of gaining access from within to an important market for their nuclear reactors and of enjoying protection from outside competition by a common external tariff. In the short run, British superiority in the nuclear field could hardly be denied, but, over the long haul, the Six were likely to catch up with the UK. Once economically more powerful and politically united, they might even evolve a common military policy and use the knowledge acquired via Euratom to build atomic bombs.[24] The British hoped that Euratom would never come into existence. Perhaps their refusal to participate in it would do the trick? If that did not work, perhaps offering enrichment technology to build a European enrichment plan via the OEEC, would "provide the final *coup de grâce*" to Euratom? Finally, the UK planned to undermine Euratom by allying itself with the opponents of Euratom in Germany.[25]

But the US was less than supportive of such tactics and Dulles and the President strongly backed both the Euratom and the EEC projects. Dulles told Macmillan in December 1956 that the six-nation approach offered the best answer to Soviet political subversion, by reconciling French and German interests and tying Germany to Western economic, political and military institutions. The Secretary of State did not see any inherent conflict between the cooperative and the supranational approaches toward European construction. Both the President and he had decided to fully back the Six mainly for political reasons. Perhaps the Six might "evolve protectionist tendencies" or "tend toward greater independence" but these risks would be counterbalanced by the prospect of a more responsible, influential Europe in European and world affairs, which could bring more cohesion to Western Europe and share the US burden.[26]

To counter British moves to undermine Euratom and initially unsure of whether Euratom would be sufficiently supranational, the Americans decided to stress to their British counterparts that the OEEC and the

---

23 Skogmar, G., *The United States and the Nuclear Dimension*, *op. cit.*, p. 133.

24 Macmillan, H., *Pointing the Way*, Melbourne, Macmillan, 1972, p. 44.

25 "Extract from A.E. (O) (55)20th Meeting", 15 November 1955, PRO/AB 6/1654, quoted in G. Skogmar, *The United States and the Nuclear Dimension*, *op. cit.*, p. 132.

26 *FRUS, 1955-57*, Vol. 4, Letter from the Secretary of State to Foreign Secretary Macmillan, Washington, 10 December 1955, pp. 362-364.

Euratom approaches ought to be seen as compatible and not as alternatives.[27] By February 1956, the State Department argued that the US could conceivably provide classified information to a supranational Euratom that could be dealt with as a single unit, but, for security reasons, could not do so for a loose association of countries in the framework of the OEEC.[28] The US squashed British hopes of using enrichment technology to strengthen the OEEC proposal. Such technology was classified and the US had to give its consent. Such consent was never forthcoming. The US also indicated that it was opposed to an enrichment plant in Europe.[29]

Obtaining an enrichment facility via Euratom was, however, one of the main attractions of Euratom for France. There was a danger that the Euratom project might be stillborn if the French were asked to give up atomic weapons as the price of participation. In February 1956 Monnet's successor at the helm of the HA told the US that Euratom would never be accepted in the French Parliament under these conditions. Similar warnings came from US Ambassadors. The US accordingly searched for compromise solutions to make sure that Euratom saw the light of day by accommodating French wishes while at the same time limiting nuclear proliferation on the Old Continent and protecting US economic interests.

One worry the US shared with the German socialists and the UK was the potential use of Euratom by the FRG, but also by the French, or any other European nation, to acquire an atomic weapons manufacturing capability. The French, warned one US analyst, would, by 1957, possess plutonium in sufficient quantities to manufacture such weapons.[30] It was imperative to reach an agreement with them that would confine this plutonium to peaceful uses. The production of enriched uranium also had to be controlled. For one thing, if the French controlled their own atomic development, the Germans might be prompted to compete with them. For another, other European countries could be tempted to produce material for atomic weapons in secret.[31]

---

27 Skogmar, G., *The United States and the Nuclear Dimension*, *op. cit.*, pp. 156-157.

28 *FRUS, 1955-57*, Vol. 4, Memorandum from the Deputy Under-Secretary of State (Murphy) to the Director of the International Cooperation Administration (Hollister), Washington, 16 February 1956.

29 Skogmar, G., *The United States and the Nuclear Dimension*, *op. cit.*, pp. 159-161.

30 *FRUS, 1955-1957*, Vol. 4, Letter from the Special Assistant to the Ambassador in France (Robinson) to the Assistant Secretary of State for Policy Planning (Bowie), Paris, 27 December 1955, p. 379.

31 *FRUS, 1955-1957*, Vol. 4, Telegram from the Ambassador in Germany (Conant) to the Department of State, Bonn, 9 February 1956, p. 414.

In the meantime, Eisenhower and Dulles debated how to use Euratom to discourage the production of nuclear weapons by Europeans.[32] The carrot to be dangled before the mouths of the six European donkeys was none other than the promise to provide substantial quantities of Uranium 235 at a very advantageous price. The State Department and the Atomic Energy Commission (AEC) reached the conclusion that it was contrary to the US interest to help the Six build an isotopic separation plant for the enrichment of uranium. First of all, the technology was related to the know-how required for atomic weapons production, and for this reason, the proposal would be hard to sell in Congress. What, then, if the Communists took control of the plant? From an economic standpoint, the US had no real interest in allowing Europeans to become independent of them by giving up their monopoly on marketable enriched uranium. How, then, could one discourage Europeans from building enrichment plants while at the same time finding alternative ways of contributing to the six-nation approach? Some analysts suggested that it would be easy enough to point out to Europeans that such plants were tremendous consumers of electric power and would take a long time to pay their way, thus making little sense from an economic standpoint.[33] But what if the political gains outweighed the economic costs involved? Europeans – especially the French – needed a bigger carrot. In the course of 1956, the strategy unfolded. On 22 February 1956, Eisenhower made it known that the US would make 20,000 kilograms of Uranium 235 available for sale or lease for foreign powers and research reactor programmes.[34] There was no specification of how the 20,000 kilograms would be allocated between Euratom, the IAEA and bilateral agreements between the US and individual countries. The announcement of a large suballocation to Euratom had, however, been discussed, but was not mentioned at the time to avoid creating the impression of US pressure during the Euratom negotiations.

On 18 November 1956, Eisenhower and the AEC announced that the price of enriched uranium sold abroad would be considerably reduced. In addition, the US would guarantee an almost unlimited supply of uranium to feed foreign nuclear power plants. Euratom would be given "preferential treatment" compared to bilateral agreements with indivi-

[32] *FRUS, 1955-1957*, Vol. 4, Memorandum of Conversation, Washington, 25 January 1956, p. 397; *Ibid.*, Telegram for the Secretary of State to the Embassy in Belgium, Washington, 24 May 1956, p. 443.

[33] See, for example, *Ibid.*, Smith to Merchant, 8 December 1955, and Bowie's remark during a conversation in Washington on 25 January 1956, p. 360, p. 384.

[34] *Department of State Bulletin*, 19 March 1956, pp. 269-270.

dual countries.[35] These announcements were tactical moves to dissuade Europeans from spending money to build their own enrichment facilities. With the new low price for US enriched uranium, the price of European-produced Uranium 235 would be double or triple that offered by the US. On 12 December 1956, the US also declassified data from the first US enriched uranium power plant in Shippingport, Pennsylvania, which was to go into operation only nine months later. This was done to ensure that the European pool would prefer US technology to British technology, thereby preserving an important export market for US industry.[36]

American tactics bore fruit: during the early months of 1957, the Six gradually abandoned the idea of building their own European enrichment plant. This had the effect of considerably reducing the attracttiveness of Euratom to the French. In the meantime, the US added yet another element to complete its strategy for preventing nuclear proliferation while at the same time partly accommodating French interests in developing nuclear weapons.

In early 1956, Dulles proposed to the French that, so as not to impede the development of the IAEA "there might be an agreement that 'fourth countries' [would] not make atomic weapons for a period of time – say five years – during which an effort would be made to eliminate these weapons by agreement between the United States, the Soviet Union and the United Kingdom".[37] He saw the moratorium as a way of discouraging the French from building the bomb, and of delaying the moment when the Germans, in the name of equality, would seek to get out of their *Kernwaffenverzicht* in the WEU.[38] This he did not tell the French. The new French Socialist Prime Minister Guy Mollet understood Dulles' proposal to mean that the US would not create too much trouble if the French did not renounce nuclear weapons. A few weeks later he informed Monnet in secret that he "could not take the

35 On 25 January 1956, Admiral Lewis Strauss, Chairman of the AEC, made a proposal along these lines, see *FRUS, 1955-57*, Vol. 4, Memorandum of Conversation, p. 396; See also Skogmar, G., *The United States and the Nuclear Dimension of European Integration, op. cit.*, p. 225.

36 For one of the best accounts of US interests in controlling the development of Euratom and preventing the construction of an enrichment plant, see Mélandri, P., *Le Défi européen 1955-58, op. cit.*

37 *FRUS, 1955-1957*, Vol. 4, Memorandum of Conversation, Washington, 6 February 1956, pp. 406-407.

38 Skogmar, G., *The United States and the Nuclear Dimension, op. cit.*, pp. 177-178. See also P. Winand, "The US and European Integration from the Second World War..." in this volume.

responsibility for unilateral renunciation of nuclear weapons".[39] His government, indeed, had to face opposition to Euratom from military leaders, the French *Commissariat à l'énergie atomique* (Commission for Atomic Energy) and from the Gaullists.

On 11 July 1956, the French Assembly approved the negotiations on the creation of the European Atomic Energy Community (Euratom) by a large majority, the *Conseil de la République* soon followed suit. Mollet, in spite his initial support for an exclusively peaceful Euratom, made a number of concessions to get parliamentary support which flew in the face of Monnet's initial proposal for an exclusively peaceful Euratom. Not only would France not renounce its right to manufacture nuclear weapons, but the French would also be represented in their own right in the IAEA and not just through Euratom. On the suggestion of Dulles, Mollet agreed to a four-to-five-year moratorium on nuclear tests. He told the French Assembly that France would commit itself not to explode its atomic bomb before 1 January 1961.[40] The moratorium, which French government spokesmen presented to the Assembly, was not supranational, nor did it prevent the French from proceeding with research on nuclear weapons. It was no bar to constructing nuclear propulsion reactors. These assurances were of great assistance in having Euratom accepted by the French Assembly.[41]

Meanwhile, Dulles, again with a view to preventing or delaying the possible use of Euratom for nuclear military applications by the Germans or the French, insisted on the exclusive ownership by Euratom of all fissionable materials provided by the US and other sources. In addition, he argued that Euratom should possess exclusive rights on the supply of these materials.[42] Dulles' views were not shared in certain German and French quarters. German Minister of Defence Franz-Joseph Strauss, who was largely sympathetic to the demands of German industrialists, advocated a German atomic energy law that would provide for "the freedom for German private industry to own and freely dispose of fissionable materials, subject only to control by the German government through the *Länder* and a general review by Euratom".[43]

---

39 Interview by François Duchêne, Jacques Van Helmont, pp. 62, 47-53, quoted in F. Duchêne, *Monnet*, p. 296.

40 Winand, P., *Eisenhower, Kennedy, op. cit.*, pp. 92-93.

41 Skogmar, G., *The United States and the Nuclear Dimension, op. cit.*, p. 193.

42 Conant to Secretary of State, 17 October 1956 and Dulles to American Embassy, Bonn, 23 October 1956, NA/RG 59/DF 840.1901, box 4404. See Skogmar, G., *The United States and the Nuclear Dimension, op. cit.*, p. 207.

43 *FRUS, 1955-1957*, Vol. 4, Memorandum from the Assistant Secretary of State for European Affairs and Philip Farley of the Office of the Special Assistant to the

Since the other signatories of Euratom supported a British or US system of public ownership for Euratom, and as the issue might create a political feud between the German socialists who opposed the law and the CDU, this could have been a stumbling block in the Euratom negotiations. Monnet and his associates strongly urged the US to put pressure on Adenauer to override Strauss in this matter. This the Americans did. In late October Adenauer, when pressed on this issue, told the US that he was "quite prepared to yield" on the principle of government ownership.[44]

Yet the story did not end there. The French initially favoured ownership by Euratom of all fissionable materials both to control German ambitions in the nuclear field and to gain US support for Euratom. But Euratom ownership might mean "German participation in the ownership of atomic weapons" for example "if material which form[ed] the explosive or fuel for submarines belong[ed] to the Community", it could also stand in the way of French freedom in manufacturing and using French nuclear weapons.[45] By January 1957, while Adenauer appeared prepared to agree to supranational ownership by Euratom, the French now seemed intent on abandoning such ownership in favour of national ownership coupled with strict control by Euratom.[46] In turn, Dulles seemed ready to lean towards the new French position, but the US representative to the ECSC, Walton Butterworth, warned him that national ownership might entice the Germans to retreat to Strauss' ideas of private ownership. During a meeting with Spaak in early February the Americans floated the idea of the possibility of having "Euratom retain ownership up to the point where control of fissionable material passed from its hands into those of WEU". This solution to the French dilemma was finally retained in the Euratom Treaty.[47]

Secretary of State for Atomic Energy Affairs to the Secretary of State, Washington, 26 September 1956, p. 466.

44 *FRUS, 1955-1957*, Vol. 4, Telegram from the Secretary of State to the Embassy in Germany, Washington, 30 September 1956, pp. 467-468, and Telegram from Ambassador to Germany (Conant) to the Department of State, 30 October 1956, pp. 480-481, p. 477. See also Skogmar, G., *The United States and the Nuclear Dimension*, *op. cit.*, pp. 202-203, p. 223.

45 *Documents diplomatiques français 1956*, Vol. 3, Paris, Imprimerie Nationale, Memo, n.s., Secrétariat général, Coordination des questions atomiques, 21 December 1956, No. 316.

46 Skogmar, G., *The United States and the Nuclear Dimension*, *op. cit.*, pp. 232-233.

47 Butterworth to Secretary of State, 16 January 1957, NA/RG 59/DF 840.1901, box 4405, quoted in G. Skogmar, *The United States and the Nuclear Dimension*, *op. cit.*, p. 234; *FRUS, 1955-1957*, Vol. 4, Memorandum of Conversation, Department of

In a nutshell, the US, keen to avoid another EDC-like failure for both Euratom and the EEC, accepted loopholes in the Euratom Treaty that allowed the French almost full freedom to pursue their national nuclear military programme. The loopholes did not work to the advantage of the FRG, however, which had renounced the manufacture of nuclear weapons to the WEU, and which now found its whole nuclear sector controlled.[48] Yet Adenauer, afraid of a *pax atomica* between the US and the Soviet Union which might translate into a US troops withdrawal from Europe, leaving West Germany exposed, still hoped to secure the possibility of German manufacture of nuclear weapons via Euratom. If the French could develop their nuclear military programme, perhaps the Germans would also be able to do so within a decade. Adenauer told one of his ministers that "the German renunciation of military use could be withdrawn at any time" while he also banked on Franco-German arms cooperation, with a nuclear component, the starting point of which had been agreed with the French at Colomb-Béchar on 17 January 1957.[49] Only partially aware of the Franco-German arrangements but determined to find other ways to circumscribe the development of the French, German and perhaps other national programmes of Euratom member states, the US now devoted much energy to the negotiation of a US-Euratom agreement for developing civil nuclear power.

During the summer of 1956, Monnet and some of his collaborators sought to revitalise Euratom by introducing a "new Euratom element". The reason for this was that the French had "pulled the rug from under [their] feet" by failing to renounce the manufacture of nuclear weapons in the mid-July vote on Euratom in the French Assembly.[50] The State

---

State, Washington, 8 February 1957, pp. 519-522; Elbrick to Dulles, "Call of Belgian Foreign Minister Spaak", 8 February 1957, NA/RG 59/LF 57D688, see Skogmar, G., *The United States and the Nuclear Dimension*, *op. cit.*, p. 245.

48 For more details, see Skogmar, G., *The United States and the Nuclear Dimension*, *op. cit.*, p. 235.

49 Kabinett sitzung 3 October 1956, Die Kabinettsprotokolle der Bundesregierung (hereafter KAB), 1956, Vol. 9, hrsg. für das Bundesarchiv von Hans Brooms, München, Oldenbourg, 1998, pp. 609-12; Kabinettssitzung 21 February 1957, KAB 1957, Vol. 10, München, R. Oldenbourg, 2000, p. 156; See Skogmar, G., *The United States and the Nuclear Dimension*, *op. cit.*, pp. 203-204, p. 290 (note 61), pp. 223-224, p. 236 (note 172), p. 246.

50 Max Kohnstamm, interview by François Duchêne, p. 65; Office Diary of Jean Monnet, Jean Monnet Archives at the Fondation Jean Monnet pour l'Europe, Ferme de Dorigny, Lausanne, Switzerland; Max Kohnstamm, interview by François Duchêne, pp. 18, 24, quoted in F. Duchêne, *The First Statesman of Interdependence*, New York, W.W. Norton, 1994, pp. 299-300.

Department similarly searched for a "new approach" to Euratom.[51] In September, Monnet's Action Committee seized upon the momentum of the Suez crisis to draft a resolution that emphasised Europe's increasing dependence upon imported energy sources. The resolution recommended appointing a committee of three "Wise Men" to draw up within two months a programme for the production of atomic energy in Europe.[52] The Three Wise Men Committee was effectively established during a meeting of the Foreign Ministers of the Six in Brussels on 16 November 1956. The next day Monnet told the US Ambassador to France that "a broad scale and generous programme of US support for Euratom, both in the supply of materials and in technical cooperation", might do much to repair Atlantic solidarity after Suez.[53]

When the "Wise Men" handed in their report, *A Target for Euratom*, to the Six in May 1957, it already contained the seeds of a US-Euratom agreement. Pointing out that the average cost of electricity in the US amounted to about two-thirds of what it was in Europe, *Target* spoke of the benefits to be derived by the US from "the large-scale industrial application of atomic power" in Europe. Europeans would gain from US technical expertise in the field. In addition, the US would provide fissile materials to get the power plants going. US and European industries as well as the US and European atomic energy commissions, would undertake joint projects to develop new reactors and adapt old ones. *Target* spoke of a "two-way traffic, a close partnership of equals" that would be built "between the United States and Euratom and their respective industries".[54] The report was the result of a fruitful collaboration between the European "Wise Men", their Secretary, Max Kohnstamm (who also happened to be the Vice-President of Monnet's Action Committee) and other European and US experts, including from the AEC.[55]

---

51 Skogmar, G., *The United States and the Nuclear Dimension*, *op. cit.*, p. 195.

52 Winand, P., *Eisenhower, Kennedy*, *op. cit.*, p. 93.

53 *FRUS, 1955-57*, Vol. 4, Dillon to Department of State, 19 November 1956, pp. 487-489.

54 *A Target for Euratom*, Report submitted by Louis Armand, Franz Etzel, and Francesco Giordani at the requests of the governments of Belgium, France, German Federal Republic, Italy, Luxembourg, and the Netherlands, May 1957, Max Kohnstamm's Archives (hereafter MKS).

55 With Monnet's introduction, the "Wise Men" went to the US in February 1957. They were well received by Eisenhower, AEC and State Department officials, and US industry representatives and obtained assurances that the US would contribute both nuclear fuels and technical expertise to make the US-Euratom agreement a success. The AEC and the State Department also agreed to send top-technicians from the AEC to Europe to help draft *Target*.

In June 1958, Eisenhower, Dulles and Strauss signed a Memorandum of Understanding, which was then sent to Congress. This document had been accepted by the Euratom Council of Ministers the previous month. By the end of August, Congress approved an Agreement of Cooperation between Euratom and the US, which was the legislative version of the Memorandum of Understanding. The official signing of the US-Euratom agreement took place in Brussels on 8 November 1958.

The Memorandum of Understanding provided for only US type reactors to be tested in Europe. Europeans were to bear most of the cost, with the US providing about half of the financing for reactors in the form of a loan as well as a large supply of enriched uranium. It also provided for US-European research cooperation in developing US-type reactors to be constructed by Euratom.[56] This revealed two basic motivations behind US support for the agreement. From an economic viewpoint, testing US reactors in Europe, where the average cost of electricity was much higher than in the US, could help the US to develop atomic power on a large scale until it became competitive with other energy sources.[57] But the agreement could also be used for non-proliferation purposes, to control European national nuclear programmes, including the French nuclear military programme.

The French military much favoured the graphite-gas natural-uranium reactor. Not only could France count on a steady supply of natural uranium but the reactor generated the by-product of plutonium, which could be used in atomic bombs. By contrast, US reactors required enriched uranium. Since, mainly due to US efforts, Euratom would not build its own enrichment plant, developing US-type reactors in Europe meant that European power plants would be dependent on a steady flow of enriched uranium from the US. It also meant that French-type reactors would be made less attractive to France's Euratom partners and more costly for France to develop on its own, especially as US-Euratom research cooperation would serve to develop US-type reactors to be constructed by Euratom.

On the whole, the US-Euratom agreement would enmesh the national programmes of Euratom member countries in a common programme, which could potentially contribute to put a cap on French independence

---

56 See Memorandum for the Record, 1/7/58, White House Central File, Alpha File B 2137, O.F. 181, Dwight D. Eisenhower Library (hereafter DDEL); Memorandum, "Meeting with Admiral Strauss", 27 January 1958, MKS; Memorandum, "Various Aspects of US-Euratom Relationships", 27 January 1958, MKS; Schaetzel to Kohnstamm, 28 January 1958, MKS; Memorandum for the President, 28 January 1958, Whitman File, Dulles-Herter, box 7, DDEL.

57 *A Target for Euratom*, *op. cit.*

in the nuclear field. Thus the agreement, in a way, allowed the US a seat at the Euratom table both in terms of development of and access to US technology as well as in the provision of fissile materials. Ironically, it later gave de Gaulle and the French *Commissariat à l'énergie atomique* ready-made arguments to brand Euratom as an extension of US technology, while President Kennedy denounced cooperation with Euratom as a drain on US technology.[58]

European Economic Community, the Junktim and the Free Trade Area

As we have seen, the US initially considered Euratom as a more viable option to relaunch European integration than the EEC. This attitude fit well with that of Monnet, and also of much of the French government. Monnet regularly told the US that the EEC treaty would face ratification difficulties in the French Assembly and would involve complicated negotiations. He felt that the Euratom and the EEC treaties must not be linked, otherwise one might end up with nothing. Meanwhile, Prime Minister Guy Mollet and Foreign Affairs Minister Christian Pineau, who were more favourable than Monnet to the EEC, also insisted on the creation of Euratom first. They hoped Euratom might serve as a smoke screen for important discussions on the EEC, and improve the chances of the EEC being approved in the French Assembly. Both Monnet and some of his French compatriots were thus against linking the two treaties. They opposed the so-called *junktim*, which essentially meant that there would be no Euratom if the Common Market did not come into existence. Similarly, Dulles insisted that the approval of Euratom should come first and that of the EEC second. Contrary to the German, and, to a lesser extent, the Belgian and Dutch governments, he did not support the *junktim*. He felt that making the approval of the EEC a pre-condition to accepting Euratom might well doom both Euratom and the EEC to failure at the first hurdle. While the French showed every intention of ratifying the Euratom treaty, the chances of their also ratifying the EEC treaty seemed much bleaker. Dulles anticipated that the EEC negotiations would be "complex and doubtless lengthy" and should not delay the approval of the Euratom

58 Skogmar, G., *The United States and the Nuclear Dimension*, *op. cit.*, pp. 194-195, pp. 248-249. For an in-depth description of Monnet's and Armand's attitudes towards the choice of US reactor types, see Winand, P., "European Insiders Working Inside Washington: Monnet's Network, Euratom, and the Eisenhower Administration" in K. Burk & M. Stokes (eds.), *The United States and the European Alliance since 1945*, Berg, Oxford, 1999, pp. 207-238; see also Tessier du Cros, H., *Louis Armand: Visionnaire de la Modernité*, Paris, Éditions Odile Jacob, 1987, pp. 256-266.

treaty. This did not mean that he opposed the EEC *per se*. Without it, he felt that Europe would "remain weak" and would not be able to become "a third force along with the US and the Soviet Union".[59]

Yet the US position on the EEC, although sympathetic in principle, remained largely unarticulated as long as Washington devoted less attention to the EEC than to Euratom. The situation changed when a successful conclusion of the negotiations for both Euratom and the EEC looked increasingly probable in late 1956. By that time, the US also had to factor in the French willingness to informally agree to link the two treaties as a concession to the Germans, which essentially meant that the *junktim* had won the day.[60]

The British proposal of an industrial free trade area, taken up for the first time by the OEEC in July 1956, also made it necessary to agree on a coordinated US position *vis-à-vis* both the EEC and the Free Trade Area.[61] Although the US initially appeared to support the Free Trade Area and the Common Market projects, it soon became clear that it was more inclined to favour the latter. On 29 October 1956, President Eisenhower endorsed both proposals as important contributions to European economic integration. Yet this was on the condition that the EEC would be created first and the Free Trade Area "thereafter", "gradually, over a period of years", and "around the Common Market".[62] By mid-November 1956, the Subcommittee on Regional Integration of the US Council on Foreign Economic Policy (CFEP) completed its report on the effects of European economic integration on US trade and other economic interests. The report generally recommended backing the two projects for political reasons while minimising economic risks. Both had the potential to strengthen Europe, and to expand international trade, which meant a stronger, more cohesive Atlantic Community. While the EEC made another European war less likely, the Free Trade Area would link the UK "more closely to the Continent", prevent German domination of Europe, and provide "a stimulus for closer

---

59 Hoover to American Embassy, Bonn, 28 May 1956, NA/RG84/FSPO-O, box 67, see Skogmar, G., *The United States and the Nuclear Dimension*, *op. cit.*, pp. 175 and 178 (note 212); See also Winand, P., *Eisenhower, Kennedy*, *op. cit.*, p. 109; *FRUS, 1955-57*, Vol. 4, Telegram from the Secretary of State to the Embassy in Belgium, Washington, 24 May 1956, p. 444.

60 Butterworth to Secretary of State, 9 November 1956, NA/RG 59/DF 840.1901, box 4404, as quoted in G. Skogmar, *The United States and the Nuclear Dimension*, *op. cit.*, p. 222.

61 *FRUS, 1955-57*, Vol. 4, Circular Airgram from the Secretary of State to Certain Diplomatic Missions, Washington, 13 July 1956, p. 450.

62 *Public Papers of the Presidents of the United States: Dwight D. Eisenhower*, 1956, pp. 1038-1045, Washington, DC, USGPO, 1960-1961.

European political association, a long sought United States objective". But the report also pinpointed economic risks. Restrictive trade practices by European private business and the effects of special arrangements for protecting agriculture in the Community from US exports were particularly worrisome. To prevent the emergence of "an inward-looking regional bloc" surrounded by high trade barriers, the sub-committee recommended using the GATT (General Agreement on Tariffs and Trade) as a controlling device. About a month after the signing of the Rome Treaties, the State Department similarly reaffirmed US commitment to the EEC but also recommended negotiations in GATT to protect the interests of third countries, especially in agriculture.[63]

In addition, some members of the US administration feared the consequences of an association of overseas territories with the EEC for the exports of third countries, particularly in Latin America. In spite of these concerns, the US decided to let the case of the EEC rest until the Rome treaties had been ratified and not to push for changes in the EEC Treaty in the GATT at this time because this might undermine its chances for ratification in European parliaments. Only when ratified could the US and its partners in GATT give "a definite consideration to the treaty".[64]

Meanwhile, US support for the Free Trade Area became more and more uncertain, and the priority accorded to the EEC *vis-à-vis* the FTA more and more evident. The European Communities were supported, not just because of the "expected economic and technical advantages", but because they were seen as steps towards a political union which could strengthen the Atlantic Alliance and could control the Germans.[65] The US administration initially expected the British FTA proposal to strengthen the Alliance politically, by tying the British more closely to

63 *FRUS, 1955-57*, Vol. 4, Report by the Subcommittee on Regional Economic Integration of the Council on Foreign Economic Policy to the Council, Washington, 15 November 1956, pp. 482-486; *Department of State Bulletin*, 4 February 1957, p. 18; See Winand, P., *Eisenhower, Kennedy, op. cit.*, pp. 112-113 and Skogmar, G., *The United States and the Nuclear Dimension, op. cit.*, p. 237.

64 *FRUS, 1955-57*, Vol. 4, Memorandum from the Deputy Under-Secretary of State for Economic Affairs (Dillon) to the Chairman of the Council on Foreign Economic Policy (Randall). Enclosure: Report to the CFEP regarding the European Common Market, 11 April 1957, pp. 549-553; Memorandum of Conversation between the Secretary of State and the German Ambassador (Krekeler), Department of State, Washington, 11 February 1957; Memorandum of a Conversation, Department of State, Washington, 18 February 1957, pp. 523-526, see Winand, P., *Eisenhower, Kennedy, op. cit.*, pp. 113-114.

65 *FRUS, 1955-57*, Vol. 4, Circular Telegram from the Secretary of State to Certain Diplomatic Missions, 6 March 1957, pp. 534-536.

Europe, fostering European political association, and preventing German domination on the Continent. But the US soon came to see it as, essentially, a commercial arrangement that would discriminate against the US economically without leading to a European political union. In addition, British manoeuvers to entangle the Six in intergovernmental organizations fueled suspicion that the UK was intent on undermining the EEC.[66] The State Department made it amply clear to the British that the FTA must include the Common Market *as a unit* while not compromising its institutions, which might lead some day to a real European federation.[67] Only when the Rome Treaties had been signed and put into effect could the US envision an association between the Six and other OEEC countries, such as the FTA. With these qualifications, the US initially supported the FTA negotiations, which started in the fall of 1957 but the priority accorded to the EEC by the US resulted in a limited brief of the US delegation, which consisted of doing no more than "try[ing] to prevent the negotiations from breaking on key issues".[68]

When the EEC and Euratom treaties officially took effect on 1 January 1958, the US initially reacted with enthusiasm. Yet deteriorating US economic fortunes in 1958 soon tempered such enthusiasm and the US administration, now that the EEC was firmly on the road, started looking more seriously at its discriminatory aspects. At the same time, the US economic situation further contributed to the lukewarm support of the US administration towards the Free Trade Area negotiations and, later, to its outright scepticism towards the European Free Trade Association (EFTA).[69] By April 1958, the US made it known

---

66 In March 1957, the Eisenhower administration reacted with suspicion to a set of proposals from the British Foreign Office, which called for the grouping of European regional organisations into one single assembly assisted by specialised commissions, notably in the military, economic and cultural fields. The State Department swiftly voiced concern over the "tendency [to] blur [the] vital distinction between merely cooperative arrangements [OEEC] and genuine integration [CSC]" and to subordinate the ECSC, the EEC and Euratom to the OEEC. By diluting the "genuine integration" of the Communities, the British proposal might prevent them from acting as "a unit within Atlantic organisations", *FRUS, 1955-57*, Vol. 4, Circular Telegram from the Secretary of State to Certain Diplomatic Missions, 6 March 1957, pp. 534-536.

67 *FRUS, 1955-57*, Vol. 4, Telegram from the Acting Secretary of State to the Embassy in France, 10 October 1957, pp. 564-565; *FRUS, 1958-1960*, Western European Integration and Security, Canada, Vol. 7, part 1, Washington, DC, USGPO, 1993, Circular instructions from the Department of State to certain Diplomatic Missions, 20 March 1958, pp. 20-21.

68 *FRUS, 1955-57*, Vol. 4, Telegram from the Acting Secretary of State to the Embassy in France, 10 October 1957, pp. 564-565.

69 For more details, see Winand, P., *Eisenhower, Kennedy*, *op. cit.*, p. 117.

to the participants in the FTA negotiations that it would support the FTA only if it did not endanger the political and economic unity of the Six and if it were consistent with the GATT objective of expanding multilateral trade.[70] In late 1958, key US officials, although warmly urged to do so by German Minister for Economic Affairs Ludwig Erhard and Netherlands State Secretary for Foreign Affairs Ernst van der Beugel, refused to intervene to rescue the talks. Yet, the failure of the talks was extremely ill-received by US industrial and banking circles, which had hoped that the FTA would help mitigate the protectionist aspects of the Common Market.[71] Optimism came back, however, with the announcement of the restoration of the external convertibility of ten European currencies, including those of the Six and the UK, and the first lowering of trade barriers among the Six in January 1959. The British, who had been pushing for speedy progress in the FTA negotiations, partly to preempt the Six's lowering tariffs among themselves, now countered with a new free-trade initiative, EFTA, among the "Outer Seven" namely the UK, Norway, Sweden, Denmark, Switzerland, Austria and Portugal. EFTA came into being in May 1960.

EFTA and British Membership

From the beginning, the US was rather sceptical about the EFTA proposal, especially since the UK did not seem to have abandoned all hopes for a wider arrangement. In late 1959, US officials told their British counterparts that public opinion in the US, while being very supportive of the EEC, had shown no great enthusiasm for the EFTA proposal, which seemed to be merely "a commercial reaction to the Common Market" and lacking a political objective. Given the current US balance-of-payments situation, and "dangers at home in continued discrimination against US trade", the US would not welcome the EFTA even if it "were in accordance with the GATT". Perhaps EFTA would not even "lead to complete free trade" among its members. Its sole redeeming feature seemed to be that it might perhaps help to lower the Common Market external tariff.[72] On EFTA, the US thus mostly adopted a policy of "giving open support and encouragement to the Common Market while expressing some doubts and uncertainty about

---

70 Macmillan Talks, Washington, 9-11 June 1958, White House Central Files, Confidential File, Subject Series, box 76, State Department (June 1958), Briefing Book Macmillan Visits (2), DDEL.

71 Randall to Dillon, 8 April 1958, DDE Central Files, OF 260 C, "European Community", DDEL.

72 *FRUS, 1958-1960*, Vol. 7, Memorandum of Conversation, London, 8 December 1959, pp. 175-185.

the Outer Seven" which greatly offended the UK and other members of the "Outer Seven".[73] Eisenhower and Adenauer did not help the situation by issuing a joint *communiqué* in mid-March 1960 which praised the EEC proposal for an acceleration in EEC tariff reductions as a "major contribution to a general lowering of world trade barriers"[74] while criticising EFTA for its contribution to trade divisions in Western Europe. To add to British concerns, when in June 1960, British Minister of Foreign Affairs John Profumo presented the WEU with a British proposal for joining only the ECSC and Euratom, the State Department retorted it found such a proposal "largely meaningless" since the ECSC and Euratom were "likely to be merged with the Common Market at a future date" and the "Six would regard British membership in the two subsidiary organizations as undesirable unless the UK joined the Common Market".[75]

Under-Secretary of State Douglas Dillon, meanwhile, detected "a fundamental switch" in British policy towards the EEC and West Germany. In December 1959, he met with British Prime Minister Harold Macmillan and other British Ministers. He found Macmillan less worried about the potential for the EEC to allow West Germany "to outsell Britain in world markets", less fearful that it might be "dominated and controlled by Germany", and more inclined to consider the EEC "as a useful means of controlling future German Governments". On the whole, the British appeared to move closer to the US attitude, i.e., to consider the EEC as an "indispensable method of tying Germany and France together and thus tying Germany into a unified Europe".[76] There were indeed some important changes in the making in British attitudes towards the EEC. The return to power of Charles de Gaulle soon entered British calculations of the reasons for US support of a rapprochement between the Six and the British. By September 1960, the British Foreign Office had decided to find out whether there was "a possible basis [...] for eventual negotiations" for British entry into the EEC, while cautioning that much depended on the French, who would have to be consulted at an early date. The British calculated that the US might support a "close relationship" between the UK and the EEC as a way of keeping "the external policies of the Six on

---

73 Memorandum for Mr. Randall, 6 April 1960, Eisenhower Papers, Randall Series, Subject Subseries, box 4, "Common Market", DDEL.

74 *New York Times*, 20 March 1960.

75 Memorandum for Mr. Randall, 7 June 1960, Eisenhower Papers, Randall Series, Subject Subseries, box 4, "Common Market (1)", DDEL.

76 *FRUS, 1958-1960*, Vol. 7, Telegram from the Embassy in the United Kingdom to the Department of State, 9 December 1959, pp. 185-186.

sensible lines". "In light of President de Gaulle's attitude", argued the Foreign Office, "it is surely a vital American political and defence interest that we should be as 'within' Europe as we possibly can. This is the best guarantee for the Americans that Europe can be held firmly within the Alliance".[77]

The US did indeed hope that British influence might help the Six to adopt policies that would be congenial to its interests in the economic and political fields. In December 1959, Douglas Dillon told British officials that Washington "did not feel that the establishment of the Six should lead to a 'split' in Europe or NATO". The US hoped "that the NATO structure and joint US-UK influence could prevent the Common Market from leading to any political or economic difficulties".[78] Soon US officials advocated British membership of the European Communities, in part to ensure that the latter strengthened the Alliance and did not evolve into a Gaullist, independent Europe, free from US influence.

The OECD

While counting on British close association with, or even membership of, the Communities, to keep the development of the Six on a line congenial to American interests, the US hedged their bets with other frameworks. The transformation the OEEC and negotiations in GATT were two of the tools used to contain the development of the European Communities, and that of EFTA, within limits acceptable to Washington. By the end of the 1950s, the US administration came to the conclusion that the time had come for the US to play a more active role in dealing with the exclusionist tendencies of the EEC, as well as with the economic and political rift between the EEC and EFTA, which might turn into a "trade war" which would "gravely divide" NATO "on political and security issues".[79] The solution seemed to lie within the framework of a new or revitalised OEEC with the full participation of the US and Canada. US leadership in the new organisation would prevent a merger of EFTA and the EEC, which would have harmed the EEC while discriminating against the US and Latin American countries at a time of US balance of payments difficulties. The future Organisation for Economic Cooperation and Development (OECD) would also ensure that the UK and the EEC did not make an agreement "which, in

77 PRO, FO 371/150365, Secretary of State's visit to Washington, UK relations with the Six, Annex, Talking points, 18 September 1960.

78 *FRUS, 1958-1960,* Vol. 7, Memorandum of Conversation, London, 8 December 1959, p. 179.

79 *FRUS, 1958-1960,* Vol. 7, Memorandum from Secretary of State Herter to President Eisenhower, 24 November 1959, pp. 172-174.

effect, cover[ed] British, French, Belgian and Portuguese possessions, present and past, but [did] not adequately take into account the needs of other underdeveloped countries".[80] Conversely, the new organisation might help to channel the resources of US partners, especially Western Europe and Japan, whose monetary reserves had greatly improved, towards assisting "the development of Asia, Africa, the Near East and other development-hungry parts of the Free World", thereby denying these areas to the Communists.[81]

Thus, as time went by, and as the US balance of payments situation worsened, US support for European integration took on more of a burden-sharing tinge. At the same time, the US administration pressed for a liberal EEC trade policy via negotiations in GATT. In June 1958, Dulles insisted that the US Trade Agreements Act be renewed for a period of five years to negotiate reductions "advantageous to our export trade" in the common external tariff of the Six before it became "firmly established".[82]

The Kennedy Years: Growth, Trade, Burden-sharing and the European Communities

During the Kennedy years[83] and during the interregnum between the Eisenhower and Kennedy administrations, some of Kennedy's key advisers hoped that the EEC would develop into an area of growing prosperity through increased competition among its members, thereby offering more outlets for US goods. Yet they also worried about EEC and EFTA internal tariff cuts, which might cause severe trade adjustment problems for outsiders. They accordingly insisted that the EEC must enter into negotiations with the US in GATT to "reduce the common external tariff on a multilateral non-discriminatory basis".[84] By

---

[80] Tuthill to Dillon, Paris, 3 August 1959, John Tuthill's private papers.

[81] *FRUS, 1958-1960*, Vol. 7, Memorandum from Secretary of State Herter to President Eisenhower, 24 November 1959, pp. 172-174.

[82] Statement by the Honorable John Foster Dulles Before the Senate Committee on Finance on Extension of the Trade Agreements Act, Department of State, For the Press, 20 June 1958, Dulles Papers, box 134, Princeton Library.

[83] For more details on US policy towards European integration during the Kennedy administration, see Winand, P., *Eisenhower, Kennedy, op. cit.*, pp. 139-350. For a shorter version see Winand, P., "United States-European Relationships 1961-1963" in A. Deighton & A. Milward (eds.), *Widening, Deepening and Acceleration: The European Economic Community 1957-1963*, Baden-Baden, Nomos Verlag, Bruxelles, Bruylant, 1999, pp. 17-30.

[84] Report to the Honorable John F. Kennedy, "Task Force on Foreign Economic Policy", 31 December 1960, Pre-Presidential Papers, Transition Files, Task Force

initiating wide-ranging negotiations in GATT, the US would not only possess enough leverage to bring down the external tariff, but also to prevent the quarrel between the EEC and EFTA from festering. For this, the US President must be given adequate means to bargain with the EEC in terms of a substantial offer in the reduction in US tariff levels. The situation became even more pressing with the impending adoption of the EEC's Common Agricultural Policy, and the potential enlargement of the EEC.

The Kennedy team thus put much energy into replacing the old Reciprocal Trade Agreements Act with a new Trade Expansion Act (TEA) and in shepherding it through Congress. Some of Kennedy's advisers argued that the TEA would do much to increase the US export surplus, help expand the US economy and solve the US balance of payment deficit. The idea was that US exports would increase by a greater percentage than those of Western Europe to the US. They also argued that the TEA would help the US regain its leadership in trade liberalisation, which ran the risk of being snatched away by a dynamic EEC. In presenting the TEA to Congress, Kennedy insisted that by enlarging its $5 billion export surplus, the US could keep financing its security programmes abroad and restore equilibrium in its balance of payments. In addition, if the US succeeded in bringing down the EEC external tariff, US manufacturing companies would find it less profitable to locate their plants behind the EEC tariff wall and exports of US capital funds to Europe would diminish, all of which would further improve the US balance of payments.

The TEA was also part of a US strategy to foster growth in the West to meet the Soviet economic challenge and fast Soviet growth. Thus, "sustained economic growth" in the West could not be achieved unless trade were freed from "artificial restrictions and protectionist devices", which fostered "inefficient production", while restraining economic growth.[85] Growth in the West would not happen without improved coordination among Atlantic nations through the OECD, which would help promote higher growth rates, while assuring that the resources of the US and its partners would be channeled towards meeting the common tasks of the Alliance. The US balance of payments deficit, argued US leaders, had a mirror image: the surplus of Germany and other countries. In a world of increasing interdependence it was only fair to expect the surplus nations to relieve the burden of the US. This could be done by removing trade obstacles and by encouraging their citizens

---

Reports, box 1073, R-3, John F. Kennedy Presidential Library, (hereafter JFKL), pp. 13-14.

85 Report to JFK, *op. cit.*, pp. 13-14.

to invest in the US and to foot the bill for a larger portion of foreign aid and military expenditures.

On the whole, growth, with a special effort being made by European partners, and especially the EEC, became something of a panacea, expected to fuel the domestic needs of the Atlantic nations, facilitate adjustments between the EEC and EFTA, allow for greater military spending and give more aid to developing countries. For Kennedy, without adequate growth the US would weaken economically and its "influence abroad" would diminish. The position of the West would then decline. "It is basic to our national security policy", he said, "to have a strong domestic economy".[86]

If the economic strength of the US was essential to its influence abroad and its security, the European Communities could contribute to such economic strength by fueling the US export surplus but also by harnessing the Western European economic potential to that of the US for common enterprises such as military defence and world economic development. Common Atlantic institutions such as NATO and the newly created OECD would help Western Europe coordinate its policies with the US, while encouraging it to adopt a more global orientation and undertake greater spending on common enterprises. The OECD and NATO were accordingly seen in part as burden-sharing exercises to help solve the US balance of payments problems, while they could also serve to safely contain the European Communities within an Atlantic framework.

During the Kennedy years, the US thus continued to back European integration for economic, political and security reasons. But as Western Europe increasingly became its economic equal and as European ambitions for greater equality with the US in the political and security fields rose, Kennedy and his advisers sought ways to satisfy these ambitions without weakening the Atlantic Alliance. Paying lip service to the need to establish "a genuine partnership of equals" between Europe and the US in public statements was one such way. Giving more participation to Europeans in the nuclear field was another.

But, as the Multilateral Force (MLF) saga demonstrated,[87] participation did not mean effective control of the nuclear deterrent nor did genuine equality between European and US partners dovetail neatly with the US emphasis on integration in the nuclear field. The MLF was

---

86 Remarks of the President to the NSC Meeting of 22 January 1963, NSC Meetings and Memos, box 314, JFKL.

87 For more details, see E. Kuznetsov's chapter in this volume and P. Winand, *L'administration Johnson…*, in this volume.

a proposal for a mixed-manned nuclear missile fleet, armed with US Polaris missiles, and initially owned and controlled by NATO. Part of the Kennedy administration considered it as a possible step towards a European nuclear force if and when Europe united politically. But Kennedy, who approved the MLF concept mainly to satisfy German nuclear aspirations while at the same time controlling them, remained uncommitted towards it. The President, his Secretary of Defense and other advisers wondered whether it might not be best to help the French nuclear programme instead, on condition that the French would integrate their nuclear forces with NATO.[88]

The Kennedy administration's support for British membership of the European Communities can equally be traced back to the US concern for ensuring that the European Communities would strengthen the Alliance. For this, they must not evolve into an independent Europe, free from US influence. American Europeanists defended US support for British entry on various grounds. If the British stayed outside the EEC, they could be a force of division rather than cohesion in the Alliance. By contrast, if they were to join the EEC, might they not help to inoculate the EEC against bouts of protectionism, while also exerting a stabilising democratic influence in Europe and diluting what appeared to be an emerging coalition between the French and the Germans against US influence in Europe? British membership might also bind a post-Adenauer Germany more closely to the West. US Europeanists further expected the British to behave as a "first among equals" in the Communities while functioning as advocates of US policies in Europe. Perhaps UK leadership could help provide more European monies to share US burdens in the Third World to counter Soviet imperialism? Last, but not least, Britain's full membership in the EEC might also weaken EFTA and other British inspired free trade arrangements, which discriminated against the US without holding the promise of European political unification. As a result, the US reassured their British friends that their special relationship with the US would not suffer from British entry into the EEC, but would be strengthened were they to join. The new special relationship would be between the US and the European Communities, with the UK playing a leading role on the European side of the partnership.[89]

Many of the goals of Kennedy's strategy towards Europe and European unity were dashed in January 1963 when de Gaulle said no to British entry to the EEC and no to the MLF. Yet the US decided to

---

88 For more details on the MLF see Winand, P., *Eisenhower, Kennedy*, *op. cit.*, pp. 203-243, 317-322, 338-339, 341-356.

89 Winand, P., *Eisenhower, Kennedy*, *op. cit.*, pp. 265-280.

continue its support for European integration. Washington hoped that the British application would be resurrected at a later time and attempted to breathe new life into the moribund MLF. The latter was now brought to the top of presidential priorities as a potential antidote to de Gaulle's influence in Europe, to keep the UK closely tied to the continent, to assure German participation in the nuclear deterrent without nuclear proliferation, to reinforce NATO and to keep US influence in Europe. At the same time, the Kennedy team continued to pursue another aim of Kennedy's grand design by moving as swiftly as possible with negotiations in the GATT to guarantee that the EEC would evolve in a manner congenial to US interests.[90] Bringing the Kennedy Round of negotiations in GATT to a successful conclusion, finding a solution to satisfy and control European ambitions in the nuclear field and adopting a suitable attitude towards the second British application to join the Communities were later to become key concerns of the Johnson administration.

90 *FRUS, 1961-63*, Vol. 13, West Europe and Canada, Washington, DC, USGPO, 1994, p. 485; OECD Restricted Document, 31 January 1963, Herter box 16, "Trips Europe 1/24/63-2/14/63", JFKL.

L'administration Johnson, l'intégration européenne et le partenariat atlantique[1]

Pascaline WINAND

Introduction

Le 14 janvier 1963, le président de Gaulle disait non : non à l'entrée de la Grande-Bretagne dans le Marché commun, non au « Grand Dessein » de Kennedy pour l'Europe. Il parlait d'indépendance et cherchait à préserver l'Europe de la pénétration américaine. À la fin du mois, les négociations pour l'adhésion britannique aux Communautés prenaient fin. Dans l'intervalle, le 22 janvier, de Gaulle et Adenauer annonçaient la signature du traité franco-allemand de coopération. Cette annonce fit l'effet d'une bombe à Washington. Suivant de près la conférence de presse du président français, le traité prenait des allures de conspiration contre l'OTAN (Organisation du traité de l'Atlantique nord). Car si les États-Unis s'étaient depuis longtemps déclarés favorables à un rapprochement franco-allemand, pierre de voûte de l'intégration européenne, ils appréhendaient dans le même temps un système européen basé sur un tel rapprochement mais qui serait fermé aux intérêts américains et qui mènerait une politique indépendante de l'Alliance atlantique, en lorgnant par exemple du côté de Moscou.

La réaction de Kennedy fut particulièrement véhémente. Redoutant que le général ne songe ensuite à un traité avec l'Italie et n'essaye « d'organiser les Six et de créer une force nucléaire dirigée par cet ensemble », le président américain anticipait avec horreur l'émergence d'une Europe unie possédant sa propre force nucléaire, et réduisant par-là même l'influence et la marge de négociation américaines en Europe. Il fallait donc à tout prix empêcher une situation dans laquelle les États-Unis « devraient quémander des faveurs économiques à l'Europe ». En effet, pensait-il, les Européens risquaient fort de se comporter comme des ingrats :

---

1 Une version antérieure et plus courte de ce chapitre a été publiée sous le titre de « L'administration Johnson, les Communautés européennes et le partenariat atlantique » dans *Relations Internationales*, n° 119, automne 2004, pp. 381-393.

> Les Européens ne feront rien pour nous simplement parce que nous les avons aidés par le passé. N'étant plus dépendants de l'aide économique des États-Unis, les États européens sont moins soumis à notre influence. Si les Français et d'autres puissances européennes devaient se doter d'une capacité nucléaire, ils seraient en mesure d'être complètement indépendants et nous pourrions fort bien rester à l'extérieur. Nous devons exploiter notre situation militaire et politique pour protéger nos intérêts économiques.[2]

On ne pouvait dire les choses plus clairement : les États-Unis devaient maintenir leur contrôle nucléaire sur l'Europe, non seulement pour contrer la menace communiste et pour empêcher la prolifération nucléaire mais aussi pour pouvoir maintenir leur influence économique en Europe et pour éviter d'être isolés de leurs alliés européens. Autrement dit, le partenariat que Kennedy envisageait entre les États-Unis et l'Europe aurait pu se résumer, comme il s'en ouvrit d'ailleurs à l'un de ses conseillers, à un échange entre l'argent européen et les bombes américaines.[3]

On ne saurait donc sous-estimer l'imbrication entre la dimension militaire et politique et les intérêts économiques dans l'attitude des États-Unis face à l'intégration européenne. Nous tenterons de suivre ici l'évolution des attentes et des angoisses américaines face à l'émergence d'une Europe de plus en plus unie et prospère dans le domaine économique, tout en étant nettement moins unie dans le domaine politique, ou alors menaçant de s'unir sous l'égide de la France en faisant fi des intérêts américains. D'une manière générale, nous pourrions analyser la période de l'administration Kennedy et celle de l'administration Johnson, dont il sera d'avantage question ici, comme le conflit entre deux Europes : une Europe européenne à la sauce de Gaulle et une Europe atlantique à la sauce américaine. Pour dire les choses autrement, il s'agira d'identifier, d'un point de vue américain, les caractéristiques d'une sorte de modèle idéal de l'unification européenne en passant parfois par une description de son contraire, une espèce d'anti-Europe unie, contraire aux intérêts américains. Les angoisses liées à cette Europe-là, nous le verrons, semblent s'être cristallisées fréquemment du côté américain autour du personnage et des projets européens du général de Gaulle.

---

2 *Foreign Relations of the United States, 1961-1963*, (ci-après *FRUS 61-63*), vol. 13, *West Europe and Canada*, Washington, DC, US Government Printing Office (ci-après USGPO), Summary Record of NSC Executive Committee Meeting N° 39, 31 janvier 1963, pp. 156-163; *Ibid.*, Remarks of President Kennedy to the National Security Council Meeting, 22 janvier 1963, pp. 485-486 ; *Ibid.*, Summary Record of NSC Executive Committee Meeting N° 38 (Part II), 25 janvier 1963, p. 488.

3 Walt Rostow, recorded interview by the John F. Kennedy Library (ci-après JFKL), pp. 131-132.

Nonobstant l'importance de plus en plus prégnante des facteurs économiques dans cette période qui voit les États-Unis confrontés à des difficultés dans leur balance des paiements, l'administration Kennedy décide néanmoins de renouveler son soutien à l'intégration européenne pour des raisons économiques, politiques et stratégiques. Ceci, en s'assurant bien que le partenaire européen n'essaiera pas de faire cavalier seul. En février 1963 un document *NSC (National Security Council)* résume bien les éléments principaux de la politique européenne de Kennedy ainsi que celle de son successeur. Les objectifs américains restent substantiellement les mêmes : empêcher les communistes de contrôler l'Europe, mobiliser les ressources européennes « pour servir l'ensemble du monde libre », contenir l'Allemagne et encourager l'Europe à s'unir en la décourageant en même temps de jouer « un rôle indépendant des USA » par exemple en utilisant des « instruments de partenariat » comme l'OTAN et l'OCDE (Organisation de coopération et de développement économiques). Il faut donc dire oui à l'intégration européenne mais contrôlée par des instruments atlantiques : l'unité européenne circonscrite par les délimitations du partenariat atlantique. Ces objectifs étant posés, il restait à « frustrer les efforts de de Gaulle de convaincre les Européens que la coopération atlantique dans l'immédiat et le progrès sur la voie de l'unification européenne s'excluent mutuellement ». Mais si les objectifs n'ont pas changé, il faut néanmoins modifier les moyens tactiques pour contrer le général, que ce soit sur le terrain nucléaire ou économique. En premier lieu, il importe de « dramatiser » la volonté américaine « de voir une Europe unie agir un jour en partenaire égale des États-Unis ». À l'égard de la France, les États-Unis se doivent d'être « d'une impeccable politesse sans se permettre des récriminations ou des menaces, tout en soulignant les différences essentielles » entre leurs objectifs et ceux du général. Enfin, rien ne doit être « fait publiquement pour renforcer l'apparence de liens privilégiés » avec la Grande-Bretagne, tout en assurant les Britanniques en privé du soutien américain et en les encourageant à participer à la Force multilatérale, seule entreprise qui peut encore les rapprocher du vieux Continent.[4] Peu de temps après avoir fait le point sur sa politique européenne, Kennedy écrit au Premier ministre britannique en insistant sur les deux avenues encore ouvertes pour promouvoir l'intégration européenne et le partenariat atlantique : la Force multilatérale et le *Kennedy Round*.[5]

4 Secret report, 9 février 1963 – Unsigned, NSF Meetings and Memos, box 314, NSF Meetings 1963 N° 510, « 5/18/62-8/3/62 », JFKL and Department of State, S/S-NSC Files: Lot 70 D 265.

5 Kennedy à Macmillan, 21 février 1963, NSF Regional Security, box 223-231, « NATO Pipe Embargo-2/63 », JFKL.

Kennedy, Johnson, de Gaulle et le partenariat atlantique

Dans son célèbre discours d'interdépendance du 4 juillet 1962 à Philadelphie, Kennedy avait appelé de ses vœux une Europe unie qui agirait comme une « partenaire avec qui nous pourrions traiter sur un pied d'entière égalité pour faire face à toutes les grandes et lourdes tâches de la construction et de la défense de la communauté des nations libres ».[6] L'administration Eisenhower avait utilisé des expressions de ce type et l'administration Johnson allait se servir d'incantations similaires pour décrire la relation transatlantique. En octobre 1966, peu avant l'annonce de la seconde candidature britannique, Johnson décrivait de la façon suivante le profil de sa « nouvelle Europe » : « une Europe plus forte, de plus en plus unie mais ouverte – la Grande-Bretagne en faisant partie intégrante – et entretenant des liens étroits avec l'Amérique ».[7] Cependant, et les Américains le savaient bien, de Gaulle n'éprouvait aucun enthousiasme pour l'entrée de la Grande-Bretagne dans les Communautés et encore moins pour une relation étroite avec les États-Unis dans le cadre d'une Alliance atlantique avec les Américains dans le siège du conducteur.

Lors des funérailles de Kennedy à Washington en novembre 1963, le nouveau chancelier allemand Ludwig Erhard rapporta au sous-secrétaire d'État américain le contenu d'une conversation récente qu'il avait eue avec le général. De Gaulle, dit-il, songeait « à un bloc puissant qui serait indépendant des États-Unis » et considérait le « *Kennedy Round*, les investissements américains, etc., comme autant d'éléments d'une tentative américaine de s'immiscer davantage en Europe ». D'après lui, si l'Europe n'y prenait garde elle risquait de « devenir le satellite des États-Unis » car elle était trop faible actuellement pour résister à la puissance américaine. Elle devait donc « diminuer l'écart dans cette relation de pouvoir ». En ce qui concernait la défense, le général avait dit sans mâcher ses mots que « la structure organisationnelle de l'OTAN devait être changée » tout en insistant qu'il ne servirait à rien d'argumenter pour faire en sorte que la France renonce à ses armes atomiques. Il « ne rejetait pas le partenariat atlantique », mais il voulait que celui-ci soit « un partenariat entre égaux ».[8] Voilà donc de Gaulle, selon Erhard en tout cas, se servant de l'expression utilisée maintes fois du côté américain pour décrire la relation privilégiée qui devait être entretenue entre les États-Unis et une nouvelle Europe unifiée.

---

6 *Department of State Bulletin*, 23 juillet 1962, p. 132.

7 *Department of State Bulletin*, 24 octobre 1966, p. 624.

8 *FRUS 61-63*, Memorandum of Conversation, Washington, 26 novembre 1963, p. 237.

Cependant, vu de Washington, le partenariat entre égaux comportait un solide élément de partage du fardeau économique et politique américain, et se muait en relation intégrée dans le domaine de la défense, ce qui risquait de réduire du même coup les chances de l'émergence d'une Europe politique. En 1965 un fonctionnaire du Département d'État américain expliquait que l'opposition du général à l'OTAN était « basée sur sa conviction qu'elle était le symbole et l'instrument de la continuation de la domination politique des États-Unis », d'où ses tentatives de sevrer ses partenaires européens de cette « domination » américaine.[9] De manière assez ironique, la remarque prêtée au général n'est pas sans rappeler l'analyse de George Kennan des conséquences probables de la création du Pacte de l'Atlantique nord pour le développement d'une réelle puissance politique européenne. En 1948, Kennan écrivait en effet que ce dernier « solidifiait irrévocablement la division de l'Europe en deux zones militaires : une zone soviétique et une zone américaine ». Les économies des pays de l'Europe de l'Ouest pouvaient certes prospérer dans ce cadre, mais il empêcherait « le développement d'une réelle structure fédérale en Europe qui viserait à embrasser tous les pays européens libres et qui serait une force politique en elle-même ».[10]

Cette observation souligne toute l'ambivalence de la position des États-Unis face à une Europe politiquement unie. D'un côté, l'administration américaine n'avait de cesse que de souligner dès la création des Communautés que les États-Unis encourageaient l'unification économique et politique européenne, notamment pour renforcer l'Alliance. De l'autre, le cadre atlantique lui-même, perçu en partie par les États-Unis comme un moyen de circonscrire l'indépendance des Européens en matière politique et de défense, rendait une telle unification politique plus difficile. Le type d'Europe politiquement unie que les États-Unis appelaient de leurs vœux se devait en tout cas de faire cause commune avec l'Amérique, de préférence sous l'égide de la Grande-Bretagne qui en ferait partie. Pas question donc d'encourager une Europe politique à la de Gaulle.

C'est ainsi qu'en 1963, 1964 et 1965, les séquelles du plan Fouchet se font sentir dans les réactions américaines face aux tentatives de faire revivre une Europe politique moribonde au gré des propositions avancées par la Belgique, l'Italie et l'Allemagne. Ces efforts laissent

---

9 Thomas L. Hughes, de Gaulle and the North Atlantic Alliance, 4 mai 1965, NSF C. File, box 171, Europe and USSR, « France Memos, vol. VI-2/65-6/65 », Lyndon B. Johnson Library (ci-après LBJL).

10 Kennan draft memorandum for Marshall and Lovett, 26 septembre 1948, Policy Planning Staff Records, box 27, « Europe 1947-1948 », cité dans J.L. Gaddis, *The Long Peace*, New York, Oxford University Press, 1987, p. 63.

manifestement froid le Département d'État qui redoute qu'ils ne minent l'OTAN plutôt que de la renforcer, qu'ils conduisent « à une "petite Europe" nombriliste avec la caractéristique d'exclure les Britanniques pour toujours, de ne pas promouvoir l'intégration européenne en renforçant les Communautés européennes existantes, et [...] d'ignorer le pendant essentiel du partenariat atlantique ». Tout ce qui aurait pu ressembler de près ou de loin à un « plan Fouchet réchauffé » est donc considéré comme inacceptable.[11] Pour le Département d'État, une Europe politique à la de Gaulle est une sorte de condensé de tout ce que les États-Unis peuvent attendre de pire d'une Europe par trop indépendante de ses alliés américains. Pour aggraver les choses, les propositions du chancelier allemand Erhard pour une Europe politique, bien que visant à renforcer les Communautés européennes, incluent la défense, ce qui ne plaît pas aux Américains, d'autant qu'en ce début d'année 1965, de Gaulle vient de souligner à nouveau que le domaine politique est avant tout celui de la défense. En mars de l'année suivante, le général écrit à Johnson que la France se propose « de mettre fin à sa participation dans les commandements "intégrés" et de ne plus mettre ses forces à disposition de l'OTAN ».[12] Dans le même temps, des rumeurs laissent supposer que les Français pourraient « tenter de faire revivre sous une forme ou une autre des propositions à la Fouchet pour une consultation politique » entre les Six. Les Américains appréhendent alors qu'une réapparition inopportune de telles discussions qui se mêleraient des questions de défense puisse mettre en péril leurs plans pour sauver le partenariat atlantique. En effet, alors que les Américains essaient de maintenir un front uni des quatorze autres membres de l'OTAN pour résister aux assauts français sur cette organisation, les Français pourraient fort bien, craint-on à Washington, utiliser les « discussions séparées entre les Six sur les questions politiques et particulièrement l'OTAN [...] pour montrer le manque d'unité entre les quatorze ».[13]

---

11 *Foreign Relations of the United States, 1964-1968*, (ci-après *FRUS 64-68*), vol. 13, Western European Region, Washington, DC, USGPO, 1995, Memorandum from the Assistant Secretary of State for European Affairs (Tyler) to Secretary of State Rusk, Washington, 3 février 1965, Attachment « European Political Union », p. 185.

12 *FRUS 64-68*, Letter from President de Gaulle to President Johnson, Paris, 7 mars 1966, p. 325.

13 *FRUS 64-68*, Circular Telegram from the Department of State to Certain Posts in Europe, Washington, 17 mars 1966, pp. 338-339.

Les « relations spéciales » américano-allemande et anglo-américaine et la *MLF*

À l'évidence, l'élément clé d'une éventuelle recette pour maintenir la confiance dans le partenariat atlantique est à chercher du côté de l'Allemagne. L'une des motivations principales du soutien américain à l'intégration européenne est l'espoir qu'une Europe unie, tant économiquement que politiquement, et où les Allemands auraient les mêmes droits que les autres pays membres, puisse satisfaire les aspirations ouest-allemandes tout en les contrôlant. Cela étant, sous l'administration Kennedy et Johnson, les Allemands semblent de plus en plus vouloir être traités sur pied d'égalité au sein de l'Alliance atlantique, y compris dans le domaine nucléaire. De leur côté, les États-Unis ont à cœur de chercher à répondre à une telle demande dans la mesure où les discriminations à l'égard de l'Allemagne ont été une des sources de la Seconde Guerre mondiale et peuvent à présent pousser les Allemands à construire leur propre force nucléaire, si on ne les laisse pas participer d'avantage aux affaires nucléaires de l'Alliance.[14] Il faut donc, pour reprendre les termes du sous-secrétaire d'État George Ball, conseiller influent du président américain pour les affaires européennes, trouver le moyen de leur donner « un rôle légitime dans la défense de l'Alliance, mais "en laisse" ».[15] Ici, les Américains sont face à un dilemme : comment garantir aux Allemands plus d'égalité dans le domaine nucléaire, tout en rassurant leurs alliés, et l'Union soviétique, que l'Allemagne ne réussira pas à déclencher les hostilités et à dominer toutes les formules proposées ?

Les Américains envisagent deux solutions pour donner à leurs alliés, et pas seulement à l'Allemagne, davantage de contrôle sur leur défense dans le domaine nucléaire. La solution *software* suppose une participation allemande dans un arrangement consultatif portant sur les questions nucléaires au sein de l'OTAN. L'autre solution, la solution *hardware* est celle de la Force multilatérale *(Multilateral Force/MLF)*, une proposition pour une flotte à équipages de nationalités différentes, armée de missiles Polaris, qui a été élaborée à la fin de l'administration Eisenhower.[16] Devant initialement être sous le contrôle de l'OTAN, la *MLF* était considérée par certains conseillers d'Eisenhower et de Kennedy comme une étape possible vers une force nucléaire européenne, si l'Europe s'unissait politiquement. Ces « européistes »

---

14 *FRUS 64-68*, Circular Airgram from the Department of State to the Posts in the NATO Capitals, Washington, 26 octobre 1965, p. 250.

15 *FRUS 64-68*, Memorandum of Discussion, Washington, 10 avril 1964, p. 35.

16 Voir aussi le chapitre d'Evgeny Kuznetsov dans ce livre.

américains espéraient aussi qu'elle réduirait le pouvoir d'attraction des forces nucléaires britannique et française, qu'ils voulaient voir disparaître, ou, à tout le moins, être intégrées dans l'OTAN. Certains membres de l'administration Kennedy, doutant fort que la *MLF*, pour des raisons pratiques, puisse un jour devenir réalité, n'en chantaient pas moins ses louanges comme projet à long terme qui pourrait « renforcer la position des Français qui étaient contre la "force de frappe" nationale » même si la *MLF* « avait peu d'attrait pour le général lui-même ».[17] Après la conférence de presse du général du 14 janvier, elle fut davantage perçue comme antidote à la vision gaullienne d'une Europe indépendante. Ses défenseurs américains y voyaient à présent un moyen commode de renforcer l'influence américaine en Europe et de surveiller la construction européenne tout en l'encourageant. Elle se mua du même coup en outil pour maintenir fermement l'Allemagne dans le giron atlantique et pour contrecarrer toute entente bilatérale allemande avec la France.

Sans relater toute l'histoire de la *MLF*, essayons à présent de voir comment s'articulaient les positions des Britanniques, des Américains, des Français et des Allemands pendant l'administration Johnson face à cette épineuse question.

Les Britanniques n'avaient jamais été chauds pour le projet. Malgré le soutien mitigé donné à la *MLF* par Macmillan à Nassau en décembre 1962, ce dernier n'y tenait pas réellement, tout comme son successeur Alec Douglas-Home. Macmillan avait en effet choisi de substituer à la dimension multilatérale de la *MLF* une conception multinationale qui n'engagerait pas le Royaume-Uni à mettre ses missiles Polaris à disposition de la *MLF* mais bien de l'OTAN et sans équipages mixtes. Le Premier ministre travailliste, Harold Wilson, y est franchement opposé. Sous l'administration Johnson, les Britanniques insistent pour que les Américains gardent leur veto dans la *MLF* pour éviter que les Allemands ne puissent dominer la flotte dans l'avenir, tout en essayant de mettre en avant leur propre solution, la Force atlantique nucléaire *(Atlantic Nuclear Force/ANF)*, pour couler la *MLF*. En décembre 1964, le secrétaire d'État aux Affaires étrangères, Gordon Walker, voit en Walter Hallstein, le président de la Commission de la CEE, avant tout un Allemand qui considère la *MLF* « comme le début d'une force européenne qui à son tour serait un élément important d'une Europe unifiée politiquement ». Le ministre britannique de la Défense prétend *mordicus* que l'Allemagne envisage la *MLF* comme « un tremplin vers une force européenne sans veto américain ». C'est pourquoi Walker demande instamment aux Américains qu'ils « fassent

---

17 Owen to Bundy, 21 avril 1961, NSF, boxes 70-71, JFKL. Voir aussi la seconde version, 3 mai 1961.

toujours partie de la force » et qu'ils gardent leur veto. Ce qui, bien évidemment, réduirait à néant tout espoir de faire de la *MLF* l'embryon d'une force réellement européenne.[18]

Si les Britanniques craignent visiblement que la *MLF* ne tombe sous la domination allemande sous couvert d'Europe unie, côté américain, Ball, qui a défendu la *MLF* à Nassau, continue à faire pression auprès d'eux pour qu'ils y participent ; ceci justement afin d'éviter que la *MLF* ne se réduise finalement à une entreprise américano-allemande. En décembre 1964, lors de la rencontre au sommet à Washington du Premier ministre anglais Wilson et du président Johnson, Ball explique à ses confrères britanniques que « le prestige du gouvernement allemand » est « lié au concept des équipages mixtes. Si la Grande-Bretagne n'y participait pas, une situation inégale serait créée ».[19]

À peu près un an et demi plus tard, dans la foulée du compromis de Luxembourg de janvier 1966 qui met fin à la crise de la « chaise vide » par une sorte de constat de désaccord entre la France et les autres pays membres des Communautés et de l'annonce récente du retrait de la France de l'organisation intégrée de l'OTAN, l'ambassadeur américain en Allemagne prédit que le « rôle de l'Allemagne » sera « renforcé par les agissements récents de de Gaulle » tout en faisant remarquer « qu'il rest[e] en Europe une profonde méfiance vis-à-vis de l'Allemagne ».[20] En mai 1966, Johnson écrit à Wilson en lui disant toute sa préoccupation face au déclin de la relation franco-allemande, ce qui ne peut que finir par une relation américano-allemande plus étroite, à moins qu'on ne veuille prendre le risque de laisser les Allemands isolés. Dès lors, il est impératif que les Britanniques s'insèrent dans cette relation :

> Le cœur de la question est le suivant : tant que la France et l'Allemagne travaillaient étroitement ensemble à la construction d'une Europe intégrée, il y avait quelque assurance de stabilité dans la politique et les attitudes allemandes. Maintenant que la France ne participe plus à cet effort conjoint [...] le danger est grand que les Allemands finissent par se sentir mis à l'écart. [...] Un sentiment croissant d'incertitude et d'insécurité de leur côté pourrait conduire à une fragmentation des relations européennes et atlantiques qui serait tragique pour nous tous. De notre côté, nous ne pouvons

---

18 *FRUS 64-68*, Memorandum of Conversation, Washington, 7 décembre 1964, pp. 141-146.

19 *Ibid.*, p. 145.

20 *FRUS 64-68*, Telegram from the Embassy in Germany to the Department of State, Bonn, 29 avril 1966, p. 375. Pour une analyse de la position américaine face à la crise de la « chaise vide », voir P. Winand, « Kennedy's Atlantic Partnership, the EEC Empty Chair Crisis and the French/NATO Problem » in J.-M. Palayret, H. Wallace & P. Winand, (eds.), *Visions, Votes and Vetoes. The Empty Chair Crisis and the Luxembourg Compromise Forty Years On*, Bruxelles, P.I.E. Peter Lang, 2006, pp. 183-218.

> courir le risque d'une Allemagne à la dérive au cœur de l'Europe. D'autre part, une relation trop étroite entre les États-Unis et l'Allemagne a bien des désavantages. Je crois donc qu'il est impératif que nos trois pays entretiennent des relations aussi proches que possible. De cette manière, nous pouvons rassembler l'Europe et le monde atlantique. Une telle relation ne sera saine et durable que si elle est basée sur le concept d'égalité des Allemands avec les autres grands pays européens. Nous avons été témoins par le passé d'une tentative de maintenir l'Allemagne dans une position de seconde classe. Cela a échoué alors et cela échouerait à nouveau.

Johnson n'hésite pas à rappeler à Wilson que les Britanniques se sont engagés en décembre 1962 à « faire de leur mieux » pour « développer une force navale multilatérale ». Pour Johnson, tout ceci est d'une extrême importance puisqu'il s'agit des « relations de l'Allemagne avec l'Ouest ». Le président se dit intimement convaincu que « l'inclusion de l'Allemagne dans une unité européenne plus vaste qui pourrait submerger toute poussée nationaliste latente offrirait le meilleur espoir de stabilité et de paix ». Pour lui, le Royaume-Uni possède « la clé de cette possibilité » et peut « jouer un grand rôle de *leadership* en Europe ». Car « personne n'a réussi à trouver une meilleure formule que celle de l'unité européenne et du partenariat atlantique ».[21]

De leur côté, les Français évitent au début de faire montre d'une opposition catégorique à la *MLF*. Cependant, à l'approche de la première réunion entre Wilson et Johnson de décembre 1964 qui pourrait se solder par un accord sur la *MLF*, ils augmentent leur pression sur les Allemands pour qu'ils l'abandonnent. Si ces derniers refusent d'obtempérer, la France menace de quitter l'OTAN et de mettre le Marché commun à feu et à sang. En novembre 1964, l'ambassadeur français aux États-Unis dit clairement au secrétaire d'État que la *MLF* « intégrerait les nations européennes comme l'Allemagne dans [une] organisation pour la défense contrôlée par les Américains en dehors de l'OTAN ce qui diviserait l'OTAN et ce qui rendrait [une] politique de défense européenne impossible, alors que de celle-ci dépend la réalisation d'une Union européenne ». Pire encore, elle risque d'« ouvrir l'appétit aux Allemands pour [un] programme national » et ils « pourraient alors utiliser [la] *MLF* comme première étape sur la voie de leur propre force nucléaire. L'Allemagne étant le seul pays européen avec des revendications territoriales, une telle force pourrait représenter [une] menace sérieuse pour [le] reste de l'Europe ». Enfin, la *MLF* qui ne correspond à aucun « objectif militaire utile » pourrait aussi « provoquer [une] dangereuse réaction » de la part de Moscou qui pourrait « y

---

[21] *FRUS 64-68*, Telegram from President Johnson to Prime Minister Wilson, Washington, 21 mai 1966, pp. 396-398.

voir un *casus belli* ».[22] En bref, comme le soulignait McGeorge Bundy, l'assistant spécial de Johnson pour les questions de sécurité nationale, si les Français sont opposés à la *MLF* c'est parce qu'elle « lierait les Allemands et les Britanniques, et probablement les Italiens et les Néerlandais, à une politique de défense *atlantique* ».[23] La *MLF* symbolise ainsi fort bien le conflit entre le souhait du général d'encourager l'émergence d'une politique de défense « européenne » et celui des Américains de renforcer une politique de défense intégrée et atlantique.

Quoi qu'il en soit les jours de la *MLF* sont comptés. Le chancelier Erhard n'est pas en mesure d'ignorer les menaces françaises. Adenauer, qui était opposé à sa candidature et le déteste, reste président du parti d'Erhard, la CDU. Faisant cause commune avec de Gaulle, le vieil homme est opposé à la *MLF*. Johnson ne tarde pas à avoir vent des difficultés rencontrées par Erhard. De plus, dans l'entourage de Johnson, Bundy, qui, déjà du temps de Kennedy, n'était pas chaud pour la *MLF*, s'emploie à renforcer les doutes du président sur la *MLF*. Les Britanniques n'en veulent pas, en Allemagne la CDU est divisée sur ce point, et le gouvernement italien est trop faible pour résister aux pressions de ceux qui s'y opposent. La *MLF* risque par ailleurs de nuire aux relations franco-allemandes puisque les Français y sont opposés. Et si les Allemands estiment que Washington leur force la main, ils lui reprocheront ensuite de détériorer leurs relations avec la France. Encourager la *MLF* ce serait aussi miner les efforts des États-Unis d'arriver à un accord international pour la limitation de la propagation des armes nucléaires. De plus, le président aura de grandes difficultés à défendre le projet devant le Congrès d'autant que les Européens ne semblent pas vouloir de la *MLF*.[24] Enfin, si les États-Unis continuent à encourager celle-ci, les Français auront beau jeu de critiquer l'Amérique pour avoir « divis[é] l'Alliance et bloqu[é] le futur de l'Europe ». Bundy ajoute que la plupart des militaires n'ont que peu d'enthousiasme pour la *MLF* ou y sont opposés.[25]

---

[22] Ambassador Alphand's and Couve de Murville's presentations to Rusk and Bohlen, *FRUS*, *op. cit.*, Circular Telegram from the Department of State to the Embassy in France, 15 novembre 1964, et note, pp. 107-109.

[23] *FRUS 64-68*, Memorandum from the President's Special Assistant for National Security Affairs (Bundy) to President Johnson, Washington, 8 novembre 1964, p. 104.

[24] McGeorge Bundy, Memorandum to Rusk, McNamara and Ball, 25 novembre 1964, NSF Memoirs to the President, box 2, « McGeorge Bundy Vol. 7 10/1/ to 12/31/64 », LBJL.

[25] *FRUS 64-68*, Memorandum from the President's Special Assistant for National Security Affairs (Bundy) to President Johnson, 6 décembre 1964, pp. 134-137.

À l'évidence, le 7 décembre 1964, Wilson veut entendre de ses partenaires américains qu'ils garderont toujours leur veto dans la Force pour empêcher qu'elle ne tombe sous domination allemande. Ne mâchant pas ses mots, Johnson dit à Wilson qu'il sait que ce dernier veut « garder notre doigt sur la gâchette » et que les États-Unis veulent « exactement la même chose », l'objectif étant « de garder les Allemands avec nous et de les empêcher de mettre le doigt sur la gâchette ».[26] Les Britanniques proposent alors leur alternative à la *MLF*, la Force atlantique nucléaire (*Atlantic Nuclear Force/ANF*), à la disposition de laquelle ils envisagent de mettre leurs forces nucléaires stratégiques à l'exception de certains bombardiers, et qui comprend « quatre sous-marins Polaris », permet l'égalité des Allemands et inclut des équipages mixtes sur certains bombardiers.[27] Les Britanniques espèrent que les Américains fourniront le même nombre de sous-marins et que ceux-ci seront placés sous le contrôle du *Supreme Allied Commander, Europe.* Wilson avertit par ailleurs Johnson que la *MLF* pourrait faire tomber le gouvernement travailliste.[28] Sensible à cet argument, Johnson décide de ne pas forcer la main du Premier ministre. Il fait donc savoir à son secrétaire d'État, ainsi qu'à son secrétaire de la Défense, qu'il vaut mieux ne pas pousser à un accord contraignant à ce stade. De plus, la position américaine sur « toute charte pour une force Atlantique » doit « prévoir le consentement américain au lancement des armes nucléaires ». Vient ensuite ce qui ressemble à une concession pour les défenseurs de la *MLF*, en particulier ceux qui y voient une étape vers une Europe intégrée dans le domaine de la défense :

> si, cependant, les grands pays réussissaient un jour à accéder à une unité politique pleine et entière avec une autorité centrale capable de décider de l'utilisation des armes atomiques, les États-Unis reconnaissent que ceci créerait une situation nouvelle qui rendrait appropriée une reconsidération de plusieurs éléments de la charte.

Mais cette ouverture est assortie d'une réserve essentielle : « quoi qu'il en soit, une révision de la charte ne serait possible qu'avec le consentement unanime des membres ».[29] Si nous lisons bien entre les lignes, cela signifiait qu'aucune force européenne nucléaire ne verrait le jour tant que les États-Unis ou la Grande-Bretagne n'y donneraient leur accord.

---

26 *FRUS 64-68*, Memorandum for the Record, 7 décembre 1964, p. 139.

27 *FRUS 64-68*, Editorial note, p. 140.

28 *FRUS 64-68*, Memorandum of Conversation, 8 décembre 1964, pp. 146-152.

29 *FRUS 64-68*, National Security Action Memorandum N° 322, 17 décembre 1964, pp. 165-167.

Pendant ce temps, l'approche des élections allemandes compromet encore davantage les chances d'un accord sur la *MLF* ou même l'*ANF*. En mars 1965, écrivant à Wilson qui s'inquiète du manque de pression des États-Unis sur les Allemands pour qu'ils acceptent l'*ANF*, Johnson lui explique que « le seul moyen pour Erhard de préserver sa relation avec de Gaulle ainsi que l'unité de son parti est de laisser passer les questions nucléaires au second plan pour le moment ». Il ajoute : « Quand j'ai dit à Erhard que je supposais qu'il voulait que la *MLF* et l'*ANF* soient en quelque sorte une Belle au bois dormant, il ne m'a pas contredit ».[30]

Par la suite, pendant la crise de « la chaise vide », les attaques françaises contre la *MLF* se font encore plus virulentes. Le ministre des Affaires étrangères français informe les Américains que la France ne donnera jamais son accord « à une force nucléaire européenne » si l'Allemagne y participe. Seul un accord entre la France et le Royaume-Uni qui mènerait à la création d'une force nucléaire conjointe est envisageable. Dans ce contexte, l'ambassade américaine conseille de laisser dormir la *MLF/ANF* car de Gaulle pourrait bien lier son sort à la crise de la CEE en exploitant le « désir des autres Cinq de préserver le Marché commun pour affaiblir leur soutien à la *MLF/ANF* ».[31] En novembre 1965, la Mission américaine auprès de l'OTAN fait savoir au Département d'État que la majorité des « gens du Marché commun », en ce compris Paul-Henri Spaak, espèrent que les États-Unis n'ébranleront pas trop la CEE en défendant la *MLF* ou quelque chose de similaire

> pendant les deux ou trois mois à venir [car] cela pourrait donner à de Gaulle [un] instrument supplémentaire pour faire chanter les Cinq – c'est à dire qu'il pourrait indiquer d'une manière ou d'une autre qu'il détruisait [les] institutions européennes parce que nous insistions pour donner aux Allemands le contrôle des armes atomiques.[32]

Mais à ce stade, la *MLF* n'est déjà plus que l'ombre d'elle-même ; la Belle au bois dormant ne se réveillera jamais. En novembre 1965, McGeorge Bundy recommande encore une fois de couler la *MLF* qui sera plus intéressante morte que vive. Pour lui, elle se transforme alors en un outil de marchandage pour obtenir un accord nucléaire acceptable avec l'Union soviétique. « Puisque de toute façon personne ne veut la

---

30 *FRUS 64-68*, Message from Prime Minister Wilson to President Johnson, 11 mars 1965, p. 190.

31 « Current French Attitudes on ANF/MLF and Select Committee », NSF Country File, Europe and USSR-France, box 172, France câbles, vol. VIII, 9/65-1/66, LBJL.

32 *FRUS 64-68*, Telegram from the Mission to NATO and European Regional Organisations to the Department of State, 16 novembre 1965, p. 270.

MLF », dit Bundy, « je crois que nous pourrions la monnayer avec Moscou si nous le leur disons en privé avant de la couler en public ».[33]

Cela étant, les Allemands continueront cependant à préférer une solution *hardware* à tout arrangement consultatif au sein de l'OTAN. Quant à Johnson, il persistera à insister auprès des Britanniques pour qu'ils participent à tout arrangement. En janvier 1966, il dira être en faveur d'une « solution dans laquelle les Britanniques mettraient des sous-marins, et nous mettrions des sous-marins, et les Allemands mettraient de l'argent ».[34] Johnson n'aurait pas pu résumer les choses plus clairement : garder les Allemands dans l'OTAN, tout en les empêchant de mettre la main sur la gâchette et en en leur demandant de payer plus. Il faut dire que la relation spéciale entre les États-Unis et l'Allemagne ou entre les États-Unis et les Communautés européennes semblait devoir contenir de plus en plus un fort élément financier notamment en raison de la guerre du Vietnam.

Un partenariat financier

À maintes reprises pendant les années 1967 et 1968, les États-Unis dirent et redirent à leurs alliés européens que le maintien des forces américaines en Europe, alors qu'un demi-million d'Américains étaient postés au Vietnam, relevait presque du miracle, surtout face aux pressions du Congrès pour réduire ces forces.[35] Que ce soit en Europe ou en dehors d'Europe, les Américains attendaient de leurs alliés européens que ceux-ci assument une part plus grande de la charge financière. En août 1966, le président Johnson demandait au Premier ministre canadien qui parmi les Européens ferait le plus pour sa propre défense : « Wilson ? Erhard ? Les Italiens. Ils ne le feront tout simplement pas ». D'où sa crainte que « nous pourrions faire moins et ils ne feraient pas plus. Ce serait effrayant parce que, en tentant l'agresseur, nous pourrions causer la Troisième Guerre mondiale ».[36]

En mai 1967, le secrétaire américain au Trésor, Henry Fowler, confiait au président Johnson que le « talon d'Achille » américain était l'absence « d'arrangements financiers viables avec l'Europe occidentale, particulièrement le Marché commun, dans toutes les activités militaires, politiques, économiques et culturelles ». Fowler plaidait ensuite pour un

---

33 *FRUS 64-68*, Memorandum of Conversation between Bundy and the Soviet Ambassador (Dobryin), 24 novembre 1965, p. 273.

34 *FRUS 64-68*, Memorandum from Bundy to the Secretary of State Rusk, 17 janvier 1966, pp. 301-302.

35 *FRUS 64-68*, Memorandum of Conversation, 11 décembre 1967, p. 648 et Memorandum of Conversation, 6 juin 1968, p. 706.

36 *FRUS 64-68*, Memorandum of Conversation, 21 août 1966, p. 452.

partenariat financier avec le Marché commun qui minerait les tentatives de de Gaulle d'expulser les États-Unis de l'Europe occidentale et de construire sa propre Europe en se servant du Marché commun :

> La principale menace à notre position en Europe occidentale, d'après moi, est le désir des Français, sous de Gaulle, de nous expulser *de facto* d'Europe occidentale. Les principaux instruments qui sont employés pour atteindre ce résultat bloquent les mesures qui pourraient permettre d'arriver à un meilleur partage des responsabilités avec les partenaires du Marché commun alors que les États-Unis poursuivent une politique qu'ils ne peuvent se permettre plus longtemps. [...] Le but et l'orientation de notre effort politique et diplomatique doit être d'obtenir un partenariat financier plus viable et plus durable que ce que notre diplomatie n'a produit pendant les dix années qui ont suivi la création du Marché commun.[37]

Ce partenariat financier était d'autant plus essentiel à obtenir que le défi français à la puissance américaine en Europe était grand. Lors d'une réunion du *National Security Council*, Fowler expliqua de défi en ces termes :

> Est-il possible pour nous de trouver un accord financier rationnel avec le Marché commun ? Pouvons-nous arrêter un processus qui pendant les huit dernières années a conduit à une diminution de nos réserves tandis que les leurs augmentaient considérablement ? [...] La France essaie soit de nous expulser complètement d'Europe ou d'y diminuer notre puissance. Les Français pourraient même se servir du Marché commun pour atteindre cet objectif.

Fowler recommandait de mettre tout en œuvre pour que l'Allemagne et l'Italie « se dissocient de tout effort français d'utiliser le Marché commun contre les États-Unis ». « Les Français », ajoutait-il, « ont essayé d'utiliser la structure de Marché commun pendant les cinq dernières années dans un effort de diminuer notre influence économique, politique et financière. Cet effort français affecte notre capacité d'être efficaces dans d'autres parties du monde ».[38] Encore une fois de Gaulle semblait donc résumer toutes les angoisses des États-Unis face à une Europe qui pourrait bien ne pas renforcer l'influence américaine sur le vieux Continent et sur la scène mondiale mais l'affaiblir.

Que faire alors ? Si les Européens n'étaient pas prêts à s'engager militairement en dehors d'Europe aux côtés des États-Unis, ils ne semblaient pas prêts non plus, malgré leur prospérité actuelle, à payer pour obtenir leur « propre défense séparée ». Dans l'ensemble, ces

---

[37] *FRUS 64-68*, Memorandum of Secretary of State Fowler to President Johnson, 25 mai 1967, p. 578.

[38] *FRUS 64-68*, Summary Notes of the 569th Meeting of the National Security Council, 3 mai 1967, p. 572.

derniers semblaient se ranger aux côtés des États-Unis plutôt que de faire cause commune avec le général. Johnson décida par conséquent de continuer la politique de Kennedy et d'attendre que le général disparaisse de la scène politique. Pour ce faire, il s'agissait d'encourager les Européens qui travaillaient pour une Europe unie à rester excessivement polis vis-à-vis du général pour ne pas ternir l'image du président américain dans la presse, d'éviter de froisser de Gaulle en utilisant des termes tels que « intégration » et « politiques communes » lors des discussions du rapport Harmel sur l'Avenir de l'Alliance auxquelles participaient les Français, et de faire en sorte que la famille otanienne des Quatorze se serre les coudes face aux assauts français.[39] À la fin de 1966, le Département d'État annonçait fièrement que la famille avait « fait face au défi de de Gaulle ».[40] Mais ce n'est que lors de la crise tchécoslovaque qu'il put réellement pousser un soupir de soulagement, car celle-ci semblait avoir créé « une atmosphère nouvelle, positive pour l'OTAN et pour le *leadership* américain pour affronter les problèmes de l'Alliance ».[41]

Les choses n'allaient pas aussi bien pour l'intégration européenne. Du point de vue de Washington, l'Europe occidentale restait « une série de nations souveraines relativement faibles. Alors que le progrès économique se poursuivait, le mouvement vers l'unité politique s'était arrêté ».[42] Mais le progrès économique n'était semble-t-il plus suffisant pour continuer à garantir le soutien américain à l'intégration européenne. En mars 1963, il ne faisait aucun doute que les États-Unis songeaient à défendre leurs intérêts économiques face au Marché commun lors du *Kennedy Round*. George Ball avait alors incessamment recommandé à Kennedy de faire comprendre à Walter Hallstein que le soutien américain à la construction européenne se fondait sur l'hypothèse que « la Communauté adopterait une politique d'ouverture et que le Marché commun et les États-Unis avaient un intérêt commun à augmenter les échanges commerciaux, à faire baisser les barrières douanières et à coopérer dans le domaine économique ». La continuation d'un tel soutien allait dépendre « d'une manière considérable – de la démonstration par la Communauté et ses États membres que cette hypothèse était encore valable ».[43] Cinq années plus tard, en avril 1968,

39 *FRUS 64-68*, Memorandum of Conversation, 6 novembre 1967, p. 636.

40 *FRUS 64-68*, Scope Paper, 7 décembre 1966, p. 504.

41 *FRUS 64-68*, Telegram from the Department of State to the Mission to NATO, 29 août 1968, p. 743.

42 *FRUS 64-68*, Scope Paper, 7 décembre 1966, p. 504.

43 George Ball au Président, 1er mars 1963, NSF Belgium, « Hallstein visit », JFKL.

le Département d'État expliquait que les circonstances avaient changé en dix ans :

> Il y a [une] décennie, [les] États-Unis avaient deux motifs pour favoriser l'unité européenne, politique et économique. Aujourd'hui, l'objectif économique [est] moins important en raison de la reprise de l'économie européenne. L'objectif politique est encore plus important. Nous ne voyons aucune chance pour l'Europe de jouer [un] rôle mondial décisif et constructif si elle n'est pas unie. Et étant donné [la] situation actuelle de la balance des paiements américaine, seule [une] composante politique majeure pourrait contrebalancer l'opposition américaine à [une] région élargie de discrimination commerciale européenne.[44]

Toute la question était de faire en sorte qu'une Europe dotée d'une « composante politique majeure » ne se transforme pas en un plan Fouchet nouvelle mouture. Et là, la solution était peut-être à chercher du côté des Britanniques. Quand ceux-ci décidèrent de poser leur candidature au Marché commun pour la seconde fois, la réaction des États-Unis fut néanmoins assez mitigée. Pour le Bureau économique du Département d'État, une candidature trop précoce risquait en effet de mettre en danger le succès du *Kennedy Round*. L'ambassade américaine à Londres craignait quant à elle, que de Gaulle ne se serve des négociations avec les Britanniques pour améliorer sa position dans la crise otanienne. Mais si, sur le court terme, l'alignement des planètes européenne et atlantique n'était pas favorable, cela n'empêchait nullement Washington de continuer à espérer que la Grande-Bretagne fasse partie un jour d'une Europe unie. En février 1967, le Département d'État ne voyait aucune alternative qui « soit de loin aussi favorable aux intérêts américains que si [le] Royaume-Uni jouait [un] rôle plein et entier et responsable en développant une Europe plus stable et cohésive qui pourrait se joindre à nous pour faire face aux responsabilités mondiales ».[45] Si George Ball avait fréquemment fait savoir aux Britanniques que la seule manière de sauver leur relation spéciale avec les États-Unis était de se joindre aux Communautés, il semblait à présent que la seule manière de sauver la relation spéciale entre les États-Unis et les Communautés était que les Britanniques en fassent partie.

---

[44] *FRUS 64-68*, Telegram from the Department of State to the Embassy in Switzerland, 23 avril 1968, p. 691.

[45] « UK-EEC Relations », 3 février 1967, NSF Country File, UK, boxes 210-212, UK Cables, vol. X. 1/67-4/67, LBJL.

Kissinger and Europe: Balancing Integration and Autonomy

Jussi HANHIMÄKI

Henry Kissinger stands out as one of the most admired and reviled of recent American statesmen. To some, he remains "Super-K"; the man whose ingenious, if secretive, diplomacy resulted in such feats as the opening to China and the first Soviet-American nuclear arms limitation agreements (SALT I and the ABM Treaty). For others, Kissinger is a war criminal, whose Nobel Peace Prize was thoroughly undeserved when set against the human cost of the secret bombings of Cambodia, the prolonged American exit from the Vietnam War, and the controversial shenanigans contributing to the overthrow of Chile's president Salvador Allende.[1]

Within that heated debate Kissinger's role in guiding US policy towards Europe has been virtually ignored. This is perhaps understandable, because during Kissinger's time in office, European developments lacked the heightened drama of the Vietnam War, the opening to China or *détente* with the Soviet Union. The time he actually devoted to European matters while in office was limited. Indeed, throughout much of Kissinger's eight-year stint in Washington – and particularly during the first Nixon administration – transatlantic relations were subordinated to or overshadowed by other issues. This, despite the fact that the early 1970s witnessed such events as the end of the Bretton Woods system, the British entry to the EEC, and the 1973 oil crisis.[2]

The irony is that Henry Kissinger was a truly "transatlantic" creature; a "European mind in American policy", as one book dubbed

---

1 For a historiographical discussion, see Hanhimäki, J.M., "Dr Kissinger or Mr. Henry", *Diplomatic History* 27:5, 2003, pp. 637-676. An earlier, shorter version of this chapter has been published in French: Hanimäki, J.M., "Kissinger et l'Europe: entre intégration et autonomie", *Relations Internationales*, No. 119, automne 2004, pp. 319-332.

2 Bundy, W., *A Tangled Web: The Making of Foreign Policy in the Nixon Presidency*, New York, Hill and Wang, 1998, pp. 527-528.

him.[3] He is a naturalised American, born in Bavaria and originally named Heinz, who came to the United States just prior to the Second World War, and returned to his native Germany as a member of the occupation forces. While a student and professor at Harvard University in the 1950s and 1960s, he analysed in great detail the Congress of Vienna in his PhD thesis and – for better or worse – drew on the lessons of European nineteenth-century diplomacy while in office. In the 1960s he had written widely about transatlantic relations in such books as *The Necessity for Choice* and *The Troubled Partnership*.[4]

Kissinger also belonged to the group of influential Americans who deplored the state of transatlantic relations in the 1960s, worried about a widening gulf between the United States and its NATO allies, and emphasised the need to fix the "troubled partnership". Still, Kissinger had no grand design for revamping the transatlantic relationship because – perhaps due to his European roots – he well understood that transatlantic relations were based on layers of interdependence that would not easily be broken. Kissinger was also convinced – rightly so – that as long as the USSR represented the major security threat to Western Europeans, maintaining the United States' presence in Europe would be a shared goal of the governments in Bonn, London and even Paris. Because of the inequality of the transatlantic relationship, moreover, crises and tensions were inevitable and constant adjustments and consultations necessary. In a book published just as the Nixon administration took office in 1969 Kissinger, quite accurately, predicted: "Adjusting the balance between integration and autonomy will be the key challenge" of the transatlantic relationship.[5]

This chapter will explore how Kissinger – as the National Security Advisor (1969-1975) and Secretary of State (1973-1977) – addressed that challenge. It will focus on three issues that illustrate the important – but necessarily subsidiary – position that Europe held in his foreign policy outlook: the unfolding of West German *Ostpolitik*; the infamous Year of Europe debacle; and the Conference on Security and Cooperation in Europe (CSCE). The overall argument is straightforward. There was, to be sure, tension in transatlantic relations in the 1970s, but ultimately the interdependence between the United States and

---

3 Mazlish, B., *Kissinger: The European Mind in American Policy*, New York, Basic Books, 1976.

4 Kissinger, H., *A World Restored: Metternich, Castlereagh and the Problems of Peace*, Boston, Houghton Mifflin, 1957; Kissinger, H., *The Necessity for Choice*, New York, Harper & Brothers, 1961; Kissinger, H., *The Troubled Partnership: A Reappraisal of the Atlantic Alliance*, New York, McGraw Hill, 1965.

5 Kissinger, H., *American Foreign Policy*, New York, Norton, 1969, p. 78.

Western Europe remained strong. Despite many challenges – the relative decline of American economic power *vis-à-vis* Europe; the onset of *détente*; the restoration of Sino-American relations; the end of the Vietnam War; congressional demands (such as the Mansfield Amendment) to withdraw American troops from Europe – the basic assumptions that Americans and Europeans held about the structure of international security did not change during Kissinger's time in office. The Cold War and the shared US-West European perception of the Soviet threat still set the parameters to the degree of divergence – or autonomy – that was possible in transatlantic relations.

The Challenge of *Ostpolitik*

During the first years of the Nixon administration the most serious European initiative towards *détente* came from the Federal Republic of Germany (FRG), where Willy Brandt's Social Democrats won the September 1969 elections to the Bundestag. By this time Brandt's *Ostpolitik* was already well publicised as the "party line" of the SDP. Its basic outline was straightforward. Indeed, already in 1963 Egon Bahr, Brandt's long-time associate and foreign policy adviser, had coined the notion of "change through *rapprochement*" (*Wandel durch Annäherung*); the idea that a policy of engagement would bring about a gradual change in the East German regime.[6]

After September 1969, Brandt and Bahr set out to practise *Ostpolitik*. In the early 1970s, a number of treaties were signed: a Non-Aggression Pact with the USSR in August 1970, a West-German-Polish Treaty recognising the Oder-Neisse line in December 1970, a Four-Power agreement on the status of Berlin in 1971, and, finally, the Basic Treaty between East and West Germany in 1972. In a span of few years the German question was transformed, laying the basis for further East-West *détente* in Europe. In 1971 Brandt was honoured with the Nobel Peace Prize, as was Kissinger two years later.

Kissinger worried about Brandt's diplomacy. Although pursuing *détente* with the Soviet Union himself, Kissinger thought that *Ostpolitik* might, if it proved successful as an independent West German policy, become a new form of "Gaullism".[7] The problem was that the United States could not, without risking an adverse reaction from the FRG, move to block the progress of *Ostpolitik*. Moreover, were they to object to the overwhelming desire for *détente* in Europe, the Nixon

6 For an outline of *Ostpolitik*, see Sodaro, M.J., *Moscow, Germany, and the West from Khrushchev to Gorbachev*, Ithaca, Cornell University Press, 1990.

7 Andrianopoulos, G.A., *Kissinger and Brzezinski*, London, Macmillan, 1991, p. 232.

administration would have played into Soviet hands by promoting further disunity within NATO. As Kissinger put it in February 1970:

> [while] there is no necessary incompatibility between alliance and integration with the West on the one hand, and some degree of normalization with East, on the other […] assuming Brandt achieves a degree of normalization, he or his successor may discover before long that the hoped-for benefits fail to develop. Instead of ameliorating the division of Germany, recognition of the G[erman] D[emocratic] R[epublic] may boost its status and strengthen the Communist regime […] More fundamentally, the Soviets having achieved their first set of objectives may then confront the FRG with the proposition that a real and lasting improvement in the FRG's relations with the GDR and other Eastern countries can only be achieved if Bonn loosens its Western ties.[8]

In other words, Kissinger worried mainly about the leverage that *Ostpolitik* might give to the Soviet Union.

The answer was, as Kissinger wrote in 1979, "to channel [West German foreign policy] in a constructive direction by working closely with Brandt and his colleagues". Indeed, Kissinger saw as his main task the need to coordinate the onset of US-Soviet *détente* with the unfolding of *Ostpolitik*. In Kissinger's words: "If *Ostpolitik* were to succeed, it had to be related to other issues involving the Alliance as a whole; only in this manner would the Soviet Union have incentives for compromise".[9]

The way to get the West Germans on board was by threatening the consequences to NATO and American presence in Europe should *Ostpolitik* be practised too independently. Thus, already during his February 1969 trip through Europe, Nixon warned the then Foreign Minister Brandt that the Soviets' interest in *Ostpolitik* was part of "a major Soviet objective to weaken the [NATO] alliance and especially the FRG".[10] Happily, Brandt had much the same concern. He had no intention of breaking away from NATO but to find a way of aligning *Ostpolitik* with NATO policy; in other words, to illustrate that *Ostpolitik* was a good fit with the 1967 Harmel Report that had outlined political *détente* with the Warsaw Pact as one of NATO's two major policy

---

8 Kissinger to Nixon, 16 February 1970, NSC Country Files, box 683: Germany Vol. IV, Nixon Presidential Materials Project (NPMP), National Archives 2, College Park, Maryland, USA (NA2).

9 Kissinger, H., *White House Years*, Boston, Little & Brown, 1979, p. 410.

10 Memoranda of conversation: Nixon, Rogers, Kissinger, Brandt, Kiesinger, 26 February 1969, Conference Files, 1966-1972, CF 340-CF342, box 484, RG 59, NA2.

objectives.[11] Brandt was after a new kind of equilibrium between East and West in Europe, an equilibrium in which the United States played a key role by maintaining its presence on the old continent. This was not dramatically different from Kissinger's own ideas.

Brandt also well understood the need to coordinate his policies with the United States. Nor did he have any illusions as to who, aside from Nixon, was the prime foreign policy maker in Washington. In October 1969 Brandt sent Bahr to the US to meet Kissinger, not Secretary of State William Rogers, thus creating one of the Kissinger Back Channels.[12] In the October discussions Bahr outlined to Kissinger – who would in private call Brandt's envoy a "reptilian" influence – the way that *Ostpolitik* was to unfold in the near future, detailing the planned West German overtures towards the USSR, Poland, and East Germany.[13] In his report to Nixon, Kissinger warned that the planned German initiatives

> could become troublesome if they engender euphoria, affect Germany's contribution to NATO and give ammunition to our own *détente*-minded people here at home. The Germans may also become so engaged in their Eastern policy that their commitment to West European unity may decline. The Soviets, and with some apparent prodding by Moscow, [East German leader, Walter] Ulbricht, seem willing enough to receive Bonn's overtures.

Yet, Kissinger's talks with Bahr also implied that the United States held significant leverage that could be used to co-opt *Ostpolitik*: Bahr had expressed concern about unilateral US troop cuts in Germany. Kissinger had promised that this would only be done after consultations, but that there were likely to be some cuts over the next two years. At the end of their meeting Bahr had said that there was likely to be "less of a guilt complex in Bonn under Brandt and hence more self-reliant and not always compliant attitude toward us". Kissinger agreed and promised Bahr that the United States would "deal with Germany as a partner, not

---

11 On the Harmel Report, see Bozo, F., "*Détente* versus Alliance: France, the United States and the Politics of the Harmel Report", *Contemporary European History* 7:3 (1998), pp. 343-360.

12 Kissinger's back channel with Soviet Ambassador Anatoly Dobrynin had been launched in February 1969 and represented a means of centralising foreign policy making in the White House and the National Security Council (as opposed to the State Department.)

13 Barnet, R.J., *The Alliance: America-Europe-Japan. Makers of the Postwar World*, New York, Simon and Schuster, 1983, p. 287. Bahr, like Kissinger, was a German Jew, but had stayed behind and had even tried to become an officer in Hitler's army.

a client". According to Bahr, Kissinger added: "your success will be ours".[14]

By the spring of 1970, however, it was clear that the Brandt-Bahr *Ostpolitik* had claimed the forerunner's role in East-West *détente*. While Kissinger himself had been unable to make significant progress in his other Back Channel negotiations with the Soviet Ambassador Anatoly Dobrynin, the NSC adviser became increasingly concerned that the Soviets were playing an intricate balancing act of selective *détente*: deliberately stalling in their talks with the Americans while moving ahead with the Germans. Thus, when Brandt visited the United States in April 1970 hoping to get the Nixon administration's formal endorsement of *Ostpolitik*, Kissinger was distinctly recalcitrant and counselled Nixon against endorsing any specific element of *Ostpolitik* in public.[15]

Nixon, while siding with his national security adviser, decided that confronting Brandt was ultimately futile and potentially counter-productive. During his meeting with Brandt on 11 April, Nixon simply warned that *Ostpolitik* might create some uncertainty in France and Britain, as well as among the old style cold warriors in the United States. Still, Nixon told Brandt that "[t]he main point was the understanding between us that we would keep in close touch over all East-West questions". Brandt was "greatly relieved", over American reassurances, Kissinger recollects.[16]

The American insistence on coordination and unity became even clearer after the signing of the Soviet-West German treaty in Moscow on 12 August 1970. Walter Scheel, Brandt's Foreign Minister and the head of the Free Democrats, had negotiated some important caveats in his July talks with Soviet Foreign Minister Andrei Gromyko. In particular, Gromyko agreed to an accompanying statement expressing support for German unification (through peaceful means). Moreover, the conclusion of a new agreement on Berlin – negotiated between the four

---

14 Kissinger to Nixon (drafted by Sonnenfeldt), 14 October 1969, NSC, VIP Visits, box 917; and Kissinger to Nixon, 20 October 1969, NSC Country Files, box 682: Germany Vol. 3, NPMP. Bahr's memcon in *Akten zur Auswartigen Politik der Bundesrepublik Deutschland 1969*, Band II, 1114-1118. Kissinger and Bahr's versions are also in their memoirs: Kissinger, H., *White House Years*, pp. 410-412; Bahr, E., *Zu Meiner Zeit*, München, Karl Blessing Verlag, 1996, pp. 271-273.

15 Brandt, W., *My Life in Politics*, New York, Viking, p. 176; Kissinger, H., *White House Years*, p. 416. Rush to Rogers, 12 April 1970; Kissinger to Nixon (drafted by Sonnenfeldt), 3 April 1970, NSC, VIP Visits, box 917, NPMP.

16 Kissinger, H., *White House Years*, p. 424; Memcon: Brandt, Schmidt, Nixon, Rogers, Laird, Kissinger, NSC, VIP Visits, box 917, NPMP.

occupying powers and the two Germanys – was understood to be a condition for the eventual FRG ratification of the treaty.[17]

The Berlin negotiations allowed Kissinger to get directly involved in the shaping of *Ostpolitik* via two sets of Back Channels that smoothed the way to the Berlin Agreement of 3 September 1971. On the one hand, Kissinger negotiated throughout the spring of 1971 on a weekly basis and without the knowledge of the State Department with Soviet Ambassador Anatoly Dobrynin. On the other hand, Kissinger engaged Kenneth Rush, the American Ambassador to Bonn, as his special link to Egon Bahr. Rush, to Kissinger's great satisfaction, managed to keep the rest of the State Department uninformed. By early June an agreement was essentially ready. But, in an ironic twist of fate, its finalisation was postponed until after Kissinger's secret foray to Beijing in July (creating the false impression that the opening to China resulted in Soviet accommodation on Berlin).[18] The Four Power agreement was eventually signed on 3 September 1971.

While Kissinger would later overemphasise his own role in the Berlin negotiations, they were significant for one notable accomplishment: the Americans and the West Germans cooperated closely throughout the negotiation process. As a result, by September 1971, the concerns of an independent German-Soviet *détente* that would undermine Western unity no longer colored Kissinger's evaluations of the transatlantic relationship. The specter of West German "Gaullism" was banished. Indeed, in 1972 Kissinger played scant attention to Europe, let alone Germany, focusing his energies instead on the historic summits in Moscow (May 1972) and Beijing (February 1972), and negotiations that eventually led to the January 1973 Paris Agreements that ended US troop involvement in the Vietnam War. After the commencement of Nixon's second term, however, Europe was back on the agenda.

Year of Europe

The "Year of Europe" was an unfortunate title for a commendable initiative for there was no question that the Atlantic relationship required, in 1973, a reassessment. The international situation had, after all, changed dramatically. In addition to *Ostpolitik* and changes in US

17 Sodrano, J.M., *Moscow, Germany, and the West*, *op. cit.*, pp. 174-179, 183-185; Bundy, W., *A Tangled Web*, *op. cit.*, pp. 173-179.

18 Memcon: Dobrynin and Kissinger, 26 April 1971, "Dobrynin/Kissinger 1971, Vol. 5 part 1", box 490, NSC Files, NPMP. Kissinger, H., *White House Years*, *op. cit.*, pp. 823-833; Bahr, E., *Zu Meiner Zeit*, *op. cit.*, pp. 358-371; Garthoff, R., *Détente and Confrontation*, Washington, DC, Brookings, 1994, pp. 136-139.

policy *vis-à-vis* the Soviet Union and China, the last American troops were withdrawing from Vietnam. In Europe, the year began with the much-awaited expansion of the EEC as Great Britain, Ireland and Denmark joined the original six. This expansion naturally strengthened the economic power of the EEC and hence its relative standing *vis-à-vis* the United States. In contrast, the May 1972 SALT agreement had already raised European concerns over the bilateral nature of superpower *détente* (even a possible Soviet-American *condominium*); these would be further heightened in the summer of 1973 when the United States and the Soviet Union signed the Prevention of Nuclear War (PNW) agreement. Questions of autonomy and unity – European, American, and transatlantic – were thus firmly on the agenda in 1973.

It is important to underline that, as with Kissinger's approach to *Ostpolitik*, US concerns over the Soviet Union influenced the Year of Europe initiative. While Europeans may have worried that the Americans would decrease their presence on the Old Continent, Americans remained doubtful about their NATO partners' commitment to the transatlantic alliance in a time of decreased East-West tensions. In October 1972 a National Intelligence Estimate had summed up the administration's concern as follows: "the Soviet leaders hope that while maintaining their position in the East they can wean West Europeans away from their close relations with the US […] and ultimately clear the way for the USSR's emergence as the dominant power on the continent as a whole".[19] Viewed from this perspective, European autonomy remained a threat to transatlantic unity *and* to US standing *vis-à-vis* the USSR.

In the spring of 1973 Kissinger set out to address this issue, stressing to Nixon the need to open a substantive dialogue with European leaders. And, he argued, it was important that the Americans take the initiative because "[w]e cannot expect the Europeans to enter this dialogue with much unity or clarity of purpose". Thus it was essential to explain to European leaders "as precisely as possible what we expect of the Europeans and what we are willing to do in return". In other words, the US was willing to work together with the Europeans on various East-West security issues and willing to keep its strong commitment to European defence but only if "the Europeans are willing to make reasonable economic concessions and sacrifices".[20]

---

19 "The USSR and the Changing Scene in Europe", NIE 12-72, NIE's, 1951-1983, box 5, CIA, RG 263, NA2.

20 Kissinger to Nixon, 31 January 1973, NSC, VIP Visits, box 492, NPMP.

After months of consultation, Kissinger attempted to open this new dialogue with his Year of Europe speech. Delivered on 23 April 1973 in New York, the speech included little that was not known to any observer of transatlantic relations; Kissinger touched upon the revival and economic unification of Western Europe, the approximate strategic parity between the United States and the Soviet Union, and the onset of *détente*. He then stressed that "[p]roblems have arisen, unforeseen a generation ago, which require new types of cooperative action". Kissinger then called for the leaders of Europe to join the United States in setting down "the basis for a new era of creativity in the West [and in] reinvigorating shared ideals and common purpose with our friends".

Few would have objected to such a high-minded call that was reminiscent of Kissinger's writings in the 1960s. But then Kissinger effectively asked for trouble by stressing, in an unnecessarily crude way, the difference between America's "wider international" responsibilities and the EEC's "regional personality". The ultimate, and often quoted, *faux-pas*, however, was the following: "The United States has global interests and responsibilities. Our European allies have regional interests". In other words, not only did the United States appear to have the monopoly on "responsibilities", it was the only country in the West with legitimate interests outside its own narrow geographic region.[21]

The speech and the diplomacy surrounding it may have been meant as the opening of a new era in transatlantic relations. Kissinger may not have said anything that was not true: Europeans were hardly capable of playing a significant role outside of their own continent. There surely was a need to rethink common policies, find ways of keeping potential trade wars from erupting. Indeed, in the United States, where Watergate commanded headlines, the speech passed virtually unnoticed. Those Americans who did pay attention, moreover, tended to respond positively. Columnist James Reston (writing in the *New York Times*) even compared the Year of Europe speech – which was ironically Kissinger's first major public address during the Nixon administration – to George C. Marshall's June 1947 commencement address at Harvard University that had called for US aid to Europe (i.e. the European Recovery Programme, or the Marshall Plan).[22]

But European leaders took offence. French President Georges Pompidou, for one, cryptically remarked that for France every year was

---

21 The speech can be found in J. Mayall and C. Navari, *The End of the Post-War Era*, Cambridge, Cambridge University Press, 1980, pp. 360-367.

22 *New York Times*, 25 April 1973.

the "Year of Europe".[23] Willy Brandt thought that the assumption that Europeans would simply accept the Kissinger definition of their international role "was not the way to win the future".[24] British Prime Minister Edward Heath later wrote that "for Kissinger to announce a Year of Europe was like for me to stand on Trafalgar Square and announce that we were embarking on a year to save America!"[25] Kissinger's efforts to explain the consigning of Europeans to a "regional" role as a mere "tactical mistake" did little to convince, for example, French Foreign Minister François Jobert. When the two met in early June, Jobert accused him of trying to "strengthen your mastery" in Europe in an effort "to reinforce the US position *vis-à-vis* the Soviets". Kissinger conceded the point but added that a strengthening of transatlantic ties "reinforces everyone's position *vis-à-vis* the Soviets".[26]

The Year of Europe controversy lingered on for several months, rendering Kissinger and Nixon's meetings with Brandt, Pompidou, and Heath in 1973 ineffectual. To be sure, there was much discussion and debate over two prospective Atlantic Declarations over the summer; one between the US and the EEC; the other among NATO countries. But progress was understandably slow. Still, by mid-September – a week before he was sworn in as Secretary of State – Kissinger told Nixon that things were finally proceeding "very well" on the "European front".[27]

A few weeks later, however, the October War in the Middle East erupted, causing another crisis in transatlantic relations over the proper response to the OPEC oil embargo. In the end, it would take until June 1974 – and changes in the leadership of Britain, France, and West Germany – before the Year of Europe controversy would give way to a new NATO Declaration. New mechanisms were also put in place to guarantee a more formalised dialogue between Washington and Brussels. When Nixon resigned on 9 August 1974, Kissinger could feel confident that the acrimony of the previous months was giving way to transatlantic cooperation. Such cooperation was important in bringing about the successful conclusion of the CSCE.

---

23 Costigliola, F., *France and the United States: the Cold Alliance since World War II*, New York, Twayne Publishers, 1992, p. 174.

24 Brandt, W., *Erinnerungen*, Frankfurt, Propyläen Verlag, 1989, p. 175.

25 Heath, E., *Course of My Life*, London, Pimlico, 1998, p. 493.

26 Memoranda of conversation: Kissinger and Jobert, 22 May 1973, "French Memcons Jan-May 1973", box 56, Henry Kissinger Office File, NPMP.

27 Telephone conversation: Kissinger and Nixon, 16 September 1973, www.gwu.edu/~nsarchiv/NSAEBB/NSAEBB123/chile.htm.

"They Can Write It in Swahili"

Assessing Kissinger's role in the process that led to the signing of the Helsinki Accords in August 1975 may seem like a straightforward task. After all, Kissinger was clearly uninterested in the CSCE process. Ever since the first negotiations commenced in late 1972, Kissinger had viewed the CSCE either as a "loser for the West" or as a multilateral diplomatic merry-go-around that could possibly have no significance in the "real" world of Soviet-American *détente* and triangular diplomacy. Indeed, Kissinger summed up his assessment of the significance of the Helsinki Final Act in a quip during a staff meeting in December 1974: "They can write in Swahili for all I care".[28]

Still, in the spring of 1975 Kissinger did make a significant contribution to the CSCE by pushing Soviet Foreign Minister Andrei Gromyko to accepting more concessions, particularly on such issues as human rights and the inclusion of a clause – particularly important in light of continued German hopes for re-unification – that recognised the possibility of a "peaceful change of borders".[29] Moreover, in the immediate aftermath of the signing of the Helsinki Accords in August 1975, Kissinger already wondered whether the CSCE did mark a turning point for East-West relations. During a cabinet meeting he argued: "all the new things in the document are in our favour – change, human contacts. [...] At the conference [...] it was the West which was on the offensive". He then noted that "relations with our allies are better than ever since the early Marshall Plan days".[30]

As the above quotations indicate, Kissinger's attitude towards the CSCE negotiations was rather different before and after the Helsinki summit. This can easily be explained merely as a reflection of his famously selective memory. Yet, it also illuminates the changing role that the CSCE had in American foreign policy strategies *vis-à-vis* both

---

28 Kissinger cited in W. Burr, *The Kissinger Transcripts*, New York, New Press, 1998, p. 17 ("loser") and p. 326 ("Swahili"). For his own version of events see Kissinger, H., *Years of Renewal*, New York, Simon and Schuster, 1999, ch. 21. For a fuller account see Hanhimäki, J.H., "*They Can Write it in Swahili*: Kissinger, the Soviets, and the Helsinki Accords, 1973-1975", *Journal of Transatlantic Studies* 1:1 (2003), pp. 37-58. See also Ghebali, Y., *La diplomatie de la détente: la CSCE, d'Helsinki à Vienne, 1973-1989*, Brussels, Bruylant, 1989 and Thomas, D., *The Helsinki Effect. International Norms, Human Rights and the Demise of Communism*, Princeton, Princeton University Press, 2001.

29 Goodby, J.E., *Europe Undivided*, Washington, United States Institute of Peace, 1998, p. 51; Maresca, J., *To Helsinki*, Durham, Duke University Press, 1987, p. 158; Kissinger, H., *Years of Renewal*, *op. cit.*, p. 641.

30 Cabinet Meeting, 8 August 1975, box 14, National Security Advisor, Memoranda of Conversations, Gerald Ford Library, Ann Arbor, Michigan (hereafter GFL).

the USSR and Europe. Initially, Kissinger had viewed the CSCE as a form of linkage: as a way of engaging the Soviets in a negotiation process that would indirectly moderate Moscow's policies in other areas. In 1974-1975, however, Kissinger's attitude towards the CSCE was conditioned by his desire to maintain at least the *façade* of Soviet-American *détente* while continuing the rapprochement in transatlantic relations that had occurred since the Year of Europe and the October War. Perhaps most importantly, Kissinger used the CSCE to position himself as the spokesman of a united West. But in order to achieve that, he ended up adopting many West European proposals and pressing them to his Soviet negotiating partners.

Initially, in the months following Nixon's resignation, Kissinger tried to push the CSCE towards an early conclusion by convincing America's allies to define their position more clearly. In early September 1974, Kissinger stressed, that it was important for the West to recognise the "limitations on Soviet flexibility on these matters". A few weeks later, at a meeting with British Foreign Secretary James Callaghan in New York, Kissinger again emphasised the need to work out a common Western position. However, he also indicated the American reluctance to press West Europeans too hard. Kissinger "did not want accusations from the Europeans that they were being 'raped' by the Americans", Kissinger told Callaghan on 26 September. Although he was not enthusiastic about the significance of the CSCE, by early 1975 Kissinger had become increasingly convinced that he could avoid a return to the acrimonious debates of 1973 only by adopting the Western European positions on the CSCE.[31]

In the end, the Soviets blinked. In February 1975 Gromyko finally agreed to consider the modified West German proposal regarding the inclusion of the "peaceful change" formula in the final Accords of the CSCE. In May 1975 the Soviets also accepted most Western proposals dealing with Human Contacts and Freedom of Information. Although negotiations still continued for several weeks over the exact wording of each of the provisions and the question of prior notification of military manœuvres, the major hurdles to the signing of the Helsinki Accords had been overcome. Indeed, the UK mission in Geneva (where the negotiations were held) was happy to report on 30 May 1975 that the Soviets "now seem to be firmly on the hook".[32]

---

31 *Documents on British Policy Overseas*, Series III, Vol. II, *The Conference on Security and Cooperation in Europe, 1972-1975, (CSCE, 1972-1975)*, London, The Stationery Office, 1997, p. 331 fn. 6 and p. 335 fn. 3.

32 Alexander to Burns, 30 May 1975, *op. cit.*, p. 410.

A number of coinciding developments help explain the Soviet capitulation in the face of most of the Western proposals. First, there was the sheer unity of the message. Throughout the spring of 1975 Americans and their allies had coordinated their positions on these two issues effectively. In May Kissinger even used talking points prepared by the British delegation in Geneva to convey "his" views on the CSCE to Gromyko.[33] Second, the Soviets appeared to have worked against a deadline set by Brezhnev. By 1975 the General Secretary's health was deteriorating and evident to such frequent interlocutors as Kissinger. Indeed, the term "old man in a hurry" became a frequent epithet amongst the Americans and the British when they came to explain the sudden Soviet move towards concessions.[34] Third, from the Soviet perspective the conclusion of the CSCE at a high level summit was, in itself, an important symbolic victory. With other "triumphs" in 1975 – most prominently the unification of Vietnam under communist rule in late April – the Soviets appeared to be riding the wave of history. Indeed, the official Soviet interpretation was straightforward: the Helsinki summit symbolised a *de facto* Western acceptance of the gains of Soviet policy over the past decades. In the summer of 1975, the potential long-term impact of the human rights provisions of the CSCE did not overtly concern those in the Kremlin.

In terms of transatlantic relations, though, the final stages of the CSCE talks showed that Kissinger had at last found a way of balancing autonomy and integration. There was, finally, a united Western front. But more importantly, Kissinger was able to highlight the fact that ultimately only the United States could press the Soviets, that only bilateral superpower negotiations could produce the desired outcome. Of course, he had adopted the arguments from others, but his role – and that of the United States – as the spokesman for the "West" was central to the final outcome. While Kissinger may have thought that the agreement itself could have been written in Swahili, the methods used to achieve the CSCE were clearly part of the restoration of transatlantic relations that occurred during the Ford presidency.

---

33 *Ibid.*, p. 411 fn. 8.

34 On 7 May 1975, for example, Prime Minister Wilson had told Kissinger and Ford that "he had been impressed by the fact that Brezhnev gave the appearance of an old man in a hurry", during Wilson's visit to Moscow in February 1975. "We should turn this", Wilson had added, "to our advantage". *Ibid.*, p. 415 fn. 6.

Balance Sheet

Was Kissinger, then, a careful and sensitive custodian of the transatlantic relationship who, due to his European roots, could understand the issues better than many of his fellow Americans? Would this explain why, as he left office, transatlantic relations were actually on a better footing than they had been in almost two decades?

To be sure, Kissinger knew more about European politics than most other American diplomats and statesmen. Nevertheless, ultimately the relative success he had in aligning the West German and American *détente* policies and in weathering such a "self-made" crisis as the one that followed his "Year of Europe" initiative, ultimately depended on the relative stability of the structure of the transatlantic relationship. Two issues, in particular, stand out.

First, there remained the basic convergence between American and West European economic interests. To be sure, as Geir Lundestad among others has noted, the Nixon administration was increasingly ambivalent about European integration and worried that Europe was becoming an economic competitor to the United States. Despite such obvious American ambivalence about European integration, however, there remained a basic transatlantic interdependence that was clearly evident in the high levels of trade and investment that were yet to be replicated within the context of any other transoceanic relationship.[35]

Second, there was the Cold War. As long as the Soviet Union existed, as long as the Soviet nuclear threat was present, as long as the Warsaw Pact held a numerical advantage *vis-à-vis* NATO, West Europeans were not going to throw NATO into the wastebasket. In fact, one of the persistent concerns of Europeans was the possibility that the Americans might decide to withdraw their forces. This straightforward fact gave Kissinger and his colleagues an ace in the hole whenever they were engaged in a dialogue with their European counterparts. Congressional pressure (such as the Mansfield amendment) to reduce US troops in Europe was, paradoxically, a useful tool for Kissinger when he negotiated with, say, the West Germans. While burden-sharing remained a thorny issue, the main point was that the Europeans clearly wanted the Americans to stay. Even French President Pompidou stated so publicly. Indeed, when it came down to security policy, it was clear that in the 1970s the Europeans wished to maintain a high degree of unity – or integration of policy – with the United States. This, perhaps ironically, allowed the United States to act more autonomously from its

---

35 Lundestad, G., *The United States and Western Europe Since 1945*, Oxford, Oxford University Press, pp. 190-193.

European allies when it came down to negotiations with the USSR; a fact evident not only in the SALT talks but also in Kissinger's role during the CSCE.[36]

Ultimately, Kissinger's approach to Europe represented but one – and never the central – piece in an increasingly global puzzle. SALT, Vietnam, triangular diplomacy, war and peace in the Middle East took up much more of his time and energy than dealing with transatlantic matters. Kissinger engaged Europeans primarily because without doing so his grander goals – in particular, building *détente* with the Soviet Union on American terms – would have been more difficult, if not outright impossible. Thus, cooperating with (or co-opting) West Germans on *Ostpolitik*, proclaiming – ill-advised though it was – the "Year of Europe", and even participating more actively in the CSCE negotiations, were ways of assuring that the United States remained the primary spokesman of a "united West" *vis-à-vis* the USSR. In that basic sense, Kissinger's policies towards Europe were clearly successful.

[36] American troop levels in Europe actually increased in the early 1970s: from about 246,000 to 264,000 between 1970 and 1973. On Pompidou, see Soutou, G.-H., "Le Président Pompidou et les relations entre les États-Unis et l'Europe", *Journal of European Integration History*, 6:2 (2000), pp. 111-146.

II.

European Defence Integration

L'intégration de la défense européenne

L'Union (de l'Europe) occidentale durant la guerre froide (1948-1989)

Éric REMACLE

S'il est une organisation européenne qui tenait au cœur d'Alfred Cahen, c'est bien l'Union de l'Europe occidentale dont il fut le secrétaire général de 1984 à 1989.[1] Notre but ici ne sera pas d'en retracer l'ensemble de l'historique, nous renverrons pour cela à l'ouvrage que nous avons rédigé conjointement avec André Dumoulin et qui s'inspire largement de notre thèse de doctorat rédigée sous la direction précisément d'Alfred Cahen entre 1992 et 1996.[2] Il s'agira davantage de mettre ici en relief les tendances principales caractérisant les différentes phases de l'évolution des organisations issues du traité de Bruxelles entre 1948 et 1989, c'est-à-dire avant les transformations dues à la fin de la guerre froide qui a largement changé les paramètres de l'étude de cette organisation.[3] On tentera de mettre en lumière ce faisant les spécificités de l'intégration militaire européenne, en confrontant les conclusions d'une étude empirique inductive historique avec la nécessaire construction d'un cadre d'analyse politologique théorique à vocation déductive. Notre chapitre déborde quelque peu la période 1945-1973 couverte par cet ouvrage. Nous aurions pu arrêter l'étude en 1973 puisque cette date constitue une charnière dans l'histoire de l'organisation, l'entrée du Royaume-Uni dans les Communautés euro-

[1] Voir entre autres Cahen, A., *The Western European Union and NATO. Building a European Defence Identity within the Context of Atlantic Solidarity*, Brassey's Atlantic Commentaries series n° 2, Londres, Brassey's, 1989.

[2] Dumoulin, A. & Remacle, É., *L'Union de l'Europe occidentale, Phénix de la défense européenne*, Bruxelles, Bruylant, 1998. Cet ouvrage présente et commente abondamment les sources de nombre de références factuelles faites ci-après. C'est pourquoi nous nous sommes ici permis un appareil de notes plus restreint.

[3] Voir aussi pour une approche historique et contemporaine Deighton, A. (ed.), *Western European Union 1954-1997: Defence, Security, Integration*, European Interdependence Research Unit, St Anthony's College, Oxford, 1997 ; Van Eekelen, W.F., *Debating European Security 1948-1998*, Den Haag-Brussels, Sdu Publishers-CEPS, 1998; Deighton A. & Remacle, É. (eds.), *The Western European Union, 1948-1998. From the Brussels Treaty to the Treaty of Amsterdam*, *Studia diplomatica*, vol. LI, n° 1-2, Bruxelles, 1998.

péennes ayant conduit à un endormissement de l'UEO. Mais, d'autre part, cette organisation connut une revitalisation entre 1984 et 1989, à laquelle participa activement Alfred Cahen d'abord comme directeur de la politique aux Affaires étrangères belges puis comme secrétaire général de l'UEO, qui mérite d'être intégrée dans une étude des évolutions de l'UEO dans le temps long de la guerre froide.

Nous n'entrerons donc pas ici dans le détail de l'histoire du traité de Bruxelles et des organisations qui en sont issues, à savoir l'Organisation du traité de Bruxelles (OTB) entre 1948 et 1955, et ensuite l'Union de l'Europe occidentale (UEO) à partir de 1955. Nous rappellerons simplement que cette histoire peut être découpée selon une périodisation en quatre phases pour ce qui concerne l'avant 1989 :

- entre 1948 et 1955 (celle que David Calleo a plus largement baptisée *the founding cycle*),[4] l'OTB à cinq avec une dimension militaire rétrocédée à l'OTAN à la faveur de la guerre de Corée ;
- entre 1955 et 1973, l'UEO à sept, instrument de l'intégration de la RFA dans l'OTAN, puis du règlement de la question de la Sarre et du dialogue entre le Royaume-Uni et les Six des Communautés, avec en outre un dessaisissement progressif des compétences économiques, sociales et culturelles initialement confiées à l'organisation ;
- entre 1973 et 1984, un endormissement consécutif à l'entrée du Royaume-Uni dans les Communautés ;
- entre 1984 et 1989, une revitalisation conduisant à dynamiser le dialogue de sécurité au sein de l'organisation (débats sur l'Initiative de défense stratégique du président américain Reagan, adoption de la plate-forme de La Haye de 1987), à l'ouvrir à de nouveaux membres (Espagne, Portugal) tout en la maintenant au carrefour de l'OTAN et des Communautés et en étendant ses compétences aux conflits extra-européens (guerre Iran-Irak).

On proposera ici – en combinant science politique et histoire diplomatique – une synthèse des tendances générales caractérisant l'ensemble du processus et les spécificités de chacune des phases observées, afin d'éclairer les ressorts, les structures et la nature de l'organisation à la veille de l'écroulement de l'ordre bipolaire. Ainsi comprend-on aussi plus aisément comment ces tendances ont continué à affecter le débat de l'après-1989 sur le nouveau rôle de l'UEO, voire sur l'intégration de la politique de défense dans les compétences de l'Union européenne après 1999. On tentera également de révéler les tendances

---

4 Calleo, D.P., *Beyond American Hegemony : The Future of the Western Alliance*, New York, St Martin's Press, 1987, p. 3.

majeures qui caractérisent l'UEO de cette période par comparaison avec le processus de construction européenne proprement dit, en prenant en considération tant les éléments de proximité et de parallélisme que les différences entre les deux processus, du point de vue même de la définition théorique du concept d'intégration.[5]

Notre réflexion s'articulera en fonction de trois axes correspondant, sur le plan théorique, aux trois composantes du pouvoir intégrateur identifiées par Amitai Etzioni,[6] à savoir les facteurs coercitif, utilitaire et identitaire. Le premier axe portera en effet essentiellement sur les dimensions externes déterminant la naissance et le développement de l'UEO, le second s'attachera aux intérêts des États membres et à leur articulation comme élément structurant du fonctionnement de l'organisation, le dernier tentera de caractériser les éléments proprement identitaires que révèle l'histoire de l'UEO, en d'autres termes les facteurs liés à sa dynamique interne et aux cartes cognitives de ses promoteurs et acteurs.

L'impact des stimuli externes : la dimension coercitive de l'intégration

Le binôme « menace-protection »

On ne s'étonnera pas de constater qu'à l'origine de la naissance de l'UEO, conçue d'abord comme une alliance militaire, la perception des menaces et des défis extérieurs ait constitué un facteur de premier plan. Comme l'intégration européenne elle-même, l'UEO ne représente toutefois pas seulement le prolongement de la peur d'un adversaire, cette fameuse peur de l'Union soviétique proclamée par Paul-Henri Spaak le 28 septembre 1948 à la tribune des Nations unies, mais également celui de la volonté « fédératrice » d'un allié, les États-Unis d'Amérique. Plusieurs moments-clés de l'histoire de l'UEO rappellent la complémentarité de ces deux stimuli externes, certes de nature profondément différente mais toujours associés par un effet de miroir : le pouvoir de la menace perçue à l'Est et celui de la protection demandée à l'Ouest. Ces moments structurent la réalité première de la nature de l'UEO jusqu'en 1989 : elle est à la fois le produit d'une volonté de se prémunir contre un danger extérieur et, consubstantielle-

5 Sur les théories de l'intégration, on renvoie *inter alia* à Schwok, R., *Théories de l'intégration européenne. Approches, concepts et débats*, Paris, Montchrestien, 2005.

6 Etzioni, A., *Political Unification : A Comparative Study of Leaders and Forces*, Huntington NY, R.E. Krieger Pub, 1965.

ment, de l'acceptation d'une puissance tutélaire extra-européenne comme instrument privilégié de cette protection.[7]

Bien que l'entente occidentale mise sur pied par le traité de Bruxelles n'ait pas été conçue à Washington, mais bien à Londres, c'est avec l'objectif de l'étendre au plus vite aux États-Unis.[8] Le traité de Bruxelles n'est, dès sa conception, que le marche-pied de l'Alliance atlantique, la précondition nécessaire pour persuader le peuple et le Congrès américains que les Européens de l'Ouest sont prêts à unir leurs efforts avant de faire appel au protecteur d'outre-Atlantique. L'existence de l'Union occidentale est en quelque sorte la clé pour l'adoption de la résolution Vandenberg.[9] Artisan de cette vision d'une alliance ouest-européenne élargie dans un deuxième temps à l'Amérique du Nord, le *Foreign Office* mènera d'ailleurs en parallèle, dès le début de 1948, les pourparlers de Bruxelles avec la France et les pays du Benelux sur la création de l'Union occidentale, et ceux de Washington avec les États-Unis et le Canada sur la manière d'enchâsser ladite Union dans une organisation transatlantique plus large élargie aux États d'Amérique du Nord et de la façade atlantique du vieux Continent. Il n'est pas à exclure que, s'il n'avait pas comporté en son article IV un engagement d'assistance extrêmement contraignant, le traité de Bruxelles aurait pu servir de base juridique à la création d'une Alliance atlantique correspondant à une « Union occidentale », plutôt que d'en arriver à la signature d'un traité de Washington rédigé en des termes différents plus acceptables pour les *Congressmen*. De ce point de vue, la solidarité forte symbolisée par cet engagement d'assistance aura représenté – volontairement ou non – une affirmation de la préférence à terme d'une communauté politique européenne plutôt qu'atlantique. Mais, à cette exception près, il est patent que l'Union occidentale n'a été constituée que dans le cadre d'une stratégie plus large, élaborée par la diplomatie britannique, consistant à s'appuyer sur les États-Unis pour faire contrepoids à la puissance continentale de l'Union soviétique.

Dès la naissance de l'Alliance atlantique, et encore plus avec le développement de son organisation politique et militaire en 1951-1952, la subordination de l'Organisation de défense de l'Union occidentale ou ODUO à l'OTAN sera de plus en plus évidente, politiquement puis opérationnellement. Par le jeu de miroir que nous évoquions, cette

---

7 Les premières années de l'histoire de l'Union occidentale, puis de l'UEO, sont amplement décrites par Imbert, A., *L'Union de l'Europe occidentale*, Paris, LGDJ, 1968.

8 Dumoulin, A. & Remacle, É., *L'Union de l'Europe occidentale*, *op. cit.*, chapitre I.

9 Voir entre autres Colson, B., *Europe : repenser les alliances*, Paris, Economica, 1995.

subordination s'approfondira en parallèle des tensions croissantes avec Moscou, la guerre de Corée aboutissant à la fois à imposer à l'Europe occidentale un *leadership* complet des États-Unis, un effacement total de l'ODUO au sein de l'organisation atlantique et un réarmement ouest-allemand pourtant peu souhaité par les signataires du traité de Bruxelles. Dans cette dernière matière également, le recours à une modification et une extension du traité de Bruxelles comme alternative à l'échec de la CED en 1954 ne constituait guère autre chose qu'une réponse formellement européanisée – et dirigée depuis Londres – à la volonté américaine de faire entrer la RFA dans l'OTAN. La création en représailles du Pacte de Varsovie en 1955 conclurait en quelque sorte le cycle de cette constitution progressive, par jeu d'action et de réaction, de deux blocs antagonistes sur le continent européen, dirigés par des puissances extra- ou semi-européennes et rapidement figés dans un face-à-face nucléaire dont les Européens se trouveront otages davantage qu'acteurs. L'importance de cette dimension méritait d'être soulignée, dans la mesure où elle indique combien l'UEO ne s'inscrit guère à sa naissance dans une vision européenne, mais reflète au contraire la division du continent et la direction politique de celui-ci par des puissances extérieures. Tout au plus pourrait-on la considérer comme un « mini-bloc » sous hégémonie britannique au sein du bloc occidental dirigé par Washington. Mais encore conviendrait-il de rappeler combien peu « européen » est le Royaume-Uni des années 1940 et 1950, dont la vision du monde s'articule en trois cercles, dont le cercle européen ne se conçoit qu'en interaction avec les deux autres cercles que représentent, d'une part, les intérêts mondiaux, au sein de l'Empire puis du *Commonwealth*, et, d'autre part, la relation spéciale avec les États-Unis dans le cadre transatlantique.[10]

Une perception évolutive des stimuli externes

L'importance surdéterminante du pouvoir coercitif de ces stimuli extérieurs laisse entendre que n'existaient guère d'autres scénarios au plus fort de la guerre froide – ou du moins que la conjonction des représentations et des intérêts des acteurs n'offrait pas de structure d'opportunité politique alternative. Elle suggère par la même occasion que, à l'inverse, les bouleversements de l'après-1989 ouvriraient la voie à une diminution de l'impact de ces stimuli au profit à la fois de nouveaux défis extérieurs et de considérations utilitaires ou identitaires davantage liées à la réalité interne des États européens. La trans-

[10] Sur la position britannique, voir par exemple Deighton, A., « Britain and the Creation of Western European Union » in M. Dumoulin (dir.), *La Communauté européenne de défense. Leçons pour demain*, Bruxelles, P.I.E.-Peter Lang, 2000.

formation même de la perception par l'Europe occidentale tant de l'allié américain que de l'ennemi soviétique au fil des années de la coexistence pacifique (1955-1972), de la première détente (1973-1979), de la deuxième guerre froide (1980-1985) et de la deuxième détente (1985-1989) indique d'ailleurs que, contrairement aux thèses déterministes proposées par le néo-réalisme, le pouvoir coercitif des facteurs extérieurs n'a pas été identique tout au long de la période historique considérée. Il ne peut pas davantage être considéré exclusivement comme un élément de frein à l'émergence d'une identité européenne, mais également comme une donnée constitutive de celle-ci, un axe structurant affectant la nature même de la construction ouest-européenne en matière de sécurité et de défense. L'UEO se situe au cœur de ces deux réalités mêlées que constituent, d'une part, la fluctuation de la relation entre Europe occidentale, États-Unis et URSS et, d'autre part, l'influence de cette relation sur la nature des structures ouest-européennes.

Cet instrument se révèle en effet pertinent pour la compréhension des évolutions des années 1970 et 1980, en particulier pour ce qui relève du changement de la place et de l'influence exercées par l'environnement extérieur sur la construction européenne, y compris l'UEO. Les années 1960 peuvent apparaître avec le recul du temps comme une période de transition entre le bipolarisme rigide de la période 1945-1955 et la tendance à la multipolarité qui s'ouvre vers 1973. C'est à la fois, sur le plan des relations Est-Ouest, l'ère de la coexistence pacifique et, sur le plan de la construction européenne, celle de l'achèvement du Marché commun, de l'approfondissement institutionnel et du premier élargissement – avec pour corollaire l'endormissement d'une UEO privée de signification. La modification qui en résulte pour les Communautés européennes est cruciale : leur compétition commerciale avec les États-Unis devient à partir de 1973 une question proportionnellement plus stratégique que la confrontation militaire avec l'Union soviétique. L'importance croissante de la question technologique dans la mondialisation de l'économie qui s'amorce – qui sera d'ailleurs un facteur de marginalisation rapide de l'URSS annonciateur de son écroulement – représente l'un des enjeux majeurs de la réorganisation des relations euro-américaines. Par comparaison avec l'enjeu nucléaire qui en avait constitué la première version au sortir de la Deuxième Guerre mondiale, et qui avait vu Washington imposer globalement ses intérêts notamment grâce à son hégémonie dans le domaine militaire, l'enjeu des nouvelles technologies tel qu'il émerge dans les années 1970 et 1980 se présente en des termes nouveaux. La dimension militaire de cet enjeu en constituera à nouveau un élément essentiel, qui explicite les choix posés à l'époque au travers de l'UEO. Il s'agit particulièrement pour l'Europe occidentale de répondre au défi technologique américain, qui se manifeste à l'époque dans la croissance des dépenses militaires et des budgets de recherche-développement à finalité militaire, ainsi que dans le projet d'Initiative de défense stratégique (IDS). L'un des stimuli extérieurs motivant la revitalisation de l'UEO en 1984 n'est donc plus le recours aux États-Unis pour équilibrer la relation militaire avec l'URSS, mais la volonté d'équilibrer la relation politique avec Washington afin d'éviter que celle-ci ne renforce son hégémonie économique et technologique sur l'Europe sous prétexte de la menace soviétique.

De la même manière, la querelle des euromissiles et le sommet Reagan-Gorbatchev de Reykjavik (1986) auront pour effet premier d'inciter au renforcement d'une identité politico-militaire ouest-européenne face à des développements relatifs à la question nucléaire qui risquaient de déposséder les Européens de l'organisation de leur propre sécurité. Le fait que les réactions européennes, même fragmentées et parfois contradictoires, aient abouti à une autonomie accrue des Européens, tant à l'Est qu'à l'Ouest, n'est pas seulement dû à des éléments contingents tels que la qualité politique et la clairvoyance de la direction soviétique de l'époque, mais aussi à la structure d'opportunité politique qu'offrait la nouvelle relation entre l'Europe occidentale, les États-Unis et l'URSS. Les effets de la détente avec Moscou permettent aux États membres de l'UEO d'acquérir l'autonomie recherchée vis-à-vis de Washington, de la même manière qu'ils favoriseront la chute des régimes communistes en Europe centrale quelques années plus tard. Ce changement de structure d'opportunité politique résulte à l'évidence des évolutions d'ordre systémique engagées au début des années 1970, qui se prolongèrent dans la volonté d'européanisation de la politique européenne de sécurité. La revitalisation de l'UEO en constituera une traduction institutionnelle, motivée autant par l'autonomisation à l'égard de Washington que par la confrontation avec Moscou. Le fait que cette revitalisation soit impulsée par la France indique le changement de perspective par rapport aux origines de l'organisation. L'impact des stimuli extérieurs ne se résume plus au binôme originaire « menace-protection », mais se transforme en un mix de défis et d'opportunités mêlant compétition et coopération économique avec les États-Unis, confrontation et négociation militaire avec l'URSS, réorganisation géopolitique des rapports de force sur le continent.

La recherche d'une plus grande autonomie de l'Europe occidentale à l'égard de Washington ne signifiait toutefois pas, loin s'en faut, une tendance systématique à favoriser la détente avec Moscou. L'évolution de la relation entre les deux stimuli extérieurs de la relance de l'UEO ne peut en effet être simplement conçue comme un jeu de vases communicants. Au contraire, à l'occasion des débats portant sur l'IDS, le sommet de Reykjavik, la double option zéro ou la réponse aux initiatives gorbatchéviennes de désarmement, les gouvernements d'Europe occidentale – notamment au sein de l'UEO – ne se sont pas particulièrement distingués par leur audace dans la dynamisation de la détente Est-Ouest et se sont plutôt retrouvés à la traîne des États-Unis, à l'exception notable du ministre des Affaires étrangères ouest-allemand Hans-Dietrich Genscher. Au contraire, la perspective d'un éventuel découplage euro-américain est souvent apparue, surtout mais pas exclusivement dans les milieux politiques conservateurs, comme la motivation d'un discours favorable à une certaine (re)militarisation de l'Europe occidentale. Les débats de l'après-Reykjavik et le contenu de la plate-forme de La Haye[11] sont en particulier révélateurs des contradictions internes aux cercles dirigeants ouest-européens de l'époque. Ils indiquent combien l'impact des stimuli externes sur la conception de l'intégration politico-militaire peut varier selon les périodes et les perceptions. Pour les uns, la combinaison entre la perception d'un néo-isolationnisme des États-Unis et une méfiance prolongée à l'égard du discours gorbatchévien conduisait à un européisme « militarisé », tandis que d'autres analysaient les mêmes évolutions de 1986-1987 comme une fenêtre d'opportunité en direction d'une nouvelle détente, d'une diminution des risques de guerre et d'une unification du continent. Cet exemple, où l'UEO constitua un véritable creuset des débats ouest-européens, révèle à la fois une division interne forte et la relative faiblesse de réaction à ces stimuli, en d'autres termes une incapacité structurelle de l'Europe occidentale à influencer son propre environnement stratégique. Il permet aussi d'avancer une typologie des articulations possibles entre stimuli extérieurs de l'intégration en matière politico-militaire, qui affine le concept de pouvoir coercitif intégrateur suggéré par Amitai Etzioni. Tenant compte de deux types de stimuli différents, celui de la « menace » et celui de la « protection », cette typologie indique l'importance à la fois des *évolutions* de ces stimuli vers des concepts différents tels que la « détente » et l'« autonomie », ainsi que de l'importance des *perceptions* des acteurs. Elle souligne dès lors la nécessité de s'éloigner des schémas réducteurs hérités de la théorie des jeux et fondés sur une pseudo-rationalité axée sur les seuls intérêts pour prendre davantage en considération le substrat idéologique et subjectif des positions des acteurs, ainsi que le caractère profondément fluctuant de toute réaction politique à des stimuli extérieurs.

---

[11] Cette plate-forme est adoptée par l'UEO en 1987 afin de définir les intérêts ouest-européens en matière de sécurité suite au sommet de Reykjavik qui a réuni le président américain Reagan et le premier secrétaire soviétique Gorbatchev à l'automne 1986.

Impact des stimuli externes sur l'intégration au sein de l'UEO (1948-1989)

	Stimulus « États-Unis »	**Stimulus « Union soviétique »**
Phase 1948-1955 (subordination à l'OTAN)	Protection (facteur surdéterminant)	Menace (facteur surdéterminant)
Phase 1955-1973 (transition)	Protection maintenue mais mise en question (de Gaulle)	Menace « stabilisée » et coexistence pacifique
Phase 1973-1984 (endormissement)	Protection maintenue mais en balance avec la compétition économique	Détente politique et ouverture suivies d'une nouvelle tension perçue comme à contrecourant des tendances majeures
Phase 1984-1989 (revitalisation)	Tendances à l'autonomisation mais craintes du découplage	Tension forte mais volonté de reprendre la détente

L'apparition d'un nouveau stimulus : les crises « hors-zone »

Ce tableau doit également être conservé en mémoire pour l'appréhension d'autres stimuli extérieurs qui, s'ils sont restés en permanence à l'arrière-plan de l'histoire de l'UEO durant la guerre froide, émergent au fur et à mesure que l'on se rapproche de 1989. Il s'agit des défis dits « hors-zone » dont l'intervention dans le Golfe à la fin de la guerre Iran-Irak (1980-1988) fournit un premier paradigme. Ce type de stimulus constitue à l'évidence lui aussi une incitation à l'intégration et à une action militaire commune des Européens,[12] mais il se révèle d'une nature différente que la perception de la menace soviétique durant la guerre froide. En effet, il ne s'agit plus d'un risque de même ampleur : l'enjeu n'est pas une agression massive remettant en cause l'intégrité territoriale des États membres, mais un danger plus diffus, plus lointain, mettant en question l'approvisionnement en énergie ou, au pis, des pans de territoires « marginaux » (cf. le tir de missiles libyens au large de Lampedusa faisant suite au bombardement de Tripoli par les États-Unis en 1986). En second lieu, les adversaires potentiels apparaissent comme militairement plus faibles que les Occidentaux, qui peuvent dans ces cas de figure exercer un contrôle de la situation avec des moyens limités, incluant des moyens non militaires, voire par une dissuasion – conventionnelle ou nucléaire – « du fort au faible ». En troisième lieu, ces défis « hors-zone » peuvent relever d'intérêts

[12] Alfred Cahen avait coutume de suggérer avec ironie que les deux pères fondateurs de l'UEO étaient Joseph Staline et l'ayatollah Khomeiny…

spécifiques de certains États membres de l'UEO, sans affecter ceux des autres États membres, en particulier lorsqu'ils concernent d'anciennes colonies où tous n'ont pas la même vision ni les mêmes intérêts ; en réalité, le « hors-zone » ne devient d'intérêt commun que s'il affecte une question telle que l'approvisionnement en énergie qui concerne globalement tous les États membres de la même manière. Enfin, l'articulation entre ce type de stimulus extérieur et le stimulus représenté par les États-Unis ne se présente plus sous la forme de « l'effet de miroir » qu'offrait la confrontation avec le Pacte de Varsovie : Washington apparaîtra moins comme protecteur que comme partenaire voire mercenaire (dans le Golfe), et parfois concurrent (en Afrique centrale). Le pouvoir intégrateur que les États-Unis peuvent représenter dans des crises de ce type n'est plus automatique : il se produit si les intérêts américains concordent avec les intérêts européens (Golfe), non dans les cas où Washington souhaite maintenir une certaine fragmentation européenne pour asseoir sa propre hégémonie (Moyen-Orient, Bosnie). De ce point de vue, les leçons tirées de l'histoire de l'UEO entre 1948 et 1989 fournissent une grille de lecture intéressante de l'impact des stimuli externes sur l'intégration politico-militaire ouest-européenne, mais indiquent l'insuffisance de cette grille pour l'analyse de l'impact du nouvel environnement de l'après-1989.

L'impact des stimuli internes : la dimension utilitaire de l'intégration

Si les facteurs externes ont pu jouer un rôle majeur voire déterminant de catalyseur dans la création de l'UEO, comme dans le processus d'intégration européenne dans son ensemble, on a noté, d'une part, que ce rôle fut surtout important durant la première phase entre 1948 et 1955, et, d'autre part, que d'autres facteurs sont intervenus à la même époque, facteurs relevant beaucoup plus d'une dynamique interne à l'Europe. Ce faisant, il s'agit de confronter l'étude de l'UEO, non seulement à l'école de pensée insistant sur le caractère déterminant du bipolarisme de la guerre froide, mais aussi aux trois autres conceptions de l'historiographie récente sur la construction européenne,[13] à savoir : celle qui relève le rôle spécifique du Royaume-Uni ; celle qui s'attache aux tendances internes spécifiques à l'Europe occidentale (axe franco-allemand, apports des petits pays du Benelux, rôle de l'Italie dans l'insertion d'une philosophie fédéraliste) ; et celle qui souligne la nature

[13] Une présentation détaillée de ces conceptions est proposée par P.-H. Laurent, « Reappraising the Origins of European Integration », *Revue d'intégration européenne/Journal of European integration*, vol. XII, n° 2-3, Canada, 1989, pp. 101-119.

principalement conflictuelle des relations euro-américaines plutôt que le rôle de protecteur joué par les États-Unis. Aussi résumerons-nous dans la présente section plusieurs dimensions d'ordre interne qui ont joué à l'évidence un rôle décisif d'impulsion et de motivation pour le développement de l'UEO et de l'intégration politico-militaire de l'Europe occidentale. Il s'agira, pour reprendre la tripartition du pouvoir intégrateur proposée par Amitai Etzioni, de rassembler et d'ordonner l'ensemble des éléments directement reliés à la dimension utilitaire de l'intégration européenne, c'est-à-dire aux intérêts des États ouest-européens eux-mêmes et aux débats internes quant aux choix politiques relatifs à ces intérêts dans le domaine qui nous préoccupe, celui de l'intégration en matière de sécurité et de défense.

Londres et Paris comme États-leaders successifs

Si l'on se place de ce point de vue utilitaire, l'UEO a représenté à l'évidence un instrument important pour deux de ses États membres, le Royaume-Uni entre 1948 et 1973, la France entre 1984 et 1989, que l'on peut qualifier sans hésiter d'États-*leaders* au sein de l'organisation pour les périodes considérées. Aux yeux de Londres, l'idée d'une entente régionale ouest-européenne sous contrôle britannique constitue au sortir de la guerre l'un des moyens du maintien de son influence sur le vieux Continent, que complétera rapidement la création de l'Alliance atlantique.[14] C'est encore l'UEO qui permettra en 1954 de débloquer l'élément-clé de la crise ouverte par l'échec de la CED : celui de la présence militaire britannique sur le continent. C'est toujours elle qui permet aux Britanniques dans les années 1960 de créer un lien politique régulier avec les Six, c'est devant le Conseil de l'UEO qu'ils présentent leurs demandes d'adhésion aux Communautés et en son sein que débutent les négociations sur cette adhésion, c'est *via* l'UEO que les partisans de l'adhésion britannique contournent le veto gaullien à celle-ci. Les vingt-cinq premières années du traité de Bruxelles se placent à l'évidence sous la bannière de l'*Union Jack* et s'achèvent avec l'entrée du Royaume-Uni dans les Communautés et le développement de la Coopération politique européenne. Il s'agit bien d'un instrument des intérêts britanniques sur le continent – ce qui explique le désintérêt du général de Gaulle à son égard –, mais aussi de la formule institutionnelle la plus conforme à la vision de la construction européenne développée à Londres : celle d'un unionisme fondé sur la volonté des États-nations d'agir en commun par une coopération intergouvernementale et interparlementaire.

14 Deighton, A. (ed.), *Western European Union 1954-1997: Defence, Security, Integration*, *op. cit.*

Durant cette période, les intérêts français sont d'un autre ordre. La priorité est accordée à la constitution d'une petite Europe continentale, celle des Six, articulée sur la réconciliation franco-allemande et dominée politiquement par la France, membre permanent du Conseil de sécurité et puissance nucléaire. C'est sur cette base seulement que les gouvernements français successifs de la IVe et de la Ve République, en particulier ceux inspirés et dirigés par Pierre Mendès France[15] et Charles de Gaulle, envisagent la possibilité d'une future unification de tout le continent et d'un équilibre nouveau entre l'Europe, les États-Unis et l'Union soviétique. Instrumentalisé dans la vision britannique, le continent européen est au contraire personnalisé dans la vision française : d'objet de la confrontation Est-Ouest, l'Europe doit devenir acteur de sa propre réconciliation. La supranationalité a sa place dans cette approche, mais uniquement dans les secteurs où elle permet de contrôler la montée en puissance industrielle et militaire de l'Allemagne : le projet politique français est certes fonctionnaliste dans ces secteurs, mais nullement fédéraliste dans son essence. Sur ce qui fait le cœur de la souveraineté nationale – politique étrangère, défense, nucléaire –, la France n'a en fin de compte rien cédé durant cette période. De l'échec de la CED au refus de la Force multilatérale (*MLF*), du plan Fouchet au retrait de l'organisation militaire intégrée atlantique, du traité de l'Élysée à la crise de la « chaise vide » à l'UEO[16], c'est la même conception qui revient, malgré les remous et les chemins tortueux de la vie politique interne : une union politique des Six, intergouvernementale, dirigée de fait par la France en tandem avec la RFA, sans subordination aux États-Unis et à l'organisation atlantique. S'il a fallu attendre 1963 et 1966 pour concrétiser une telle vision, c'est avant tout parce qu'elle n'était imaginable qu'après l'accès de la France au statut de puissance nucléaire, qui « déverrouillait » par le haut la subordination de la défense européenne à la suprématie anglo-saxonne. Auparavant, les conditions stratégiques n'étaient pas encore réunies pour mettre en œuvre un tel projet, d'autant plus que le fardeau des guerres de décolonisation et l'instabilité politique interne prédominaient. Mais, en 1954, tant les réflexions de Mendès France que la majorité qui se constitue contre la CED à l'Assemblée nationale sont

15 Pour une analyse fine à ce sujet, voir Du Réau, E., « Pierre Mendès-France, la création de l'Union de l'Europe occidentale (UEO) et son devenir » in R. Girault, *Pierre Mendès-France et le rôle de la France dans le monde*, Grenoble, Presses universitaires de Grenoble, 1991, pp. 25-38.

16 Moins connue que celle qui toucha les Communautés européennes en 1965-1966, la « crise de la chaise vide » provoquée par la France au Conseil de l'UEO en 1969 visait à bloquer toute progression de la négociation de l'adhésion britannique aux Communautés. Cette crise s'achève avec le départ de Charles de Gaulle de l'Élysée au printemps 1969.

révélatrices de la potentialité de cette vision que de Gaulle concrétisera dans les années 1960 au prix de crises avec ses alliés, mais aussi d'un rapprochement politique avec Bonn. Dans ce contexte, force est de reconnaître le peu d'utilité de l'UEO pour Paris : sa seule fonction sera de contribuer à contrôler militairement la RFA et à entretenir l'inégalité de traitement entre celle-ci et la France, en particulier dans le domaine nucléaire. Paris contournera d'ailleurs sans hésitation les engagements envers l'UEO pris en vertu des accords de Paris, à la fois dans le domaine nucléaire, en se dérobant à toute possibilité de contrôle de ses stocks par l'organisation, et dans le domaine conventionnel, lorsque le retrait de l'organisation militaire intégrée de l'OTAN rendit caduque pour la France la disposition du traité de Bruxelles modifié prévoyant une notification des niveaux de forces par le SACEUR à l'UEO. Seule la proposition française récurrente de « *pool* des armements »,[17] puis de Comité permanent des Armements (CPA), visant à accroître la coopération ouest-européenne dans la production militaire, aurait pu trouver grâce aux yeux de Paris, dans le droit fil d'un fonctionnalisme conforme aux intérêts de l'industrie française, mais c'est précisément là la fonction que l'UEO échoua le plus manifestement à remplir, en raison de l'opposition de plusieurs autres États, de l'hostilité américaine et de la concurrence avec l'OTAN, puis avec le Groupe européen indépendant de programmes (GEIP), créé en 1976 comme creuset d'une coordination de tous les pays européens de l'OTAN en matière d'acquisition d'armements.[18]

La perspective change totalement pour Paris après l'adhésion britannique aux Communautés. Celle-ci conduit en effet à une « normalisation » de la position du Royaume-Uni au sein de la Coopération politique, alors que c'est la France qui se trouve désormais marginalisée dans l'OTAN. La revitalisation de l'UEO, déjà suggérée en vain par le ministre des Affaires étrangères français Michel Jobert en 1973, apparaît donc pour le gouvernement de Pierre Mauroy en 1983-1984 comme un moyen de repositionner la France comme État-*leader* de la construction politique européenne, en tandem avec une RFA dont Paris craint une dérive neutraliste en raison de la crise des euromissiles. L'UEO est conçue à Paris comme le moyen de donner une nouvelle vigueur et un prolongement institutionnel au tandem franco-allemand, et de promou-

[17] Calandri, E., « The Western European Union Armaments Pool : France's Quest for Security and European Cooperation in Transition », *Journal of European Integration History* 1(1), 1995, pp. 37-64.

[18] Le GEIP ne sera intégré qu'après la fin de la guerre froide dans l'UEO, et en y conservant une composition et un fonctionnement très spécifiques, avec la création en 1993 du Groupe armement de l'Europe occidentale (GAEO) composé des mêmes États.

voir une intégration européenne de défense parallèle à l'OTAN, à la fois sur le plan politique (en particulier dans le domaine de la maîtrise des armements) et opérationnel (par une nouvelle tentative de relance de la coopération en matière d'armements). Le caractère intergouvernemental et interparlementaire de l'organisation convient fort bien à la diplomatie française : on pourrait presque y voir un plan Fouchet-bis élargi aux Britanniques. La position d'État-*leader* occupée par la France va toutefois rester relativement précaire, en raison des difficultés de la revitalisation, de l'impossibilité d'aboutir dans le domaine de la coopération en matière d'armements, et surtout de la modification substantielle du projet français initial par l'articulation étroite de l'UEO avec la Coopération politique d'une part, l'Alliance atlantique de l'autre. Cette articulation, qui sera impulsée et pilotée par la diplomatie belge – comme se plaisait à le souligner Alfred Cahen qui en fut un des artisans comme directeur général de la politique aux Affaires étrangères[19] – aboutit à situer l'UEO de 1989 à mi-chemin des visions britannique et française, c'est-à-dire au cœur des intérêts des cinq autres États membres (pays du Benelux, RFA et Italie), tous membres actifs à la fois des Communautés et de l'OTAN. Après vingt-cinq ans d'instrumentalisation nette de l'UEO au profit de Londres, onze années de somnolence, cinq années d'une tentative d'instrumentalisation par la France, l'UEO de la fin de la guerre froide n'est en réalité guère davantage qu'une organisation-carrefour, concentrant en elle des objectifs et des stratégies dont les développements majeurs se déroulent ailleurs. On peut dès lors difficilement la qualifier comme l'instrument d'une politique nationale déterminée, mais plutôt comme l'un des creusets d'une certaine *convergence stratégique* entre États membres, résultant à la fois d'un équilibre des forces intra-européen et d'une réduction des singularités nationales.

La réduction des singularités nationales et l'équilibre des forces intra-européen : l'ébauche d'une intégration par la « convergence stratégique »

L'UEO participe en effet d'un mouvement intégrateur qui ne relève pas seulement de l'influence de « fédérateurs » extérieurs tels que l'hégémonie des États-Unis ou la menace soviétique, mais de l'intérêt de ses États membres à assurer un équilibre des forces en leur sein. La présence au sein de l'organisation de l'ensemble des grandes puissances européennes a indéniablement constitué un élément de sa survie parce qu'elle facilitait un tel équilibre. Elle permit notamment aux Français de garantir en 1954, par la présence britannique sur le continent, un

[19] Cahen, A., *The Western European Union and NATO*, *op. cit.*

contrôle sur la RFA qu'eux-mêmes n'auraient pu assurer seuls. Elle constituait également pour les petits pays du Benelux une garantie de contrepoids britannique face à un axe politico-militaire franco-allemand dont la CED et le plan Fouchet avaient montré la virtualité. L'Allemagne fédérale elle-même y trouvait, ainsi que dans le partenariat étroit avec la France, une forme de prévention vis-à-vis du risque de dépendance à l'égard de l'allié nord-américain. Seule l'Italie, initialement exclue du traité de Bruxelles, ne semble pas avoir eu d'intérêt majeur à l'existence de l'UEO, ayant trouvé dans l'Alliance et les Communautés la réponse à l'ensemble de ses problèmes stratégiques et domestiques.

Cet équilibre des forces intra-européen est sans aucun doute un facteur d'ordre utilitaire essentiel. Il s'est surtout manifesté sous la forme de ce que nous qualifierons de *réduction des singularités stratégiques nationales*, c'est-à-dire une forme d'intégration par la *convergence stratégique*, requise pour permettre à chacun des États concernés d'occuper une place centrale dans le processus d'intégration et éviter toute marginalisation. De ce point de vue, la stratégie gaullienne de renforcement du poids national et de la singularité comme identité apparaît sur la longue durée plutôt atypique et liée à une politique de grandeur, rendue possible uniquement par la puissance militaire de la France et par la possession de l'arme nucléaire, acquise au prix de plusieurs crises avec les autres États européens et probablement intenable à long terme. La règle générale semble plutôt avoir consisté en un rapprochement progressif des politiques nationales – désiré par les uns, quasiment imposé pour d'autres – et un effacement des aspérités liées aux singularités nationales, non par simple volonté théorique de rapprochement, mais par constat utilitariste des intérêts nationaux de chaque État membre.

De 1948 à 1984, c'est essentiellement la singularité allemande qui est concernée par le traité de Bruxelles de 1948, par les accords de Paris de 1954 et par les principales activités de l'UEO organisées en vertu de ces accords. Encore désignée comme menace potentielle par le traité de Bruxelles, la RFA se « normalise » en 1954-1955 grâce au recours à ce traité comme alternative à la défunte CED et moyen d'encadrer son entrée dans l'OTAN. Les accords de Paris ne créent pas seulement l'UEO, mais mettent fin au statut d'occupation de la RFA et transforment celle-ci en un allié. Ils sont aussi l'occasion pour Pierre Mendès France et Konrad Adenauer de s'entendre sur un rapprochement politique précurseur du traité de l'Élysée de 1963 et sur un règlement de la question de la Sarre dans lequel l'UEO jouera un rôle d'« administrateur judiciaire ». Ils permettent enfin de garantir aux yeux des autres puissances occidentales, au premier rang desquelles la France et le

Royaume-Uni, une forme de contrôle de cette « normalisation » ouest-allemande par le biais de restrictions sur ses capacités militaires classiques et d'une interdiction vérifiable de production des armes *ABC*. Ce contrôle perdra lui-même petit à petit l'essentiel de sa signification par la levée progressive des contraintes sur les armes conventionnelles, dont les dernières seront abolies lors de la revitalisation de 1984 – condition pour une acceptation de celle-ci par Bonn –, tandis que la RFA avait par ailleurs décidé durant les années 1970 de se soumettre au régime multilatéral de non-prolifération nucléaire, bactériologique et chimique, qui se substituait *de facto* à un contrôle de l'UEO au demeurant fort symbolique.

Outre cette « normalisation sous contrôle », ardemment souhaitée par le principal gouvernement concerné, l'UEO servit de cadre pour réduire une deuxième singularité au cœur de la sécurité européenne : celle du Royaume-Uni. Traditionnellement rétive à une présence militaire sur le continent et à une participation à des projets continentaux d'intégration fonctionnelle européiste tels que la CECA ou la CED, Londres n'accepta en 1954 de rompre ce superbe isolationnisme et de maintenir ses troupes sur le Rhin que grâce au recours à l'UEO ; la mise en œuvre des dispositions à ce sujet resta toutefois difficile, la notification à l'UEO du niveau exact des forces britanniques stationnées sur le continent se révélant peu transparente entre 1955 et 1970. Mais c'est surtout la marginalisation politique du Royaume-Uni, par la non-participation aux Communautés et la perspective d'Union politique à Six ouverte par le plan Fouchet, qui l'incita, ainsi que plusieurs de ses partenaires, à utiliser tout au long des années 1960 l'UEO comme cadre de son dialogue politique avec les Six, de ses deux demandes d'adhésion aux Communautés et de son désenclavement face aux tentatives gaulliennes de le maintenir au ban du noyau dur de la construction européenne. La fin de sa singularité par l'adhésion aux Communautés et à la Coopération politique européenne en 1973 impliqua d'ailleurs l'ensommeillement de l'UEO.

A contrario, l'UEO put apparaître longtemps à Paris comme une institution certes utile pour gérer l'évolution des singularités ouest-allemande et britannique, mais dangereuse du point de vue des ambitions singulières de la France, en particulier dans le domaine nucléaire. À la conférence de Londres de 1954, Mendès France avait dû batailler ferme pour garantir l'option nucléaire à son pays et, une fois celle-ci mise en œuvre dans les années 1960, de Gaulle veilla à empêcher toute activation du dispositif de contrôle formellement prévu dans le cadre de l'UEO. Celle-ci ne réduisit donc pas la singularité nucléaire française, au moment même où elle facilitait la normalisation militaire de la RFA et le désenclavement politique des Britanniques au sein du « concert européen », mais cette accession de la France à l'atome ne constituait-elle pas d'une certaine manière une assurance pour une future autonomie politique européenne ? Quoi qu'il en soit, l'UEO devait se trouver confrontée rapidement à une autre singularité : le retrait de la France de l'organisation militaire intégrée atlantique en 1966. Or, afin de garantir la force de la solidarité entre signataires du traité de Bruxelles modifié – plus contraignante que celle du traité de Washington –, les accords de Paris avaient prévu que le SACEUR transmette annuellement à l'UEO les niveaux de forces des États de l'UEO placés sous son commandement. Le départ de l'organisation intégrée empêchait que des informations précises sur les forces françaises soient transmises par le SACEUR à l'UEO ; celle-ci put finalement bénéficier de déclarations faites par le gouvernement français lui-même, sans possibilité de contrôle. La singularité française était ici aussi accrue plutôt que réduite, mais en revanche l'existence même de l'engagement d'assistance contraignant prévu à l'article V du traité de Bruxelles modifié rassurait les alliés, surtout allemands, de Paris : même en marge de l'OTAN, les Français étaient formellement tenus de respecter un tel engagement.

Sans doute en serait-on resté là sans la revitalisation de 1984, proposée par Paris, qui – sans remettre en cause la singularité française – allait en réduire la portée tout en contribuant à promouvoir les intérêts de l'ensemble de l'Europe occidentale face à l'allié nord-américain. En effet, dans la tentative de revitalisation impulsée par François Mitterrand coexistent trois logiques complémentaires. D'une part s'exprime la volonté de développer une forme de coopération politico-militaire entre Européens hors du cadre de l'organisation militaire intégrée, du contrôle politique et du commandement opérationnel des États-Unis : l'Eurocorps en symbolisera ultérieurement le résultat principal. Mais, d'autre part, la réussite de l'entreprise implique une forme d'intégration des efforts européens ainsi engagés, c'est-à-dire la fin du dogme gaullien de non-intégration des forces françaises. Enfin, elle nécessite, en contrepartie de l'autonomisation partielle de l'UEO et du développement du tandem avec Bonn, la reconnaissance du poids prédominant de l'Alliance atlantique pour la défense du territoire de ses membres. Ce faisant, c'est bien *in fine* une réduction de la singularité française au sein de l'OTAN qui en découlera durant les années 1990, sous l'influence conjuguée des événements du Golfe et de Bosnie et des réductions budgétaires de l'armée française.

On évoquera enfin comme quatrième singularité réduite au travers de l'UEO celle de l'Espagne de Felipe Gonzalez, dont le programme de politique étrangère très européiste apparaissait initialement comme alternatif à la présence dans l'OTAN et devint rapidement complémentaire à celle-ci. L'insistance des Sept, avant l'adhésion espagnole et portugaise à l'UEO en 1988, sur la nécessité d'appartenance conjointe à l'OTAN et à l'UEO, conformément à l'article IV du traité de Bruxelles modifié, et sur le rôle attribué aux armes nucléaires dans la stratégie des deux organisations, clairement affirmé par la plate-forme de La Haye, laissait en effet une marge de manœuvre beaucoup plus étroite aux dirigeants socialistes espagnols, initialement tentés par un axe Paris-Madrid plus européiste qu'atlantiste, rendu possible à leurs yeux par la revitalisation de l'UEO.[20] Comme la France mitterrandienne, l'Espagne socialiste ne put guère attendre de l'existence de l'UEO l'instrument d'une « troisième voie » pour la défense européenne, tant les dispositions juridiques du traité et la culture politique de l'organisation et de la majorité de ses États membres la plaçaient dans le prolongement naturel d'une politique atlantiste. Le choix fait à l'époque à Madrid de s'inscrire dans cette « convergence stratégique » ouest-européenne afin de peser sur les décisions en matière de sécurité et de défense, tout en maintenant une singularité nationale plus modeste (statut non nucléaire, non-participation à l'organisation militaire intégrée), servait probablement davantage la vision modernisatrice et européiste à long terme de Felipe Gonzalez que ne l'eût fait une marginalisation politique hors de l'OTAN et de l'UEO. De ce point de vue, la réduction de la singularité espagnole, partiellement imposée de l'extérieur et partiellement internalisée par les décideurs espagnols, apparaît comme un choix utilitaire, lié à une vision des intérêts à long terme de l'Espagne.

Ce dernier exemple indique que la réduction des singularités nationales et la convergence stratégique telles qu'elles se sont manifestées au sein de l'UEO ne constituent pas un processus univoque et linéaire. Dans certains cas, la convergence est explicitement souhaitée comme normalisation et accès à une souveraineté égale (RFA), comme instrument d'un désenclavement politique (Royaume-Uni) ou comme composante d'un processus de démocratisation (Espagne, Portugal), mais dans d'autres elle peut être rejetée comme atteinte à la souveraineté (France gaullienne). Elle relève parfois davantage d'un pari sur l'avenir européen que d'une certitude quant aux intérêts nationaux à long terme (France mitterrandienne). Elle résulte aussi le plus souvent d'une combinaison de facteurs mêlant pressions externes et choix internes, et se traduit plus sous forme d'un dilemme entre plusieurs visions de l'intérêt national que d'une option sans alternative. Le refus de la convergence stratégique au sein de l'UEO par des pays comme le Danemark, la Grèce ou l'Irlande – lorsqu'ils refusèrent de la rejoindre après sa revitalisation de 1984 – est révélateur de l'éventail des options

20 Labatut, B., « Le gouvernement socialiste espagnol et la participation à l'Alliance Atlantique », *Études internationales*, n° 3, septembre 1985, Université Laval, Québec, p. 575 et s.

possibles et probablement de son importance inversement proportionnelle avec la puissance de l'État considéré ou sa place centrale dans un dispositif d'alliance.[21] Le choix de la convergence est par conséquent fortement influencé par les configurations politiques contingentes, notamment les coalitions au pouvoir dans chaque État, les enjeux de politique intérieure et extérieure, les cultures politiques des partis et les personnalités de leurs dirigeants.

D'autre part, les « critères de convergence » dans ce domaine, pour autant que l'on puisse en définir, sont évidemment d'ordre essentiellement qualitatif et beaucoup moins irréversibles que les critères économiques ou juridiques, puisque fortement conditionnés par des évolutions de l'environnement extérieur. Dans le cas de l'histoire de l'UEO entre 1948 et 1989, ces critères sont surtout ceux inspirés par la guerre froide et laissent une faible marge de manœuvre aux décideurs. On peut les regrouper en deux catégories : les critères juridiques, liés à la lettre du traité, c'est-à-dire essentiellement la solidarité forte prévue par l'article V et le lien étroit avec l'OTAN inscrit à l'article IV ; et les critères plus politiques contenus dans la déclaration de Rome et la plate-forme de La Haye, tels que l'attachement à la construction européenne, la référence à l'importance de la dissuasion nucléaire ou à la défense aux frontières de la sécurité de chaque État membre. Dans le contexte plus flexible de l'après-1989, ces critères, parfois présentés comme « acquis de l'UEO » par analogie avec l'acquis communautaire, furent néanmoins remis sur le métier voire amendés, par une voie plus politique que juridique d'ailleurs.[22]

Enfin, comme tout processus de convergence, celui qui affecte les choix stratégiques des États, est un processus d'adaptation de traditions et d'intérêts nationaux auxquels sont attachés des secteurs importants, parfois majoritaires, de la population. Il est fortement lié dès lors aux débats de politique intérieure ou peut faire l'objet de contestations et de polémiques au sein des opinions et du monde politique. L'UEO n'a pas échappé à cette règle.

21 Sur cette position des trois États concernés, voir notamment Tsakaloyannis, P., *The Reactivation of the Western European Union : the Effects on the EC and its Institutions*, Maastricht, European Institute of Public Administration, 1985.

22 Le maintien de l'UEO après la création de la PESD au sein de l'Union européenne en 1999 a néanmoins indiqué un intérêt à ne pas renoncer à cet « acquis » tant que l'UE ne l'intégrerait pas dans ses propres bases juridiques (voir Dumoulin, A., « L'UEO crépusculaire », *Défense nationale et sécurité collective*, n° 2, février 2006 ; *Id.*, *Union de l'Europe Occidentale : la déstructuration (1998-2006)*, Bruxelles, Bruylant, 2005.

La place de l'UEO dans la politique interne

Le traité de Bruxelles n'a guère fait l'objet de contestation en 1948, époque où les polarisations de la guerre froide ne sont pas encore entièrement consommées. Quant à l'OTB et l'ODUO, malgré le rôle qu'elles joueront dans des événements tels que l'accroissement des dépenses militaires et l'allongement de la durée du service militaire au début de la guerre de Corée, leur absorption dans l'OTAN empêchera qu'elles focalisent le moindre débat public d'ampleur jusqu'à l'élargissement du Pacte à Cinq et sa transformation en UEO en 1954. On sait qu'en revanche la CED avait soulevé de nombreuses contestations dès l'origine, en France mais aussi en Belgique.[23]

Le recours au traité de Bruxelles comme solution de rechange suite à l'échec de la CED ne fut, lui non plus, pas exempt de traduction des clivages de politique intérieure. Si la solution fut retenue rapidement par les diplomates britanniques et français comme la plus adéquate parmi plusieurs autres, ce ne fut en effet pas seulement parce qu'elle était juridiquement ou politiquement aisée. Elle facilitait également la constitution de consensus ou de majorités plus ou moins larges au niveau domestique que ne garantissaient pas les autres solutions. Ce dernier élément influença considérablement le choix du Cabinet britannique, malgré les hésitations d'Anthony Eden et l'intérêt initial de Winston Churchill pour une formule d'alliance directe anglo-américaine avec la RFA sans la France. En effet, le Parti travailliste avait insisté à plusieurs reprises sur la mise en place d'un cadre européen comme condition pour tout réarmement allemand, fortement combattu à la base du Parti : l'UEO fournissait ce cadre et le souvenir de la figure du promoteur du traité de Bruxelles, Ernest Bevin, coupait l'herbe sous le pied à toute contestation frontale de la part du *Labour*, qui avait ardemment soutenu la politique de ce dernier sur ce point.[24] Son congrès tenu à Scarborough en parallèle de la conférence de Londres en septembre 1954 soutint à une courte majorité (3 270 000 mandats contre 3 022 000) le principe du

---

23 Sur le débat français, on rappellera l'ouvrage de référence de Aron, R. & Lerner, D. (dir.), *La querelle de la CED : essais d'analyse sociologique*, Paris, Presses de la Fondation nationale des sciences politiques, 1956 ; sur le débat belge moins connu, Gerard-Libois, J. & Lewin, R. *La Belgique entre dans la guerre froide et l'Europe (1947-1953)*, Bruxelles, POL-HIS, 1992, pp. 205-238.

24 Dès 1948, le *Labour* affirme : « Toute union de l'Europe occidentale doit inclure l'Allemagne. Si l'Allemagne tombe entre des mains inamicales, elle peut devenir pour les démocraties occidentales une menace militaire plus grave encore que par le passé », (cité in P. Delwit, *Les partis socialistes et l'intégration européenne. France, Grande-Bretagne, Belgique*, Bruxelles, Éditions de l'Université de Bruxelles, 1995, p. 137 ; voir les pp. 135-143 pour une synthèse des débats européens du *Labour* de l'époque).

réarmement allemand dans le cadre de l'UEO. Les divisions internes aux travaillistes sur cette question devaient d'ailleurs, parmi d'autres,[25] contribuer à leur échec électoral de 1955, prouvant *a posteriori* l'intelligence de la tactique d'Anthony Eden à cet égard. Le congrès travailliste ouvrait aussi la voie au succès de la conférence de Londres : Pierre Mendès France, qui en avait attendu le résultat avant d'entrer dans le vif de la négociation, pouvait désormais se douter que l'opposition au réarmement allemand ne rassemblerait de majorité dans aucune autre opinion publique ouest-européenne et qu'il convenait de trouver une solution qui ne marginaliserait pas complètement la France et serait acceptable par une majorité de parlementaires à l'Assemblée nationale.

Il y parvint grâce à l'accord britannique pour le maintien de troupes sur le continent et à l'obtention de mécanismes de contrôle du réarmement allemand, conditions posées par l'Assemblée lors des débats sur la CED et réitérées à la veille de la conférence de Paris. Le caractère intergouvernemental de l'UEO rassurait en outre les opposants à toute supranationalité dans le domaine militaire, nombreux notamment dans l'état-major français. Après un premier vote hostile et le dépôt de la question de confiance par Mendès France, l'Assemblée ratifia finalement les accords de Paris le 30 décembre 1954 à une très faible majorité (289 voix contre 251 et 78 abstentions), mais sur la base de regroupements politiques différents que lors du vote de rejet de la CED le 30 août précédent. La plupart des opposants fervents au réarmement allemand dans les rangs communistes et gaullistes maintenaient leur vote négatif, mais la majorité des socialistes et des radicaux, ainsi que certains gaullistes et indépendants, qui avaient voté « non » à la CED choisirent le « oui » à l'UEO en raison des modifications intervenues entre-temps, de la discipline gouvernementale et du risque de marginalisation internationale de la France[26], alors que les trois-quarts du groupe du Mouvement républicain populaire (MRP, centre démocrate-chrétien) changeaient leur vote dans le sens inverse pour protester contre la disparition de la supranationalité. Le choix de Robert Schuman et du

---

25 Il faut souligner avec Kevin Featherstone qu'il ne s'agit nullement là de l'expression du clivage traditionnel entre la gauche et la droite dans le Parti puisque la minorité anti-réarmement allemand regroupait la gauche bevaniste, l'aile pacifiste et des syndicats plutôt marqués à droite mais anti-allemands (Featherstone, K., *Socialist Parties and European Integration. A Comparative History*, Manchester, Manchester University Press, 1988, p. 51).

26 Charlton, S.E., *The French Left and European Integration*, Denver, University of Denver Press, 1972, p. 47. La discipline de parti fut notamment appliquée strictement à la SFIO où dix-sept des dix-huit parlementaires qui votèrent « non » le 30 décembre 1954 furent exclus du Parti au début de l'année suivante (P. Delwit, *Les partis socialistes*, *op. cit.*, pp. 71-72).

quart restant des parlementaires MRP de s'aligner sur le gouvernement par souci de préservation des intérêts nationaux et sous forte pression d'Adenauer est généralement considéré comme décisif dans ce vote.[27] Comme celui du 30 août, il exprimait évidemment la grande division de l'opinion française, mais confirmait surtout que la seule majorité possible impliquait une approche intergouvernementale de la défense européenne : les plus fédéralistes au sein de la Section française de l'Internationale ouvrière (SFIO, gauche socialiste) et du MRP, théoriquement majoritaires dans leur parti et au gouvernement, se retrouvaient à contretemps de la tendance majoritaire dans l'opinion. Le poids du débat interne, tant au Royaume-Uni qu'en France, apparaît donc bien décisif dans ce choix, quelles qu'aient pu être les turbulences et la confusion extrême régnant au sein de la plupart des formations politiques sur ce thème. Mais c'est un poids qui reste relatif et porte sur un choix à la marge, la question centrale – celle du réarmement allemand – ayant quant à elle été définitivement réglée depuis longtemps à Washington. La convergence stratégique imposée par les États-Unis autour de la question du réarmement allemand fournit un exemple éclairant de l'articulation, en période de guerre froide, entre des facteurs externes très contraignants et un débat interne réservé en fin de compte aux modalités d'application et au lien avec la construction européenne. La pression en faveur d'une solution de rechange dans le cadre de l'UEO indique que le réarmement allemand constituait le cœur intouchable du débat de 1954 et qu'il n'était guère question de remettre en cause l'urgence d'un tel choix.[28]

L'articulation entre pressions externes et débats domestiques qui ressort de la configuration politique de 1954 était à l'évidence surdéterminée par des facteurs systémiques liés à la prégnance des conditions de la guerre froide et des relations euro-américaines de l'époque. Cette articulation changera au fil de l'évolution globale des relations internationales durant les années 1960 et 1970 et ne peut donc être analysée en

27 Letamendia, P., « La place des problèmes européens dans la vie interne du parti sous la IVe République » in S. Berstein, J.-P. Mayeur & P. Milza (dir.), *Le MRP et la construction européenne*, Bruxelles, Complexe, 1993, p. 109.

28 Rares furent en effet ceux qui, à l'instar du sénateur socialiste belge Henri Rolin, suggérèrent de surseoir à une solution de rechange à la CED et se prononcèrent pour une plus grande ouverture vers Moscou après la mort de Staline et la fin de la guerre de Corée (R. Devleeshouwer, *Henri Rolin 1891-1973. Une voix singulière, une voix solitaire*, Bruxelles, Éditions de l'Université de Bruxelles, 1994, p. 483). L'idée d'une rencontre avec les nouveaux dirigeants soviétiques avait également été avancée par Pierre Mendès France à la conférence de Londres et se concrétisera par le sommet Eisenhower-Boulganine de Genève en 1955, mais le contexte international n'autorisait guère davantage d'audace, d'autant plus que la seule réplique de Moscou à l'entrée de la RFA dans l'UEO et l'OTAN fut la création du Pacte de Varsovie.

faisant abstraction de ce cadre contingent. Elle n'est dès lors plus du tout identique lors de phases ultérieures de l'histoire de l'UEO. Sans doute trouve-t-on avec difficulté entre 1954 et 1984 des exemples aussi marquants de la place prise par l'organisation dans les débats domestiques des États membres – l'essentiel du débat public s'étant longtemps concentré dans l'enceinte peu médiatisée de l'Assemblée parlementaire de l'UEO et au sujet de thèmes moins conflictuels que le réarmement allemand. En revanche, les questions placées à l'agenda par la revitalisation méritent d'être également analysées à l'aune des clivages de politique intérieure. Trois temps forts méritent particulièrement le détour de l'observateur.

Le premier se situe dans les choix français autour de la relance de l'organisation au début des années 1980.[29] Les motivations du gouvernement Mauroy en faveur de la revitalisation de l'UEO étaient en effet influencées par les débats internes, même si l'on sait combien, dans une telle matière, cœur du « domaine réservé » du président de la République, les clivages internes restent de faible impact face aux « zones de continuité » identifiées par Stanley Hoffmann.[30] Cette réserve faite, on peut noter la volonté du nouveau pouvoir socialiste de donner quelques accents spécifiques à la politique étrangère et de sécurité française dans un sens reflétant sa spécificité supposée ou affirmée par rapport au giscardisme, et combinant les convictions européistes et atlantistes mitterrandiennes, le tiers-mondisme de certains secteurs de la gauche et le « républicanisme de gauche » plutôt anti-américain des chevènementistes, des communistes et d'un Michel Jobert.[31] La revitalisation de l'UEO représente un compromis utile entre ces visions en apparence difficilement conciliables : elle est conçue comme l'instrument d'une défense européenne plus affirmée et plus visible, comme le prolongement d'un axe franco-allemand moteur de la construction européenne dans le domaine politico-militaire et comme le moyen d'une rationalisation et d'une convergence à terme des besoins et des

---

[29] Sur celle-ci, voir entre autres Adam, B., Coolsaet, R. & Dumoulin, A., *Sécurité de l'Europe et relance de l'UEO*, GRIP, Dossier « Notes et Documents », n° 72-73, Bruxelles, octobre 1984 ; Burgelin, H., « La défense européenne et l'Union de l'Europe occidentale », *Cadmos* 12(45), printemps 1989, pp. 75-90 ; Schmidt, P., « The WEU – A Union Without Perspective? », *Aussenpolitik*, vol. XXXVII, n° 4, 1986, pp. 390-391. Sur l'approche française : Gnesotto, N., « Union de l'Europe occidentale : la France, l'Europe, l'Alliance », *Défense nationale*, Paris, juin 1985.

[30] Hoffmann, S., « Conclusions » in S. Hoffmann & G. Ross, avec la collaboration de S. Malzacher (dir.), *L'Expérience Mitterrand. Continuité et changement dans la France contemporaine*, Paris, Presses universitaires de France, 1988, p. 432.

[31] Cette dernière tendance jouera toutefois un rôle beaucoup plus mineur après 1984, avec pour conséquence l'affadissement des accents gaulliens dans le discours mitterrandien en matière internationale.

structures des forces armées ouest-européennes, ouvrant la perspective éventuelle d'une réduction des dépenses militaires et des exportations d'armes françaises vers le tiers-monde sans affaiblissement global du dispositif militaire occidental. C'est aussi, face aux communistes et à l'aile gauche du gouvernement, un atout dans la stratégie de recentrage de la politique européenne et atlantique de François Mitterrand puisque la relance de l'UEO vise non à relâcher la solidarité atlantique, fermement défendue par le président et le PS,[32] mais à l'organiser autrement tout en manifestant fermement la solidarité avec le chancelier Kohl dans l'affaire des euromissiles. C'est enfin aux yeux de Paris un instrument de reconquête des opinions européennes et de reconstruction – au travers de l'Assemblée – d'un consensus européen sur la défense mis à mal par cette même crise des euromissiles ; le projet n'est donc pas tant sur ce dernier plan d'agir sur le débat domestique français, mais sur le débat domestique ouest-allemand perçu comme porteur d'un risque de neutralisme.[33]

On constatera d'ailleurs que l'UEO suscita proportionnellement beaucoup moins de contestation que l'OTAN, non seulement en raison de sa discrétion, mais aussi parce que les progrès ultérieurs de la détente permirent l'émergence de nouveaux consensus au sein des opinions et du monde politique sur la question de la défense. La revitalisation de l'UEO ne constitua pas un point de friction prédominant, en dehors de préoccupations des mouvements pacifistes liées à son option nucléaire et atlantiste, mais non à sa dimension européiste.[34] Au sein des grandes formations politiques, à l'exception du PCI, du moins dans les premiers

32 J. Huntzinger, « La politique extérieure du parti socialiste », *Politique étrangère*, 1/82, Paris, 1982, p. 42.

33 Pour un approfondissement de cette analyse des débats français, voir Dumoulin, A & Remacle, É., *L'Union de l'Europe occidentale*, *op. cit.*, pp. 98-105.

34 Ces critiques se manifestent en particulier lors de la réunion de la coordination International Peace Coordination Center (IPCC) en mars 1988, où l'UEO est perçue par plusieurs plates-formes nationales (en particulier néerlandaise, flamande et britannique) comme un frein pour les perspectives de désarmement nucléaire en Europe et un relais des tendances politiques les plus favorables à la modernisation des SNF. En novembre 1988, le mouvement de paix espagnol, proche de l'aile gauche du PSOE, critique également l'adhésion à l'UEO au départ d'une argumentation essentiellement antinucléaire. On note en revanche une plus grande disponibilité à l'égard de la perspective d'européanisation de la défense dans les documents publiés à la même époque par le Comité national d'action pour la paix et le développement (CNAPD) belge francophone et l'Association italienne pour la Paix ; il est à noter que ces deux mouvements s'inquiètent davantage du déploiement de l'UEO dans le Golfe qui passe inaperçu dans les textes britannique, espagnol, flamand et néerlandais (comparaison établie sur la base de *position papers* des différents mouvements, archives personnelles É.R. et documents aimablement fournis par Jean-Victor Louis et Sylvie Mantrant).

temps,[35] sa revitalisation contribua même à la reconstitution d'un consensus, ressoudant les familles sociales-démocrates et chrétiennes-démocrates et renforçant le poids du genschérisme dans la famille libérale, autour des perspectives d'identité politique ouest-européenne et de nouvelle *Ostpolitik*, thèmes que la plate-forme de La Haye de 1987 soulignera davantage que la déclaration de Rome de 1984. Cette tendance perceptible durant la période 1985-1987 constitue le deuxième exemple de l'interaction avec la politique interne, autour des deux principales questions de politique de sécurité qui focalisent à l'époque l'opinion : la question nucléaire et, dans une moindre mesure, l'IDS. L'ampleur du mouvement antinucléaire dans les cinq États membres de l'UEO où sont déployés les Pershing-2 et missiles de croisière américains incite à la prudence des gouvernements qui ont joué leur crédibilité sur la décision d'implantation des euromissiles et la loyauté à l'égard de l'OTAN, mais ne peuvent se permettre des crises internes répétées sur les matières de défense, même si l'impact électoral de celles-ci s'est révélé nul. En outre, les premières initiatives d'ouverture de la diplomatie soviétique après 1985 ont indiqué qu'existe une fenêtre d'opportunité pour une nouvelle détente, permettant par rebond une reconstitution progressive des consensus internes déchirés par l'affaire des euromissiles. Alors que la crise des euromissiles a plutôt vérifié, comme celle de la CED, le poids surdéterminant des facteurs externes liés à la guerre froide, la période 1985-1987 indique au contraire un rééquilibrage en faveur d'une attention accrue à l'égard des clivages de politique interne, attention rendue à la fois nécessaire par la crise précédente et possible par les débuts de la détente avec l'URSS. La prudence des gouvernements sur la question de l'IDS, l'intérêt marqué de larges secteurs des milieux dirigeants ouest-allemands pour la diplomatie gorbatchévienne, le changement des rapports de force politiques sur la question de

[35] Le 23 mars 1984, le secrétaire général du Parti communiste italien (PCI) Enrico Berlinguer expliquait à Bruxelles les trois raisons de son opposition à l'émergence d'un pilier européen au sein de l'OTAN : il aurait nécessité un effort financier écrasant pour les Européens, irait à l'encontre de la vocation historique de l'Europe à promouvoir le désarmement et aurait été pris en main par des forces de droite antidémocratiques. Dès lors, l'indépendance de l'Europe considérée par lui comme idée juste dans son essence n'aurait servi qu'à « habiller des projets qui ne sont ni très européens, ni très indépendants » (Nudelhole, S., « Revitaliser l'UEO ? », *Cahiers marxistes* n° 125, Bruxelles, septembre 1984, p. 54). Émise à une époque de tension Est-Ouest très prononcée, cette opinion peut toutefois apparaître comme relativement ouverte à l'égard d'une future européanisation de la politique de défense. Les positions ultérieures du PCI confirmèrent cette évolution européiste, qui s'articulera en particulier sur la revendication d'une subordination de l'UEO à la Communauté européenne, répercutée dans le rapport Galluzzi adopté par le Parlement européen le 14 octobre 1987. Le PCI disposait par ailleurs de plusieurs sièges à l'Assemblée parlementaire de l'UEO depuis 1976.

l'option zéro et du désarmement nucléaire vont marquer de leur empreinte cette période et influer sur les débats internes à l'UEO, tant à propos de l'IDS que de la rédaction de la plate-forme de La Haye. C'est également durant cette période, qui correspond à la campagne électorale française de 1986 et aux débuts de la cohabitation en France, que les questions de l'IDS et de la dissuasion nucléaire influeront directement sur les clivages politiques internes dans ce pays. Jacques Chirac choisit en effet de soutenir durant la campagne électorale du début 1986 le projet d'Initiative de Défense européenne, mini-IDS européenne, alors que François Mitterrand met davantage l'accent sur la dimension civile de la concurrence technologique euro-américaine via le projet EUREKA. Devenu Premier ministre, le président du RPR va également tenter d'occuper le « domaine réservé » en manifestant avec Margaret Thatcher et Helmut Kohl ses craintes de dénucléarisation de l'Europe au lendemain du sommet de Reykjavik de 1986. Dans un cas comme dans l'autre, cette démarche à coloration très conservatrice, destinée à marquer une différence par rapport à François Mitterrand, s'avérera plutôt à contre-courant des évolutions des relations internationales et de la diplomatie européenne qui obligeront l'intéressé à modérer son discours sur ces thèmes en se ralliant à la politique plus nuancée du président de la République.

Une dernière illustration significative de la place prise par les éléments de politique intérieure dans le débat sur la revitalisation de l'UEO concerne l'élargissement de l'organisation à l'Espagne et le lien de celui-ci avec le référendum sur l'OTAN. Lors de sa campagne électorale de 1982 et durant ses premiers mois de gouvernement, le Parti socialiste ouvrier espagnol (PSOE) va en effet tenter de s'inscrire dans une démarche résolument européiste présentée comme alternative à l'OTAN. La perspective de revitalisation de l'UEO permettait de suggérer le développement d'une Europe de la défense en dehors du cadre atlantique, sur la base d'un axe Paris-Madrid, c'est-à-dire de deux pays ne participant pas au commandement intégré de l'Alliance et dirigés par des gouvernements socialistes et européistes. Cette hypothèse va rapidement devoir être abandonnée par Felipe Gonzalez, en raison non seulement des pressions externes pour le maintien du pays dans l'organisation atlantique, mais aussi du constat de l'imbrication étroite entre UEO et OTAN, empêchant d'adhérer à la première sans être membre de la seconde. La référence à l'UEO n'est dès lors plus présentée par l'Espagne à partir de l'automne 1984 comme alternative à l'OTAN, mais comme complément européiste d'une politique de maintien partiel dans l'Alliance : la demande d'adhésion à l'UEO, annoncée peu avant le référendum du 12 mars 1986, participe de la stratégie visant à persuader l'électeur espagnol de voter « oui » au référendum, à l'instar des autres conditions destinées à minimiser la portée du choix atlantiste du gouvernement (non-participation à la structure intégrée, réduction des troupes américaines, non-nucléarisation du pays). La plate-forme de La Haye de 1987 et ses paragraphes relatifs à la dissuasion nucléaire contribueront également à assouplir le discours du gouvernement de Madrid sur le transit par les ports espagnols de navires de guerre américains éventuellement porteurs d'armes nucléaires. On a là une illustration manifeste de la convergence stratégique consubstantielle à toute dynamique d'intégration politico-militaire. Les pays du sud de l'Europe – perçus à la fin des années 1970 comme le théâtre potentiel d'une remise en cause radicale par la gauche de la prédominance atlantique dans le monde occidental – ne dérogèrent pas à la règle malgré de fortes tensions internes. Il est vrai, comme le note Pierre Hassner, que ce « tiers-monde de l'Europe » se trouvait au centre de la zone de conflictualité entre superpuissances, ce qui augurait mal de la disponibilité du tuteur américain à laisser la moindre marge de manœuvre en ce sens.[36] Dans ce processus de convergence et de limitation des possibilités de voie différente pour la sécurité européenne, le nucléaire a joué à l'évidence un rôle essentiel.

La question nucléaire

La question nucléaire ne relève certes pas du champ de compétences de l'UEO : le Conseil de cette organisation l'a lui-même explicitement indiqué à plusieurs reprises. Pourtant, elle constitue l'un des fils conducteurs de son histoire, l'une des clés de lecture de sa nature, l'un des déterminants sous-jacents de toute son évolution.

La place du nucléaire au cœur de la sécurité européenne et mondiale, au cœur du développement du monde industrialisé de l'après-guerre, et surtout au cœur de la lutte pour le *leadership* planétaire et européen, date déjà du début des années 1940. Les recherches développées durant la Seconde Guerre mondiale par toutes les puissances industrielles ne constituaient pas simplement, peut-être même pas prioritairement, une course à l'acquisition de l'arme suprême qui déciderait *in fine* du sort de ce conflit, mais aussi, mais surtout une course pour la maîtrise politique, économique et militaire du monde de l'après-guerre. C'est à Washington qu'on l'a compris en premier lieu, qu'on en tira toutes les conclusions stratégiques dès avant la fin de la guerre. Roosevelt envisageait apparemment – si l'on se réfère aux accords de Québec et Hyde Park avec Churchill – de sceller par le nucléaire l'alliance anglo-saxonne qui devait diriger le monde de l'après-1945. Truman choisit d'en faire

---

[36] Hassner, P., « L'avenir des alliances en Europe », *Revue française de science politique*, n° 6, Paris, 1976, p. 1049.

l'instrument de la suprématie des seuls Américains, y compris aux dépens des Britanniques et des Canadiens. Les premières années de l'après-guerre feront l'objet de cette sourde et très discrète bataille interne au camp occidental, Washington tentant par tous les moyens d'imposer son monopole nucléaire à des Britanniques et des Français qui avaient pourtant, dans des proportions et des conditions différentes, contribué au Projet Manhattan. De leur côté, les gouvernements de Sa Majesté, conservateurs et travaillistes réunis, caressaient le rêve d'une alliance militaire ouest-européenne qu'ils dirigeraient en tant que seule puissance nucléaire européenne. À Paris enfin, l'arme atomique ouvrait la perspective d'une recomposition géopolitique du vieux Continent où la France disposerait de l'instrument suprême d'endiguement de l'Allemagne qui servait la vision d'une unité continentale sous direction française capable de parler d'égal à égal avec Washington et Moscou. Les militaires n'avaient pas encore élaboré les doctrines d'emploi du nucléaire, mais les politiques et les diplomates en percevaient déjà toute l'importance dans le jeu mondial des puissances. C'est à l'ombre de ces arrière-pensées que la construction européenne se pense et s'élabore.

Lorsque le *Foreign Office* envisage à partir de 1944, sous Eden, puis avec Bevin dès 1945 le développement d'une nouvelle entente cordiale avec Paris (le futur traité de Dunkerque de 1947), et en prolongement la mise sur pied d'une Union occidentale élargie à la Belgique, au Luxembourg et aux Pays-Bas (le futur traité de Bruxelles de 1948), il est clair que l'arme nucléaire restera en dehors de cette coopération militaire, ou plutôt que Londres n'ouvrira aucune forme de coopération avec ses futurs alliés en matière de recherche et d'expérimentation liées au programme nucléaire militaire britannique. Instrument de l'hégémonie britannique au sein de l'Union occidentale, celui-ci s'inscrit dès l'origine dans une logique de puissance, non dans une logique d'intégration. Par cette nature non partageable, non intégrable, il fonde le caractère asymétrique, inégal, de tous les processus ultérieurs de coopération ou d'intégration politique et militaire, y compris *mutatis mutandis* lorsque la France s'appuiera à son tour sur sa puissance nucléaire pour pousser les feux d'une union politique à six avec le plan Fouchet. Sa seule existence est, avant même qu'il en soit concrètement question, à l'origine de la plupart des dilemmes qui traverseront la construction européenne : Europe autonome ou sous direction américaine ? Europe franco-britannique ou franco-allemande ? Europe interétatique ou supranationale ? Le rôle crucial joué par un Paul-Henri Spaak à chaque étape-clé de la question nucléaire,[37] chaque fois en faveur de l'hégémo-

[37] Chef de la diplomatie belge, comme ministre des Affaires étrangères ou Premier ministre entre 1936 et 1949, y compris lors de l'exil du gouvernement à Londres

nie anglo-saxonne, indique combien cette question recoupe celle de la construction européenne.[38]

Il en va de même au sein de l'UEO. Pourtant, le nucléaire reste à la marge dans les décisions de l'UEO, et l'organisation européenne n'existe pas dans le débat sur le nucléaire. C'est à l'OTAN, à Washington ou dans les capitales européennes que l'on en parle, mais guère à l'UEO. Chaque fois que la question y est abordée, c'est essentiellement pour prendre acte de divergences ou adopter des déclarations générales sur l'importance de la dissuasion dans l'équilibre Est-Ouest. Toujours hors-champ, parce que hors-champ, le nucléaire marque toutefois, comme en creux, tous les développements de l'histoire de l'UEO.

Ce qui est en jeu entre 1950 et 1954, dans le débat sur le réarmement allemand, c'est la question de savoir si celui-ci se fera sous contrôle américain ou sous contrôle français. Washington possède la bombe, Paris ne l'a pas encore, c'est donc l'Amérique qui parrainera l'entrée de l'Allemagne fédérale dans les alliances occidentales. Lorsque l'UEO est mise sur pied en 1954, c'est au fond parce que la résolution du problème allemand ne peut se faire qu'avec la participation à la fois des trois puissances occupantes, les deux premières disposant déjà du feu nucléaire, la troisième poursuivant les recherches pour l'acquérir. Le nucléaire anglo-saxon remplit trois fonctions dans ce contexte : dissuader Moscou, contrôler Bonn, affaiblir Paris. On peut supposer que le réarmement allemand se serait opéré directement au sein de l'OTAN, sans la médiation par l'UEO, si la France avait déjà été une puissance nucléaire en 1954. Mais ce n'était pas le cas, le directoire atlantique à trois n'en était pas vraiment un, les Français devaient éviter que l'OTAN ne permette aux Allemands de ne rendre des comptes qu'aux Anglo-Américains. À l'inverse, la solution européenne continentale de type CED laissait à l'écart les Britanniques, ce qui précipita l'échec du plan Pleven. Le fait nucléaire, et à l'époque le fait que le nucléaire ne

durant la Seconde Guerre mondiale, et à nouveau en 1954-1957 et 1961-1965, Paul-Henri Spaak joue un rôle-clé dans la politique étrangère de son pays. Signataire du traité de Rome de 1957, il sera en outre secrétaire général de l'OTAN entre 1957 et 1961.

38 À trois moments-clés en effet, l'intervention de Spaak dans la question nucléaire est significative : à la fin de la Seconde Guerre mondiale, quand il impulse la décision d'octroi aux États-Unis du monopole de l'extraction de l'ensemble de l'uranium du Congo belge ; en 1954 quand il propose à la conférence de Londres que les pays continentaux de l'UEO – donc la France et l'Allemagne – renoncent à l'arme nucléaire ; entre 1957 et 1961 lorsque, devenu secrétaire général de l'OTAN, il soutient d'abord le plan Norstad puis la *MLF*, conseillant même aux Américains de ne pas présenter celle-ci comme une CED nucléaire de peur que cela ne diminue les chances du projet (Dumoulin, A. & Remacle, É., *L'Union de l'Europe occidentale*, *op. cit.*, chapitres I-III ; voir aussi Dumoulin, M., *Spaak*, Bruxelles, Racine, 1999).

soit entre les mains que de deux des trois puissances occupant la RFA, a donc joué un rôle direct et indirect dans les motivations de la naissance même de l'UEO.

On en trouve le prolongement direct dans les négociations mêmes de la conférence de Londres et des accords de Paris de 1954. Adenauer tenta d'y conserver pour son pays une liberté en matière nucléaire militaire, qu'il n'obtint pas, devant même accepter le principe d'un contrôle par l'UEO de la non-fabrication d'armes ABC. Mais les Anglo-Saxons voulurent également imposer à l'autre puissance continentale, la France, un engagement contraignant de non-nucléarisation. Mendès France ne céda pas sur ce point, concédant toutefois à l'UEO le droit de fixer le plafond des stocks nucléaires autorisés pour les États continentaux qui se doteraient ultérieurement de cette arme – c'est-à-dire uniquement la France. L'UEO se voit donc assigner la tâche de contrôler ou d'endiguer l'éventuelle montée en puissance nucléaire de l'Allemagne et de la France, alors que les forces nucléaires britanniques ou américaines restent hors du moindre contrôle. De ce point de vue également, on peut considérer que l'UEO est en 1954 une organisation destinée à conforter une prééminence britannique et, indirectement, américaine sur le continent.

C'est précisément au sortir de la conférence de Londres que Mendès France décide d'accélérer les recherches nucléaires françaises et qu'Adenauer comprend que la seule voie pour l'accès de l'Allemagne à la puissance nucléaire est la voie multilatérale. Ni les négociations sur le volet militaire éventuel du traité Euratom,[39] ni le projet de coopération nucléaire militaire franco-germano-italien de 1957-1958 ne permettront à ces deux volontés parallèles de se rencontrer. On ne s'en étonnera pas : l'acquisition par la France de la force de frappe visait précisément à lui garantir une supériorité militaire vis-à-vis de l'Allemagne, condition

[39] Malgré les recherches qui ont mis en évidence l'importance de la question nucléaire militaire dans le marchandage communautaire de 1957 (voir par exemple Weilemann, P., *Die Anfänge der europäischen Atomgemeinschaft : Zur Gründungsgeschichte von Euratom 1955-1957*, Baden-Baden, Nomos, 1983 ; Skogmar, G., *Nuclear Triangle : Relations Between the United States, Great Britain and France in the atomic energy field, 1939-1950*, Copenhagen, Copenhagen Political Studies, 1993), on doit regretter que la littérature académique sur le *bargaining* dans le processus communautaire sous-estime cette question. Sandholtz et Zysman en particulier n'en parlent pas lorsqu'ils disent : « Les objectifs fondamentaux des marchandages sous-jacents à la CECA et aux Communautés européennes étendues ont été surtout de deux ordres : (1) attacher l'industrie allemande au reste de l'Europe de manière à rendre une autre guerre impossible, et (2) relancer la croissance économique dans la région » (Sandholtz, W. & Zysman, J., « 1992 : Recasting the European Bargain », *World Politics*, n° 42, octobre 1989, p. 101).

d'une coopération accrue dans tous les autres domaines et d'un équilibre européen conforme aux vues de Paris. Les Allemands devront se contenter d'une association aux débats nucléaires de l'OTAN tandis que la France met sur pied une force de frappe totalement indépendante qui lui laisse espérer diriger une union politique européenne axée autour du couple franco-allemand. Les années 1960 sont marquées par ce tournant avec l'enlisement de la *MLF*, le mariage nucléaire anglo-américain scellé à Nassau, l'échec du plan Fouchet, le traité de l'Élysée, le refus gaulliste répété de l'adhésion britannique aux Communautés. C'est parce que le nucléaire est au cœur de ce processus que l'UEO en est si absente. Le nucléaire n'est conçu par aucun acteur européen – sauf peut-être un temps Anthony Eden, dernier nostalgique de l'entente cordiale et de cette « alliance nucléaire potentielle qui ne se développa jamais »[40] – comme intégrable dans une forme de coopération européenne.[41] Il est soit atlantique soit national. Les dispositions des accords de Paris sur le contrôle de non-fabrication des armes atomiques par l'Allemagne et sur la fixation par l'UEO d'un plafond pour la force de frappe française ne seront d'ailleurs jamais mises en œuvre – et ce consciemment et volontairement.

Ce n'est donc pas davantage un hasard d'un « point de vue nucléaire » si l'UEO entame sa longue somnolence au moment de l'entrée du Royaume-Uni dans les Communautés et de la création de la Coopération politique européenne. Les deux puissances nucléaires européennes peuvent désormais discuter dans un cadre européen des problèmes politiques européens, conservant par ailleurs chacune leur indépendance sur le plan nucléaire tandis que les autres États membres de l'UEO n'ont pour interlocuteur nucléaire que l'allié d'outre-Atlantique.

Lorsque se produit entre 1977 et 1983 le nouveau bouleversement stratégique que représentent le développement et l'installation de missiles nucléaires de moyenne portée soviétiques et américains en Europe, l'UEO est toujours en léthargie. Mais c'est précisément cette question qui l'oblige à se revitaliser. L'Europe politique prend conscience de son existence, ou du moins de la nécessité de celle-ci, dès lors que Washington et Moscou s'entendent tacitement en 1979 (accord SALT-2 et double décision de l'OTAN) sur le fait que leurs territoires peuvent échapper à la confrontation nucléaire, laquelle se limiterait à l'Europe, puis en 1986 (sommet de Reykjavik) lorsqu'ils évoquent la

---

40 Skogmar, G., *Nuclear triangle*, *op. cit.*, p. 3.

41 En revanche, certains européistes de l'administration américaine voyaient la *MLF* comme élément d'une autonomisation politique de l'Europe au sein d'une Alliance fondée sur deux piliers américain et européen plus égalitaires (Winand, P., *Eisenhower, Kennedy*, *op. cit.*).

dénucléarisation partielle de la même Europe. Mais ce n'est évidemment pas à l'UEO que ces enjeux trouvent leurs réponses politiques majeures. Certes, la plate-forme de La Haye de 1987 insiste sur l'importance des forces nucléaires françaises et britanniques, mais on en reste une fois de plus à une déclaration générale qu'au reste l'OTAN formulait déjà dans la déclaration d'Ottawa de 1974 et que les États-Unis avaient largement anticipée en débutant dès 1973 une coopération nucléaire secrète avec la France qui prenait en quelque sorte acte des conséquences stratégiques de l'adhésion britannique aux Communautés.[42] La plate-forme ne servira finalement sur ce point qu'à accentuer la pression politique sur le gouvernement de Madrid afin qu'il se rallie à la doctrine nucléaire de ses alliés. Quant au désarmement nucléaire, il restera l'objet de peu d'initiatives concrètes et de positions communes au sein de l'UEO jusqu'à la chute du mur de Berlin. D'autre part, en raison des résistances de trois États membres « anti-UEO » et peu enclins à accepter l'arme nucléaire (Danemark, Grèce et Irlande), et des deux États membres puissances nucléaires, France et Royaume-Uni, les Communautés s'abstiennent de discuter elles-mêmes directement des questions militaires et nucléaires dans le cadre de la CPE. Mais l'UEO n'en est pas pour autant investie. Elle reste en quelque sorte le produit d'un système international et d'une construction européenne profondément marqués par la question nucléaire, sans possibilité de devenir le creuset d'un débat majeur sur ce thème.

La nature de l'UEO entre identités occidentale et européenne : la dimension identitaire de l'intégration

Si les dimensions coercitive et utilitaire de l'intégration au sein de l'UEO ont permis de cerner en quoi stimuli externes et internes déterminent celle-ci sur un plan concret, la dimension identitaire nous permettra de compléter cette esquisse de la nature de l'organisation en y ajoutant des composantes plus idéologiques et abstraites. L'UEO apparaît en effet non seulement comme *produit* d'un environnement donné et d'un parallélogramme d'intérêts multiples, mais aussi comme *projet* engagé par différentes forces politiques et sociales d'Europe occidentale. Toutefois, contrairement à la construction communautaire, dont la dimension identitaire se caractérise surtout par un objectif supranational (d'essence partiellement fonctionnaliste et partiellement fédéraliste) visant à prévenir la guerre entre États membres, l'UEO apparaît comme un projet mêlant plusieurs éléments identitaires, avec pour conséquence l'ambiguïté mais aussi la flexibilité de son évolution

---

[42] Ullaman, R.H., « The Covert French Connection », *Foreign Policy*, N° 75, New York, été 1989.

ultérieure. Nous regrouperons ces éléments sous la forme de trois binômes : dimensions occidentale et européenne ; organisation de défense et de coopération politique ; intégration sur le modèle communautaire ou sur un modèle spécifique. Porteuse à la fois de contradictions internes et de complémentarités, la dialectique entre les éléments de chaque binôme et entre les trois binômes eux-mêmes nous semble constituer le pivot structurant de l'identité de l'UEO qui éclaire le rôle joué par l'organisation et ses limites.

Complémentarité et contradiction du binôme occidental-européen

Le binôme constitué par la dialectique entre les dimensions occidentale et européenne de l'UEO prend sa source à la naissance même de l'organisation et à la place occupée par la conception britannique dès l'origine. L'Union occidentale n'est initialement pas un projet européen, mais occidental. Il s'inscrit dans la représentation du monde en trois cercles développée par le *Foreign Office* – l'Empire, la *special relationship*, l'entente européenne –, où l'Europe n'arrive qu'en troisième position non en tant que projet identitaire majeur, mais appendice utilitaire des deux premiers cercles. Selon cette vision, l'unité européenne est à la fois constitution d'un bloc régional destiné à l'endiguement de l'URSS et marche-pied d'une alliance euro-américaine dont il convient encore de persuader les cercles dirigeants de Washington. Le caractère géographiquement limité des engagements pris dans ce cadre en illustre bien la nature strictement régionale – qu'illustre aussi l'absence de l'Italie dans la première mouture de l'Union occidentale. La nature de bloc militaire occidental destiné à s'élargir rapidement aux États-Unis ne fait, elle non plus, aucun doute : des négociations parallèles menées dès mars 1948 par les Anglo-Saxons sur le prolongement transatlantique du traité de Bruxelles au transfert des structures militaires de l'ODUO vers le quartier général de l'OTAN en 1950, tout concourait dès l'origine à considérer l'organisation ouest-européenne et sa parente transatlantique comme un système d'alliances en poupées-gigognes dont la première s'effacerait quasi totalement dans la seconde. Pour paraphraser Hubert Beuve-Méry,[43] le pacte atlantique était dans le pacte de Bruxelles comme le germe est dans l'œuf. La seule inconnue semble avoir porté sur le fait de savoir si l'élargissement du pacte à cinq aux États-Unis, au Canada et aux autres États occidentaux se ferait par extension du traité de Bruxelles ou par signature d'un nouveau traité. Si cette deuxième solution fut finalement choisie, c'est à la fois parce

[43] « Le réarmement de l'Allemagne est contenu dans le Pacte de l'Atlantique comme le germe dans l'œuf » (*Le Monde*, Paris, 6 avril 1949).

qu'elle était plus acceptable pour le Congrès américain, parce qu'elle maintenait la fiction d'une entité ouest-européenne décidée à resserrer les liens de sa solidarité, et parce qu'elle contournait l'écueil de la nature automatique et contraignante de l'engagement d'assistance prévu à l'article IV du traité de Bruxelles. En dernière analyse, c'est bien cet article, voulu à l'origine par les pays du Benelux, qui permit que l'Union occidentale ne serve pas simplement de creuset à une sorte d'union atlantique, mais conserve une personnalité autonome qui la transformait, à partir de 1949, dans les faits mais non encore dans la dénomination, en Union de l'Europe occidentale.[44] Le caractère purement symbolique dudit engagement, ainsi que du maintien de l'UEO à l'intérieur du cadre atlantique après 1954, indique qu'en l'espèce sa dimension européenne se fondait totalement dans sa dimension occidentale. La surdétermination par la dynamique interne de la guerre froide, en particulier l'opposition avec Moscou et la guerre de Corée, donnait une coloration totalement occidentale-atlantique à l'UO/UEO, qui alimenta elle-même cette dynamique : cadre politique du réarmement ouest-européen durant la guerre de Corée, solution institutionnelle à la question du réarmement allemand, elle ne se renforce en tant qu'organisation en 1955 qu'au prix de la création dans l'autre camp de l'Organisation du traité de Varsovie, c'est-à-dire d'une division politique du continent qui affaiblit durablement les possibilités d'un projet européen autre que strictement occidental. Cette coloration occidentale laissera ultérieurement la place à une dimension plus européenne, au fur et à mesure de la décrue de la guerre froide, mais continuera toutefois à imprégner considérablement la nature de l'UEO, qui reste avant tout le pilier européen de l'OTAN, comme l'ont indiqué les principaux débats de l'époque de la revitalisation : euromissiles, IDS, plate-forme de La Haye, adhésion espagnole, intervention de 1987 dans le Golfe. Issue de l'affrontement Est-Ouest et de la référence à des valeurs communes entre les deux rives de l'Atlantique, cette identité occidentale a à l'évidence également constitué un instrument précieux de l'hégémonie de Washington sur le vieux Continent. Dans le cas de la guerre Iran-Irak, elle a même indiqué sa capacité à se régénérer en tant qu'expression d'une alliance des pays industrialisés, sous *leadership* américain, destinée à défendre des intérêts communs et à couper court à toute tentative d'autonomisation de certains acteurs régionaux tels que les

---

44 Notons d'ailleurs que la dénomination d'Union de l'Europe occidentale est employée dès 1949 dans certaines publications britanniques relatives à l'organisation et à sa place dans le cadre transatlantique et la défense de l'Europe (Hawtrey, R.G., *Western European Union. Implications for the United Kingdom*, Londres, Royal Institute of International Affairs, 1949).

États riverains du Golfe.[45] Davantage réactive que proactive, conditionnée surtout par des stimuli externes, elle assura certes la sécurité de l'Europe occidentale, mais en limitant les capacités de celle-ci à exprimer un projet politique autonome fondé sur des objectifs spécifiques et des alliances géopolitiques à géométrie plus variable.

La construction européenne, et dans ce cadre la dimension européenne de la nature de l'UEO, ne se situe donc ni en congruence absolue ni en contradiction totale avec l'identité occidentale héritée de l'après-1945. Elle se développe à l'ombre, et dans le cas de l'UEO sous l'étouffoir, de l'alliance occidentale, mais présente en même temps des caractéristiques propres, un projet sociétal autonome, caractérisé à la fois par la prévention des conflits entre États européens, notablement entre l'Allemagne et la France, et par l'édification d'une entité économique et politique non réductible au pilier européen d'une communauté atlantique dirigée depuis Washington. L'identité européenne de l'UEO est imprégnée par ces ambiguïtés – ses seules contributions au règlement de la question allemande restant limitées à la gestion du contentieux sarrois et au contrôle de moins en moins contraignant du réarmement de la RFA – ainsi que par la compétition entre les différentes conceptions du projet européen, que l'on peut résumer par le tryptique unionisme-fonctionnalisme-fédéralisme. Ici aussi, le fait que l'organisation ait été portée sur les fonts baptismaux par la diplomatie britannique constitue un élément d'une prégnance durable : l'unionisme en caractérise l'essence et elle servira essentiellement entre 1948 et 1973 d'instrument de la présence politique de Londres dans le débat européen. Durant cette période, on peut voir l'UO/UEO non seulement comme un « bras alluvionnaire du courant d'unification européenne »,[46] mais bien davantage comme l'instrument d'un courant politique parallèle et alternatif à celui représenté par la construction communautaire. Ce n'est qu'après la reconnaissance par le Royaume-Uni de l'importance de cette dernière pour sa propre économie, et l'adhésion britannique aux Communautés, que commence une seconde étape – celle de l'endormissement puis de la revitalisation –, où la dimension politique européenne se voit renforcée au sein des Six/Neuf/Dix/Douze et où l'UEO en constitue une forme d'évolution parallèle et de substitut dans les domaines de la sécurité et

---

[45] Les débats sur l'engagement « hors-zone » de l'UEO dans la seconde moitié des années 1980 à l'occasion du conflit Iran-Irak traduisent parfaitement l'intérêt nouveau des Occidentaux pour cette « Asie du Sud-Ouest » identifiée comme enjeu stratégique par Zbigniew Brzezinski dès la fin des années 1970 et que traduisent les décisions de création de Forces de réaction rapide par le président Carter pour les États-Unis et par le président Mitterrand pour la France (Dumoulin, A. & Remacle, É., *L'Union de l'Europe occidentale*, *op. cit.*, chapitres IV & VI).

[46] Imbert, A., *L'Union de l'Europe occidentale*, *op. cit.*, p. 2.

de la défense laissés en marge des compétences de la Coopération politique européenne (CPE) mise sur pied en 1970 par les Six des Communautés. Mais ce parallélisme n'implique pas la fusion, tant restent significatives les différences dans les représentations de la place de l'organisation dans la construction européenne. Le débat non résolu des années 1980 sur la possibilité d'élargissement à des pays de l'OTAN non membres des Communautés en indique toute la portée. Dans le chef des gouvernements britanniques en particulier, l'acceptation du parallélisme avec la CPE à l'occasion de la revitalisation permit de garantir que l'UEO serve de bouclier contre toute dérive vers une défense européenne autonome et d'instrument de la pérennisation d'une coopération politique dans un cadre extra-communautaire et strictement unioniste. De même qu'elle est en 1954 un substitut à la CED et à son corollaire d'essence fédéraliste, la Communauté politique européenne, de même apparaît-elle en 1984 comme le substitut aux ambitions du plan Genscher-Colombo.[47] Cette préoccupation britannique se confond grâce à l'UEO avec la solution promue par la majorité des États membres (en particulier en 1984 l'Allemagne, la Belgique et l'Italie), c'est-à-dire le parallélisme avec la CPE dans un but de rapprochement et de cohérence, mais elle ne se fonde donc pas sur la même représentation globale du projet européen ni davantage sur la même conception du résultat final de ce rapprochement. Celui-ci est conçu par les européistes, surtout les plus fédéralistes, comme substitut provisoire à une unification politique à terme dans le cadre communautaire, sorte d'aboutissement de la construction européenne. En revanche, dans la vision britannique, il est un substitut définitif voire l'instrument d'un remodelage alternatif de la construction européenne dans le sens de l'unionisme. Le débat autour de la revitalisation rend encore moins perceptible cette différence essentielle parce qu'il intègre aussi un troisième projet, qui ne se situe pas sur le même axe de clivage que les deux précédents : celui d'une utilisation de l'UEO pour la promotion d'une identité européenne de défense hors du cadre atlantique, voire à terme comme une alternative ou un substitut à l'organisation militaire intégrée de l'OTAN. Porté par la France durant les deux septennats mitterrandiens, inspiré par le gaullisme et le souverainisme de gauche d'un Jobert et d'un Chevènement, un temps examiné avec intérêt par le PSOE de Felipe Gonzalez comme solution alternative au maintien de

[47] Plan de renforcement de la CPE et de création d'une politique étrangère et de sécurité commune européenne proposé en 1981 par les ministres ouest-allemand et italien des Affaires étrangères mais qui fut largement vidé de son contenu en raison des oppositions de l'Irlande, du Danemark et de la Grèce. Ses principales propositions reviendront lors de l'introduction de la politique étrangère et de sécurité commune dans le traité de Maastricht de 1992.

l'Espagne dans l'OTAN, ce projet trouvera toutefois peu de concrétisation en raison de l'attachement des autres États ouest-européens au lien transatlantique, des contraintes imposées par le traité de Bruxelles modifié et de la faiblesse opérationnelle de l'UEO elle-même. Le développement progressif d'un substitut à l'organisation intégrée de l'OTAN impliquait en effet de mettre sur pied des structures fonctionnelles alternatives, perçues soit comme instruments d'une hégémonie française larvée (les divers avatars du « *pool* des armements »), soit comme inutilement redondantes avec l'OTAN et budgétairement indéfendables. Cette approche, visant en quelque sorte à modifier plus radicalement la place respective de la dimension occidentale et de la dimension européenne dans l'identité constitutive de l'UEO, connaîtra toutefois certains prolongements ultérieurs plus significatifs après la chute du Mur de Berlin et la négociation du traité de Maastricht. En 1989, en revanche, on ne peut estimer qu'elle occupe une place prépondérante par rapport au clivage précédemment observé entre « communautaristes » et « unionistes », qui tous accordent la même importance au lien étroit entre dimensions occidentale et européenne, mais ne se rejoignent pas quant à la conception institutionnelle de l'union politique européenne.

De tous les qualificatifs utilisés pour désigner l'organisation à cette époque, aucun ne permet donc de rendre toute la complexité de sa position au carrefour non seulement de la solidarité occidentale et de la construction européenne, mais de projets différents quant à l'articulation de ces deux dimensions identitaires. En effet, si on la considère comme « antichambre » de l'entrée dans l'OTAN, on ne se réfère qu'à un seul cas, celui de la RFA en 1954. Quant à la fonction d'« antichambre » de l'adhésion aux Communautés, elle ne la remplit également qu'à une seule occasion : pour le Royaume-Uni avant 1973. On ne peut davantage la qualifier de tentative de substitut à l'OTAN puisqu'il ne s'est agi que d'une volonté partielle et envisagée uniquement par certains secteurs de la gauche française et espagnole pendant une courte période. S'il s'agit d'un substitut à la coopération politique en matière de sécurité et de défense, il faudra attendre la création de la Politique européenne de sécurité et de défense (PESD) en 1999 pour trancher la question de savoir si ce substitut était parallèle ou concurrent de la CPE, provisoire ou définitif, préparatoire à la fusion dans une CPE de plus en plus « communautaire » ou à une transformation de celle-ci dans un sens plus « unioniste » (la PESD mêlant d'ailleurs ces deux natures). Si ces différents éléments du binôme entre identités occidentale et européenne ne sont pas tranchés pour l'UEO de 1989, ils mettent en évidence les poids respectifs des différentes conceptions à cette époque et permettront de comprendre l'évolution de leur configuration après la chute du

Mur, ainsi que les positions des gouvernements et des forces politiques des États membres dans ce cadre.[48]

La question la plus directement affectée par cette nature assez originale, celle de la composition de l'organisation, parallèlement à celles de l'OTAN et des Communautés, permet aussi de donner une image des tendances observées quant à l'articulation des identités occidentale et européenne.

Évolution comparée de la composition de l'UO/UEO, de l'OTAN et des Communautés (1948-1989)

Membres	d'une seule institution U(E)O/**OTAN**/CE	de deux institutions **U(E)O-OTAN/** CE-OTAN	des trois institutions
1948 traité de Bruxelles	B L NL F GB		
1949 traité de Washington	**DK I IS N P**	**B L NL F GB**	
1952 CECA + 1er él. OTAN	**DK IS N** D **P GR TR**	**GB** I	B L NL F
1955 1er él. UO transformée en UEO	**DK IS N P GR TR**	**GB**	B L NL F D I
(p.m. : années 1960 : échec demandes d'adhésion britannique CE et retrait France commandement intégré OTAN)			
1973 1er él. CE	**IS N** IR **P GR TR**	DK	B L NL F D I GB
(p.m. : retrait de la Grèce de l'OTAN entre 1974 et 1980)			
1981 2e él. CE	**IS N** IR **P TR**	DK GR	B L NL F D I GB
1982 2e él. OTAN	**E IS N** IR **P TR**	DK GR	B L NL F D I GB
1986 3e él. CE (+ référendum OTAN en Espagne)	**IS N TR** IR	DK GR E P	B L NL F D I GB
1989 2e él. UEO	**IS N TR** IR	DK GR	B L NL F D I GB E P

B=Belgique ; D=RFA ; DK=Danemark ; E=Espagne ; F=France ; GB=Royaume-Uni ; GR=Grèce ; I=Italie ; IR=Irlande ; IS=Islande ; L=Luxembourg ; N=Norvège ; NL=Pays-Bas ; P=Portugal ; TR=Turquie.
Le tableau ne mentionne que les pays géographiquement européens.

Le tableau met en évidence l'importance de la séquence des élargissements successifs des trois institutions comme donnée structurante de leurs relations et de leurs poids respectifs dans l'identité de l'UEO. Ce n'est qu'à partir de 1989 qu'une majorité des quinze États concernés, soit neuf d'entre eux, sont membres des trois organisations et regroupent la majeure partie de la population européenne et du PNB de

48 Pour une réflexion postérieure à la création de la PESD, voir Remacle, É., « L'intégration de la politique de défense européenne. Potentiel et limites » in P. Magnette (dir.), *La Grande Europe*, Bruxelles, Éditions de l'Université de Bruxelles, 2004, pp. 321-334.

l'ensemble considéré ; la comparaison avec la géométrie extrêmement variable existant entre 1952 et 1955 indique le saut qualitatif représenté par les évolutions intermédiaires. Les deux temps forts de cette évolution sont constitués par les élargissements des Communautés de 1973 et 1986 (dans une moindre mesure celui de 1981), qui favorisent la convergence des compositions des organisations : ces deux temps forts sont indicatifs du poids accru de la dimension européenne dans l'identité de l'UEO. Celle-ci se traduit d'ailleurs par les références de plus en plus explicites à la construction européenne dans les documents de l'époque de la revitalisation, en particulier la plate-forme de La Haye. La convergence des années 1980 est donc une convergence vers le pôle identitaire européen plus que vers le pôle occidental. Mais il faut noter que cette convergence n'est ni linéaire, ni univoque, ni fondée sur un modèle identique. Au contraire, trois séquences différentes sont constatées : la séquence UO-OTAN-CE, qui caractérise l'histoire des cinq signataires initiaux du traité de Bruxelles, mais avec un décalage dans le temps pour le Royaume-Uni en ce qui concerne l'adhésion aux Communautés ; la séquence OTAN-CE-UEO qui est constatée pour l'Italie en 1954, l'Espagne et le Portugal en 1989, caractérisera aussi la Grèce en 1992 ; enfin le modèle CE-UEO-OTAN que n'a connu que la RFA et qui caractérisera peut-être ultérieurement l'évolution des États neutres dans un éventuel rapprochement avec l'OTAN.[49] En outre, en vertu de la « doctrine Cahen » adoptée à la fin des années 1980 et prévoyant que l'adhésion à l'UEO n'était possible que pour des États appartenant à la fois aux Communautés et à l'OTAN[50], et malgré le désaccord non résolu sur la possibilité d'ouvrir l'UEO à un pays tel que la Norvège, aucun État n'est membre uniquement de l'UEO, ou de l'UEO et de l'OTAN : les membres de l'UEO sont membres des deux autres organisations, ce qui confirme qu'on ne peut guère la considérer

---

49 À ce jour néanmoins, les neutres se sont contentés de formules telles que le statut d'observateur à l'UEO ou le Partenariat pour la Paix de l'OTAN sans envisager l'adhésion pure et simple à une alliance militaire. Lors de la négociation du projet d'article relatif à une clause de légitime défense collective dans le projet de traité constitutionnel pour l'Union européenne, les États neutres ont rappelé que cette « importation » de l'article V UEO dans le cadre juridique de l'Union européenne ne les aurait pas impliqués (voir notre contribution dans E. Bribosia & M. Dony (dir.), *Commentaire de la Constitution de l'Union européenne*, Bruxelles, Éditions de l'Université de Bruxelles, 2005).

50 Cahen, A., *The Western European Union and NATO*, *op. cit.* Le principal intéressé ne considérait néanmoins pas avoir instauré une « doctrine » (ce qui aurait dépassé ses fonctions de secrétaire général d'une organisation intergouvernementale), mais résumé par cette formule le seul consensus politique existant en la matière au sein de l'organisation à la fin des années 1980, notamment lorsqu'avait été discutée l'hypothèse d'une adhésion turque soutenue par la Grande-Bretagne.

pour cette période comme une « antichambre », mais plutôt comme une « *interface* » de plus en plus large entre les deux autres organisations.

Entre organisation de défense et forum de coopération politique

Alors que le binôme « occidental-européen » renvoyait à la conjonction au sein de l'UEO d'identités politiques de natures partiellement différentes, le binôme « défense-coopération politique » permettra surtout de s'interroger sur les fonctions remplies par l'organisation entre 1948 et 1989. Alors qu'il est coutumier de présenter l'U(E)O comme une organisation de défense européenne, il apparaît en effet que cette fonction a été en réalité très peu assurée, en particulier du fait de son imbrication rapide dans une organisation bien plus structurée, en l'occurrence l'OTAN. Le seul moment de l'histoire de l'organisation où l'on peut parler de son rôle dans la défense européenne d'un point de vue fonctionnel est à l'évidence la période 1948-1951 durant laquelle elle mit sur pied une organisation spécifique, l'ODUO, disposant d'une organisation complète et d'un état-major commun localisé à Fontainebleau, sorte de pré-OTAN qui se fondra dans la structure militaire intégrée atlantique dès la création de cette dernière en 1951. À partir de cette date, aucune organisation opérationnelle européenne séparée de la structure militaire atlantique sous direction du SACEUR n'existera, à l'exception de celle de la France après le retrait de celle-ci de l'organisation intégrée en 1966. L'appellation de « forces de l'UEO » conférée par les accords de Paris de 1954 aux forces armées des États membres placées sous commandement du SACEUR est dans ce contexte purement symbolique, puisqu'elle n'est nullement prolongée par l'existence d'une structure opérationnelle UEO spécifique et ne trouve de concrétisation que dans la vérification très superficielle par l'une des agences de l'UEO mises en place à cette occasion, l'Agence pour le contrôle des armements (ACA), des données transmises par le SACEUR. Lors de sa revitalisation, l'UEO n'envisagera pas davantage le développement de forces autonomes ou d'une structure de commandement ou de planification spécifique : la seule action militaire menée conjointement par les États membres avant la chute du Mur, l'envoi coordonné de démineurs dans le Golfe en 1987-1988, ne se fera d'ailleurs que dans un cadre politique organisé à Washington, sur une base *ad hoc*, sans structure permanente et avec des réticences manifestes de la France et de l'Italie, la seule « intégration » sur le terrain s'opérant entre les flottes britannique, belge et néerlandaise, c'est-à-dire sous une forme inspirée surtout des réalités opérationnelles de l'OTAN.[51] Dans un autre domaine, celui de la coopération en matière d'armements, les tentatives répétées de la France de faire naître un « *pool* des armements » ou un Comité permanent des armements à plusieurs étapes de l'histoire de l'organisation seront à chaque reprise étouffées dans l'œuf et coiffées par des initiatives structurées sur une base atlantique. D'un point de vue fonctionnel, il est donc difficile d'affirmer que l'UEO de 1989 soit une organisation de défense européenne, et encore moins qu'elle réponde au projet français de développer à côté et en dehors de l'OTAN une telle organisation.

En revanche, elle a joué un véritable rôle moteur en matière de coopération politique dans le domaine de la sécurité entre Européens de l'Ouest, conformément à la vision qu'en avaient les Britanniques dès l'origine. Sous sa première mouture, celle de l'OTB et de l'ODUO, elle permet aux Cinq de se coordonner au sein de l'Alliance atlantique pour faire entendre leur voix, par exemple lorsqu'il s'agit de défendre le point de vue ouest-européen à propos de la guerre de Corée et du nouvel effort de défense demandé par Washington aux Occidentaux. Mais elle est surtout le moyen d'obliger les Européens à s'entendre pour relayer la politique atlantique, dans ce cas comme dans celui du réarmement allemand : davantage qu'un caucus ouest-européen dans l'OTAN, l'U(E)O sert surtout à resserrer les rangs et à affaiblir les voix discordantes du camp occidental. Dès lors, la voix de l'UEO apparaît surtout unie lorsque les thèmes qu'elle aborde ne se situent en contradiction ni avec les plans américains ni avec la vision de l'un de ses grands États membres ; dans les autres cas, elle débouche soit sur la cacophonie, soit sur les tentatives d'amener l'un ou l'autre État à infléchir une spécificité nationale en acceptant de « converger » avec la démarche stratégique de ses alliés. L'utilisation de l'organisation comme forum de dialogue entre les Six et le Royaume-Uni entre 1960 et 1973 illustre à la fois le côté coopératif et le côté coercitif de cette opération de coopération politique à sept : coopératif puisqu'il favorise une concertation systématique entre les États concernés, coercitif lorsqu'il aboutit à une pression conjuguée de six États sur un septième pour l'amener à résipiscence. La crise de la « chaise vide » de la France gaulliste en 1969 ou les concessions faites par l'Espagne socialiste en 1988 en matière de doctrine nucléaire sont indicatives de la nature coercitive de cette convergence.

---

51 Pour une description détaillée de l'opération, voir les nombreuses publications du secrétaire général de l'UEO à l'époque, dont : Van Eekelen, W.F., *Debating European Security 1948-1998*, *op. cit.*

Le caractère de consultation politique systématique est surtout caractéristique des travaux de l'Assemblée parlementaire et, après la revitalisation de 1984, du parallélisme croissant entre les structures de la CPE et celles de l'UEO. Le bilan reste toutefois plutôt maigre à la veille de 1989 : à part un difficile débat sur l'IDS,[52] quelques progrès dans la coopération politique en matière de maîtrise des armements, une fausse unanimité sur les suites du sommet de Reykjavik et la rédaction de la plate-forme de La Haye, constituent en fin de compte les rares résultats de cette difficile relance politique. C'est davantage par son existence même, par la réorganisation progressive de ses structures entre 1985 et 1989, que l'organisation démontre son potentiel en tant que forum de coopération politique ouest-européenne en matière de sécurité et de défense. Elle remplira de manière plus significative cette fonction après la chute du Mur de Berlin, tout comme d'ailleurs celle d'organisation opérationnelle en matière de défense.

Cette évolution ne sera pas sans influencer également la part respective des éléments occidentaux et européens dans l'identité de l'UEO. En effet, plus l'UEO apparaît séparée du processus de construction communautaire, plus celui-ci semble ne véhiculer qu'une action internationale de *civilian power* plus propice à la détente et à la coopération[53] : en d'autres termes une UEO occidentale et atlantique favorise une Communauté peu militarisée, alors qu'une UEO européiste oblige la Communauté à endosser les ambitions et les responsabilités d'une quasi-puissance. En 1989, cet enjeu n'est pas encore au premier plan des préoccupations, sinon pour souligner le rôle positif d'une Communauté civile dans le rapprochement Est-Ouest,[54] mais il le deviendra de plus en plus après la chute du Mur qui oblige à une redéfinition de la place de chaque organisation dans l'architecture paneuropéenne de sécurité.

---

52 Que nous avons décrit dans A. Dumoulin & É. Remacle, *L'Union de l'Europe occidentale*, *op. cit.*, chapitre IV.

53 Tsakaloyannis, P., « Introduction : Constructing a European Security Pillar : Domestic Constraints » in P. Tsakaloyannis (ed.), *Western European Security in a Changing World: From the Reactivation of the Western European Union to the Single European Act*, Maastricht, European Institute of Public Administration, 1988, p. 3.

54 C'est en vertu d'un tel raisonnement que le porte-parole de la Défense du SPD ouest-allemand propose, par exemple, en 1989 de maintenir l'UEO séparée de la Communauté et de ne pas intégrer de dimension militaire à cette dernière afin de renforcer les possibilités de coopération étroite entre les Douze et l'Europe centrale et orientale (Voigt, K.D., « Die Vereinigung Europas – Westeuropäische Integration und gesamteuropäische Kooperation », *Europa-Archiv*, vol. 44, n° 13, Bonn, 10 juillet 1989, pp. 413-422).

Les spécificités de l'intégration européenne en matière de défense

Du point de vue identitaire, l'intégration européenne en matière de défense peut difficilement être analysée en fonction des seules théories de l'intégration européenne, telles que le fédéralisme, le néofonctionnalisme, l'intergouvernementalisme libéral, le néo-institutionnalisme, ou la *multi-level governance.*[55]

En effet, dans le domaine militaire, l'importance des stimuli externes semble plus cruciale et d'une nature plus contraignante que pour le reste du processus d'intégration, du moins dans un contexte historique de tension internationale et pour un acteur dont le volet politique de l'intégration dépend directement de la fin de la division du continent. Il ne s'agit pas de stimuli d'ordre fonctionnel (la nécessité de coopérer dans un domaine économique donné en raison de son caractère transnational), mais bien d'ordre politique pur (une menace extérieure, la pression d'un allié). En outre, parmi ces stimuli externes, le rôle fédérateur de la perception de la menace n'est peut-être pas aussi décisif que celui de la recherche d'un protecteur extérieur. En tout cas, le jeu d'action et réaction entre ces deux stimuli aboutit à mettre sur pied une communauté de sécurité forte, mais dans un cadre non spécifiquement européen et au contraire dominé par le protecteur d'outre-Atlantique. De ce point de vue, les Communautés européennes et l'Alliance atlantique peuvent être qualifiées – pour des raisons différentes liées à leurs natures respectives – de communautés de sécurité, mais non l'ensemble constitué par l'UEO qui ne se caractérise pas par une identité propre, mais bien plutôt par une identité « déléguée » au départ des deux autres ensembles.

Un autre élément théorique nécessitant un approfondissement porte sur le constat d'une articulation différente, dans le domaine de la défense, entre ce qui relève de l'intégration informelle (non organisée politiquement) et de l'intégration formelle (institutionnalisée). Alors que, dans le processus communautaire, l'intégration des politiques répond de manière majoritaire et relativement linéaire à l'intégration des marchés et des domaines de compétence, à l'exception de certains secteurs délicats (tels que l'énergie), il en va tout autrement en matière de défense. L'intégration des marchés n'y suscite pas de réaction politique similaire parce que le secteur n'est pas structuré par les mêmes lois économiques et les mêmes réflexes politiques. En outre, cette intégration informelle inclut un acteur non européen majeur, les entreprises d'armement nord-américaines, qu'il n'est pas possible d'intégrer

[55] Schwok, R., *Théories de l'intégration européenne*, *op. cit.*

dans un éventuel jeu politique de l'intégration. Enfin, l'intégration n'y porte pas tant sur les structures politiques de représentation et de décision que sur les instruments opérationnels de commandement, de contrôle, de communication, d'information, de logistique, de planification, qui eux aussi dépendent du *leadership* d'outre-Atlantique. En d'autres termes, l'intégration européenne en matière de défense apparaît conditionnée à l'aube des événements de 1989 davantage par des éléments informels et non politiques d'intégration, incluant le partenaire nord-américain, que par un modèle linéaire de *spillover* néofonctionnaliste favorisant une intégration politique formelle. On doit dès lors parler d'intégration asymétrique, dans laquelle la dimension informelle et extra-européenne l'emporte sur la dimension formelle et intra-européenne.

Il y a également lieu de parler d'intégration asymétrique dans la mesure où, tout au long de l'histoire de l'U(E)O avant 1989 – mais aussi depuis lors –, cette intégration ne vise pas à ébaucher une « souveraineté partagée » dans le domaine militaire, mais bien à créer un cadre de coopération où certains sont plus égaux que d'autres. En d'autres termes, l'édifice de l'intégration n'est pas seulement déséquilibré par le poids d'un acteur extérieur majeur, les États-Unis, mais aussi par celui de plusieurs acteurs internes à la recherche d'un *leadership* les conduisant à instrumentaliser l'organisation au profit de leur politique de puissance. Cette intégration asymétrique a été déjà largement commentée pour ce qui relève de la position particulière des deux puissances nucléaires, ainsi que de la tentative anglo-saxonne manquée d'utiliser l'UEO pour empêcher la France d'acquérir l'arme atomique, ou à défaut pour en contrôler la montée en puissance. Elle doit aussi être soulignée pour ce qui concerne le statut singulier de la RFA : conçue pour empêcher l'émergence d'une puissance nucléaire allemande, limiter le réarmement de la RFA en matière conventionnelle et donner une solution européenne à la question sarroise, l'UEO n'apparaît donc pas davantage sur ce plan comme fondée sur la souveraineté égale de ses États membres. Même si les changements opérés progressivement dans le statut de la RFA amenèrent à une normalisation complète en 1984 avec la levée des dernières restrictions sur le plan des armements classiques, cette dimension asymétrique reste en permanence sous-jacente et résulte de la projection dans l'organisation des représentations et des intérêts stratégiques de ses États membres, en particulier des plus puissants d'entre eux. Même dans le cas où des intérêts communs sont identifiés – tels que la libre circulation navale dans le Golfe – ils ne prédominent pas pour autant par rapport à d'autres intérêts nationaux parfois divergents, avec pour conséquence une multiplication de compromis déclaratoires ou opérationnels à géométrie variable – dont l'opération dans le Golfe en 1987-1988 constitue une remarquable illustration. On ne pourra dès lors pas définir l'intégration en matière de défense, notamment dans le cadre de l'UEO, sans prendre largement en considération cette asymétrie structurelle liée à la dimension utilitaire de l'intégration pour les États membres.

Bien que les observations ci-dessus tendent à mettre l'accent sur les facteurs extérieurs définissant la nature de l'UEO avant 1989, des éléments de dynamique interne de l'intégration ont toutefois aussi été examinés, sur lesquels il conviendrait d'opérer un parallèle avec l'intégration dans d'autres domaines de la construction européenne. Par exemple, dans ce cas comme dans celui de l'intégration communautaire, le rôle joué par certaines élites transnationales contribue à impulser la dynamique d'intégration, mais ces élites ne sont sans doute pas tout à fait les mêmes que dans les domaines communautaires. Les bureaucraties transnationales y sont quasiment absentes, à l'exception de secteurs peu nombreux de la Commission européenne et de l'importante bureaucratie de l'OTAN, marquée quant à elle par une culture politique peu européiste. Les bureaucraties nationales, y compris les bureaucraties militaires, même si elles perçoivent l'intérêt d'une intégration de défense, notamment pour des raisons stratégiques dans le contexte de la guerre froide, sont confrontées à la fois au poids de leurs structures nationales – beaucoup plus prégnant que dans des domaines tels que la sidérurgie et les transports – et à la prééminence de l'organisation atlantique. Dans le cas des militaires, des considérations liées aux rivalités interarmes et/ou au type d'organisation militaire intégrée envisagée ont également pesé lourd dans des circonstances telles que la mise sur pied de l'état-major de l'ODUO à Fontainebleau ou le débat sur la CED.[56] Si des élites jouent un rôle dans la promotion de l'UEO, ce sont surtout les fonctionnaires du secrétariat général, les parlementaires de l'Assemblée, certains militaires et les industriels de la défense intéressés par le développement de coopérations européennes dans certains domaines – comme l'a indiqué le débat sur les capacités anti-missiles balistiques de moyenne portée entre 1985 et 1988. Il s'agit d'une « coalition » d'intérêts et de représentations relativement hétéroclite, à l'influence

[56] Ainsi, les militaires français sont partisans du réarmement allemand mais opposés à la CED (Guillen, P., « Les chefs militaires français et le projet de Communauté européenne de défense », *Arès*, Grenoble, CEDSI, 1983, p. 61), alors que les militaires italiens préféraient le cadre atlantique à tout projet d'intégration européenne du type de la CED (Varsori, A., « L'Italia tra alleanza atlantia e CED (1949-1954) » in E. Di Nolfo, R. Rainero & B. Vigezzi, (eds.), *L'Italia e la politica di potenza in Europa negli anni '50*, Milano, Marzorati, 1992, pp. 587-623 ; Nuti, L., « Appunti per una storia della politica di difesa italiana nella prima metà degli anni '50 », *Ibid.*, pp. 625-670).

limitée et non porteuse d'une dynamique néo-fonctionnaliste ou encore moins fédéraliste, mais tout au plus d'une volonté fonctionnaliste très sectorielle et non globale, discrète et peu reliée à un débat public démocratique, sauf dans quelques circonstances où elle apparaît plutôt en contradiction avec la majorité de l'opinion (euromissiles, IDS, option zéro).

La matière considérée, celle des politiques de défense, outre le fait qu'elle se prête beaucoup moins que d'autres à des transferts de souveraineté purs et simples, offre également moins de possibilité en termes de marchandage : dès lors le *bargaining* communautaire ne trouve pas son équivalent en matière d'intégration de défense, et les deux dynamiques restent relativement cloisonnées, même si occasionnellement des matières de sécurité sont mêlées à des marchandages communautaires, le plus souvent pour ce qui relève des aspects institutionnels,[57] et plus rarement quant au fond.[58] En revanche, ce type de marchandage est beaucoup plus naturellement connecté à celui qui se déroule dans le cadre transatlantique et se caractérise surtout par ce que nous avons qualifié de convergence stratégique. L'acceptation par la France du réarmement allemand dans le cadre UEO en 1954, ou l'adhésion de l'Espagne à l'UEO en parallèle de sa flexibilité en matière nucléaire en 1988, en donnent des exemples éclairants. Dans certains cas, cette forme d'ajustement politique structurel par la convergence stratégique pèse même sur des États non membres : ainsi du *vortex effect* relevé par Christian Thune à propos de l'impact de la revitalisation de l'UEO en 1984 sur la position danoise et irlandaise au sein du comité Dooge quant à l'inclusion de la sécurité dans les compétences de la CPE.[59] Cet exemple indique que le parallélisme croissant de l'UEO avec la CPE, ainsi que le rapprochement des

57 Ce fut partiellement le cas lors de la négociation de l'Acte unique, avec l'intégration de la CPE dans le Titre III, mais même à cette occasion les discussions n'eurent guère de parallélisme avec celles portant sur le Marché unique, comme si un marchandage entre ces matières apparaissait incongru ou impraticable aux négociateurs (une synthèse des positions en présence, notamment sur les liens CPE-UEO est fournie par Lodge, J., *Plurilateralism and the Single European Act*, Hull, University of Hull, EC Research Unit, 1990, pp. 32-33).

58 On en a relevé des exemples avec l'acceptation ouest-allemande quant à l'exclusion du nucléaire militaire lors de la négociation du traité Euratom en contrepartie du lancement d'une coopération franco-germano-italienne dans ce domaine en 1957. Les positions française et ouest-allemande autour de l'articulation entre IDS et EUREKA en 1985-1986 peuvent aussi apparaître comme un marchandage mêlant questions de sécurité et dossiers communautaires.

59 C. Thune, « Denmark and the Western European Union » in P. Tsakaloyannis (ed.), *The Reactivation of the Western European Union: The Effects on the EC and its Institutions*, *op. cit.*

compositions des deux institutions, accroissait les possibilités de *bargaining* croisés entre celles-ci.

Les conditions de cette convergence stratégique renvoient à deux catégories d'éléments d'ordre interne :

* les intérêts stratégiques et les représentations des principaux États, en particulier des acteurs dominants : Royaume-Uni d'une part, couple franco-allemand de l'autre ;

* les structures d'opportunité politique existant à chaque moment-clé : conjonction de coalitions politiques de couleur proche dans plusieurs États membres au même moment ;[60] interférence plus ou moins grande d'acteurs non gouvernementaux ;[61] influence de personnalités politiques fortes aux projets politiques affirmés.[62]

À ces dimensions spécifiques et non déterminées *a priori*, il convient toutefois d'ajouter un certain nombre de tendances lourdes beaucoup plus déterminées, liées à la fois à l'environnement extérieur (l'héritage de la guerre froide et les premiers pas de la détente, la crise pétrolière de 1973, la diminution de la puissance américaine), mais aussi à des réalités internes que nous avons qualifiées à plusieurs reprises d'axes structurants de la nature de l'UEO et de l'intégration européenne en matière de sécurité et de défense. Il convient de citer particulièrement à cet égard quatre axes structurants majeurs :

- les clivages intra-européens relatifs au projet politique européen lui-même, entre unionistes, fonctionnalistes et fédéralistes ;
- le recours à l'UEO comme substitut à l'intégration de défense dans le cadre des Communautés (1954, 1963, 1984, 1991) ;
- l'utilisation du couple franco-allemand tantôt comme moteur de l'intégration politique et tantôt comme mode de contournement des blocages affectant celle-ci (1954, 1963, 1982, 1988, 1991) ;
- enfin la récurrence du tryptique « achèvement-approfondissement-élargissement » inauguré avec la période 1969-1973, réutilisé durant la période 1985-1988, et qui servira de modèle ultérieurement pour faire face aux défis de l'après-1989 (périodes 1991-1995 et 1996-1999).

---

60 Par exemple la tentative de voie socialiste hispano-française en dehors de l'OTAN entre 1982 et 1984 ou l'axe conservateur Thatcher-Chirac-Kohl au lendemain du sommet de Reykjavik de 1986.

61 Mouvement d'opinion anti-nucléaire dans le débat des euromissiles, *lobbies* de l'armement dans le débat sur l'IDS.

62 Charles de Gaulle, Hans-Dietrich Genscher ou François Mitterrand, par exemple.

C'est en cela que – même après sa mise en sommeil au profit de la PESD au seuil d'un nouveau millénaire – l'histoire de l'Union (de l'Europe) occidentale nous apprend encore beaucoup aujourd'hui sur les caractéristiques particulières de la question de l'intégration militaire en Europe et la nécessité d'intégrer la longue durée dans tout cadre théorique visant à en expliquer les évolutions. L'étude de l'organisation qui tenait tant au cœur d'Alfred Cahen n'a pas épuisé son rôle pédagogique et heuristique.[63]

[63] Sans prétendre à l'exhaustivité, on renverra en guise d'hommage aux principales publications d'A. Cahen relatives à l'UEO : « L'UEO pour quoi faire ? », *Studia diplomatica*, vol. XXXVIII, n° 6, Bruxelles, 1985, pp. 677-686 ; « La défense européenne : perspectives nouvelles ouvertes par la réactivation de l'Union de l'Europe occidentale », *Annuaire européen*, vol. XXXIII, publié sous les auspices du Conseil de l'Europe, Martinus Nijhoff, Dordrecht/Boston/Lancaster, 1986, pp. 15-38 ; « Le processus d'intégration européenne et sa dimension de sécurité : remarques introductives », *Journal of European Integration*, vol. IX, n° 2-3, 1986, pp. 135-140 ; « The WEU, European Construction and the Alliance », *Estratégia. Revista de Estudos Internacionais*, n° 1, printemps 1986, pp. 35-46 ; « La relance de l'Union de l'Europe occidentale et ses implications pour l'Alliance atlantique », *Revue de l'OTAN*, n° 4, août 1986, pp. 6-12 ; « Entre l'Europe et l'Alliance atlantique : Quelle place pour l'Union de l'Europe occidentale ? », *Le monde atlantique*, n° 36, septembre 1986, pp. 4-8 ; « La réactivation et l'UEO. Un bilan. Point de vue du secrétaire général de l'UEO » in P. Tsakaloyannis (ed.), *Western European Security in a Changing World*, *op. cit.*, pp. 17-30 ; *The Western European Union and NATO. Building a European Defence Identity within the Context of Atlantic Solidarity*, Brassey's Atlantic Commentaries series, n° 2, Londres, Brassey's, 1989 ; « The WEU and the European Dimension of Common Security », *RUSI and Brassey's Defence Yearbook*, Oxford, Royal United Services Institute for Defence Studies, 1989, pp. 25-37 ; « La dimension européenne de sécurité. Les expériences de la coopération politique à Douze et de la réactivation de l'Union de l'Europe occidentale » in A. Miroir (dir.), *Pensée et construction européennes. Hommage à Georges Goriély*, Bruxelles, Emile van Balberghe, 1990, pp. 205-224 ; « L'Union de l'Europe occidentale et la sécurité européenne » in M. Telò (dir.), *Vers une nouvelle Europe ?*, Bruxelles, Éditions de l'Université de Bruxelles, 1992, pp. 253-264 ; ainsi que son dernier manuscrit : Cahen, A., *L'Alliance atlantique pour le XXI*[e] *siècle*, Bruxelles, P.I.E.-Peter Lang, 2001.

The Prospects for a Nuclear Europe

The Multilateral Force and the European Option

Evgeny KUZNETSOV

Introduction: Atlantic and European Integration

European and Atlantic integration are often described as parallel but rather separate processes. Successful economic integration in Western Europe was accompanied by the creation of strong cooperation between the US and its European allies, whereas the projects for a European defence were not successful. The European Union repeatedly failed to achieve agreement on a common foreign policy and at the present time cannot by itself defend its member states if they are attacked by a stronger power. The supranational mechanisms which proved to be efficient in the European Coal and Steel Community (ECSC) and the European Economic Community (EEC) did not work in the political and military spheres.

In fact, European defence integration historically preceded Atlantic defence integration. The Dunkirk and Brussels treaties of 1947 and 1948, which envisaged mutual defence by Belgium, France, Luxembourg, The Netherlands, and the United Kingdom, were indeed the first of a series of defensive treaties aimed at uniting the Western world against the perceived common threat. However, the creation of the North Atlantic Treaty Organisation in 1949 led to the incorporation of further European defence cooperation into the Atlantic framework.

The project to create a West European force integrated within NATO, namely the European Defence Community (EDC), took its place in the history of European integration on the same footing as the ECSC because of its supranational character. The main political purpose of the EDC corresponded to that of the ECSC and of the EEC, that is, to solve the German problem through Germany's close integration in a united Europe. Although the full incorporation of the European army into the NATO structure and the assignment to the Supreme Allied Commander Europe (SACEUR) were envisaged,[1] the collapse of the EDC meant first

---

1 Pleven plan, http://www.let.leidenuniv.nl/history/rtg/res1/pleven.htm.

of all the failure to build a European defence identity. The solution was found at a higher level via the consolidation of a larger common identity, the Atlantic Alliance.

In the literature the EDC is usually described as an idealistic and premature attempt at integration. It is portrayed as having overestimated the European potential for integration, and as having been the last effort to create a European military force. The EDC episode revealed European governments pursuing their own rather different national objectives and interests through diplomacy and bargaining, while they failed to cooperate to construct an idealised conception of a federal Europe.[2]

NATO, with the direct participation of the Federal Republic of Germany (FRG), provided a substitute for the European option of common armed forces and became an efficient mechanism of intergovernmental cooperation in the field of conventional forces in Western Europe. Even though the idea of a supranational European army disappeared from the transatlantic debates, the European option of defence integration was revived in the nuclear sphere.

In the case of the EDC, the door to a common nuclear force, a European option, was not closed. The unfinished EDC project, the Western European Union (WEU) and Euratom, all restricted the national options, but left the European option intact.[3] The main deficiency was that the WEU was not sufficiently supranational.[4] In 1954, when the FRG was to be admitted to the WEU and to NATO, German Chancellor Konrad Adenauer explicitly renounced the production of nuclear, as well as chemical and biological weapons on West German territory. However, the increased impact of nuclear weapons on the NATO strategic doctrine, the British nuclear capabilities and French attempts to conduct a national nuclear programme were to seriously limit the FRG's prospects of achieving equality within the Western Alliance. With the ban on building a German nuclear force, there were two possible ways for the FRG to take part in NATO nuclear defence policy: through transfer of US nuclear weapons or through cooperation with the other European countries, and in particular, with France.

In the context of the talks about the Multilateral Force (MLF), the idea of a European nuclear force was once again taken up in the early

2 Dedman, M.J., *The Origins and Development of the European Union, A History of European Integration*, London, New York, Routledge, 1996, pp. 90-91.

3 On the WEU, see Remacle, É., « L'Union de (l'Europe) occidentale », in this volume.

4 Skogmar, G., *The United States and the Nuclear Dimension of European Integration*, Houndmills, Basingstoke, Hampshire, New York, Palgrave Macmillan, 2004, p. 63.

1960s. This project was prepared by Harvard Professor Robert Bowie and introduced to NATO by US Secretary of State Christian Herter in December 1960. The MLF was not a European force *per se*. The US would have to meet a major share of the costs and would retain a veto on the use of nuclear weapons. In a later form it was envisaged as a fleet of twenty-five surface ships, each manned by sailors from three or more of the participating NATO nations and armed with eight Polaris long-range missiles with nuclear warheads. The fundamental principle of the MLF was the mixed-manning of the weapons systems and the development of integrated NATO nuclear forces, in contrast to de Gaulle's concept of coordinated nuclear forces.

Introduced to the State Department by Bowie, the MLF proposal was only one part of a much larger report, which was supposed to deal with a set of problems concerning the Atlantic Alliance. First, there was a growing concern among the Europeans about the reliability of the US nuclear deterrence. The launch of *Sputnik* in 1957 and the deployment by the USSR of nuclear missiles that directly threatened Europe seemed to prove the Soviet superiority in the arms race. At the same time, the Suez crisis had shown that the US would not necessarily use nuclear weapons to back Europeans in matters of less than vital importance to the US. Second was the concern with the emergence of independent nuclear capabilities. Following the United Kingdom, France started her own nuclear programme and in 1960 joined the nuclear club. Both countries defended publicly the position that a nation could not possibly be secure unless it possessed its own nuclear capability. After the successful test of the first French atomic bomb in 1960 some analysts both in Europe and in the US feared that the French bomb might push Germany to create her own nuclear weapons.[5]

In historical research, the MLF illustrates an important stage of the intra-alliance debates on nuclear sharing policy at the Atlantic level between the US and its European allies. However, the European dimension of the MLF has attracted much less study. Our purpose here is to look at the MLF as a stage in the process of European integration in the political and military spheres through the examination of the European nuclear option in light of the MLF debates. In the context of the MLF, the European option opened up the prospect of changing the control arrangements in favour of greater European independence and of the introduction of the so-called European clause, which envisaged a

5 Bowie, R., *The North Atlantic Nations Tasks for the 1960s*, published for the Nuclear History Programme, College Park, MD, Center for International Security Studies at Maryland, School of Public Affairs, University of Maryland, 1991, p. V.

more general modification of the force structure when Europe reached political unity.

The American View on the European Option

The European option was embedded in the MLF from the very beginning. Robert Bowie envisaged that "if Europe united and if Europeans wanted it", the US might "be willing to reorganize the force to permit its operation without the veto of the United States". The MLF might then evolve into either an integrated NATO force in which the US, without a veto, would be one member, or an integrated European force (without the US as a member), closely coordinated with US forces, but under ultimate European control.[6]

The quest for a European nuclear force in 1962 by France, Germany and the UK forced the Kennedy administration to develop an approach tailored to European needs. Kennedy's decision not to help the French nuclear programme provided an additional impetus for de Gaulle's intention to look for European assistance. On 15 May 1962 he appealed to other European countries, with the exception of the UK, to join France in the creation of a single European nuclear force, or *force de frappe*, around the French nuclear arsenal.[7] At the same time, the Macmillan government tried to explore ways of sharing nuclear technology with the French in order to facilitate British negotiations to enter the European Communities.

By contrast, the US, through the introduction by US Defense Secretary Robert McNamara in May 1962 in Athens of the new "flexible response" strategy, put the emphasis on the centralisation of the Alliance's nuclear forces under US authority. Thus, there could be no pure and independent European nuclear force, but a force integrated into NATO. However, this tended to create among the European countries an impression that a NATO nuclear force would be no more than a *façade* which would see them pay the costs of the enterprise,[8] while the US veto would remain intact.[9] Accordingly only the MLF, free from a US veto, seemed to have the potential of diverting European

6 Winand, P., *Eisenhower, Kennedy and the United States of Europe*, New York, St Martin's Press, 1993, p. 220.

7 Steinhoff, J., Pommerin, R., *Strategiewechsel, Bundesrepublik und Nuklearstrategie in der Ära Adenauer-Kennedy*, Baden-Baden, Nomos, 1992, p. 128.

8 The expression "NATO Nuclear Force" was used in the US, mainly as an antonym to a European Nuclear Force, i.e. a force without US participation and not linked to the Atlantic Alliance.

9 Rowen, H., *The Nuclear Issue in Europe*, 30 July 1962, NSF, Kaysen, box 375, John Fitzgerald Kennedy Library (JFKL).

attention away from European independent nuclear programmes. Henry Owen from the Policy Planning Council of the State Department argued that the allies would be more likely to "sit up and take notice when we talk multilateral concept if we make clear that it could be either European or NATO". Any declaration by the US that it would retain its veto could kill the whole project. Thus Washington should express its readiness to give the most serious consideration to a desire by European members of NATO to construct a force, which could be fired without US consent.[10]

In summer 1962 Kennedy told NATO Secretary General Dirk Stikker that the US might, in certain circumstances, be prepared to waive its veto over the NATO Nuclear force.[11] On 27 September 1962, speaking in Copenhagen, National Security Adviser McGeorge Bundy argued that if a "genuinely multilateral European deterrent, integrated with ours in NATO, is what is needed and wanted, it will not be a veto from the Administration in the United States which stands in the way".[12]

In late 1962 and 1963 US politicians continued to show their support for a European nuclear force. But no concrete plan for such a development was proposed. All that seemed to be required from a US point of view was that the initiative should come from the Europeans.[13] President Kennedy himself was quite willing to let discussion and analysis test the case; he did not believe it wise for the US to oppose any such force if in fact the nations of Europe could find the political instruments of control which would make it genuinely European.[14]

---

10 Owen to Smith, no date, Records of the Multilateral Negotiating Team, 1961-1965 (S/MF NEGO), General records of the Department of State, (RG) 59, National Archives College Park, MA (NACP).

11 FO 371/166999, Shuckburgh (UK Delegation to NATO) to David Ormsby-Gore (UK Embassy Washington), 3 July 1962, National Archives (formerly Public Record Office), Kew Gardens.

12 Bundy's speech in Copenhagen before ATA, 27 September 1962, NSF, Trips and Conferences, box 251, JFKL.

13 Memorandum of Conversation, American Embassy in Paris, 12 December 1962, Office of the Special Assistant to the Secretary of State for Multilateral Force, Subject Files 1963-1966, (S/MF SUB), RG 59, NACP.

14 Memorandum to the Secretary of State from Bundy, 11 July 1963, Office of the Special Assistant to the Secretary of State for Multilateral Force, Chronological Files, (S/MF CRONO), RG 59, NACP.

The Control Issue in the MLF Treaty

The memorandum concerning the control issue in the MLF prepared in April 1962 by Henry Owen suggested that the US should persuade its NATO allies to agree on a control formula that did not exclude a US veto, but without foreclosing any other proposal supported by the majority in the Alliance. The only circumstance under which Owen envisaged a veto-free force would be by using it as an alternative to the creation of a German national force.[15]

Before his departure for Europe in February 1963 Head of the MLF negotiations mission Livingstone Merchant spoke in favour of a control committee consisting of big powers in the MLF acting by unanimity. From his point of view the "US can not visualise future circumstances under which it would be prepared to relinquish its veto over the use of the MLF".[16] At the same time he preferred to avoid any discussion on this point and to postpone any decision on control until after a preliminary agreement was signed using the time for educating European allies on the dangers of dispensing with the US veto.[17]

During the MLF negotiations in 1963 and 1964 US policy regarding the control and veto followed the line suggested by Owen and Merchant. US policy-makers did not try to elaborate, nor did they propose any definite variant of the control arrangement to the European allies. At the same time, they showed their readiness to consider any proposal that came from them. In a letter to Adenauer on 4 May 1963, Kennedy noted that control should be "open to reconsideration in the light of experience".[18] However, from the US point of view this would not mean the withdrawal of the US veto, but rather one single vote of the European countries, acting as an entity when Europe moved toward political unity.[19]

The voting formula for the control committee in the MLF became the most divisive issue in the Paris Working Group.[20] Whereas no one really

---

15 The "Veto Issue" re Multilateral MRBM Force, 7 April 1962, Neustadt Papers, box 19, JFKL.

16 Merchant, "Overall thoughts on the MLF Enroute from Ankara to Naples", 29 April 1963, S/MF SUB, RG 59, NACP.

17 Merchant, Memorandum for Bundy, 15 February 1963, S/MF SUB, RG 59, NACP.

18 Furnas (S/MF) to Owen, "Statements by the President, the Secretary, and the Under-Secretary concerning the Possibility of Evolution in the MLF Control Arrangement", 18 November 1964. S/MF SUB, RG 59, NACP.

19 Draft Communiqué, "Germany-MLF", 18 June 1963, Neustadt Papers, box 20, JFKL.

20 The control committee was envisaged as a core structure of the MLF. It was to be responsible for the political decision to launch nuclear weapons. The US and those

questioned the existence of the US veto, agreement had to be found between the majority and the unanimity principles.[21] The Germans supported the majority control formula based on the financial contributions of the participants.[22] Their first reason for this was the assumption that France would more likely join on this basis and secondly, that a veto might prove to be disastrous if a European country, such as Italy, elected a left-wing government.[23] Although accepting the unanimous vote for vital decisions as a starting formula, the Italians had been hoping that the US would also accept the majority rule for committee decisions. From the Italian point of view, this formula of a US veto-free MLF was preferable to de Gaulle's proposal for a European nuclear force.[24] The UK wanted a veto of its own and to retain one for the US as well. In addition, the UK wanted to avoid any possible impression of exclusiveness or special privileges for the control committee.[25] Belgium and The Netherlands had no objection to control by unanimity either among all the participants or among a smaller group. Belgian Prime Minister Paul-Henri Spaak considered that the problem of the US veto was a red herring since the MLF could not, in any case, be used without the backing of the US nuclear forces.[26] Greece expressed its preference for the majority control formula as a way to neutralise de Gaulle.[27]

The involvement of Jean Monnet's Action Committee for the United States of Europe in the MLF debates introduced a new alternative for the control arrangement. In analogy to the EEC, the Committee argued that the decisions in the MLF should avoid unanimity, and be based on a majority-vote principle. Monnet thought that it would be simply

---

European allies which took part in discussions on the MLF did not come to a final agreement on the members of the committee; their views ranged from a large structure consisting of all MLF member states to a small group of big powers.

21 WG/Secretariat 18, Discussion Paper on Political Control, 18 December 1963, Office of the Executive Secretariat, Multilateral Force Documents (MLF DOC), RG 59, NACP.

22 Claxton (S/MF), Memorandum to the Secretary of State, "Luncheon with President", 8 August 1964, S/MF CRONO, RG 59, NACP.

23 Merchant to Ambassador Finletter, "Italian concern re MLF", 2 March 1963, S/MF SUB, RG 59, NACP.

24 *Ibid.*

25 "European countries' position towards MLF", Table, 18 September 1963, S/MF NEGO, RG 59, NACP.

26 McArthur (US Embassy Brussels) to the Secretary of State, 11 May 1963, Central Foreign Policy Files (CF), RG 59, NACP.

27 Department of Defense, Memorandum for Ambassador Merchant, 7 May 1963, S/MF SUB, RG 59, NACP.

unrealistic to expect the US to take the MLF seriously if it were to be subject to vetoes by all participants.[28] One of the Monnet group's proposals, which was named the Van Helmont formula after one of the staff members of the Monnet Committee, envisaged a double-voting system.[29] The important political decisions would be made on the basis of both the consent of the US and of a majority of European states. Votes would be distributed in the MLF so that the US and Europe would have sixteen votes each.[30]

The Van Helmont double US-European vote was considered in the Johnson administration as the best scheme, which had yet been proposed in the discussion.[31] This formula could meet the need for a US veto and give big-power status to Italy. In addition it symbolised the evolving US-European relationship of partnership and equality in the MLF, which Monnet was keen to achieve in other fields as well.[32]

Although Article XII of the draft MLF Treaty defined the majority vote according to the financial contribution to the MLF of each of its member states, it specifically stated that this firing formula could be re-examined in future.[33] For the German delegation and also for staff members of the Monnet Committee it was an insurance against charges by Gaullists or other opponents of the MLF that the latter simply represented an extension and perpetuation of the US veto over European nuclear activities. At the same time, the Kennedy administration felt fully secure regarding the question of non-dissemination of nuclear technology, which was a very sensitive issue for Congress. In the MLF Working Group, the US representatives stressed that such a change could only be made by an amendment procedure, i.e., with the approval of the United States Senate.[34]

---

28 Farley, Memorandum for the file, "Monnet-Cattani Talks on MLF", 27 October 1964, S/MF SUB, RG 59, NACP.

29 Finletter to Schaetzel, 22 September 1964, S/MF SUB, RG 59, NACP.

30 Procédure de décision dans la MLF, 8 September 1964, AMK 133/1/88, Fondation Jean Monnet (FJM).

31 Finletter (US Mission NATO) to Schaetzel, 22 September 1964, S/MF SUB, RG 59, NACP.

32 *Ibid.*

33 Charter of the North Atlantic Multilateral Force-Project, 1 September 1964, AMK 133/1/79, FMJ.

34 Status of issues under discussion in MLF negotiations, 2 November 1964, Office of the Special Assistant to the Secretary of State for Multilateral Force, Sub-group and Paris Working Group Files (S/MF WG), RG 59, NACP.

Looking for a Formula: The Development of the European Clause

The period of slowing down of the MLF negotiations in summer 1963, caused by an unstable political situation in the UK and Italy, was marked by European proposals to add new aspects to the MLF concept via the crystallising of the European component. The initiative came from Italy.

A group of Italian Foreign Ministry officials, which included the Director General for Political Affairs, General Roberto Ducci, Secretary General Attilio Cattani and Deputy Director General for Political Affairs Roberto Gaja, studied the implications of nuclear weapons on the European integration process.[35] Writing in his book *Politica estera ed armi nucleari*, published under the pseudonym Roberto Guidi in 1964, Gaja explained that the possession of collective nuclear weapons was the only possibility for international action in a nuclear society. The creation of a European nuclear deterrent could be done in analogy to the ECSC. Europe would create a genuinely common nuclear armament and renounce national independence.[36] In a situation of US-Soviet strategic balance, which made the US incapable of defending Western Europe, the US government would prefer to give nuclear weapons to a united Europe in order to avoid their dissemination and internal rivalry among European countries.[37]

For the Italian diplomats, the MLF project might serve "as new impetus to European unity movement".[38] Italy, which was excluded from the negotiations after the failure of the 1957-1958 Franco-German-Italian talks, aimed at an independent European nuclear deterrent. It tried to seize the initiative and find a compromise solution between the European option and the MLF Atlantic framework. On the one hand, it could offer an alternative to de Gaulle's course that could be acceptable to the US, and on the other, it could increase the Italian influence in Alliance politics – an influence which had been damaged with the withdrawal of the Jupiter missiles.

In the course of the Merchant mission negotiations in Europe Roberto Gaja had already proposed to the Americans that the MLF

---

35 Nuti, L., *La sfida nucleare. La politica estera italiana e le armi atomiche 1945-1991*, Bologna, Il Mulino, 2007.

36 Guidi, R., *Politica estera ed armi nucleari (Foreign Policy and Nuclear Weapons)*; Casciano, S., Cappelli editore, 1964, p. 137.

37 *Ibid.*, pp. 218-219.

38 Finletter (US Mission to NATO) to State Department, 25 June 1964, S/MF NEGO, RG 59, NACP.

should eventually evolve into a European-controlled force as Europe moved to unity.[39] During Kennedy's visit to Rome on 1-2 July 1963 the Italian government now suggested to the US that a clause should be inserted in the MLF treaty that would open the possibility of a European nuclear force as soon as Europe reached political unity.[40] In contrast to previous policy declarations on both sides of the Atlantic regarding future prospects of the integration process in Europe, this proposal was the first to offer a legal provision in treaty form. The Italians wanted to emphasise that the MLF would contribute to European unity as well as to Atlantic integration. There would be no obligation to end the US veto. It could, for example, mean merely that the European members of a political union would cast one vote instead of several.[41] Thus the European option had to be legally embedded into the MLF treaty in the form of a European clause.

After the US-Italian meeting, the European clause proposal came to be discussed in the European arena. At the MLF Working Group meeting in Paris on 25 October 1963 Italian Ambassador to NATO Adolfo Alessandrini argued for the necessity of foreseeing in the Charter[42] the eventual unity of Europe.[43] However, before bringing to the discussion the actual text of the European clause, the Italian delegation to NATO preferred to review it with the Germans and the Americans.

On 31 October 1963 Alessandrini and Ducci showed the text of the "European clause" to US Ambassador to NATO Thomas Finletter:

> Should all or some of the European States parties to the present Charter establish among themselves a Union – in which other European states may participate – the Contracting Parties will negotiate such adaptation of the

---

39 Memorandum of Conversation, Gaja-Smith (S/MF), 17 April 1963, S/MF SUB, RG 59, NACP.

40 Akten zur Auswärtigen Politik der Bundesrepublik Deutschland (AAPD), 1963 [II], Dok. 222, Runderlaß des Staatssekretärs Carstens, 9 Juli 1963, p. 733.

41 FO 371/179045, Shuckburgh (UK Delegation to NATO) to the Foreign Office, "MLF. European clause", no date.

42 The preparation of the Charter of the MLF became the main task of the MLF Working Group established in October 1963 and composed of the Permanent Representatives to NATO of Germany, Italy, Greece, Turkey, Belgium, The Netherlands, Britain and the US. Along with the MLF Working Group, five sub-groups were created to deal with the legal, nuclear safety and security, financial and administrative aspects of the MLF. Apart from the Military sub-group which met in Washington, all the other groups, together with the MLF Working Group, had their meetings in Paris.

43 DEFE 13-634, Statement by the Italian Representative to the meeting of the MLF Working Group, 23 October 1963.

Charter as they may consider necessary in order to take into account the new political situation.

If such a Union should establish a European Political Authority provided with effective control over the Armed Forces of the Union, conditions and procedures will be unanimously agreed upon under which the Force may be reorganised in such a way, although incorporated into the Armed Forces of the European Union, it will maintain its coordination with the other forces assigned to the common defence of the West.[44]

In contrast to the earlier German proposals on revision of the initial control formula toward majority voting, the Italian clause addressed the contingency of an integrated Europe, which would vote as a unit, and considered the relation of that unit to the MLF.[45]

The first reaction of the US Ambassador was rather lukewarm. He said that the US could not approve it, but on the other hand would be interested to see German and Belgian reactions to the Italian proposal.[46] Instructions with respect to the Italian draft sent from Rusk to Finletter defined the US position as supportive but uncommitted in order to avoid any misgivings on the appropriateness of the inclusion of such a clause in the ultimate MLF Charter. The US Secretary of State stressed that "this should be [a] matter for European, not American initiative".[47]

On 7 November 1963 Italian Ambassador to Bonn Roberto Ducci meeting with the German State Secretary Carstens, presented the draft for the European clause. Ducci said that from the Italian viewpoint such a clause would promote the political unity of Europe and make possible French participation in the future. It would also act as a guarantee if the US were to one day leave Europe. In addition, it could win the support of the Italian Socialists for Italy's entry into the MLF.

Similarly to the US reaction, Carstens did not show much enthusiasm for the European clause. After examining the text of the clause, the German Foreign Ministry concluded that it was not acceptable because the European political authority mentioned in the Italian formula was not realisable for the present time and would complicate the MLF negotiations. From a German perspective, the second paragraph, which

---

44 AAPD, 1963 [II], Dok. 414, Aufzeichnung des Ministerialdirektors Krapf, 15 November 1963, p. 1441.

45 Memorandum of Conversation Owen-Fenoaltea, 22 November 1963, S/MF SUB, RG 59, NACP.

46 Finletter (US Mission to NATO) to the Department of State, 31 October 1963, CF, RG 59, NACP.

47 Rusk to the American Embassy Rome, 4 November 1963, NSF, Regional Security, box 218, JFKL.

foresaw the insertion of the European part of the MLF into a European force while securing its "coordination" with the other parts of the MLF, would lead to a weakening of the ties between the US and Europe and of the Atlantic partnership. This would mean the exclusion not only of the US but also of Greece and Turkey. However, supposing that the Italians had made this proposal mainly for internal political reasons, Bonn agreed with the principle of a European clause, which would leave open the possibility of making a European decision on the use of nuclear weapons with a majority of votes but without a single European veto.[48]

In early December 1963 Germany presented its own draft of the European clause. The draft mentioned the stronger ties between the NATO nuclear force and the European nuclear force. It envisaged the contribution of a European political authority to the MLF and emphasised that the European force would be an integrated force of NATO.[49] One month later the German Foreign Ministry further modified the text of the European clause. According to the new German formula the Charter should include a review provision not only in case of the establishment of a European political union having authority in the field of defence, but even at the stage of a preparatory understanding on steps towards the creation of a European Union. The third paragraph outlined a general review clause in a situation "resulting from a change of a fundamental character in the political conditions prevailing at the time of the signature of the MLF Charter".[50] This might be applied in the event of a peace settlement for Germany. The latter would especially be helpful in the presentation of the MLF to the Parliament and to public opinion in Germany.

In June 1964, a compromise on the European clause was found between Germany and Italy. A joint German-Italian draft brought to the MLF Working Group discussion included a provision for an agreement on the steps towards the creation of a European Union. From the German viewpoint the clause was not to be mandatory since it would not commit any member state to dissolving or transforming the MLF in the event of political change. In the two-stage clause the first part

48 AAPD, 1963 [II], Dok. 414, Aufzeichnung des Ministerialdirektors Krapf, 15 November 1963, p. 1441.

49 AAPD, 1964 [I], Dok. 23, Aufzeichnung der Politischen Abteilung II, 23 Januar 1964, pp. 122-123.

50 FO 371/179042, Shuckburgh (UK Delegation to NATO), Memorandum, MLF WG, 15 July 1964.

defined the preliminary steps towards the unification of Europe and the second spelt out the more definite stage of European unity.[51]

The European clause proposal caused intense debate among the Working Group members. The UK objected to the mandatory character of the Italian language since it implied the obligation to adjust the treaty rather than to consult.[52] Dutch Ambassador to NATO Henry Boon doubted whether it was necessary to take out a mortgage on the MLF before it had even been created. For the Dutch government the MLF was mainly a new form of transatlantic integration and it could not, therefore, achieve both Atlantic and European goals.[53] Thus the European clause should simply commit signatories to "review" the terms of the present Charter in the event of "a peace settlement for Germany or the creation of a European political organization having authority in the field of defence" or under a general review clause.[54]

The Secretariat's version, prepared by Robert von Pagenhardt, went into more detail. It specified developments other than European unity, which might modify the situation. They included the evolution of institutions of the Atlantic community, changes in science and technology, the agreement to a controlled freeze or reduction of nuclear armaments with the Soviet Union, as well as the development of global and regional arrangements for the maintenance of international peace and security when the MLF could be made available to the United Nations.[55]

The Monnet Committee Enters the Debates

The Monnet Committee did not initially support the MLF. During the EDC and Euratom negotiations, Monnet argued for the exclusively peaceful use of nuclear energy in Europe and excluded both the possibility of nationally controlled nuclear weapons and a European nuclear force. However, in the case of the MLF he finally decided to support the possession of nuclear weapons by the European Community.[56] This could be mainly explained by the fact that, in Monnet's view, the creation of a French national nuclear force already

---

51 German comments on the 33rd WG meeting, 15 July 1964, S/MF SUB, SM NEGO, RG 59, NACP.

52 WG/ Minute, 25 June 1964, S/MF WG, box 5, RG 59, NACP.

53 FO 371/179042, Memorandum, MLF Working Group, 15 July 1964.

54 *Ibid.*

55 Annotated draft agenda for MLF consultation, 3-4 September 1964, S/MF NEGO, RG 59, NACP.

56 Skogmar, G., *The United States and the Nuclear Dimension of European Integration*, *op. cit.*, p. 147.

represented a bigger evil for European unity. He repeatedly urged the US not to help the French nuclear programme as it could provoke the same claims for the Germans.[57] For him, the only way to prevent the division of Europe by national nuclear forces was the creation of a European nuclear force closely connected with the US.

In its June 1962 declaration the Monnet Committee pointed out that the partnership between Europe and the US should not be merely economic. It was necessary to cover the military and political domains as well. The European Communities could not be an equal partner of the US if they lacked the means and responsibility in the nuclear field and could have no influence on the important questions connected with nuclear weapons: strategy and disarmament.[58]

De Gaulle's veto on British entry into the EEC and his rejection of the US Polaris offer was the starting point of Monnet's support for the MLF project, which he thought might improve the threatened cohesion of the Atlantic Community.[59] After the MLF negotiations started in the form of the Merchant mission in the spring of 1963, Bowie approached Monnet to ask for the Action Committee's initiative to lay out a broad programme for the "Europeans" towards real European integration in the context of the MLF. He thought that "once started, if not sewed too tight, the (MLF) programme, will take on a momentum of its own just like EEC and that things not now possible may open up then".[60]

Although Monnet himself was sympathetic to the MLF proposal, he was reluctant to involve his Committee directly in the MLF negotiations. In his view, it was more important for the Committee to be able to develop general concepts of the project than to be involved in the discussion of its technical details.[61] Simultaneously with the MLF Working Group,[62] which had its first meeting in October 1963, the Monnet group started to develop its own approach to the MLF. The major question which attracted the Committee's attention in regard to the MLF was the possibility of its evolution into a European force. The Committee's staff members, Jean Monnet, Max Kohnstamm, Richard Mayne and Jacques

---

57 Vaïsse, M., *La Grandeur: Politique étrangère du Général de Gaulle, 1958-1969*, Paris, Fayard, 1998, p. 140.

58 Joint Declaration 26 June 1962, Action Committee for the United States of Europe, Statements and Declarations 1957-1967, London, Chatham House, 1969, p. 65.

59 Memorandum of Conversation Monnet-Merchant, 2 March 1963, NSF Memo, box 240, JFKL.

60 Bowie to Kohnstamm, 29 March 1963, AMK C 23/1/421.

61 Memorandum of Conversation, 29 May 1963, NSF, Regional Security, box 218, JFKL.

62 On the MLF Working Group, see note 42.

Van Helmont, suggested including a preamble in the treaty which would allow the force to evolve. Monnet envisaged that the MLF could develop into a European force by buying out the American shares, by a change of the control formula or by having Europe play a larger role in MLF Research and Development, as well as production.[63] The last option was particularly attractive to Monnet because it offered the possibility of participating in a real common enterprise and not just of buying finished hardware from the US.[64]

The memo drafted in October 1963 by Van Helmont formulated the major elements of the Committee's approach to the NATO nuclear force. It went further than the Italian variant of the European clause, suggesting that the MLF could be a stage in the creation of the European nuclear force. One the advantages of the MLF from the Committee's point of view would be its significant technical contribution in the field of nuclear warheads and delivery vehicles to the preparation of the future European forces combined with the American force.[65] Monnet himself dropped the phrase "European nuclear deterrent" because it might provoke the US to leave the defence of Europe to the Europeans. Instead he promoted the idea of equal partnership between Europe and the US which might take the form of "a single structure with an American and a European voice or between forces tied together by treaty into a unified strategic force".[66]

The MLF issue provoked a heated debate at the Action Committee's meeting on 1 June 1964. Some participants raised concerns that the emphasis on the MLF would damage relations with the US and would divide the European countries, rather than uniting them.[67] However, the majority voted in favour of the endorsement of the MLF as a transitional solution and as the beginning of a joint US-European nuclear policy and organisation.[68]

The Action Committee's declaration, adopted at the meeting, was based on the Van Helmont memorandum from October 1963. It argued

---

63 *Ibid.*

64 Memorandum for the Record, Schaetzel, 5 October 1963, CF, RG 59, NACP.

65 Projet de position du Comité relative aux armes nucléaires, no date, AMK 107/1/14, FJM.

66 FO 371/179023, British Embassy in Paris to the Foreign Office, 18 March 1964.

67 Megens, I., "The Multilateral Force as an instrument for a European nuclear force?", paper given at the conference "NATO and Warsaw Pact: Intra/bloc conflicts" held at the Kent State University's Lemnitzer Center for NATO and European Union Studies, 23 April 2004.

68 Farley, Memorandum for the file, Monnet Action Committee Discussion of MLF, 12 June 1964, S/MF SUB, RG 59, NACP.

for an urgent solution of the European nuclear problem together with the US, regardless of the progress achieved in European political and military unity. The European contribution to Western defence should not be limited to conventional resources but should also extend to nuclear weapons.[69]

The declaration defined the main conditions for the Committee's support for the MLF. These were an agreement with the Soviet Union on the reduction of nuclear armaments and an equal partnership between a united Europe and the US. The MLF should contain a provision for renegotiation in the event of the creation of a European political authority: "As Europe progressed toward unity, the European members would be able to merge their national shares and negotiate with the US on the whole problem of Western nuclear arms, including production, control and related issues".[70]

For the members of the Committee, the MLF with the European clause was not only a force created on the basis of mutual cooperation such as NATO but an organisation of supranational character like the ECSC or the EEC. This organisation would include a single nuclear force, along with political institutions.[71] Along with the voting principle, the MLF might also adopt the institutional structure of the EEC. The Board of Governors suggested by the US should be reinstated to the Council of Governments and the Director-General should be renamed the High Commissioner, which would specify its civilian character. The Board would act on proposals of the High Commissioner, as the EEC Council acted upon proposals from the European Commission.[72]

For the members of the Action Committee, a politically and militarily united Europe meant that there would be no more separate national policies and decisions of the member states in the area of nuclear defence. A united Europe dealing with the US would involve all its capabilities. At the same time, a united Europe and the US could extend their joint actions to research and production without dissemination of nuclear weapons and with mutual technical and economic benefits.[73]

With the directions of the MLF policy adopted by the majority of participants, the Committee started a lobbying campaign for the

---

69 Joint Declaration, 1 June 1964, Eleventh Session, Bonn, Action Committee for the United States of Europe, Statement and Declarations 1955-67, p. 80.

70 *Ibid.*, p. 81.

71 Dénomination de la MLF, 8 September 1964, Van Helmont, AMK 133/1/87, FJM.

72 Questions relatives aux aspects politiques, 10 septembre 1964, AMK 133/1/89, FJM.

73 Memorandum, Van Helmont, 12 September 1964, AMK 133/1/92, FJM.

inclusion of the elements of its declaration in the MLF agreement. In the summer of 1964 Monnet's staff was involved in negotiations with the national delegations of the MLF Working Group. Members of the US Mission to NATO, Thomas Finletter and Philip Farley, had several meetings with Van Helmont in June and July.[74] Farley agreed with Monnet's insistence on including the MLF provisions for disarmament as well as the transformation of national participation into joint participation. However, he was sceptical about a clause for negotiation between a united Europe and the US, since not all members of the MLF would participate in a united Europe. He also felt that this initiative should come not from the US or Monnet's Committee but from European governments.

US diplomats in Paris thought that Monnet would be able to act effectively in the interest of the US as he did not really envisage an evolution towards an independent European nuclear force. Philip Farley suggested that Monnet preferred rather to replace separate national participation in the MLF by a joint European participation. Thus, the MLF might develop into some instrument for the joint US-European management of the total Western strategic deterrent.[75]

In the Johnson administration the European clause was considered as no more than a review provision in the MLF treaty which explicitly mentioned European unification and German reunification as constituting reasons for the MLF treaty negotiation.[76] In May 1964 Secretary of State Dean Rusk, speaking before the Joint Committee on Atomic Energy, noted that the US "would make no commitment regarding the 'European clause', but Congressional approval would be needed for any such change in the Charter".[77]

In the midst of the Working Group debates on the European clause in late July 1964, Assistant Secretary for European Affairs William Tyler and Chairman of the Policy Planning Council Walt Rostow sent memoranda to the Secretary of State in support of the European clause. Tyler noted that the US had already benefited from "keeping the door open" on this issue. Those in Europe who initially pressed most vigorously for an independent European option, such as Italy and the Monnet Committee, had changed their position towards a closer relationship with NATO and the US. West German Defence Minister

---

74 Megens, I., *The Multilateral Force*, *op. cit.*

75 Farley to Furnas (S/MF), 6 August 1964, S/MF SUB, RG 59, NACP.

76 Memorandum of Conversation, 19 November 1964, NSF Subject File, box 2, Lyndon Baynes Johnson Library (LBJL).

77 Appearance of the Secretary of State before the Joint Committee on Atomic Energy, 7 May 1964, NSF Subject File, box 22, LBJL.

von Hassel, who initially thought that the US should eventually give up its veto in order to get France into the MLF, now accepted the indefinite retention of the veto. US support for the European option embedded into an Atlantic framework, Tyler suggested, would further help to neutralise those who questioned or opposed the MLF, such as Franz-Josef Strauss, Konrad Adenauer and the Gaullists.[78]

Rostow shared Tyler's view on the changed support in Europe from the European-controlled force to the Atlantic concept of jointly controlled MLF and argued that US policy should make this concept more attractive to the Europeans by permitting Europe to become a more responsible nuclear partner of the US within the context of this common force. In his view, a European contribution to the Atlantic deterrent could be reached through nuclear consultation, with the MLF serving as a major forum for US-European debates. Taking into account the strong support of the Monnet group to the "evolution clause" in the MLF Charter, which would keep open the control issue while allowing and encouraging an evolution in the Atlantic direction, Rostow recommended that the US should "neither promise nor preclude giving up the veto if Europe could achieve genuine political unity".[79]

On 8 July 1964 the Working Group, with the strong support of the Monnet Committee, drafted the first variant of the MLF Charter. Article IV, which included the major provisions of the European clause, followed the pattern of the Action Committee declaration.[80] The new formula of the European clause envisaged a substitution of European joint participation in the MLF for the previous national participation. This would allow European countries to negotiate with the US to increase the intimacy of US-European cooperation in nuclear affairs.[81]

Defining the MLF Charter

A supplement to the Charter, revised by Van Helmont on 23 July 1964, referred to a united Europe comprising a population comparable to that of the US as a condition for a European clause. In this case, a conference should be called by the interested Western countries to negotiate a treaty. A modification of the treaty could result in the creation of an Atlantic Community Institution or an Atlantic partnership linking EU and US institutions. In addition, he emphasised

[78] Tyler to the Secretary of State, 28 July 1964, S/MF, RG 59, NACP.

[79] Rostow to the Secretary of State, 31 July 1964, S/MF SUB, RG 59, NACP.

[80] From American Embassy Paris to the Department of State, 28 October 1964, CF, RG 59, NACP.

[81] MLF Charter, Draft, 8 July 1964, AMK 133/1/28, FJM.

the importance for European countries of common capabilities in research and development.[82]

A draft prepared by Professor Robert Bowie, who advised the State Department, envisaged a three-level review of the Charter. The first described a situation when a European Union had not yet been formed but the countries had agreed on "steps" toward European unity. In this case European members could only substitute collective representation for national representation, without further change in the Charter. The second level assumed a situation when a European Union had actually been established, in which case the Charter would be "subject to any renegotiation the members thought was necessary". Finally, the last level would entail a general review of the Charter.[83] In addition Bowie suggested that a "generalised Charter" might be accompanied by a non-binding and thus unratified Joint Declaration embodying the Monnet Committee goals.[84]

The US Mission to NATO provided further clarification on the European clause issue. The memorandum of Finletter's assistant Philip Farley, who was also the chairman of the Safe and Security MLF sub-group,[85] pointed out at least four sorts of political developments which might call for a review of the MLF Charter: European political unification, German reunification, relevant disarmament agreements, and developments in the institutions of NATO and the Atlantic Alliance. In Farley's view European political unification comprised two stages. The first stage would entail an agreement to establish a union with authority in the field of defence. In this case there would be no need to modify the Charter, provided that there was a general review provision. Second, an agreement might be reached on steps toward European political unification. In this case, the MLF Charter might be reviewed but the eventualities were so numerous and indefinite as to make anything more specific impractical. The impetus towards European unity as a result of the creation of the MLF would come from its establishment as "an institution and capable of growth, rather than from a statement of policy or intention". In the event of German reunification, the German share in the MLF could be increased due to the growth of population and GNP. However, Farley noted that a general reference to German reunification would probably be ambiguous, since it could be

82 Van Helmont amendment to the suggested European clause, AMK 133/1/68, FJM.

83 Draft language proposed by Robert Bowie, 22 July 1964, S/MF SUB, RG 59, NACP.

84 Annotated draft agenda for MLF consultation, 3-4 September 1964, S/MF NEGO, RG 59, NACP.

85 On MLF Working Group structure, see footnote 42.

interpreted also as a readiness to trade the MLF for a deal with the Soviet Union on Germany.[86]

On 1 September 1964 the Paris Working Group presented the first full version of the MLF Charter drafted by the US and German delegations, including Philip Farley and Wilhelm Hartlieb.[87] Article XXIX set a time period of 10 years, after which the agreement could be reviewed on the request of one of the Parties. The Charter envisaged the revision of the treaty and the transformation of national participation of single European states into a joint European share in case a European Union were to be established having authority in the field of defence. In addition, it included a general review clause which listed "Changes of a fundamental character", such as the reunification of Germany, an international understanding on steps towards the reunification of Germany, and substantial progress in the achievement of effectively controlled disarmament.

In London, on 15 September 1964 Kohnstamm and Van Helmont were given the US-German Draft Charter and other central documents, including the five MLF sub-groups' reports. The Monnet group was satisfied with the manner in which the MLF was established in the draft Charter as "an institution rather than merely as a military force" and was also pleased with the degree to which the objectives of the Committee had been set forth in the preamble.[88]

Nevertheless, the Monnet group made additional efforts to approximate the MLF Charter to the 1 June declaration. Monnet convinced Italians to introduce an extension of the "European clause" to accord with Action Committee language. In contrast to the cautious German formula, the new Italian draft of the European clause presented on 24 September 1964 foresaw negotiations to create a full partnership between the US and a European Union in the organisation of a common defence in the field of nuclear weapons.[89] Thus, the MLF was considered only as a temporary organisation until European unity was reached. The Italians rejected the former review clause in case of changed political circumstances and did not wish that German reunification should be equal with the other review clause.[90]

86 P. Farley, "MLF as a growing institution", 27 July 1964, AMK 133/1/55, FJM.

87 Finletter (US Mission to NATO) to Schaetzel, 22 September 1964, S/MF SUB, RG 59, NACP.

88 Finletter (US Mission to NATO) to Schaetzel, 22 September 1964, S/MF SUB, box 7, RG 59, NACP.

89 Van Helmont, Memorandum, 20 Septembre 1964, AMK 133/1/104, FJM.

90 Aide mémoire sur la position italienne, Clause européenne, 24 October 1964, AMK 133/1/137, FJM.

The Germans objected to the second part of the Italian draft, which stated that the European members of the nuclear force should be the members of a European political union. For them, such construction would exclude France from future US-EU negotiations.[91] On 17 October 1964 German Defence Minister von Hassel made a statement for the exclusion of a European political union from the Charter because it was not clear what was meant by such a union. He proposed to change it to the "European political association", which would also include some competence in the field of defence.[92]

In late 1964 the European clause became increasingly important, mainly as an antidote to de Gaulle's policy in favour of European nuclear self-sufficiency, and the Johnson administration took a firmer position towards it. However, the negative Norwegian attitude, the strong Dutch feeling against a European nuclear force and Soviet propaganda made it more difficult for the US to support the European option. US Ambassador to NATO Finletter recommended reconsidering the inclusion into the MLF Charter of the specific US assurance to re-examine the requirement for US concurrence in firing. A general review provision and a specific European clause would be sufficient.[93]

Contrary to Finletter, US Ambassador to Germany George McGhee suggested that the US must be prepared, in the event of European unity, to permit a consolidation of the separate interests of the uniting countries. Although the US President would retain his veto, it would be possible to concede that "a new political entity emerging from the unification of Europe would have the largest voting share in planning and other types of decisions".[94]

President Johnson supported keeping the European option open. Even though Johnson decided to put the MLF project into cold storage and gave the green light to the British Atlantic Nuclear Force (ANF) initiative (after the Anglo-American meeting in December 1964),[95] the

---

91 AAPD, 1964 [II], Dok.271, Gespräch des Staatssekretärs Carstens mit Generalsekretär Cattani, 5 Oktober 1964, S.1110.

92 AAPD, 1964 [II], Dok. 288, Staatssekretär an Botschafter Grewe, 19 Oktober 1964, S. 1163.

93 Finletter (US Delegation to NATO) to Schaetzel, 31 October 1964, S/MF SUB, RG59, NACP.

94 McGhee (US Embassy Bonn) to the State Department, 4 December 1964, NSF Subject Files, box 24, LBJL.

95 This plan introduced in October 1964 entailed the British Vulcan strike aircrafts, British and American Polaris submarines, a mixed-manned element of the surface fleet on the lines of the MLF and possibly some American Minuteman intercontinental ballistic missiles, which might also be mixed-manned. The US and Britain would have a veto right.

Presidential memorandum NSAM 322 on 17 December 1964 contained a reference to a European clause. It stated that if "major nations of Europe some day achieve full political unity with a central political authority capable of making the decision to use nuclear weapons, the United States recognises that this will create a new situation in which reconsideration of various provisions of the Charter would be appropriate".[96]

The debates about the text of the European clause in the MLF Working Group continued until early 1965 when the MLF proposal was replaced by the British plan for the ANF. Yet the Action Committee continued its support for the European option in the case of the ANF proposal. On 8 and 9 May 1965 in Berlin, the Monnet Committee reaffirmed the objective declared in 1964. The Committee demanded a review of the situation. It considered that nuclear responsibilities could not be simply delegated to the US, but ought to become common to the US and Europe. The Committee-envisaged European organisation was not limited only to strategic nuclear weapons. The Committee proposed a more general programme for the European military force concerned with conventional and nuclear weapons and also with research and production. The creation of such an organisation would exclude the bilateral relations between the US and member countries.[97]

The UK and French Positions

Since the introduction of the MLF project the British government was against the MLF concept and preferred to set up a small group of national representatives that would share secret information about the armaments and deployment of a NATO force. They could assure member countries that the force remained available and ready for use in case of any attack in Europe.

As an alternative to the MLF proposal, London considered the contribution to a NATO two-layer pool by some or all NATO countries holding nuclear weapons. The first part of the pool, the Western nuclear deterrent, would include British and US MRBMs. These weapons would remain under the ultimate national control of Britain and the United States. At the same time European non-nuclear countries could have a

---

96 NSAM No. 322, "Guidelines for Discussions on the Nuclear Defense of the Atlantic Alliance", NSF, Committee on Nuclear Proliferation, box 7, LBJL.

97 Position prise par le Comité d'Action pour les États-Unis d'Europe sur les questions nucléaires, juin 1965, AMK 133/1/220, FJM.

control in a collective force, built on the basis of tactical nuclear weapons.[98]

Even though a European option was considered in the UK in 1962 as a possible solution in case of the country's entry into the Common Market, the veto of de Gaulle and the Nassau agreement strengthened the Atlantic orientation of British Foreign policy. The transfer of US Polaris missiles to Britain, albeit as a part of the NATO nuclear force, meant the dependence of the British deterrent on US technological assistance.

Along with the issues of mixed-manning and the US veto on the use of nuclear weapons in the MLF, a European clause constituted one of the main difficulties for the British government in the MLF negotiations. For Whitehall, to create a European force would be to pay a very high premium (in terms of spreading nuclear power, alarming and perhaps provoking the Russians, conferring a major nuclear role on Germany and dissipating resources) in order to give the Europeans a feeling of being insured against a contingency, which was, in fact, extremely remote.[99] The British considered that the European clause would create obvious difficulties. Either the Europeans would have to produce their own warheads or the Americans would have to hand over their own warheads, in breach of existing Western policies on the non-proliferation of nuclear weapons. It would also frustrate one of the political purposes of the MLF in European eyes, namely, to forge closer links with the US in the field of nuclear defence.[100] During the MLF Working group in July 1964 in Paris, British Ambassador to NATO Evelyn Shuckburgh objected to the inclusion in the MLF treaty of a European clause with a reference to a European Union or to German reunification. In his view, this would make it more difficult to answer Russian charges that the MLF was a disguised form of proliferation.[101] London was not willing to commit itself to it and was ready to consider a European clause, provided it was only an option for the future and the British had a veto on any change in the control arrangements. This would enable Britain to veto any abandonment of the US veto.[102]

The change of government in October 1964 did not affect the British position. The Labour government that promised to abandon independent

---

[98] CAB 21/4540, Draft telegram to Washington, no date.

[99] FO 371/166999, Shuckburgh (UK Delegation NATO) to David Ormsby-Gore (British Ambassador in Washington), 3 July 1962.

[100] FO 371-179022, Saragat visit, Talking points on the MLF, 10 January 1964.

[101] FO 371/179042, Shuckburgh (UK Delegation NATO), Memorandum, MLF WG, 15 July 1964.

[102] *Ibid.*

deterrence at the same time opposed any kind of European solution. Speaking at the NATO Parliamentarians' conference in 1963 as opposition leader Harold Wilson had argued against the idea of a Western European or EEC deterrent. He thought that turning the EEC into a military union, particularly with nuclear capabilities, was wrong because it would distract its members from important economic aims, it would add nothing to Western Defence, would be provocative to the Soviet Union and would encourage the spread of nuclear weapons.[103]

The Foreign Office argued against a European nuclear force. The only possible solution was an Atlantic force with American participation. The UK was ready to consider in the event of European unification that a "collective voice" for Europe could be substituted for that of individual members, but not the transfer of nuclear weapons under European command since this would lead to "two alliances".[104] The most the British were ready to agree to was the re-grouping of appropriate existing or planned nuclear weapons under the political control of a permanent body with a membership as small as possible. Meeting with his German counterpart, Gerhard Schröder, in November 1964, British Foreign Minister Gordon Walker noted that for him, regarding the MLF, everything was acceptable which excluded the pure European solution, without the US. He was against the "two-pillar concept".[105]

In the French government a European clause was considered only as a means for the US to solve the present nuclear problem in the same way as the pacific use of nuclear energy in Euratom. French Foreign Minister Couve de Murville thought that the US would never abandon the control over the MLF in order to prevent the dissemination of nuclear weapons and the Germans should have no illusions about that. Contrary to the European clause's goals, the German possession of nuclear weapons in the form of the MLF would make unification very difficult, if not impossible.[106]

In autumn 1964 when the MLF project of the NATO nuclear force was close to completion, the French President once again tried to use the rhetoric of independent European nuclear deterrence to distract European countries from supporting the MLF. Speaking in Strasbourg

---

103 Politisches Archiv des Auswärtiges Amt (PAAA), B 14II-A7/785, "NATO-Parlamentarier-Konferenz 12-17.11.1962".

104 American Embassy Bonn to the Department of State, 17 November 1964, CF. RG 59, NACP.

105 AAPD, 1964 [II], Dok.334, Gespräch des Bundesministers Schröder mit dem britischen Außenminister Gordon Walker, 15 November 1964, p. 1306.

106 *Documents Diplomatiques Français* (DDF), 1964, Doc. 154, Couve de Murville à Jacquin de Margerie (ambassadeur de France à Bonn), 26 October 1964, p. 380.

on 22 November, de Gaulle emphasised that "in these times of threats and nuclear escalation", there was no other route than "the organisation of Europe in and of itself for its own defence". This was an implicit criticism of the MLF but it was not accompanied by any concrete proposal.[107] Any kind of integrated nuclear force was impossible without the prior creation of a supra-national European political union, led by a single, integrated government. But de Gaulle continued to oppose the delegation of sovereignty to a supranational European government.

In this regard, the MLF with the European clause seemed to offer some Europeans an opportunity to deprive de Gaulle of the use of European symbols and of the exploitation of the powerful sentiments for a united Europe and to propose the alternative of a joint European nuclear force directed by Europe acting through a federal structure rather than in a classic alliance of the French type.[108]

European Option and Non-Proliferation Treaty

The explosion of the first Chinese atomic bomb in October 1964 strengthened the resolve of Soviet and US leaders to sign a Non-Proliferation Treaty (NPT). Although the Soviet-American negotiations on the non-proliferation issue had started at the beginning of 1960 and continued in the Eighteen Nations Disarmament Committee (ENDC), the agreement was blocked because of the MLF issue. The US, partly because of German pressure, took the position that any agreement should not block the transfer of nuclear weapons to the MLF in the framework of either NATO or the Warsaw Treaty Organisation.[109] The Soviet Union firmly opposed the creation of a NATO nuclear force. From the Soviet perspective, such a force was the main obstacle in the way of a non-proliferation agreement.[110]

During the first half of 1965 support for the NPT grew in the US and among its European allies. Britain was the leading advocate of non-proliferation and the Wilson government made every effort for an early signing of the treaty despite of the position of the other NATO countries. In early June 1965 the British presented to NATO a draft non-proliferation treaty that limited the evolution of the MLF under the European clause. The language suggested that there should be no

---

107 Bozo, F., *Two strategies for Europe: De Gaulle, the United States, and the Atlantic Alliance*, Lanham, Md., Rowman & Littlefield, 2001, p. 119.

108 US Mission to the European Communities to the State Department, "European parliament views on the MLF", 2 December 1964, NSF Subject File, box 24, LBJL.

109 Timerbaev, R., i jadernoe nerasprostranenie, Moskva, Nauka, 1999, p. 177.

110 Vneshnaja politika Sovetskogo Sojuza i meshdunarodnie otnoshenija, Sbornik dokumentov, 1964-1965, pp. 31-34.

"increase in the total number of states and other organisations having independent power to use nuclear weapons". This would mean that no European force could come into existence unless the nuclear powers – UK, France and the US – either retained the veto or melded their own forces into a "supranational organisation".[111] The UK suggestion did not preclude the European option in the event of a "fully federated European state", but only in the event of an "association of States". The recipient would not be a "group of States" but a single state. Thus, it would not be a transfer, but only a "succession".[112]

The Johnson administration took the position that it would not insist on the inclusion of the European clause in the Charter of the NATO nuclear force, but expressed willingness to respond effectively to the largest possible consensus among interested European allies.[113] In their public statements US representatives continued to show full support for the European option. On 18 August 1965 head of the Arms Control and Disarmament Agency William C. Foster noted that if the nations of Europe "were to achieve the kind of political unity, which included some central political authority capable of deciding on behalf of all members on the use of nuclear weapons, we feel that reconsideration of the provisions of the Charter for the Atlantic force would be appropriate".[114]

Although encouraging the general idea of the European option mainly in order to provide support for Ludwig Erhard,[115] the US government avoided making any comments on the European clause in relation to the NPT for a long time. For US policy-makers the notion of a European nuclear force was something of a "storm in a tea cup". US Secretary of State Rusk suggested that it was rather fatuous to cause trouble here over a European clause while de Gaulle was "vigorously engaged in destroying any immediate prospect of movement toward unity".[116] In addition, any position publicly taken by the US in relation to non-proliferation could have immediately affected the Soviet-

---

111 Administrative History, Arms Control and Disarmament Agency (ACDA), LBJL.

112 Bunn (ACDA) to Fisher (ACDA), 7 June 1966, Keeny Files, box 8, LBJL.

113 *Foreign Relations of the United States (FRUS), 1964-68*, Vol. 11, *Arms Control and Disarmament*, Washington, DC, USGPO, 1995, Doc. 85, Telegram From the Department of State to the Mission of the North Atlantic Treaty Organization and European Regional Organizations, Washington, 11 July 1965, p. 218.

114 PAAA, B 14II-A7/ 834, "Statement by William C. Foster before the United Nations Correspondents Association", 15 August 1965.

115 Bator memorandum for the President, 2 March 1966, Francis Bator Papers, box 29, LBJL.

116 Rusk to the President, 11 April 1966, Francis Bator Papers, box 30, LBJL.

American negotiations, which were the core of the NPT preparations. The Soviet government had been saying that the European option provision complicated the treaty unnecessarily with a very remote possibility.[117]

In the midst of Soviet-American negotiations on the NPT Rostow attracted the President's attention to the US veto issue. He recommended not giving up the US veto in any arrangements within NATO or other alliances. Whether or not a European force emerged, it would operate with the US strategic forces in Europe or nuclear weapons would be fired on the basis of a double-key system by both Europe and the US. No US President was going to place in the hands of the Europeans or anyone else the right to determine when the US would be engaged in a nuclear war or when nuclear weapons of US manufacture might be fired.[118]

However, the memorandum suggested that the Europeans probably really wanted not so much an independent right of firing the weapons as an insurance policy against the possibility of US withdrawal from Europe. The prospects of a European nuclear force would therefore be a kind of guarantee against such a withdrawal and Rostow recommended supporting it.[119]

On 24 September 1966 Foreign Minister Gromyko and Secretary of State Rusk agreed on the key points of a joint NPT formulation. An understanding was reached with the Soviet Union that the treaty should deal only with what was prohibited, not with what was permitted. Gromyko intimated that he was prepared to accept the existing nuclear arrangements of NATO and a Nuclear Planning Group (NPG), and that he would raise no objections to a future European option on the basis of a "succession of states" as long as there was no transfer of nuclear weapons to any group of states. "Succession of states" meant that an existing nuclear-weapons state, such as France, would give up its independent nuclear position and that a "future European state would assume the former legal nuclear status of France". The Soviet Union did not consider the European clause as an obstacle on the way to signing a non-proliferation treaty, but it would object if the US wanted to "include it legally in the text of the treaty".[120]

---

117 Bunn (ACDA) to Fisher (ACDA), 7 June 1966, NSK, Keeny Files, box 8, LBJL.

118 Rostow to Rusk, 3 September 1966, Francis Bator Papers, box 29, LBJL.

119 *Ibid.*

120 Working group language for the Non-Proliferation Treaty, 30 September 1966, Keeny Files, box 8, LBJL.

The language of Article I developed in the US-USSR working group discussion clearly preserved the "European option" in the event of the formation of a federated state including one or more entities that had been nuclear weapon States. The new State would have succeeded to the status of "nuclear-weapon State" formerly held by one or more of its component parts. Thus, under the NPT, no nuclear weapons would have been transferred to a non-nuclear-weapon State; instead, the federated European State would be a nuclear-weapon State by succession to one or more of its component parts.[121] The suggestion was advanced by the Working Group that the "European option" should be held open for a supra-national European entity in the field of defence, comprising individual nuclear-weapon states such as the UK and France. The creation of a European defence community that brought to an end all independent national military forces would necessarily imply the "creation of an entity that would function as a State in international affairs". By definition, it would be unitary in the fields of defence and foreign policy, and the community rather than its component parts would be the State in international law and relations. If, on the other hand, the States of Europe were to create a partial defence community, while each retained its national military establishment, no federal European state would have to come into being, and the community could not be considered to have succeeded to the status of a nuclear-weapon State held by one or more members of the community. The community would be an additional rather than successor entity. The transfer of nuclear weapons to the community would be prohibited by Article I of the working group draft since no succession could be said to have taken place. Moreover, the separate authority of such a community over nuclear weapons could increase the number of entities with the ability to fire them, and thus create a clear case of proliferation.[122]

Having found a compromise with Moscow, the US administration faced the difficult problem of convincing its European allies and, in particular, the Germans, to accept a new Soviet-American formula. For the Erhard government the European clause became an instrument to influence the negotiations on the NPT.[123] On 20 September 1966 the meeting of the CDU/CSU section of the Bundestag made clear that the NPT could not be signed unless it would disable the European option.[124]

---

121 *Ibid.*

122 *Ibid.*

123 McGhee (US Embassy Bonn) to the Secretary of State, 17 January 1967, Francis Bator Papers, box 29, LBJL.

124 Archiv für Christlich-Demokratische Politik (ACDP), Nachlasse Gerhard Schröder, 1-483-287/1, Sitzung des Arbeitskreises der CDU/CSU Fraktion, 20 September 1966.

Erhard and his successor Kurt Georg Kiesinger wished to retain the possibility of eventually creating a joint European force. New German Foreign Minister Willy Brandt had never believed that a non-proliferation treaty could prevent the emergence of a European nuclear force. Nor did he seem concerned about the effect of the treaty on a European nuclear force or of GDR attendance at a conference pursuant to the agreement.[125] At the NATO ministerial meeting in December 1966, Brandt told Rusk to forget the "European clause". If there ever was a united Europe, he thought, it would either be a successor to the present nuclear powers or lead to a renegotiation of a NPT.[126] Despite Brandt's support, it took much longer for the German government to accept the treaty.

On 21 February 1967 US Ambassador McGhee was instructed by the State Department to give Kiesinger a draft summary of interpretations dealing with the effect of the draft treaty formulations on the problem of European unity. The US administration was not able to give its official interpretation of the European clause issue, aware as it was that the Soviet Union would never agree to the creation of such a new federated European state. The Soviet representative stated clearly several times that Moscow could not tolerate a public statement by the US on this problem.[127] Even though a European clause was not mentioned in the text of the NPT, the United States had convinced the European allies to accept the NPT simply because the Soviet Union did not object to a European clause *per se*.

The interpretation given to the Germans stated that the NPT did

> not deal with the problem of European unity, and would not bar succession by a newly federated European state to the nuclear status of one its former components. A new federated European state would have to control all of its external security functions including defence and all foreign policy matters relating to external security, but would not have to be so centralised as to assume all governmental functions. It would bar, however, transfer (including ownership) of nuclear weapons or control over them to a new

125 McGhee (US Embassy Bonn) to the Secretary of State, 10 January 1966, Conversation with Brandt, Francis Bator Papers, box 29, LBJL.

126 Administrative History, ACDA, LBJL.

127 Bunn-Grinevsky conversation, 22 February 1967, US-Soviet Exchanges concerning Unified Western Europe under a Non-Proliferation Treaty, Bator Files, box 31, LBJL.

> multilateral or other entity lacking the attributes of a federated state essential to bring into play the legal doctrine of succession.[128]

Although the German government had agreed to sign a NPT it was not completely satisfied with the US interpretation of the European clause. During the ratification debate, Brandt and the conservative chairman of the Bundestag's Foreign Affairs Committee, Gerhard Schröder, began developing a new formula for the European option. In contrast to the US interpretation of the NPT, which permitted the transfer of nuclear weapons only after the establishment of a European federal state, the West German interpretation demanded that all the intermediate steps on the road to becoming a European nuclear power be defined as being in conformity with the NPT. Upon ratification, Germany stated that "no provision of the Treaty may be interpreted in such a way as to hamper the further development of European unification, especially the creation of a European Union with appropriate competence". In a similar way, after signing the NPT the Italian government stated that it had acted "in the firm belief that nothing in it is an obstacle to the unification of the countries of Western Europe and to the justified expectations that the peoples of this area have in the developments and progress towards unity with a view to the creation of a European entity".[129] Italy insisted that the treaty should provide the opportunity for gradual movement towards European unity. The full federation could not be achieved if control of nuclear weapons remained in the hands of the nuclear powers during the intermediate stage of unification.[130]

Thus, the NPT was signed but a common understanding was not reached among the NATO members on the status of the European clause in relation to the treaty. Did the NPT actually prohibit the European option? Under Article I the nuclear weapons states are obliged "not to transfer to any recipient whatsoever nuclear weapons or other nuclear explosive devices or control over such weapons or explosive devices directly, or indirectly". In addition, the non-nuclear weapons states are obliged under Article II

> not to receive the transfer from any transferor whatsoever of nuclear weapons or other nuclear explosive devices or of control over such weapons

---

[128] *FRUS*, 1964-1968, Vol. 11, Arms Control and Disarmament, Doc. 183, Memorandum from the ACDA Acting Director Fisher to Secretary of State Rusk, 25 February 1967, pp. 445-446.

[129] PENN Project on European Nuclear Non-proliferation "Nuclear Weapons and the European Union", PENN Research, note 97, 4 June 1997, http://www.bits.de/public/researchnote/rn97-4.htm.

[130] Küntzel, M., "Germany, the NPT, and the European Option", http://www10.antenna.nl/wise/index.html, http://www10.antenna.nl/wise/beyondbomb/4-2.html.

> or explosive devices directly, or indirectly; not to manufacture or otherwise acquire nuclear weapons or other nuclear explosive devices; and not to seek or receive any assistance in the manufacture of nuclear weapons or other nuclear explosive devices.[131]

As a result, on the one hand the NPT prohibited the transfer of control of nuclear weapons to a fully integrated multilateral entity, such as a European defence community, in spite of its supranational character. But on the other, a federated European state could succeed to the nuclear status of one of its former components.

Conclusion: European *vs.* Atlantic

At the NATO Parliamentarians' Conference in September 1965 four main approaches to resolving the crisis in European defence were discussed. The first envisaged maintaining the status quo, albeit with certain reforms in the NATO structure, since Article V of the NATO Treaty provided for US guarantees for protection in case of external aggression. The second approach was to institute a two-tier membership structure of the Atlantic Alliance, with countries that wanted to integrate their armed forces with the Alliance and those who wished to preserve their integrity and freedom. This division would be created with the development of the MLF or ANF concept. The third approach proposed the development of a renewed European Defence Community with nuclear and conventional forces. This would certainly entail a diminution of sovereignty for the European countries and on the other hand could lead to the withdrawal of US forces from the continent. Finally, there was a proposal for a narrower defence system, based on a Franco-German union.[132]

Even though many of the Europeans did not want to depend on the US military presence in Europe, the high costs of any serious European military build-up, which would transfer resources away from economic integration, seriously hampered European military integration. Although no decision was taken at the conference, the later course of events showed a preference for keeping the status quo in European defence, with slight changes in nuclear planning.

Why did the MLF fail? Why did the supranational framework used for the ECSC and the EEC not work for the MLF project, even with the inclusion of the European clause? Why did the spillover from the

131 Non-Proliferation Treaty, 1968, http://www.un.org/Depts/dda/WMD/npttext.html.

132 PAAA, B14 IIA7 §847, NATO Parliamentarians conference, 1965, Preliminary report.

economic field not work for the military-political cooperation in Europe?

Institutional arrangements used for European economic integration in the 1950s were only part of the solution to the big question facing Western Europe: how to live safely with Germany and the USSR. In the early 1960s, due to the peaceful resolution of the Berlin crisis, West Germany started losing its position as the nexus of confrontation between the US and the USSR. The European option for solving the German nuclear question, which was initially supported by Eisenhower, had shown itself to be insufficient by the time of Kennedy and Johnson. The localisation of German nuclear ambitions at the European level was not possible because of strong opposition from the Soviet Union and the lack of common political institutions of an integrated Europe to provide effective control of nuclear weapons. To address the danger of nuclear dissemination, not only in Europe but in the whole world, a more global solution was needed.

This solution was found in the combination of the Atlantic and international frameworks with the intention of precluding the German nuclear option. The Atlantic security system, which evolved towards the greater participation of the European NATO members in the formulation of the Alliance nuclear strategy, provided an effective and realistic mechanism to increase the FRG's role in its own defence. The international obligation which Germany undertook in the NPT conclusively precluded the European option that was envisaged in the MLF.

In the first half of the 1960s all the attempts to propose a European alternative to US nuclear protection were made with the sole intention of influencing the US policy of nuclear sharing, thereby extracting further concessions. Italy used the European clause to win the support of Italian Socialists for the MLF and to secure a more important future role for the country even though, for the present, participation in a MLF was not possible. For Germany, the European clause became a means to save face when the MLF project was losing ground. Both Germany and Italy successfully used the evolution formula included in the MLF Treaty to counter French attacks that the MLF would be totally dominated by the US.[133]

The Dutch government supported closer European defence integration but only in an Atlantic framework. For the Dutch, the US

[133] McGhee (US Embassy Bonn) to the Secretary of State, 27 October 1964, NSF Country Files, box 184, LBJL.

military presence in Europe was a guarantee of Western European security, not only in the short-term, but also in the long-term.

Britain and France were the main adversaries of the European clause. A political union with federal structures which was the prerequisite for an independent European nuclear force was not acceptable to either London or Paris as it would restrict the power of the nation-state and limit sovereignty in the use of nuclear weapons.

Even though the US administration supported the European clause, it was not ready to renounce the US veto on the use of the nuclear weapons in Europe. The creation of a European nuclear force, independent from the US, was not considered as a possible or desirable option. However, the continuous support of the Kennedy and Johnson administrations to the European clause contributed to educating their allies in nuclear matters. In 1966, with the creation of the Nuclear Planning Group, European NATO members realised that the US, NATO and European nuclear strategies were inseparable.

Alan Milward, in his book *The European Rescue of the Nation State*,[134] argues that supranational organisations were set up by the nation states for their own specific purposes, not as a step towards the eclipse of the nation state within a federal Europe and that European integration actually rescued the nation state. In the case of the NATO debates about nuclear sharing, the influence of the European states was increased, not through the creation of common European defence institutions like the MLF, but through access to the formulation of the US and Alliance nuclear policy.

From the Monnet point of view, the existence of a nuclear weapons system, owned on a joint basis, would inevitably produce the necessary political unity; the converse would not necessarily be true.[135] However, the MLF failed to serve as a locomotive for European integration. A nuclear Europe, so widely discussed in the case of the MLF, was not to be. In 1966, when the MLF had faded from view, the creation of the NPG provided a solution acceptable to everybody. Successful collaboration on the nuclear issue within the NATO framework obviated the other forms of European nuclear collaboration.

Recent developments in the EU and the failure of the European Constitutional Treaty make a European nuclear option a very distant prospect. Unless European countries reach real political unity and are

---

[134] Milward, A.S., *The European Rescue of the Nation-State*, Berkeley, University of California Press, 1993, 477 p.

[135] Memorandum of Conversation, 29 May 1963, NSF, Regional Security, box 218, JFKL.

ready to delegate important military decisions to a supranational authority, the debates about an independent European defence are likely to find their expression in further NATO reform and closer consultations with the United States.

III.

Europe – Belgium – Africa

Europe – Belgique – Afrique

La Belgique et l'Afrique centrale

Paule BOUVIER

L'histoire de l'actuelle République démocratique du Congo (RDC), précédemment Congo belge, puis Zaïre, a fait l'objet de nombreuses analyses entre autres par le CRISP (Centre de recherche et d'information socio-politiques), le CEDAF (Centre d'étude et de documentation africaines), l'ARSOM (Académie royale des sciences d'outre-mer), plusieurs universités en Belgique et à l'étranger. Les interprétations des faits, de leurs causes manifestes, de leurs objectifs sous-jacents divergent souvent comme en atteste le dossier Lumumba. Le recul et l'ouverture d'archives suscitent par ailleurs de nouveaux efforts de clarification et permettent des lectures revisitées. Il n'est dès lors pas question, dans cette brève contribution, de revenir sur le cheminement événementiel qui a été celui de la RDC pendant la période sous revue, ni de prendre part aux controverses qui ont abondé à ce sujet. Il s'agit, sous un angle beaucoup plus restreint, d'un essai visant à retracer, dans une vision holistique, les articulations qui unissaient les composantes fondamentales du substrat socio-politique congolais et qui en ont déterminé la dynamique.

Les déterminants de la colonisation belge

Les origines de la présence belge outre-mer

Bien qu'il s'agisse, de toute évidence, d'un lieu commun en ce qui a trait à l'histoire de l'existence même d'une colonie de la Belgique en Afrique subsaharienne, le premier point sur lequel il faut revenir et insister est que le peuple belge, comme tel, n'a jamais été un peuple de colonisateurs. À la différence des autres métropoles présentes en Afrique, principalement la France, la Grande-Bretagne, le Portugal, l'entreprise coloniale belge n'est pas menée par et au nom de l'État, elle procède de la volonté de Léopold II, agissant à titre personnel. L'« État indépendant du Congo » précédera donc le Congo belge. Le Ruanda-Urundi ne correspond pas davantage à une construction initialement belge. Le mandat puis la tutelle accordée à la Belgique est le résultat d'une décision internationale de la SDN (Société des Nations) après la

Première Guerre mondiale, de l'ONU (Organisation des Nations unies) après la Seconde.

Il n'entre donc pas de vision « impériale » dans le répertoire politique de la Belgique outre-mer, contrairement à la plupart des autres puissances colonisatrices parties à la conquête des voies maritimes et à la découverte de nouveaux espaces géographiques, qui dès le XVe-XVIe siècles, qui plus tardivement.

Les « possessions » coloniales de la Belgique sont donc constituées, au moment où celle-ci en assume la responsabilité, d'entités qui ont été préalablement administrées par d'autres, quelles qu'aient été les faiblesses et les lacunes de ces premières formes d'organisation. Jamais elle n'a été amenée à concevoir *ex nihilo* un mode de gestion de territoires situés outre-mer ; plusieurs conséquences en découlent.

Matrice conceptuelle de la colonisation belge

Comme toute puissance colonisatrice, la Belgique va projeter sur « sa colonie » plusieurs éléments distinctifs de sa propre culture politique. Trois « maîtres composantes » en résultent : une relative autonomie juridique et économique, séquelle de l'histoire, d'une part, une vision du développement *bottom up*, d'autre part, une approche essentiellement gestionnaire quant au mode d'administration local enfin.

Le Congo, bien que partie intégrante du territoire belge, sera donc doté de sa propre « Charte », de sa monnaie, de son budget, de son patrimoine, de son institut d'émission (la Banque centrale du Congo belge et du Ruanda-Urundi). En outre, retombée de l'État indépendant du Congo, il est soumis au point de vue commercial au régime dit de la « porte ouverte ».

Sur le plan de l'essor des populations locales, la Belgique privilégiera de façon constante et systématique les niveaux de base : en matière d'éducation, priorité sera donnée à l'enseignement primaire (les cycles secondaire et supérieur n'y succédant qu'étape par étape) ; en matière de développement économique, la création des paysannats constituera un axe primordial ; en matière de démocratisation politique, le processus sera entamé à l'échelon des communes urbaines (statut des villes), etc.

En ce qui concerne le mode de structuration administrative, le pragmatisme sera la règle. Le système mis en place par le colonisateur oscillera, au fil des nécessités de l'heure et en fonction des particularités locales, entre un régime direct et indirect. Les autorités à Bruxelles, soucieuses de rentabiliser l'entreprise et d'en démontrer l'intérêt afin de ne pas susciter l'opprobre d'une opinion publique peu motivée en cette matière (voir à ce sujet les sondages de l'INSOC – Institut universitaire d'information sociale et économique réalisés en 1949 et 1956)[1] veilleront à compresser son coût le plus possible. Le personnel colonial résolu, quant à lui, à préserver le caractère gestionnaire de l'organisation sur le terrain s'emploiera à soustraire, autant que faire se peut, le territoire à l'influence jugée délétère des politiques et des querelles partisanes propres à la métropole.

À la fois dépositaire de ces trois axes conceptuels, responsable de leur mise en œuvre et chargée d'en agencer concrètement les diverses facettes, l'administration territoriale (la « territoriale » selon le vocabulaire de l'époque) « constituait l'épine dorsale de la colonie »,[2] encore davantage sans doute que dans les autres régimes coloniaux. L'administrateur de territoire était, au sein de cette hiérarchie publique, celui qui assurait l'organisation et la gestion des diverses tâches à accomplir dans l'aire géographique que couvrait ledit territoire dont il avait la charge, et qui y incarnait le pouvoir colonial. Le « territorial » était ainsi de fait « l'homme orchestre », le « maître Jacques » dans son territoire.[3] Bien que, selon la législation en vigueur, sa mission consistait essentiellement à établir et entretenir les contacts avec la « population indigène », son rôle allait bien au-delà. De façon non exhaustive,

> il s'occupait du recensement, de la collecte de l'impôt, de la construction des routes, des ponts, des gîtes d'étapes, des écoles ou des dispensaires, de la comptabilité administrative, de l'exécution des obligations agricoles, de la surveillance des conditions de travail de la main-d'œuvre, du contrôle de la justice indigène, de la répression des infractions mineures.[4]

Effets induits de la Deuxième Guerre mondiale

Du point de vue international, rappeler que le conflit contre le nazisme a sonné le glas de l'entreprise coloniale est aujourd'hui superflu. Au lendemain de la guerre, le processus de décolonisation entamé à ce moment en Asie par la Grande-Bretagne et les Pays-Bas s'est progressivement étendu à l'Afrique, dernier chaînon, à quelques exceptions près, dudit processus dont les premières phases remontent, il convient de ne pas l'oublier, au XVIIIe siècle. Or en Afrique

---

1 Jacquemyns, G., *Opinions des Belges au sujet des tramways, du Congo, du Pacte Atlantique*, Bruxelles, Institut universitaire d'Information sociale et économique (INSOC), n° 5 et 6, 1949 ; Jacquemyns, G., *Le Congo Belge devant l'opinion publique*, Bruxelles, INSOC, n° 2 et 3, 1956.

2 Dembour, M.B., « La physionomie du service territorial du Congo belge et du Ruanda-Urundi dans les années 1950 à travers quelques chiffres » in *Congo 1955-1960, Recueil d'études*, Bruxelles, Académie royale des Sciences d'outre-mer, 1992, pp. 165-204, [p. 166].

3 *Ibid.*, p. 166.

4 *Ibid.*, pp. 166 et 170.

subsaharienne, c'est essentiellement en fonction de deux modèles politiques distincts voire opposés que va se dessiner l'avenir de la plupart des territoires colonisés. D'une part, celui mis en œuvre par la France et la Grande-Bretagne, c'est-à-dire un transfert organisé et graduel du pouvoir aux représentants des populations locales selon un dispositif institutionnel reproduisant pour l'essentiel les principes caractéristiques des régimes métropolitains. D'autre part, celui appliqué par le Portugal, à savoir le maintien voire le renforcement de l'autorité centralisée et despotique du centre, Lisbonne, dans le cadre d'une conception impériale de sa politique coloniale. Politique qui amènera le régime salazariste à faire en 1951 de ses colonies des « provinces d'outre-mer » afin, entre autres, d'échapper aux mesures et principes adoptés par les Nations unies.

Quelle pouvait être l'attitude de la Belgique face à la seule alternative qui lui était offerte : soit l'isolement et la dictature, soit la démocratisation et l'ouverture. En fait, elle n'avait pas le choix. Et rétrospectivement il est évident, une fois de plus, que l'option qu'elle allait devoir prendre était déterminée par des externalités, dont l'environnement international, et non par une anticipation stratégique élaborée de façon endogène.

Vont ainsi se coupler dans l'après-guerre et ce pendant une décennie et demie environ, les lignes de force antérieures du système colonial belge : pragmatisme, caractère gestionnaire, développement *bottom up* avec l'inévitable dynamique indépendantiste. Mais l'articulation entre ces deux cheminements se fait mal, les choix qu'ils impliquent étant largement contradictoires et générant dès lors des effets pervers. Car, en l'absence d'une vision politique solidement charpentée et mise en application sur le terrain, les facteurs d'implosion ne purent être neutralisés et furent affectés au contraire d'un coefficient multiplicateur.

En ce qui a trait à l'administration coloniale, la conséquence la plus flagrante de la guerre est qu'elle s'est vue contrainte à demeurer sur place pendant des laps de temps plus longs que prévus, pouvant aller jusqu'à deux termes complets (soit six ans). Après la guerre se produisit, en conséquence, le phénomène dit de la « relève » c'est-à-dire l'arrivée massive de jeunes recrues venant prendre le relais du personnel en place. Sans expérience, sous l'influence marquante des idéaux de l'après-guerre, ces nouveaux venus dans la colonie allaient, de par leurs attitudes et leurs réactions, modifier le climat des relations humaines avec les populations congolaises. Souvent déconcertés par l'environnement découvert sur place, déçus par rapport à leurs expectatives, ils se trouvèrent fréquemment en porte-à-faux vis-à-vis de leur entourage socioprofessionnel, voire en dissonance avec leurs prédécesseurs.

Étudiant « La physionomie du service territorial [...] dans les années 1950 », M.B. Dembour constate à propos de la relève qu'elle qualifie d'exceptionnelle : « Ceci a eu pour effet le maintien d'un cadre extrêmement jeune, créant des problèmes de formation et irritant parfois, avec ses idées nouvelles et son inexpérience, les "anciens" ».[5] Elle évoque également « un choc de mentalité entre les générations d'avant et d'après-guerre ».[6]

De plus, les conditions matérielles d'existence s'étant modifiées, le confort et les facilités considérablement améliorées, le milieu colonial se transforma lui aussi et acquit un caractère de plus en plus familial. Ceci signifia, de fait, un éloignement envers la population locale ; l'ère de la « ménagère » (nom donné aux femmes noires s'occupant des tâches ancillaires auprès du colonisateur) était close, le temps d'une vie plus citadine et plus sédentaire était amorcé et l'enfermement réciproque des deux sociétés face à face allait s'intensifiant au fil du temps. C. Tancré-Van Leeuw fait remarquer à ce sujet :

> Malheureusement, la paperasserie allait devenir de plus en plus envahissante [...] augmentant sans cesse le temps passé au bureau du Territoire. Allié au manque chronique de personnel et à l'amélioration des moyens de communication, permettant aux administrateurs territoriaux de rentrer plus facilement *at home* au milieu de leurs tournées en brousse, cet état de chose allait petit à petit, semble-t-il, distendre les liens qui les reliaient aux Africains.[7]

Désormais l'aliénation, axe fondamental du rapport colonisateur-colonisé comme l'ont mis en lumière de façon irréfutable entre autres A. Césaire, F. Fanon, A. Memmi, allait saper, sans appel possible, les bases du régime colonial. Et les efforts de la puissance métropolitaine pour créer artificiellement certains replâtrages socioculturels en matière d'éducation ou de statut personnel tel celui d'« évolué » ou de détenteur de la « carte du mérite civique » n'y pourront rien.

Le caractère injuste, injustifiable et injustifié de la relation dominant-dominé allait apparaître d'autant plus crûment qu'un nouveau personnage allait apparaître sur la scène coloniale. S'il n'y joua qu'un rôle épisodique, il n'en fut pas moins significatif. Le développement des moyens de transport permit en effet l'arrivée dans les pays d'outre-mer des « visiteurs » ou « voyageurs de la saison sèche », c'est-à-dire d'*outsiders* par rapport au système en place. Ils jetèrent un nouveau

---

5 *Ibid.*, p. 172.

6 *Ibid.*, p. 174.

7 Tancre-Van Leeuw, C., « Les territoriaux et la décolonisation » in *Congo 1955-1960*, *op. cit.*, pp. 401-412, [p. 402].

regard sur celui-ci qui n'allait pas manquer d'exercer une certaine influence en métropole, et nouèrent souvent avec les populations locales un autre type de liens qui contribua à accentuer encore la prise de conscience et la volonté de résistance à l'oppression coloniale.

L'économie se modifia également de manière substantielle. Les ponctions nécessitées par la participation à l'effort de guerre avaient créé d'importantes perturbations qui se soldèrent par des désordres de diverses natures : ainsi, au Kwango en 1940, à Elisabethville (Lubumbashi) en 1941, en Ubangui en 1944, à Luluabourg (Kananga) en 1944 (mutinerie), dans la région de Masisi-Lubutu en 1945 (révolte), à Léopoldville (Kinshasa) et au Bas-Congo en 1945 (grèves). Ces troubles donnèrent lieu à des « opérations militaires » destinées à y mettre un terme par la force des armes.

Après la phase de normalisation au lendemain du conflit, succéda une période de croissance et de prospérité qui se prolongea jusqu'au milieu de la décennie 1950-1960 environ. De 1949 à 1956, les budgets ordinaires de la colonie avaient permis d'accumuler un bonus, tendance qui s'inverse à partir de 1957. Cette évolution du budget ordinaire était due à l'augmentation des dépenses récurrentes résultant des investissements réalisés dans le cadre du plan décennal (son coût évalué, au départ, à 25 milliards de francs belges s'éleva en fin de parcours à plus du double), au programme d'enseignement public mis en œuvre et à l'accroissement des charges d'emprunt (de 1956 à 1960, la charge de la dette avait plus que triplé). En outre se manifesta, à partir de la seconde moitié de la décennie, une grave crise de confiance de la part du secteur privé. Enfin l'africanisation des cadres (459 agents congolais) et l'entrée en application de ce qui fut appelé le « statut unique » auxquelles il n'était plus possible de surseoir, supposaient également un accroissement important des dépenses publiques, dénoncé d'ailleurs par certains milieux d'affaires belges.[8]

Les années 1957-1958 seront marquées par la crise en raison de la conjoncture internationale et de la baisse des cours des matières premières. En 1959, l'essor économique sera à nouveau au rendez-vous mais, la vague indépendantiste déferlant alors, le politique prendra le pas sur l'économique.

Quant aux options prises par le gouvernement en ce qui a trait à la colonie, elles demeureront longtemps le fait d'un petit groupe d'hommes. Dans une interview réalisée en 1988, le ministre

---

[8] Bouvier, P., *L'accession du Congo belge à l'indépendance, Essai d'analyse sociologique*, Thèse pour l'obtention du doctorat en sciences politiques et diplomatiques, École des Sciences politiques et sociales, Université libre de Bruxelles, 1963, p. 240.

A.E. De Schryver rappelait les propos du professeur G.H. Dumont selon lequel : « Avant 1959, les problèmes africains ne passionnaient guère l'opinion publique belge [...] Tout se passait comme si le pays estimait que l'organisation du Congo incombait principalement au capital privé et à l'Église, et accessoirement à l'administration ».[9] A.E. De Schryver ajoutait : « D'une façon générale, [...] la plupart des parlementaires n'étaient pas au courant des problèmes qui se posaient en Afrique ».[10] Les sondages de l'INSOC, déjà cités, confirment le relatif désintérêt manifesté, jusqu'aux événements de janvier 1959, par une grande partie de l'opinion publique belge à l'égard des problèmes coloniaux.[11]

Immédiatement après la guerre, le programme politique élaboré par le PSC (Parti social chrétien) prévoyait :

> Le PSC veillera à ce que l'on ne s'écarte pas de la politique indigène traditionnelle, instaurée par la loi du 18 octobre 1908 [...] Cette politique est aux antipodes de tout impérialisme économique ou racique. C'est une politique d'éducation méthodique et de civilisation, une politique de tutelle aussi, qui ne doit prendre fin que lorsque nos œuvres civilisatrices auront produit tous leurs effets et que nos pupilles, s'étant assimilé suffisamment les principes essentiels de la civilisation, pourront être admis au régime de l'association volontairement contractée de l'autonomie ou même de l'indépendance complète.[12]

Le PSC étant à l'époque, dans l'éventail des formations politiques belges, le parti le plus étroitement concerné par la problématique de l'outre-mer, ses prises de position toujours axées sur la « mission civilisatrice » du colonisateur, son mode de théorisation de l'action de celui-ci toujours conceptualisé dans une optique essentiellement paternaliste illustrent à quel point la puissance métropolitaine était sourde aux lames de fond qui allaient entraîner dans une même dynamique indépendantiste tous les peuples colonisés.

En conclusion, ce qui s'impose à l'attention est le caractère ambivalent et atypique de la colonisation belge, mais s'alignant cependant sur les normes essentielles de toutes les méthodes de domination de l'outremer à l'époque. Elle n'est pas une entreprise endogène, mais une greffe obligée et plus ou moins bien tolérée. Cela étant, la Belgique assumera en toute bonne conscience, et souvent par œuvre missionnaire interposée, la gestion de cet héritage. À la fin des années 1950, elle estimait,

---

9 De Schryver, R., « Conversation avec Auguste-E. De Schryver, ancien ministre du Congo belge sur les années 1955-1960 » in *Congo 1955-1960*, *op. cit.*, pp. 205-228, [p. 205].

10 *Ibid.*, p. 206.

11 Jacquemyns, G., *op. cit.*

12 De Schryver, R., *op. cit.*, p. 207.

sur la base de plusieurs indicateurs, être en droit de s'adresser un brevet d'autosatisfaction quant au bilan de son action au Congo. Le taux d'industrialisation était relativement élevé : 12 % du PIB (10 % au Kenya, 11 % dans la fédération des Rhodésies-Nyassaland, 2 % au Nigeria, 7 % au Tanganyika)[13], ce que le BIT (Bureau international du travail) commentait en ces termes : « Le Congo est un des pays de l'Afrique les plus hautement industrialisés ; le niveau de son développement industriel n'est en fait surpassé que par celui de l'Union Sud-Africaine ».[14] Les taux d'alphabétisation et de scolarisation soutenaient eux aussi, à leur avantage, la comparaison avec la plupart des autres territoires d'Afrique subsaharienne (taux d'analphabétisme aux environs de 1950 : Congo belge 60-65 %; Rhodésie du Sud [Zimbabwe] 75-80 % ; ex-AOF [Afrique occidentale française] 95-99 % ; ex-AEF [Afrique équatoriale française] 95-99 %) ;[15] (enseignement et nombre d'élèves : Congo belge 1957, 28 441 écoles primaires et 1 572 824 élèves, population totale, 13 864 421 personnes ; Nigeria 1953, 16 047 écoles primaires, 2 600 180 élèves, population totale, 29 730 874 personnes ; ex-AOF 1959 : 3 453 écoles primaires, 496 227 élèves, population totale, 16 358 000 personnes).[16] À noter cependant un important déficit en termes absolus et relatifs aux échelons secondaire et supérieur de l'enseignement.[17] En ce qui concerne l'équipement sanitaire, l'infrastructure dont disposait le Congo était également parmi les plus développées d'Afrique subsaharienne (1954 – Congo belge : 65 806 lits, 186 personnes par lit ; ex-AOF : 22 926 lits, 819 personnes par lit ; ex-AEF : 12 514 lits, 364 personnes par lit ; Nigeria : 12 687 lits, 2 388 personnes par lit).[18]

De là naquit l'idée que la colonisation belge ne correspondait pas (et ne répondrait pas à l'avenir) au schéma classique des autres entreprises

13 *Annuaire statistique des Nations unies 1960*, New York, Bureau de Statistique de l'Organisation des Nations unies, Département des Affaires économiques et sociales, 1960, pp. 461-464.

14 *Rapport sur les salaires dans la République du Congo*, Genève, Bureau international du travail, OIT-TF/Congo/RI, 1960, p. 4.

15 *L'analphabétisme dans le monde au milieu du XXe siècle*, Monographies sur l'éducation de base, UNESCO, 1957, pp. 40-41, p. 43.

16 *Annuaire statistique des Nations unies 1960*, *op. cit.*, pp. 21-26 et 574-577 ; *Rapport sur la situation sociale dans les pays d'outre-mer associés à la Communauté économique européenne, 1960*, Communauté économique européenne, Commission, septembre 1960, pp. 192-219.

17 *Ibid.*

18 *Étude spéciale sur les conditions sociales dans les territoires non autonomes*, Nations unies, Analyse des renseignements communiqués au secrétaire général (1957-1958), ST/TRI/SER.A/14, New York, 1958, p. 201.

colonisatrices en Afrique, échappant tout à la fois à la volonté assimilatrice des Portugais, aux conceptions intégrationnistes françaises et aux tendances autonomistes propres à la Grande-Bretagne.[19] Poussant le raisonnement plus loin, finit par apparaître et s'enraciner, en dépit de plusieurs indicateurs et clignotants et de quelques inquiétudes manifestées par les hauts responsables des forces de l'ordre, le mythe du « Congo oasis de paix », image que la Belgique n'était pas seule à propager jusqu'en 1955. Par exemple, le *New York Times* écrivait à propos de l'opinion d'un journaliste : « with all contemporary travellers to Africa, his highest admiration is for the Belgian Congo ».[20]

Ces erreurs de perception, cette méconnaissance profonde des enseignements à tirer de l'histoire des peuples colonisés, cette prétention à être capable d'emprunter un cheminement autonome pour un petit pays dépourvu en la matière de précédent historique sera lourde de conséquences. Le réveil obligé après les événements de janvier 1959 et le choc de l'après-indépendance n'en seront que plus péniblement ressentis.

La phase de la décolonisation

Pas plus que d'expérience en matière de colonisation, l'État belge n'en avait en matière de décolonisation lorsque ce processus pointa à l'horizon. Il restera insensible, hermétique, aveugle aux signaux qui apparurent dans la seconde moitié de la décennie 1950-1960 : parution du « Plan de trente ans pour l'émancipation du Congo et du Ruanda-Urundi » de A.A.J. Van Bilsen en 1955, publication du « Manifeste de conscience Africaine » en 1956, situation du Bas-Congo devenu, depuis 1959 environ, une sorte d'enclave autogouvernée par l'Abako. Les timides mesures de démocratisation alors adoptées (« statut des villes » en 1957 prévoyant l'élection de bourgmestres dans trois centres urbains), bien qu'elles aient dérivé rapidement sur l'espace politique national, étaient en net décalage historique par rapport aux nécessités de l'heure : ponctuelles et limitées, elles situaient le processus d'émancipation à un niveau institutionnellement peu signifiant ; ne définissant pas d'éventuelles étapes ultérieures, elles laissaient dans l'indétermination le cheminement vers une future solution globale ; cantonnant le transfert d'autorité à l'échelon local, elles apparaissaient comme rétrogrades par rapport à la mouvance observable dans d'autres colonies africaines. En effet, à cette date, d'une part, certaines d'entre elles avaient déjà acquis leur indépendance pleine et entière, et, d'autre part, la France et la Grande-Bretagne avaient déjà réalisé ou étaient en voie

[19] Bouvier, P., *op. cit.*, p. 51.

[20] *The New York Times*, 11 septembre 1955.

d'opérer d'importants transferts de pouvoirs ou la totalité de ceux-ci à l'échelon du pouvoir central.

Le détonateur du changement

Les troubles qui éclatèrent à Léopoldville (Kinshasa) dans les premiers jours de janvier 1959 sont incontestablement le facteur-clé de l'accélération du processus d'émancipation au Congo. Mais outre cet aspect « feu vert », les émeutes seront aussi le révélateur des contradictions et des paradoxes de l'entreprise coloniale belge. L.F. Vanderstraeten s'exprimait ainsi à ce propos : « La *pax belgica* qui s'était progressivement établie au Congo depuis la fin de 1945 meurt, avec les illusions qu'elle charriait, dans l'après-midi du 4 janvier 1959 à Léopoldville ».[21] Or si, d'une part, la version officielle des événements privilégiait les facteurs économiques et sociaux comme étant ceux à l'origine des tensions,[22] d'autre part, quelques jours plus tard, les grands principes et les premières réformes du processus de la décolonisation alors programmé étaient annoncés.[23] Ainsi, bien qu'un dispositif devant mener à terme à l'indépendance fût mis en place, l'acuité même du problème politique était largement minimisée. Alors qu'il était expressément déclaré : « septante-cinq ans de collaboration entre populations blanche et noire ont assuré l'unité du Congo »,[24] l'Abako était accusée d'être en partie responsable des troubles.[25] Si s'était affirmée la nécessité d'améliorer le climat des relations humaines entre les populations européenne et congolaise, le ministre du Congo belge et du Ruanda-Urundi à l'époque, Van Hemelryck, se prononçait cependant en faveur de l'accroissement du colonat blanc, soulignant : « Le colonat blanc doit s'amplifier au Congo dans toute la mesure du possible. [...] Le colon doit servir d'exemple à tout son entourage. C'est suivant les méthodes qu'il emploie que s'améliorent les méthodes employées par l'indigène [...] ».[26] Or une fois de plus toute l'histoire coloniale illustre le fait que l'accroissement du colonat est toujours un facteur générant et intensifiant les tensions. De plus, comme régnait, à l'époque, le syndrome de la

---

21 Vanderstraeten, L.F., « La Force publique et le maintien de la 'Pax Belgica', 1944-janvier 1959 » in *Congo 1955-1960*, *op. cit.*, pp. 495-524, [p. 520].

22 Chambre des représentants, *Compte rendu analytique*, Séance du jeudi 8 janvier 1959, p. 78.

23 Sénat, *Compte rendu analytique*, Séance du mardi 13 janvier 1959, Déclaration du gouvernement, p. 78.

24 *Ibid.*, p. 78.

25 Chambre des représentants, 1959, *op. cit.*, p. 78.

26 Interview accordée à trois journalistes belges représentant les trois grands partis, 1959, communiqué de l'Agence Belga du 20 février 1959.

guerre d'Algérie, cette proposition allait, de toute évidence, à l'encontre d'une politique rationnelle de décolonisation.

Le désarroi provoqué par le soulèvement à Léopoldville parmi la classe politique belge témoigne du *gap* existant entre la représentation qu'avait celle-ci des réalités de terrain et le climat socio-politique qui s'était développé de fait parmi la population congolaise. L'atmosphère dans laquelle se déroula la séance de la Chambre des représentants, le 8 janvier 1959, au cours de laquelle le ministre Van Hemelryck exposa la version officielle des faits et leur interprétation illustre le malaise et l'impréparation de ladite classe politique. Le journal *Le Soir* put écrire à ce propos dès le surlendemain : « une assemblée désorientée, des députés comme frappés d'impuissance devant l'ampleur du problème à résoudre [...] ».[27]

Or cet événementiel se greffait sur une situation financière qui s'inscrivait en négatif dans le ciel des relations belgo-congolaises. Étant donné le déficit structurel du budget apparu en 1957 et qui s'était creusé en 1958 et 1959, le Congo était devenu une charge pour la Belgique (une aide budgétaire gratuite d'un demi-milliard de francs belges avait dû être accordée en 1959 ; une autre de deux milliards et demi était prévue en 1960). De surcroît, les nécessités du développement économique et des infrastructures le conditionnant, les besoins en matière d'enseignement et de santé, les perspectives d'africanisation de la fonction publique, etc., ne pouvaient que grever davantage les finances de l'État à un moment où se manifestait, comme évoqué plus haut, une grave crise de confiance de la part du secteur privé.

L'instrument du changement

La solution mise en œuvre pour sortir de l'impasse fut l'ouverture d'un dialogue direct entre ministres et parlementaires belges (y compris des membres de l'opposition) d'une part, leaders politiques congolais d'autre part, dialogue que ceux-ci avaient réclamé à plusieurs reprises depuis 1958 et qui était aussi souhaité par divers milieux belges (il faut rappeler que, suite à la démission de M. Van Hemelryck le 4 septembre 1959, c'est A. De Schryver qui lui succéda en tant que ministre du Congo belge et du Rwanda-Urundi).

Se tint donc du 20 janvier au 20 février 1960 la célèbre table-ronde belgo-congolaise dont le rôle fut déterminant quant à l'avenir du Congo. Elle confirmera, une fois de plus, et à ce tournant crucial de l'histoire de la décolonisation de celui-ci, l'inconsistance voire l'absence d'un projet politique belge en la matière. Conçue au départ, si l'on en croit les

---

27 *Le Soir*, samedi 10 janvier 1959.

déclarations du ministre De Schryver à ce sujet, comme une simple réunion d'information destinée à recueillir les vues des membres de la délégation congolaise sur le futur institutionnel de leur pays, elle se mua, de fait, en un organe de décision. Effectivement, comme le fit observer W.J. Ganshof van der Meersch :

> De ce qu'à la conférence de la table-ronde l'engagement fut pris de traduire dans la loi fondamentale les résolutions de la conférence, déplaçant ainsi du Parlement à la conférence le siège de la décision législative, il résulta que les travaux parlementaires ne consistèrent qu'à adapter et formuler des décisions antérieures.[28]

Il n'y a pas lieu de revenir ici sur les résultats auxquels aboutirent les travaux de la table-ronde et qui sont largement connus dans la mesure où ils jetèrent les bases sur lesquelles reposa au moment de son indépendance l'État congolais mais qui allaient rapidement s'avérer caduques. Le point sur lequel il y a lieu d'insister est qu'en fait il ne s'est pas agi d'un forum de négociation mais plutôt d'une tribune, d'un instrument, d'un espace offert aux Congolais dans le but de collecter leurs propositions et d'obtenir leur accord préalable sur ce que devait et allait être la future politique belge. Il y a donc bien eu là, comme le soulignait W.J. Ganshof van der Meersch, un transfert de la capacité de décision des pouvoirs législatif et exécutif belges à une assemblée dont la légitimité ne reposait sur aucune base institutionnelle consacrée et reconnue. D'ailleurs, P. Lumumba lui-même ne devait-il pas déclarer à ce sujet : « À la stupéfaction du monde entier, l'indépendance du Congo fut fixée au 30 juin 1960. Je dois ici féliciter le gouvernement belge de l'esprit de compréhension dont il fit preuve. [...] L'indépendance sera totale et je dois souligner qu'aucun pays d'Afrique n'a conquis son indépendance avec plus de rapidité et de facilité que le Congo ».[29]

Le parcours impossible

Que la Belgique ait projeté, tenté, espéré réussir le « pari congolais » n'est selon toute vraisemblance pas douteux. Mais rétrospectivement il est clair que cette prétention reposait sur des bases totalement irréalistes. La perspective d'une « communauté belgo-congolaise » sous la coupole symbolique du Roi ne se fondait sur aucune construction institutionnelle

---

[28] Ganshof van der Meersch, W.J., *Les tendances constitutionnelles des États ayant récemment accédé à l'indépendance, Extrait des rapports belges au VIe Congrès international de Droit comparé (Hambourg, 30 juillet – 4 août 1962)*, Bruxelles, Bruylant, 1962, p. 318.

[29] *Congo et Afrique Noire*, conférence de presse de M.P. Lumumba après la réunion du comité directeur de la conférence panafricaine à Accra, *Bulletin hebdomadaire d'information interafricain Belga*, n° 88, 26 avril 1960, p. 57.

solidement charpentée. L'équivalent *mutatis mutandis* d'une cellule de l'Élysée ou d'un *Commonwealth* n'avait été pensé ni, *a fortiori*, programmé. L'idée d'une future communauté contenue entre autres dans les rapports de hauts fonctionnaires et de personnalités politiques ne fut jamais beaucoup plus, dans le chef de l'autorité belge, qu'une sorte de mythe mobilisateur qui servit de lubrifiant à l'engrenage menant à l'indépendance. Elle ne déboucha jamais sur un projet concrètement élaboré. Le sentiment prévalant dans la plus grande partie des milieux directement ou indirectement intéressés au Congo de ce que le « Belge » avait été un « bon colonisateur » incitait à les persuader que les liens perdureraient après l'indépendance et que le système mis en place dans le prolongement de la table-ronde fonctionnerait, la Belgique continuant d'ailleurs à prêter main forte au futur État congolais indépendant.

La question de la « gouvernementalité » du système mis en place ne semble pas s'être posée, notion qui à l'époque n'avait pas encore acquis droit de cité dans les préoccupations interétatiques. En matière de théorisation de la conflictualité, le thème majeur qui accaparait l'attention était la guerre froide, les autres foyers de crise étant analysés de façon périphérique à cet axe essentiel.

La Belgique, en dehors de quelques milieux mieux au fait des réalités locales, se laissa en conséquence enfermer dans le piège de cet environnement international, soucieuse d'aller au-devant des revendications congolaises afin de prévenir d'éventuels soulèvements et d'éviter le coût d'une colonisation de plus en plus onéreuse et hasardeuse. Autre illusion d'optique, les élections de mai 1960 s'étant déroulées dans un calme relatif contrastant avec l'agitation qui avait marqué la campagne préalable au scrutin, le sentiment prévalut que les risques les plus graves du point de vue de la sécurité étaient neutralisés. À Léopoldville, les quelques journées euphoriques qui précédèrent le 30 juin 1960 contribuèrent elles aussi à accréditer cette thèse.

Le Congo face à la première décennie de l'indépendance

Les troubles qui éclatèrent dès le 6 juillet 1960 (mutinerie de la force publique), leur rapide extension, la panique qu'ils suscitèrent parmi la population européenne, les multiples rebondissements et tentatives de sécession ultérieures allaient prendre l'ex-métropole complètement au dépourvu. Le réveil fut d'autant plus dur qu'avaient été ferventes et enthousiastes parfois les expectatives. Il ne serait sans doute pas inutile de réécrire un jour l'histoire de ces premières journées de l'après-indépendance, des malentendus, des maladresses, des erreurs, des incompréhensions réciproques qui émaillèrent ce cheminement.

Quoi qu'il en soit, la déstabilisation politique n'entraîna pas pour autant l'effondrement économique. La décennie 1960-1970 fut d'ailleurs marquée par une relative prospérité dans l'ensemble de l'Afrique subsaharienne ; l'ère de l'afropessimisme n'était pas encore ébauchée, loin s'en faut.

L'arrivée au pouvoir de Mobutu en 1965 allait permettre, dans un premier temps, de raviver les espoirs de normalisation politique et de redynamisation de l'économie. D'anciens projets, de nouveaux plans furent mis en œuvre (Inga, ligne à haute tension Inga-Shaba, construction de la FIKIN – foire internationale de Kinshasa, informatisation du bureau du Président, etc.) L'heure de la condamnation des « cathédrales dans le désert » n'avait pas encore sonné.

Les liens renoués entre le Congo et la Belgique allaient-ils sceller une amitié prolongée entre les deux pays ? Les mesures de zaïrianisation des années 1973-1974 seront un premier coup de semonce par rapport à une telle perspective.

Conclusions

Ces quelques considérations illustrent, aux côtés de la *realpolitik*, les ressorts symboliques et les normes conceptuelles qui déterminent de façon explicite ou sous-jacente les processus de prise de décision politique. La réplication des attitudes et des comportements est souvent en ce domaine le résultat de ces modes de représentation. Le refus ou l'incapacité de prendre en considération les enseignements de l'histoire qui en découlent conduit aux *a priori* et aux erreurs de perception qui entraînent les dérapages et les dévoiements au niveau des stratégies adoptées. Le cas de figure « belgo-congolais » ne fait pas exception à la règle.

Le rôle de la Belgique au Rwanda et au Burundi

Véronique PARQUÉ et Filip REYNTJENS

Au Rwanda-Urundi, l'année 1945 correspond au passage du régime de mandat de la Société des Nations (SDN) au régime de tutelle des Nations unies (ONU). La politique belge alors poursuivie dans les deux territoires est encore celle qui a été définie dès 1925 par le commissaire royal du Rwanda-Urundi, Pierre Ryckmans. Ce chapitre comportera trois parties. Dans la première partie, après une brève introduction historique, nous aborderons la politique belge mise en place dès 1925 et poursuivie pendant plus de 30 ans. Dans la seconde, nous analyserons non pas les effets directs de cette politique en matière économique, religieuse et culturelle, mais ses effets pervers sur la société traditionnelle dans les deux pays et la réaction des autorités belges à ces changements profonds. Enfin, la troisième partie portera sur les relations belgo-rwandaises et belgo-burundaises de 1962 jusqu'au début des années 1970.

La politique belge au Rwanda-Urundi

Attribution du mandat

Pendant la Première Guerre mondiale, l'occupation par la Belgique d'une partie de l'Afrique orientale allemande qui comprenait les royaumes du Rwanda et du Burundi, pose la question de l'administration politique de ces territoires. Dès avant l'offensive de 1914, la Belgique avait indiqué clairement ses intérêts : les occupations en Afrique orientale allemande n'intéressaient pas la Belgique telles quelles, mais elle entendait s'en servir à titre de gage lors des pourparlers de paix qui s'ouvriraient après la victoire des forces alliées. N'étant pas une principale puissance, la Belgique pouvait être exclue du partage et elle l'a été, en fait, lors d'une première répartition des colonies allemandes, arrêtée le 6 mai 1919.[1] À l'occasion de ce partage,

1 Heyse, T., *Le mandat belge sur le Rwanda-Urundi*, Bruxelles, La Renaissance de l'Occident, 1930, p. 5.

il est décidé que la Grande-Bretagne recevrait le mandat sur toute l'Afrique orientale allemande.

La Belgique proteste vigoureusement auprès du Conseil des quatre puissances et entame des négociations avec le gouvernement britannique. Ces pourparlers aboutissent à l'accord Orts-Milner signé le 30 mai 1919 avant le traité de Versailles.[2] Si la Belgique doit céder les trois-quarts des territoires qu'elle occupait, elle s'en sort fort honorablement si on pense au fait qu'elle devait à l'origine être exclue de la partition. L'acquisition par la Belgique du Rwanda-Urundi est « une des grandes ironies de l'histoire coloniale de l'Afrique ».[3] À cause de l'échec des négociations devant mener à l'acquisition de la rive sud de l'embouchure du Congo, la Belgique garde le Rwanda-Urundi, qui ne l'intéresse pas réellement.

C'est ensuite à Versailles qu'est défini le régime des mandats. Mais ce n'est que le 20 juillet 1922 que la SDN décide officiellement que le mandat concernant le Rwanda-Urundi est octroyé à la Belgique.[4] Le mandat de la SDN est finalement approuvé par le parlement belge en 1924, après avoir suscité d'âpres controverses dans la presse, au parlement et dans l'opinion publique belge.[5]

Administration indirecte

L'administration indirecte est choisie comme méthode de gestion du nouveau territoire sous mandat. L'administration indirecte comme méthode de politique coloniale existait déjà bien avant les débuts de la colonisation de l'Afrique. Dans le continent noir, le système est introduit dès 1900 par Lord Lugard au protectorat du Nigeria septentrional, comme une forme d'administration particulièrement adaptée à l'organisation locale. De même, la Belgique a estimé dès le début de l'occupation que le Rwanda et le Burundi présentaient le type de société auquel un système d'administration indirecte conviendrait bien. Le ministre des colonies, L. Franck, avait déclaré en 1919 devant la Chambre des représentants :

> Notre administration prendra le caractère d'une administration par résident, comme elle est pratiquée par les Anglais, dans plusieurs de leurs colonies, avec un grand succès. Le Blanc, dans ces colonies, est le guide et le conseiller des souverains et des chefs. Il met les chefs et les souverains

---

2 Sur ces négociations et l'accord Orts-Milner, voir Louis, W.R., *Rwanda-Urundi 1884-1919*, Oxford, Clarendon Press, pp. 238-251 ; *Arch. Afric.*, AE/II, n° 1854 à 1858 (3289) ; *Arch. Aff. Étr.*, AF-I-4.

3 Louis, W.R., *op. cit.*, p. 255.

4 Arroy, J.P., *Burundi 1955-1962*, Bruxelles, Hayez, 1987, p. 76.

5 *Ibid.*

indigènes entre lui et les populations noires. L'exemple que nous donnent certaines colonies britanniques, administrées de cette façon, est le meilleur guide que nous puissions suivre.[6]

Cependant, il faut attendre l'année 1925 pour voir formuler de façon globale et cohérente les principes de l'administration indirecte, tels qu'ils devaient être appliqués au Rwanda et au Burundi. Le rapport de 1925 décrit le programme suivi et à réaliser. Il est basé sur le concept de légitimité. Le roi indigène a un rôle important à jouer dans les relations entre l'autorité européenne et les populations du pays. Aux yeux de ses sujets, il a et a toujours eu une puissance qui, de longtemps, ne sera pas reconnue aux Européens : celle de conférer la légitimité aux décisions et aux mesures administratives.[7]

L'influence de Pierre Ryckmans, alors gouverneur du Rwanda-Urundi, est tangible à travers ce texte qui ne fait que reprendre les idées qu'il avait exposées dans le numéro de février 1925 du *Bulletin de la Société d'Études et d'Expansion*. Ryckmans estimait que pour appliquer cette politique d'administration indirecte, la Belgique était privilégiée dans son territoire à mandat : « car nous avons des rois. Les chefs qu'ils désignent, même à notre intervention, même sur notre ordre, n'ont pas cette tare indélébile d'être des intrus. Ce ne sont pas de simples chefs "des Blancs" ».[8]

Ryckmans rejetait cependant l'idée d'en arriver à un vrai protectorat, à une administration autonome guidée d'en haut par de simples conseils, à agir seulement sur les rois sans traiter avec les chefs, comme l'avaient fait les Allemands. Les bons conseils du résident européen ne pouvaient, selon lui, rien changer à une situation insatisfaisante en matière judiciaire, administrative, économique et sociale. Au contraire, pour lui, « le seul remède, c'est l'occupation réelle et dense, le contact intime, permanent des Blancs avec les chefs et avec tous à la fois. [...] Il faut du monde. [...] Ou nous sommes maîtres ou nous ne sommes rien. Nous pouvons faire accepter nos ordres ».[9]

Les idées de Ryckmans sont ambiguës. On pourrait se demander, à la lecture de son texte sur l'administration indirecte, si, pour lui, il ne s'agissait pas seulement d'un concept symbolique. L'idée n'est-elle pas de conférer une légitimité aux décisions prises par l'autorité européenne,

---

6 Chambre des représentants, *Annales*, séance du 25 septembre 1919, p. 1729.

7 *Rapport 1925*, p. 63.

8 Ryckmans, P., « Le problème politique au Rwanda-Urundi » in *Congo*, 1925, p. 411. On trouvera le texte intégral dans P. Ryckmans, *Dominer pour servir*, Bruxelles, Universelle, 1948.

9 Ryckmans, P., « Le problème politique au Rwanda-Urundi », *op. cit.*, p. 413.

et par elle seule ? Nous verrons dans les paragraphes qui suivent, qu'en réalité, la Belgique appliquera une politique interventionniste, assez éloignée des idéaux de l'administration indirecte. Cette politique va introduire des modifications profondes dans la structure de l'organisation traditionnelle, modifications qui bouleverseront complètement l'équilibre en place.

Modifications profondes dans l'administration

Trois types de modifications sont observables : l'extension du pouvoir central ; la désacralisation de la monarchie ; la « rationalisation » de la « bureaucratie ».

L'extension du pouvoir central

Vers la fin du XIXe siècle, le Rwanda était constitué d'un noyau central sous l'administration directe du *mwami* et de sa cour, de zones périphériques sous le contrôle de délégués du *mwami*, et de zones où le gouvernement central exerçait une influence mais qu'il ne contrôlait pas effectivement. Il est compréhensible que dans le cadre de sa poursuite d'une organisation politique indigène « rationnelle »,[10] l'administration belge ait eu des difficultés à admettre que certaines parties du territoire échappent à l'autorité du *mwami*. Cherchant à homogénéiser l'administration du territoire sous mandat, les Allemands d'abord et les Belges ensuite veulent mettre fin à l'autonomie relative des régions périphériques. L'expansion géographique du pouvoir central, entamée vers le milieu du XIXe siècle par le *mwami* Kigeri IV Wabugiri, est accélérée d'abord par la résidence allemande qui prend des mesures dictées par les besoins du moment.[11]

Le Mulera est la région où la Belgique expérimente les techniques d'extension du contrôle central à partir de 1923, avec l'affectation d'E. Borgers comme administrateur. Celui-ci organise le Mulera en imposant le contrôle des Européens et des Tutsi du pouvoir central sur toute l'étendue de la région.[12] Une bonne illustration du caractère artificiel de cette occupation est que l'administration doit faire appel à des notables d'autres régions au fur et à mesure de l'extension de l'occupation.

---

[10] Sur le concept de rationalité fonctionnelle, voir Weber, M., *Wirtschaft und Gesellschaft*, Tübingen, JCB Morh, 5e éd., 1972, pp. 12-13.

[11] Sur ces différentes mesures, voir Chrétien, J.-P., « La révolte de Ndungutse (1912). Forces traditionnelles et pression coloniale au Rwanda allemand » in *Revue française d'histoire d'outre-mer*, 1972, pp. 645-680 ; Louis, W.R., *Ruanda-Urundi, op. cit.*, pp. 145-160.

[12] Des Forges, A., *Defeat is the only bad news; Rwanda under Musinga 1896-1931*, Yale, Yale University, PhD Thesis, 1972 (University Microfilms 73-6358), p. 290.

Borgers est également le promoteur de la fin de la dernière expérience d'auto-gouvernement des Hutu du Nord-Ouest. L'administration, incapable au début des années 1920 d'occuper le Bushiru et impressionnée par l'organisation politique des Hutu sous un seul monarque généralement accepté, l'*umuhinza*, avait toléré l'autorité de celui-ci sur son peuple.[13] L'autorité de l'*umuhinza* Nyanmakwa était basée sur le consentement de ses sujets. Mais les obligations imposées par les Belges aux Shiru augmentent à tel point que ces derniers n'acceptent plus l'autorité belge. Ceci oblige le roitelet hutu à recourir à la contrainte, contrairement à la relation traditionnelle fondée sur le consentement. Il devient impossible à l'*umuhinza* de remplir à la fois ses obligations traditionnelles et ses obligations envers l'administration belge.[14] L'administration propose alors au *mwami* Musinga d'étendre le contrôle central au Bushiru.[15] Le chef envoyé au Bushiru d'un commun accord avec le *mwami* et le résident répartit la province entre des notables désignés par lui et détruit les derniers vestiges du pouvoir politique des *abuhinza.*[16] Le Nord et le Nord-Ouest furent ainsi intégrés dans la hiérarchie centrale. Au sud-ouest et au nord-est, les roitelets hutu furent également remplacés par des chefs tutsi importés du Rwanda central par l'administration belge.[17]

Au Burundi, le pouvoir du *mwami* est beaucoup moins centralisé. Les Ganwa, princes royaux dont l'origine n'est pas encore élucidée mais qui diffèrent socialement des Batutsi, ont un pouvoir important. Les grandes chefferies appartiennent aux Baganwa de la branche des Bezi (descendants du *mwami* Mwezi Gisabo) au centre et à celle des Batare (descendants du *mwami* Ntare Rugamba) à la périphérie. La fin du règne du *mwami* Gisabo avait été marquée par des rébellions importantes dans le nord du pays qui ne sont réprimées que grâce à l'intervention armée du résident allemand Von Grawert.[18] Cependant, après sa mort, les résidents allemands en reviennent à une politique de division. Les chefs

---

13 Territoire de Kabaya, *Rapport politique 1921* (Collection Derscheid). Pour la structure sociale et politique shiru, voir Pauwels, M., « Le Bushiru et son Muhinza ou roitelet hutu » in *Annali Lateranensi*, 1967, pp. 205-322.

14 Lloyd Fallers a fait des constatations analogues en société soga (Uganda) : Fallers, L., « The predicamant of the Modern African Chief: An Instance from Uganda » in *American Anthropologist*, 1955, pp. 290-305.

15 Des Forges, A., *Defeat*, *op. cit.*, pp. 288-299.

16 Territoire de Kabaya, *Rapports politiques 1924 et 1925*, collection Derscheid.

17 Reyntjens, F., *Pouvoir et droit au Rwanda*, Musée royal de l'Afrique centrale, Tervueren, Belgique, 1985, pp. 100-103.

18 Coiffard, J.L., *Soixante ans de colonisation au royaume du Burundi (1902-1962)*, mémoire de DES, Rennes, 1965, p. 37.

Batare du nord-est se voient pratiquement reconnaître leur indépendance.[19]

C'est dans ces conditions très difficiles pour le pouvoir central que les Belges occupent le pays après en avoir chassé les Allemands et, dans le but de réaliser l'unité du royaume, mènent une guerre sans merci aux opposants du jeune roi Mwambutsa.[20] Cependant, la reconnaissance et le renforcement géographique du pouvoir central dans le but d'éviter l'éclatement du pays se font parallèlement à la limitation de ce pouvoir en termes de contenu.

La désacralisation de la monarchie

Dans l'ancien Rwanda, la position et les pouvoirs du *mwami* font partie d'un ordre social global où l'importance des éléments d'ordre mythique et religieux est grande. La monarchie joue dans ce complexe social un rôle légitimateur éminent. Bien qu'en fait les pouvoirs du *mwami* soient naturellement limités, la théorie de la royauté rwandaise fait du roi un monarque absolu dans le sens le plus complet du terme. Cette conviction se fonde sur l'origine des rois[21] : « Lui, le Maître de la terre et du ciel, Lui, le Maître des vaches et des tambours, Lui, le Maître des fontaines et des pacages ».[22]

Cependant, un roi surhumain est inacceptable pour l'administration belge, étant contraire, non seulement à sa perception de la justice, mais également à une administration « rationnelle ». C'est ainsi que, étape par étape, l'administration détruira les fondements symboliques de la monarchie, sans se rendre toujours compte des conséquences dévastatrices de ses interventions qui s'échelonnent, en ce qui concerne la fonction royale, essentiellement de 1917 à 1931. Citons quelques exemples.

Un des attributs essentiels du pouvoir du *mwami* était son droit de vie et de mort sur ses sujets. En 1917, le major De Clerck annonce au *mwami* Musinga qu'il sera désormais interdit à la Cour du roi de prononcer ou d'appliquer une peine de mort sans l'autorisation du

---

19 Gahama, J., *Le Burundi sous administration belge*, Paris, Karthala, 1983, p. 94.

20 *Ibid.*, p. 96.

21 Sur l'origine céleste des Bami et la légende de l'ancêtre des Tutsi, Kigwa, voir notamment De Heusch, L., *Le Rwanda et la civilisation interlacustre*, Bruxelles, Institut de sociologie, 1966, pp. 83-89 ; Coupez, A. & Kamanzi, T., *Récits historiques Rwanda*, Tervueren, MRAC, 1962, pp. 61-68 ; Hertefelt, de M., « Mythes et idéologies dans le Rwanda ancien et contemporain » in J. Vansina, R. Mauny et L. Thomas (eds.), *The Historian in Tropical Africa*, London, Oxford University Press, 1964, p. 221.

22 Extrait de « Ibirahu », poème composé sous le *mwami* Yuhi III Mazimpaka (environ 1700).

résident.[23] Autre exemple : en juillet 1917, le *mwami* est obligé de décréter la liberté de religion. Étant donné le caractère sacré de la royauté, l'impact de cette mesure est particulièrement grand. Le fait que cette liberté s'adresse également aux nobles aura pour effet un glissement progressif de légitimité et d'allégeance. Musinga, Constantin malgré lui, rédigera ainsi son Édit de Milan :

> Moi, Musinga, *mwami* du Rwanda, je décide qu'à dater de ce jour tout sujet de mon royaume sera libre de pratiquer la religion vers laquelle il se sent incliné. Tout chef ou sous-chef qui défendra à ses subordonnés, à ses sujets et aux enfants de ceux-ci de pratiquer le culte de leur choix ou de suivre les leçons des écoles pour y recevoir l'instruction, sera puni, selon la coutume, comme tout chef qui oublie qu'il me doit respect et obéissance, de un à trente jours de réclusion.[24]

En pratique, Musinga n'a jamais admis cette liberté de religion lorsqu'il s'agissait de ses proches et, malgré l'insistance des missions, l'administration refuse de forcer la main du *mwami* dans ce domaine.[25] La christianisation progressive du royaume établit Jésus, sur le plan de la royauté, comme le concurrent direct du *mwami.* Le langage utilisé par les Pères blancs prêtait à confusion et contribuait à déprécier la royauté du Rwanda. Les traductions de la bible rendaient, par exemple, le terme « Royaume » (de Dieu) par *U Rwanda* et « Notre Seigneur Jésus Christ » par *Uwami wachu Yezu Kristu.*[26] Par ailleurs, en 1925, la résidence informe Musinga que le rite d'*umuganuro* (préparation et présentation au *mwami* des premiers produits de la récolte du sorgho) est désormais interdit,[27] et, avec lui, d'autres rites contenus dans l'*bwima*, le rituel ésotérique de la Cour.[28]

Enfin, la mesure la plus déstabilisatrice à nos yeux est la destitution de Musinga. L'enthousiasme initial de l'administration belge pour la monarchie, fondement initial de sa politique d'administration indirecte, se mue rapidement en désenchantement. Alors qu'en 1925, on signale encore qu'en toute matière, « l'accord entre le roi et la résidence a été complet »[29] et que Musinga était un « indigène intelligent, plein de tact,

---

23 *Rapport 1920-1921*, p. 15.

24 De Lacger, L., *Ruanda*, Kabgayi, 2e éd., 1961.

25 Dumont, A., « Territoires sous mandat (Rwanda-Urundi) » in *Les Nouvelles-Droit colonial*, tome II, p. 746.

26 Mbonimana, G., « L'instauration d'un royaume chrétien au Rwanda (1900-1931) », UCL, Faculté de Philosophie et Lettres, Thèse de doctorat, Louvain-la-Neuve, 1981, pp. 320-321.

27 Des Forges, A., *Defeat*, *op. cit.*, p. 309.

28 *Ibid.*, p. 245.

29 *Rapport 1925*, p. 66.

soucieux de bien faire, ami du progrès, dévoué aux représentants de la Belgique, [...] »[30] le rapport de 1926 indique que Musinga, « roi sans énergie, usé et vieilli avant l'âge, d'une susceptibilité maladive, est d'une invraisemblable crédulité concernant la divination, les sortilèges et les maléfices et se soumet aveuglément aux injonctions de ses sorciers ».[31]

C'est à partir de ce moment que l'administration commence à entretenir l'idée d'une déposition éventuelle de Musinga. Sa destitution par l'administration est un véritable coup d'État.[32] N'essayant même pas de fonder légalement sa décision, elle souligne « la mauvaise administration, la résistance passive et l'hostilité de l'ancien *mwami* [...] ».[33] Une raison importante de la destitution de Musinga semble avoir été son opposition au catholicisme. Il avait refusé de se faire baptiser, était resté polygame. R. Bourgeois est même convaincu que « si Musinga avait été catéchumène ou baptisé, il n'eût jamais été destitué ».[34] L'investiture basée sur une légitimité et un cérémonial européens du nouveau *mwami* est la confirmation définitive de la désacralisation de la fonction royale. Le rituel royal va tomber peu à peu dans l'oubli, les courtisans quittent la cour et, désacralisation suprême, en 1935, une église est construite sur le *Kigabiro*, l'ancienne résidence du souverain déporté.[35]

Au Burundi, les mesures prises à l'encontre du pouvoir royal sont comparables. Le *mwami* Mwambutsa ne peut plus prononcer la peine de mort sans l'accord formel de ses sujets.[36] La disparition de la fête du sorgho, l'*umuganuro*, est un peu plus tardive qu'au Rwanda. Sous l'influence du catholicisme, la royauté se désintéressa peu à peu de cette fête la plus importante au Burundi ancien, où le peuple manifeste avec allégresse sa ferveur monarchique. L'année 1927 connut un *umuganuro* particulièrement tardif et vide de sens. Le grand régent *Nduwumwe*, qui

---

30 A.G., « À la Cour de Musinga, roi du Rwanda », in G.-D. Perier, *Moukanda. Choix de lectures sur le Congo et quelques régions voisines*, Bruxelles, Office de Publicité, 1924, p. 286.

31 *Rapport 1926*, p. 66.

32 Sur l'histoire de la destitution du *mwami*, voir Société des Missionnaires d'Afrique, *Rapport annuel 1931-1932*, 6e fascicule, Alger, 1933, pp. 241-247 ; De Lacger, L., *Ruanda*, *op. cit.*, pp. 521-538 ; Des Forges, A., *Defeat*, *op. cit.*, pp. 350-354 ; Dresse, P., *Le Ruanda d'aujourd'hui*, *op. cit.*, pp. 46-47.

33 Rapport 1931, p. 58.

34 Bourgeois, R., *Témoignages : Fonctionnaire territorial (1931-1961)*, vol. 1, Tervuren, 1982, ch. 2. Dans le même sens, Gishoma, T., La chute de *Musinga*, manuscrit sans lieu ni date, 7 pp.

35 Kagambirwa, W., *Les autorités rwandaises face aux pouvoirs européens à Nyanza (1900-1946)*, Butare, UNR, mémoire de licence, 1957.

36 Gahama, J., *Le Burundi sous administration belge*, Paris, Karthala, 1983, p. 96.

gouvernait le pays en attendant la majorité du *mwami*, est obligé de demander à son instructeur, le père Canonica, de le rappeler à l'ordre :

> J'ai pensé, dit Nduwumwe au père P. Canonica, que Mwambutsa n'aime plus prendre part à nos fêtes [...] parce qu'il se fait instruire chez vous. Il faudrait que toi, Père, tu lui dises de venir. Toi, il t'écoutera [...] le Muganuro doit se faire ; on ne peut pas l'omettre : les grands Baganwa, le peuple, tout le pays en somme ne serait pas content. Il ne peut pas abandonner cette solennité, sans cela, l'année sera mauvaise.[37]

Sous l'influence de l'instructeur, la fête se déroule début janvier 1928. Cependant, l'union sexuelle rituelle avec *Mukakaryenda*, jeune fille d'un lignage hutu et d'autres rites magico-religieux entourant la fête sont interdits.[38] D'autres piliers du pouvoir central tombent également dans l'oubli. Ainsi, les domaines royaux, les *ivybare*, dépendant directement du roi et administrés par des *bishikira*, vont rapidement disparaître de la carte du Burundi. Par exemple, dans le domaine royal de Mbuye, les *bishikira* bahutu sont chassés et remplacés par deux Baganwa étrangers.[39] Par contre, contrairement à son homologue rwandais, Mwambutsa n'est jamais destitué. Intronisé à l'âge de trois ans en 1915,[40] ce roi peu entreprenant et sous la tutelle du résident, éduqué à l'école belge de Muramvya, n'a jamais inspiré de crainte à l'administration, qui préfère le garder comme paravent.

La « rationalisation » de la « bureaucratie »

Dans un même souci de « rationalisation », les chefferies et les sous-chefferies sont réorganisées. Au total, au Rwanda, 10 chefs et 316 sous-chefs sont destitués. 968 petites unités politiques (petites sous-chefferies et ibiginki[41]) sont supprimées, avec pour conséquence principale une monopolisation des commandements par les Tutsi.[42]

Au Burundi, la réforme est comparable. De 131 en 1929, les chefferies passent à 46 en 1933, 35 en 1945.[43] À quel groupe profite cette réforme ? Une analyse sommaire des chiffres fait apparaître un

37 A.C.G.P.B., diaire de Bukuye, 28 décembre 1927.

38 Gahama, J., *op. cit.*, p. 359.

39 *Ibid.*, p. 117.

40 Ndayishiguje, P., *L'intronisation d'un mwami*, Nanterre, 1977.

41 Petit domaine comprenant une colline ou une partie de colline, habitée par quelques ménages (deux à quinze, rarement plus). Ils étaient distribués en nombre considérable, à la demande du *mwami* ou de la propre initiative des chefs et des sous-chefs.

42 Calculs effectués sur la base des rapports 1930, 1931 et 1932.

43 Gahama, J., *op. cit.*, pp. 90-91.

renforcement quantitatif de l'aristocratie *ganwa*.[44] Globalement, si les Ganwa représentent 57 % des dirigeants en 1929, en 1945, ils n'en représentent pas moins de 71 %. En affinant l'analyse, c'est sans conteste aux groupes des Bezi (descendants de Mwezi Gisabo) que profite en premier lieu la réorganisation administrative. De 26 % en 1929, ils possèdent pratiquement la moitié des chefferies en 1945 (48 %). Comparés aux Baganwa, les Batutsi n'ont pas de commandements importants. Cependant, si le nombre de chefs tutsi diminue dans les premières années de la réforme administrative (23 % en 1929, 15 % en 1933), l'effectif total des chefs tutsi en 1945 atteint 29 %. Enfin, les Bahutu sont les véritables victimes de la réorganisation. De 20 %, les chefs passent à 7 % en 1933. En 1945, ils sont complètement balayés.

L'ex-gouverneur du Rwanda-Urundi, Jean-Paul Harroy, dans son ouvrage « Burundi », s'interroge sur le pourquoi de cette politique menée aussi bien au Rwanda qu'au Burundi, mais avec des conséquences plus néfastes au Rwanda. Les autorités de l'époque, aussi bien l'administration belge que l'Église catholique, partaient d'un postulat raciste selon lequel les Tutsi, qu'on qualifiait à l'époque d'origine hamitique,[45] étaient des dirigeants-nés et, en théorie, avaient droit à une histoire et à un avenir presque aussi nobles que leurs « cousins » européens.[46] On pouvait donc collaborer avec les Tutsi, considérés comme apparentés aux Européens. Ce soutien idéologique est bien rendu par cette description des Tutsi : « Ils n'ont du nègre que la couleur ».[47] Quant aux Ganwa du Burundi, il semble que la plupart des dirigeants[48] de l'époque ont assimilé abusivement la catégorie des Baganwa aux Batutsi en établissant une comparaison erronée avec le Rwanda, où le pouvoir très centralisé appartient à des Batutsi.

Paradoxalement, au Rwanda, l'administration fait une tentative limitée de remplacement dans le royaume central de certains notables tutsi par des Hutu. La réorganisation politique, et notamment l'unification de la triple hiérarchie des chefs qui touchait à sa fin en 1926 (voir *infra*), rencontrait une résistance pour le moins passive de la part de certains chefs et sous-chefs tutsi conservateurs. Cette inertie et cette résistance passive encouragent l'administration à tenter une réforme

---

44 Ghislain, J., *La féodalité au Burundi*, ARSOM, 1970, tableaux.

45 Sanders, E.R., « The Hamitic Hypothesis: its Origin and Functions in Time Perspective » in *Journal of African History*, 1969, p. 521.

46 Linden, I., *Church and Revolution in Rwanda*, Manchester, Manchester University Press, 1977, p. 2.

47 Jamoulle, M., « Notre mandat sur le Ruanda-Urundi » in *Congo*, 1927, p. 487.

48 Voir, par exemple, Ryckmans, P., *Dominer pour servir*, Bruxelles, Universelle, 1948, pp. 26-27.

radicale en 1927-1928 : on ne maintiendrait au pouvoir que les chefs et les sous-chefs ralliés à la politique de la Belgique. Les autres seraient remplacés par des éléments hutu jugés plus intègres et moins réfractaires aux innovations.[49]

L'Église catholique, en la personne de Mgr Classe, voit immédiatement les implications d'une telle initiative et adresse en 1930 un avertissement catégorique à la résidence dans un article dont le passage suivant est souvent cité :

> Le plus grand tort que le gouvernement pourrait se faire à lui-même et au pays serait de supprimer la caste mututsi. Une révolution de ce genre conduira le pays tout droit à l'anarchie et au communisme haineusement anti-européen. Loin de procurer le progrès, elle annihilera l'action du gouvernement, le privant d'auxiliaires nés capables de le comprendre et de le suivre […]. En règle générale, nous n'aurons pas de chefs meilleurs, plus intelligents, plus actifs, plus capables de comprendre le progrès et même plus acceptés du peuple que les Batutsi.[50]

Une plume aussi autorisée a eu une influence particulièrement importante en 1930. Elle met fin aux oscillations et tergiversations de la puissance administrante, qui s'engage définitivement dans la voie tracée par Mgr Classe. Tous les notables hutu sont destitués et remplacés par des Tutsi. La politique de la Belgique n'a pas seulement eu pour conséquence l'établissement d'un monopole politique en faveur de l'ethnie tutsi. Munyangaju cite des chiffres pour 1958 qui montrent que le monopole est en fait encore plus restreint : parmi les 45 chefs (tous tutsi), seuls 6 des 18 clans existants sont représentés. Les lignages tutsi de deux clans, les Nyiginya et les Ega, se partagent 80 % de toutes ces fonctions. Le lignage régnant des Hindi à lui seul se réserve presque 30 % des mandats.[51]

Cette discrimination se ressent également dans l'enseignement. Afin de pouvoir concilier les besoins d'une administration « moderne et rationnelle », il faut former les candidats notables. L'administration décide donc de créer sa propre « école pour fils de chefs » à Nyanza en 1919.[52] L'école de Nyanza est exclusivement réservée aux jeunes tutsi, contrairement à sa contrepartie à Muramvya au Burundi.[53] Un rapport

---

49 Mbonimana, G., « Christianisation indirecte et cristallisation des clivages ethniques au Rwanda (1929-31) » in *Enquêtes et Documents d'histoire africaine*, 1978, p. 152.

50 Classe, L., « Pour moderniser le Rwanda » in *L'essor colonial et maritime*, n° 489 du 4 décembre 1930, souligné dans l'original.

51 Munyangaju, A., *L'actualité politique au Rwanda*, S.l., s.n. éd., 1959.

52 Rapport 1920-1921, p. 11.

53 Pour des chiffres, voir Lemarchand, R., *Rwanda and Burundi*, London, Pall Mall Press, 1970, p. 75.

officiel souligne d'ailleurs que l'école de Muramvya est « beaucoup moins fréquentée par les fils de chefs que l'école analogue au Rwanda » et que bien des chefs rundi préféraient envoyer leurs enfants à l'école du chef-lieu administratif.[54] En 1928, l'école de Muramvya compte 177 élèves, dont 50 fils de chefs ou appartenant à l'aristocratie ganwa, 67 Tutsi, 53 Hutu, 1 mulâtre, 1 asiatique et 5 « fils de soldats ».[55]

La réorganisation des chefferies s'accompagne en outre de l'abolition de la triple hiérarchie des chefs.

Au Rwanda, les provinces ou districts traditionnels avaient à leur tête deux fonctionnaires nommés par le *mwami* : l'*umutware w'umukenke ou umunyamukenke* (chef des pâturages) et l'*umutware w'ubutaka ou umunyabutaka* (chef du sol). En général, le premier était un Tutsi ayant autorité sur les propriétaires vachers, soumis à la prestation de lait et à d'autres redevances bovines. Le second était un Hutu ayant autorité sur les habitants ne possédant pas de vaches, soumis à la prestation de l'impôt vivrier (*ikoro*) et à deux jours de travail sur les cinq que comptait la semaine traditionnelle (*uburetwa*).[56] Dans le district qu'ils commandaient, ces deux fonctionnaires jouissaient d'une autorité légale, chacun dans son rayon respectif et sans partage territorial.[57] Chaque Rwandais faisait en outre partie d'une armée (*ingabo*) dirigée par l'*umutware w'ingabo* (chef d'armée).

Une réforme importante est entamée à partir de 1926. Le but de l'administration est d'arriver à une gestion du pays plus en rapport avec les concepts européens d'administration qui n'admettaient pas que trois autorités puissent co-gouverner dans un même espace géographique. Pour des raisons d'« efficacité administrative », la résidence décide la suppression de cette triple autorité. Le plus souvent, c'est le chef de l'armée qui reçoit le commandement unifié et territorialement stabilisé, parce que la dénomination *umutware* (chef) tout court était comprise comme faisant référence au chef d'armée.[58] Cette réforme est d'une importance capitale et dépasse certainement les conséquences que les autorités belges avaient anticipées. Les relations sociales entre les groupes ethniques en sont fondamentalement affectées dans le sens

---

[54] *Rapport 1925*, p. 77.

[55] *Rapport 1928*, p. 53.

[56] Kagame, A., *Un abrégé de l'ethno-histoire du Rwanda*, Butare, Éditions universitaires du Rwanda, 1975, p. 185.

[57] Kagame, A., *Le code des institutions politiques du Rwanda précolonial*, Bruxelles, IRCB, 1952, p. 119 (art. 336).

[58] Kagame, A., *Un abrégé*, *op. cit.*, p. 188.

d'une évolution rapide vers un système plus autoritaire, centré autour d'un seul chef provincial.[59]

Au Burundi, il n'existait pas d'équivalent à cette institution, sans doute moins nécessaire puisque le pouvoir était beaucoup moins centralisé au départ.

Les conséquences de la politique d'administration belge et les réactions aux changements

Les conséquences

Au Rwanda, le soutien donné par la Belgique à la classe tutsi dans le cadre d'une politique d'administration indirecte renforce objectivement la position de ce groupe. Sachant que le suffrage politique masculin n'est introduit en Belgique qu'en 1921, on comprend aisément que la démocratie n'est pas, à l'époque, un objectif prioritaire de la politique coloniale belge. Si l'administration a soutenu la hiérarchie politique existante, elle résolut également, dans un objectif d'« efficacité » et d'idéalisme « civilisateur », d'adapter, de « moderniser », d'« harmoniser » le système. Un grand nombre de mesures juridiques et politiques sont prises à cet effet, et le système se montre, du moins de l'extérieur, relativement perméable à ces influences.

Les mesures prises par l'administration belge avec la collaboration des autorités coutumières ont eu pour effet le renforcement de l'identification ethnique : l'extension du royaume central, le renforcement du monopole tutsi et l'uniformisation des prestations coutumières ont augmenté indéniablement le caractère oppressif des relations sociales et politiques. En effet, le soutien accordé a accru les capacités d'exploitation des autorités indigènes – des chefs et des sous-chefs surtout – et les équilibres de protection et d'allégeance qui par le passé avaient rendu cette suprématie acceptable s'en sont trouvés gravement bouleversés. C'est là l'élément central de la contradiction inhérente au système d'administration indirecte. Dès lors, le système ne suffit plus et a un besoin croissant de soutiens exogènes, administration et église, qui, à chaque nouvelle demande de support, entament davantage la structure socio-politique indigène. Par l'enseignement, l'évolution internationale et une prise de conscience progressive, certains Hutu et des Tutsi progressistes se rendent compte du fait que le système ne remplit plus ses fonctions essentielles.

---

[59] Lemarchand, R., « Rwanda » in R. Lemarchand (ed.), *African Kingships in Perspective*, London, Fr. Cass, 1977, pp. 67-92.

Au Burundi, les conséquences de cette politique seront moins brutales. Si, en apparence, les Ganwa sont privilégiés, pris par erreur comme les seuls représentants légitimes du pouvoir, le pouvoir des chefs en général et du Roi en particulier est en réalité vidé de son contenu. Cette opinion est clairement exprimée par Fernand Bezy :

> En destituant les chefs coutumiers ou en les convertissant en simples fonctionnaires, la politique coloniale a bouleversé les structures mentales. C'est qu'elle a sapé, du coup, le fondement même des cultures traditionnelles qui réservaient aux chefs une autorité charismatique : intermédiaires obligés entre les clans et le monde surnaturel, c'est eux qui étaient supposés transmettre la force vitale.[60]

Le regroupement administratif, s'il met un terme à l'émiettement du pouvoir, opère un changement sans précédent au sein de la société. Par ailleurs, s'il consacre la suprématie des Baganwa et annihile l'influence politique des Hutu, les chefs traditionnels deviennent des fonctionnaires coloniaux aux apparences coutumières. Le pouvoir politique est passé entièrement aux mains de l'administration. Comme au Rwanda, on retrouve la contradiction inhérente à la politique d'administration indirecte belge.

Les premières mesures de démocratisation des autorités belges

Dès 1950, dans les deux territoires, de modestes mesures sont prises dans le sens de la démocratisation d'un régime qui ne peut l'accommoder. Par exemple, le décret de 1952 étend les pouvoirs octroyés aux autorités indigènes (spécialement le *mwami*) et organise des conseils consultatifs.[61] Un an plus tard, les premiers conseils supérieurs du pays sont installés dans les deux pays.[62] Cependant, le décret de 1952 ne vise pas une réelle démocratisation, mais plutôt une diminution de l'absolutisme des autorités indigènes qui sont obligées, en certaines matières, de demander et de suivre l'avis de notables ayant un rang inférieur au leur. Il semble exclu, dans le système de 1952, que l'opinion du peuple s'exprime directement. On assiste à une tentative d'institutionnalisation

---

60 Bezy, F., *Du colonialisme au néocolonialisme*, Nouveau dossier d'Afrique, 1977, p. 176.

61 *BO*, 1952, p. 2007 ; Rapport du Conseil colonial, *BO*, 1952, pp. 1981-2006. Pour des commentaires du décret, voir X. De Wilde d'Estmael, *La réorganisation politique indigène du Ruanda-Urundi*, Astrida, Groupe scolaire, s.d. ; De Wilde d'Estmael, X., *Le Droit public du Ruanda-Urundi*, Astrida, Groupe scolaire, 1958, pp. 194-201 ; De Wilde d'Estmael, X., *Cours d'organisation politique indigène*, Astrida, Groupe scolaire, 1953 ; Muller, M., « Une étape vers la démocratie » in *Problèmes d'Afrique centrale*, 1953, pp. 117-123 ; Harroy, J.-P., *Burundi 1955-1962*, Hayez, Bruxelles, p. 110.

62 Harroy, J.-P., *op. cit.*

d'un pouvoir essentiellement personnel. Comme le fait remarquer Gelders à propos de la réforme de 1952, « The function of sovereignty has also been brought into legal being [...] in removing from the *mwami* what had been the essence of the institution, and transferring to the law what had been inherent in his person ».[63]

L'organisation de la consultation populaire de 1956[64] ne modifie pas le fondement du système instauré par le décret de 1952 et l'ordonnance du 10 juillet 1953. Il s'agit d'une modalité d'exécution. L'établissement de la liste du collège électoral est effectué avec le concours de tous les hommes adultes de la sous-chefferie parce que « les préférences des habitants » ne sauraient mieux s'exprimer que par leurs suffrages. Cependant, le sous-chef n'est pas lié par le choix exprimé. Il s'agit donc d'une consultation et non d'une élection.

Des mesures sont également prises dans le but d'émanciper de larges couches de la population par l'abolition formelle des liens de clientèle individuels (*ubuhake* au Rwanda et *ubugabire* au Burundi[65]). Dans les deux pays, l'institution de l'*ubuhake* ou de l'*ubugabire* consiste en ceci. Une personne de rang inférieur cherchant une protection ou voulant participer au prestige conféré par la possession de bétail, ou intéressée par l'apport économique d'une vache, offre ses services à une personne de rang supérieur possédant du bétail. Si cette dernière accepte la première comme client, elle lui confie une ou plusieurs vaches et devient ainsi son patron. Le client, qui doit rendre certains services à son patron, reçoit le droit d'usufruit du bétail. Le patron, qui, particulièrement au Rwanda, doit protéger et assister son client surtout en cas de litiges politiques ou judiciaires, conserve la nue-propriété des vaches confiées au client.

Cependant, l'institution de clientèle était plus importante au Rwanda qu'au Burundi. Au Rwanda, le volume des relations de clientèle pour un patron augmentait ses chances de devenir chef. Il y avait donc une relation claire entre la sphère économique et la sphère politique. Au Burundi, le fait qu'un Ganwa ait une grande clientèle ou non avait peu d'importance sur son autorité en tant que chef. Dans une société où l'autorité est extrêmement centralisée comme au Rwanda, le besoin de protection d'un supérieur dans une relation de subordination inférieur-supérieur est très important pour la stabilité des relations sociales. Par

---

63 Gelders V., *Native political organisation in the Ruanda-Urundi* in *Civilisations*, 1954, pp. 131-132.

64 Bwanakweri, P., *Rapport sur les élections des Conseils de sous-chefferie et sur la composition du collège électoral pour le Conseil de la chefferie*, Gishyta, 23 novembre 1956, archives de F. Reyntjens.

65 Lemarchand, R., *Rwanda and Burundi*, London, Pall Mall Press, pp. 36 et 40.

contre, au Burundi, ce besoin de protection est pratiquement inexistant. Les obligations du *shebuja* (client) se résumaient à apporter de temps à autre des cruches de bière, de la nourriture, des cadeaux, une aide dans les travaux de construction et à un prélèvement sur le croît de la vache.[66] Dans certaines régions, dans le centre par exemple, les Hutu étaient organisés en communauté fermée et vivaient en dehors du système de clientèle. L'*ubugabire* était plus considéré comme un instrument de mobilité sociale que comme un instrument de domination tutsi.[67]

Par un arrêté du *mwami* en 1954, *l'ubuhake* est aboli de manière progressive[68]. Cependant cette mesure est gravement déficiente, essentiellement en ce qu'elle n'était pas accompagnée d'une réforme du système de tenure foncière. La propriété foncière, liée à l'exercice des droits politiques, demeure inchangée et aucun effort n'est entrepris pour introduire un régime de propriété individuelle des terres. L'absence de règlement foncier se fait surtout sentir pour les pâturages dont les Hutu n'étaient pas propriétaires, ce qui implique pour eux l'impossibilité d'élever convenablement le bétail qu'ils venaient d'acquérir en pleine propriété. Cette situation a accru considérablement l'antagonisme entre Hutu et Tutsi, parce que ces derniers restaient propriétaires des domaines pastoraux.

En juillet 1939, le Conseil du *mwami* décide de réglementer et de fixer les prestations annuelles de *l'ubugabire* comme suit :

12 jours de travail pouvant se faire une fois par mois ;

2 pots de bière par an ;

le 5e veau du croît de la vache reçue revenait au patron.[69]

S'il est vrai que les abus deviennent de plus en plus fréquents dans les relations de clientèle mais également l'occasion des autres prestations coutumières (corvées, redevances en nature), cette évolution s'explique par le fait que les autorités coutumières, se sentant couvertes par l'administration, ne se croient plus responsables devant la population et ses *bashingantahe*, représentants traditionnels qui jouaient un rôle important en matière judiciaire. Les conséquences perverses des réformes de l'administration belge l'obligent ainsi à introduire de

66 Sur le contrat de clientèle, Trouwborts, A.A., « L'organisation politique et l'accord de clientèle au Burundi », *Anthropologica*, 1962, p. 21 ; Tawney, J.J., « *Ugabire*, a feudal custom among the Waha », *Tanganyka Notes and Records*, XVII, juin 1944, pp. 6-9 ; Le contrat d'*ubugabire* : une coutume Murundi, *Bulletin de Jurisprudence des Tribunaux Indigènes du Ruanda-Uurundi*, n° 3, 1947, p. 135.

67 Lemarchand, R., *op. cit.*, p. 40.

68 *Ibid.*, pp. 127-131.

69 Gahama, J., *op. cit.*, p. 322.

nouvelles réformes, qui elles-mêmes, contribuent à déstabiliser un peu plus le système traditionnel. Dans le cas de l'*ubugabire* et des autres prestations coutumières, une fois que les prestations ont été fixées de façon rigide, la population s'est crue désormais exempte de reconnaissance et d'obéissance à l'égard du client ou du chef, dont le pouvoir effectif a diminué pour faire place à un simple rôle d'auxiliaire à tout faire de l'administration.[70]

L'ONU et le régime de tutelle ont également eu une influence sur l'évolution politique des deux entités. Les Bami sont admis au Conseil du vice-gouvernement général et les prestations coutumières en travail complètement supprimées suite aux recommandations de la mission de visite de l'ONU de 1948 ;[71] la réorganisation de la politique indigène par le décret de 1952 fit écho aux rapports de 1948 et 1951 ;[72] l'élection des notables en 1956 avait été suggérée par la mission de 1954.[73] L'insistance avec laquelle plusieurs missions demandèrent la fixation d'un délai pour l'accession à l'autonomie et à l'indépendance inscrivit les deux pays dans un large mouvement de nationalisme et de décolonisation, amorcé mondialement au cours de la seconde moitié des années 1940 et amplifié à Bandoeng en 1955.

En conclusion, la puissance administrante a trop longtemps négligé la politique et a omis, dans le cadre d'une administration indirecte privilégiant les intérêts d'une seule ethnie, de préparer le pays à une forme démocratique de gouvernement. L'organisation mondiale, quant à elle, n'ayant pas de responsabilité directe, a méconnu la réalité sociopolitique, croyant qu'il suffisait d'organiser des élections pour installer des régimes aptes à prendre la relève au moment de l'indépendance. La Belgique, quant à elle, a tenu trop longtemps à l'administration indirecte basée sur une seule hiérarchie ethnique et l'ONU a voulu instaurer trop rapidement l'autonomie interne. Les mesures cosmétiques tentées dans les années 1950, plutôt que de rééquilibrer un système social fortement désagrégé au Rwanda et déjà entamé au Burundi ne feront que renforcer les différentes formes de contestations sous-jacentes.

---

70 APRB, *Rapport politique du territoire de Ruyigiri 1934*.

71 Conseil de tutelle, PV officiels, 4e session, suppl. n° 2, *Rapport de la mission de visite des Nations unies dans le territoire sous tutelle du Ruanda-Urundi sous administration belge*, 1948, doc. T/217.

72 *Rapport sur le Ruanda-Urundi de la mission de visite des Nations unies dans les territoires sous tutelle de l'Afrique Orientale*, 1951, doc. T/1031.

73 *Rapport sur le Ruanda-Urundi de la mission de visite des Nations unies dans les territoires sous tutelle de l'Afrique Orientale*, 1954, doc. T/1168.

Les contestations

Les conflits de valeurs engendrés par les modifications profondes de la politique coloniale belge sur les systèmes en place dans les deux pays ont engendré différentes formes de contestations.

Au Rwanda, deux mouvements d'esprit fort différent et à base géographique distincte ont constitué les vecteurs de la contestation hutu. Au nord, la suprématie de l'autorité centrale était relativement récente et mal assise (voir *supra*). Le système clanique hutu y avait été coiffé par les institutions tutsi importées par l'administration belge. L'agitation latente est revivaliste. Ses membres souhaitent la restauration de la hiérarchie ancienne. Au sud et au centre, le mouvement, influencé par les enseignements reçus au séminaire, qui a été le seul moyen pour l'élite hutu d'obtenir un enseignement moderne, met en cause la légitimité des chefs, des sous-chefs et des juges dont l'autorité avait été consolidée artificiellement par le pouvoir colonial.[74]

La mort du *mwami* Mutara III Rudahigwa accélère ce que l'on a appelé la « révolution rwandaise » de 1959. Immédiatement après la mort du *mwami*, trois groupes commencent à préparer la succession : la résidence du Rwanda, le groupe des traditionnalistes tutsi à la Cour de Nyanza et les leaders du mouvement hutu. Sans entrer dans les détails, cette manche est remportée par le groupe monarchiste conservateur et la population perçoit les événements ainsi. Le coup de force menant à l'avènement de Kigeri V Ndahindurwa constitue le début d'une nouvelle page de l'histoire politique rwandaise : le pays entre dans une phase d'activités politiques intenses (création des partis politiques, assassinat de trois leaders du parti royaliste UNAR) et de détérioration progressive des relations entre la cour et l'administration belge ainsi qu'entre cette dernière et l'ONU. Ce coup de force se produit également au sein du groupe tutsi : un groupe extrémiste mais minoritaire prend le pouvoir. La conséquence est historiquement importante : l'outrance d'un groupe plus royaliste que le roi va provoquer l'effondrement du régime.

Au Burundi, par contre, s'il existe un intérêt dans la révision des hiérarchies présent chez certains intellectuels hutu, également tout droit sortis du séminaire, cet intérêt n'est pas encore partagé par la population, comme le montre la consultation du 30 septembre 1956.[75] Ces élections n'ont pas beaucoup d'impact au Burundi où les électeurs ont choisi les cadres traditionnels de notables. Pourquoi cette différence par rapport au Rwanda ? Pour toutes les raisons invoquées plus haut : moindre désacralisation de la monarchie, pouvoir moins centralisé au

[74] Reyntjens, F., *Pouvoir et droit au Rwanda*, *op. cit.*, p. 313.

[75] Harroy, J.-P., *op. cit.*, p. 238.

départ et royauté jouant un rôle d'arbitre. Par contre, les détenteurs du pouvoir, dans le sillage de la conférence de Bandoeng, remettent de plus en plus en question la tutelle belge et adhèrent aux idéologies nationalistes et panafricaines.

Une complète volte-face

Au Rwanda, la jacquerie de novembre 1959 provoque la mort d'environ 200 personnes, selon les évaluations de la mission de visite de l'ONU. En outre, 317 blessés ont été hospitalisés, des milliers de huttes, les plantations, les troupeaux ont été détruits et les événements ont forcé des milliers de familles tutsi à l'exode.[76] Le colonel belge Logiest, nommé résident spécial après le retour au calme, aura une influence considérable sur les événements. Dès le début de la jacquerie, la Cour royale et l'UNAR, le parti nationaliste tutsi, sont empêchés de faire usage de leurs moyens répressifs par l'action des forces belges de l'ordre. Suivi par l'administration et par le gouverneur Harroy, le colonel Logiest décide de renverser la vapeur et de remplacer de manière illégale une grande partie des chefs et sous-chefs tutsi par des autorités intérimaires, en majorité hutu. Des 45 chefs en place avant les événements, 23 avaient perdu leur fonction ; des 489 sous-chefs, 158 n'exercent plus leur commandement.[77] Le résident spécial a donc décidé de profiter de la situation créée par les troubles pour « débarquer », du moins partiellement sinon complètement, la hiérarchie coutumière tutsi.[78] En fait, l'administration a conspiré avec les leaders hutu, et plus particulièrement ceux du Parmehutu, parti à caractère nettement ethniste, contre les Tutsi et l'ONU qui soutenait plutôt le mouvement nationaliste UNAR.

Au Burundi, l'administration choisit plutôt de soutenir le Parti démocrate chrétien (PDC). Ce parti était dirigé par Joseph Biroli, fils de Baranyanka, le principal dirigeant des Abatare. Les deux principaux partis burundais ont seulement transposé l'opposition historique Bezi-Batare. Le choix de la Belgique était simple : pour barrer le parti nationaliste UPRONA, à base tutsi et dirigé par le fils du roi, Rwagasore, le pouvoir de tutelle a préféré soutenir les partis dits « modérés » parce que ces partis acceptaient une indépendance progressive et non pas immédiate. Cette connivence, sinon cette complicité, entre la tutelle et le PDC

---

[76] Selon la mission de l'ONU, ces chiffres pourraient être plus élevés étant donné que de nombreuses familles semblent avoir enterré leurs morts dans le silence. « UN Visiting Mission to Trust Territories in East Africa », 1960, *Report on Ruanda-Urundi*, doc. T/1551, p. 31.

[77] Reyntjens, F., *op. cit.*, pp. 267-268.

[78] Interview de G. Logiest, Gand, 2 octobre 1980.

est affirmée explicitement par Harroy : « Face à cette marée uproniste déferlant sur les collines, la principale digue que l'administration belge s'est efforcée d'élever a donc correspondu à l'existence d'un ou plusieurs partis politiques modérés et forts, à la fois désireux et capables de disputer au parti de Rwagasore la faveur des masses ».[79] L'assassinat du président de l'UPRONA le 13 octobre 1961,[80] le prince Rwagasore, personnage modéré et unificateur (acte symbolique, il n'avait pas hésité à épouser une femme hutu), aggrave encore le climat entre la résidence belge et les futurs détenteurs du pouvoir et amorce le déplacement du conflit traditionnel bezi-batare vers une opposition grandissante hutu-tutsi qui se matérialisera en 1965 par une tentative de coup d'État avortée de la part d'éléments hutu déçus par le régime : intellectuels, députés, représentants de la société civile, officiers de l'armée et de la gendarmerie.[81]

Au Rwanda, la Belgique a gagné son pari. Le 30 juin 1962, lors de l'accession du pays à l'indépendance, c'est un pouvoir républicain hutu qui s'est installé, en la personne de Kayibanda.[82] Au Burundi, la Belgique s'est trompée de cheval gagnant. C'est l'UPRONA qui accède la même année au pouvoir, avec une royauté toujours présente mais chancelante.

La coopération belge après les indépendances

Après les indépendances de 1962 dans les deux pays, l'idée la plus répandue et en adéquation avec la politique suivie précédemment est que le Rwanda a été l'enfant chéri de la coopération belge au détriment du Burundi. Est-ce que cette affirmation est vérifiée dans les chiffres officiels de la coopération ?

L'accession du Rwanda à son indépendance, le 30 juin 1962, marque le début d'une étroite collaboration entre cet ancien territoire sous mandat et la Belgique. Des négociations en matière de coopération s'ouvrent immédiatement et se concrétisent le 13 octobre 1962 par la signature d'une Convention générale de coopération et d'assistance technique entre les deux pays. L'application de cette convention s'effectue suivant trois orientations essentielles : l'envoi d'experts et de techniciens belges, la formation de cadres rwandais, la prise en charge de projets spécifiques destinés à aider le Rwanda à accroître son potentiel économique et à compléter son équipement social. L'aide globale de

---

79 Harroy, J.-P., *Burundi, 1955-1962*, Bruxelles, Hayez, 1987, p. 399.

80 *Ibid.*, pp. 576-602.

81 Lemarchand, R., *op. cit.*, p. 297.

82 Kagame, A., *Un abrégé de l'histoire du Rwanda de 1853 à 1972*, Butare, Éditions universitaires du Rwanda, 1975, p. 341.

la Belgique se développe progressivement et passe de 240 millions en 1965 à 520 en 1970.[83]

Au Burundi, les négociations entre les deux pays se concrétisent un peu plus tard, c'est-à-dire le 29 juillet 1963, par la signature d'une Convention générale de coopération technique. Par rapport au Rwanda, peu de différences dans les montants de l'enveloppe globale. L'aide globale en 1965 est même légèrement supérieure (247 millions de francs belges), mais inférieure en 1970 (429 millions).[84]

Tableau 1. Chiffres AGCD[85]

SECTEURS	1963	1964	1965	1966	1967	1968	1969	1970
Coopération en personnel au Rwanda	173	201	326	232	229	260	240	245
Coopération en personnel au Burundi	234	240	254	258	267	257	253	255
Crédits affectés aux projets au Rwanda (millions FB)	137	85	78	116	100	112,7	145	200
Crédits affectés à l'aide financière et aux projets au Burundi (millions FB)	65	65	62	67	80	92,6	99,5	122,8
Bourses de stages au Rwanda	16	32	41	37	41	70	54	63
Bourses de stages au Burundi	25	60	27	26	18	47	62	22
Bourses de stages militaires au Rwanda	-	8	14	14	19	38	33	39
Bourses de stages militaires au Burundi	1	29	8	8	7	35	48	11

Il reste à comparer les contenus respectifs des enveloppes globales. En matière de coopération en personnel, le nombre total des agents belges au Rwanda passe de 173 en 1963 à 245 en 1970, avec un pic de 326 en 1965.[86] Au Burundi, le nombre des agents belges est légèrement plus élevé en 1963 (234), mais n'augmente pas considérablement dans les années qui suivent (255).[87] En matière de formation des cadres, globalement, les différences entre les deux pays sont également mineures (voir Tableau 1, bourses de stages). Par contre, les bourses de stages militaires sont sensiblement plus importantes au Rwanda qu'au Burundi : de 1961 à 1970, 37 bourses de stages militaires ont été accordées au Burundi, tandis que le Rwanda a bénéficié de 174 bourses de stages militaires.

Dans les années qui ont suivi l'indépendance, le Burundi, à l'instar du Rwanda, a reçu une aide non négligeable dans des domaines politiquement moins sensibles tels que l'enseignement, la santé et l'agri-

83 *Algemeen Bestuur voor de ontwikkelingssamenwerking, Belgie en de ontwikkelingssamenwerking, Activiteiten-Balans 1962-1970*, Brussel, 1972, p. 34.

84 *Ibid.*, p. 36.

85 *Ibid.*, synthèse des chiffres présentés dans la brochure.

86 *Ibid.*, p. 34.

87 *Ibid.*, pp. 36-37.

culture. Par contre, seul le Rwanda bénéficie d'une aide militaire importante.

Conclusions

La politique belge a privilégié la « rationalisation » des structures existantes, sans tenir compte des conséquences de sa politique sur un système social complexe et fragile, à partir d'un postulat raciste. Confrontée à des bouleversements qu'elle a elle-même induits, elle n'a pas hésité, afin de freiner la perspective d'une indépendance immédiate, à changer de partenaires politiques. Après les indépendances, si l'enfant chéri de la coopération reste le régime ethniste Rwandais qu'elle a directement soutenu, la Belgique a néanmoins développé des liens importants en matière de coopération avec le régime burundais issu du parti qu'elle avait fermement combattu.

L'Afrique belge et le projet de Communauté politique européenne (1952-1954)

Étienne DESCHAMPS

Les débats récents sur le traité établissant une Constitution pour l'Europe ont permis de jeter une lumière nouvelle sur le projet de Communauté politique européenne (CPE) élaboré au début des années 1950.[1] Avorté d'office après l'échec cuisant, en août 1954, de la Communauté européenne de défense (CED) dont il devait être le corollaire politique et institutionnel, le projet de CPE revêt dans le cadre de la problématique Europe unie-Afrique une signification historique méconnue et pourtant non négligeable. En effet, parmi bien d'autres choses, la participation des territoires d'outre-mer s'y trouve précisément abordée. Ce qui a suscité, notamment dans les cercles diplomatiques et coloniaux en Belgique, bien des controverses et des prises de position dont l'examen constitue l'objet de ce chapitre.

---

1 Parmi une très abondante littérature, on signalera notamment Griffiths, R.T., *Europe's First Constitution. The European Political Community (1952-1954)*, Londres, Federal Trust, 2000, 275 pp. ; Cardoso, R., « The project for a Political Community (1952-1954) » in R. Pryce (dir.), *The Dynamics of European Union*, Londres-New York, Croom Helm, 1987, pp. 9-77 ; Dumoulin, M., « Les paradoxes de la politique belge en matière de Communauté politique européenne (septembre 1952-juin 1954) » in G. Trausch (dir.), *The European Integration from the Schuman Plan to the Treaties of Rome. Projects and Initiatives, Disappointments and Failures*, Baden-Baden-Milan-Paris-Bruxelles, Nomos Verlag-Giuffrè-LGDJ-Bruylant, 1993, pp. 349-363 ; Fischer, P., « Das projekt der europaïschen politischen gemeinschaft (1952-1954) » in L. Herbst (dir.), *Vom Marschall-Plan zum EWG. Die Eingliederung der Bundesrepublik Deutschland in die Weltliche Welt*, Munich, Oldenbourg, 1990, pp. 279-299 ; Griffiths, R., « Europe's First Constitution: the European Political Community (1952-1954) » in S. Martin (dir.), *The Construction of Europe. Essays in Honour of Émile Noël*, Dordrecht-Boston-Londres, Kluwer Academic Publishers, 1994, pp. 19-39 ; Preda, D., *Sulla soglia dell'Unione. La vicenda della Comunità politica europea (1952-1954)*, Milano, Jaca Book, 1993 ; Sidjanski, D., « Une Communauté politique européenne oubliée (1952-1953) » in *Hommage à un Européen offert à Henri Rieben*, Lausanne, Fondation Jean Monnet pour l'Europe, 1991, pp. 31-43.

Les travaux de l'Assemblée *ad hoc*

Après avoir rapidement abandonné tout espoir de voir le Conseil de l'Europe se transformer en une véritable autorité politique européenne, les milieux pro-européens des Six cherchent à confier l'élaboration d'un statut politique à l'Assemblée commune de la Communauté européenne du charbon et de l'acier (CECA), constituée en septembre 1952 et également destinée à devenir l'Assemblée de la future CED. L'Assemblée de la CECA obtient ainsi une fonction constituante en vertu de l'article 38 du traité CED, signé à Paris le 27 mai 1952, qui prévoit l'élaboration d'un projet de structure fédérale ou confédérale pour « chapeauter » l'armée européenne et définir une politique étrangère commune. Aussi bien, sans même attendre que le traité CED soit ratifié et son Assemblée mise sur pied, les six ministres des Affaires étrangères, lors de leur première réunion le 10 septembre 1952 à Luxembourg, confient à l'Assemblée commune le soin de préparer le projet de traité politique. L'Assemblée, dite *ad hoc* et que préside l'ancien ministre belge des Affaires étrangères Paul-Henri Spaak, élabore et adopte le 9 mars 1953 un projet de Constitution européenne de type parlementaire, avec une forte tendance fédérale. Les compétences nouvelles de la Communauté politique sont essentiellement d'ordre diplomatique et de défense (coordination des politiques étrangères et mise en œuvre de la CED).

Le volet colonial du projet de CPE

Au cours des débats de la constituante, plusieurs voix françaises réclament l'incorporation des pays et territoires d'outre-mer (PTOM) dans la Communauté politique. Le 9 janvier 1953, Léopold Sédar Senghor, député du Sénégal à l'Assemblée nationale française, introduit un amendement visant à ce que la France dispose au futur Parlement bicaméral de sièges supplémentaires pour la métropole et pour les départements et territoires d'outre-mer.[2]

Senghor voit dans cette prise en compte de la réalité coloniale de la France une justification juridique puisqu'il entend avant tout se placer sur le terrain du droit. Car aux termes de la Constitution française d'octobre 1946, les départements et territoires d'outre-mer de l'Union française font partie intégrante de la République.

---

2 Archives du ministère des Affaires étrangères de Belgique-Archives africaines (ministère des Colonies) [dorénavant AMAEB – AA], dossier AE II 3049 (liasse 1126), Note « Extraits du compte rendu des séances de l'Assemblée *ad hoc* chargée d'élaborer un projet de traité instituant une Communauté politique européenne (9 janvier 1953). Intervention de M. Senghor », pp. 1-2.

D'autre part, Senghor avance un argument démographique. Il lui apparaît impossible de ne pas équitablement prendre en compte le poids de la population de la « Plus Grande France ». Dès lors, la France ne met pas ses quarante millions d'habitants dans la balance, mais bien plus du double. Comment, après n'avoir pas accordé le même nombre de sièges aux États européens, ne pas aussi considérer le poids démographique réel de l'Union française en lui concédant une représentation élargie ?[3]

La position en flèche du député de l'Union française repose aussi sur des intérêts économiques bien compris puisque la métropole vit en situation de libre-échange avec ses PTOM par le jeu complexe des préférences impériales et de l'union douanière au sein de la zone franc. Et puis enfin, le représentant africain fait de la participation des PTOM à la CPE un élément de tactique politique. Le Parlement français, selon Senghor, jamais n'acceptera de ratifier une Constitution européenne qui ne prendrait pas en compte la situation des PTOM ou pire, qui conduirait à éloigner la métropole de ses territoires ultramarins.[4] Car, poursuit Senghor, qui peut prédire dans ce cas, compte tenu des offensives indépendantistes répétées auxquels l'Empire se trouve confronté en Indochine, ce que sera l'attitude des populations africaines peut-être tentées, elles aussi, de s'affranchir de la tutelle française pour se tourner à l'avenir vers les États-Unis ou vers le monde communiste ?

Mais à Paris, les projets de l'Assemblée *ad hoc* opposent le Quai d'Orsay au ministère de la France d'outre-mer. Accusant à mots voilés Senghor de faire le jeu des indépendantistes, le ministère des Affaires étrangères redoute en effet l'influence néfaste que pourrait avoir sur des élus d'outre-mer le contact direct avec des parlementaires européens rompus aux tactiques politiciennes et aux oppositions ou aux compromis avec les représentants de la France.[5]

---

3 *Ibid.*, p. 3.

4 *Ibid.*, p. 5. Pour plus d'explications, on lira également Senghor, L.S., « Nous sommes pour la Communauté européenne et, par-delà elle, pour la Communauté eurafricaine » in *Marchés coloniaux du monde*, 17 janvier 1953, pp. 121-122, 124 ainsi que, du même, « L'intégration des pays d'outre-mer dans la Communauté européenne » in *Le Monde* du 6 octobre 1953 et « L'intégration des pays d'outre-mer dans la Communauté européenne » in *La revue politique*, 31 août 1953, pp. 406-411 ; « L.S. Senghor parle du problème de l'Eurafrique » in *Le courrier d'Afrique*, 11 février 1954, p. 1.

5 Archives nationales de France (ANF)-Fonds Georges Bidault, dossier 457 AP 42, « Europe et Union française », Paris, 12 janvier 1953, pp. 3-4.

Les succès de l'idée d'Eurafrique

En réalité, l'idée d'une collaboration économique et politique accrue entre l'Europe et l'Afrique, procédant d'une logique géopolitique des blocs déjà présente dans les années 1930, est récurrente depuis la fin de la Seconde Guerre mondiale. Elle accompagne le processus d'intégration européenne jusqu'aux indépendances africaines. Adossée à l'Afrique, l'Europe ne sera-t-elle pas en mesure d'assumer une fonction médiatrice entre les deux Grands, entre l'Est et l'Ouest ? Et ne pourra-t-elle pas mieux faire barrage au communisme en Occident et en Afrique ? Dans l'esprit de ses promoteurs, l'Eurafrique doit aussi permettre aux métropoles européennes de s'opposer aux manœuvres anticolonialistes des Nations unies. Au début des années 1950, des mouvements militants européistes, d'innombrables publications et expertises, divers colloques et journées d'études s'efforcent de remettre le thème eurafricain au goût du jour.[6] Dans le cadre de l'Organisation européenne de coopération économique (OECE), la question des échanges réciproques entre les deux continents est à l'examen et plusieurs suggestions pratiques sont rapidement avancées. En 1949, un Comité des territoires d'outre-mer est d'ailleurs expressément constitué afin de définir un plan de collaboration effective dans le domaine économique et social. Il ambitionne aussi de réaliser avec un maximum de rendement la mise en valeur de l'Afrique en mesurant les conséquences favorables qui en résulteront pour l'économie européenne.[7]

Dans sa fameuse déclaration du 9 mai 1950, Robert Schuman, ministre français des Affaires étrangères, ne manque pas non plus de souligner que la création d'une Communauté européenne charbon-acier permettra à l'Europe de renforcer sa participation au développement du continent africain présenté comme une de ses tâches essentielles. Peu de temps plus tard, Ludwig Erhard, influent ministre de l'Économie de la République fédérale d'Allemagne (RFA), insiste à son tour sur la nécessité pour la RFA de développer ses relations commerciales avec les pays d'outre-mer pour compenser la perte des marchés de l'Est européen.[8]

---

6 Liniger-Goumaz, M., *L'Eurafrique, utopie ou réalité ? Les métamorphoses d'une idée*, Yaoundé, Éd. CLE, 1972, p. 112 ; Onyefulu, T.O., *Eurafrica. Neocolonialism or Interdependance?*, PhD, Florida State University, 1982, p. 673.

7 Gaitskell, A., « Europe and the Economic Development of Africa » in *Annuaire européen*, VI (1959), pp. 29-49 ; Schreurs, R., « Un Plan Marshall pour l'Afrique ? Le comité des territoires d'outre-mer et les origines de la coopération européenne en Afrique » in R. Griffiths (dir.), *À la découverte de l'OECE*, Paris, OCDE, 1997, pp. 92-103.

8 Erhard, L., *L'expansion économique allemande*, Paris, Domat, 1953, pp. 344 et s.

De son côté, le secrétariat général du Conseil de l'Europe met sur pied un groupe de travail chargé d'étudier les modalités d'une coordination Europe-Afrique. Son rapport examine avec précision la structure des échanges, la politique commerciale, les principaux produits échangés, les questions monétaires, les courants d'investissements, les problèmes de main-d'œuvre et les politiques migratoires ainsi que quelques autres mesures pratiques telles que l'équipement statistique, la recherche scientifique, la prospection ou la coordination des transports dans les PTOM. En possession de cette étude détaillée, la commission des questions économiques fait son rapport devant l'Assemblée consultative qui, lors de sa séance du 25 septembre 1952, adopte une recommandation favorable aux conclusions du « plan de Strasbourg » qui prévoit notamment la création d'une Banque européenne d'investissement chargée du développement économique des PTOM.[9]

Bien dans l'air du temps, la proposition de Senghor peut difficilement être rejetée par l'Assemblée *ad hoc*, et en particulier par la délégation française. Elle est donc finalement acceptée.[10] Mais les discussions qui suivent l'intervention du parlementaire africain font apparaître une nouvelle fois l'ampleur des enjeux que soulève la redéfinition des relations entre les métropoles européennes et les PTOM. Pour Paris, incapable de choisir entre son Empire déclinant et l'Europe en construction, le dilemme est profond. Car en effet, si la France entre dans la CPE sans ses PTOM, son poids à l'intérieur de cette Communauté sera d'autant diminué avec le risque supplémentaire de provoquer l'ire des élus d'outre-mer. Si, au contraire, l'Union française dans son ensemble entre dans la CPE, la France nourrit le sentiment d'offrir un cadeau injustifié à ses partenaires européens. Elle craint même de perdre, à terme, sa légitimité à s'exprimer comme grande puissance mondiale.[11] Et puis surtout, alors même qu'elle est régulièrement mise en cause aux Nations unies, cette décision de la France risque d'être interprétée comme une manœuvre néocolonialiste de grande envergure.

---

9 *Le Plan de Strasbourg. Pour une amélioration des relations économiques entre les États membres du Conseil de l'Europe et les pays d'outre-mer avec lesquels ils ont des liens constitutionnels*, Strasbourg, 1952, p. 209.

10 Archives historiques de l'Union européenne (Florence)-Fonds ministère français des Affaires étrangères/Direction économique et financière-coopération européenne [dorénavant AHUE ; MAEF-DE/CE], dossier 586, « Compte rendu analytique des débats de la cinquième séance de l'Assemblée *ad hoc* chargée d'élaborer un projet de traité instituant une Communauté politique européenne ». Session de mars 1953, vendredi 6 mars (2e partie), p. 204.

11 Seung-Ryeol, K., « France's Agony between *Vocation européenne et mondiale*. The *Union française* as an Obstacle in the French Policy of Supranational European Integration (1952-1954) » in *Revue d'histoire de l'intégration européenne*, vol. 8, n° 1, 2002, pp. 61-84.

Dans le même temps, les partenaires européens de la France n'acceptent une représentation accrue de celle-ci que dans la mesure où ils espèrent bien engranger, en retour, de substantiels avantages commerciaux. Car au-delà d'une augmentation du volume des échanges intra-européens, les Six cherchent aussi dans les PTOM un approvisionnement accru de matières premières et un élargissement de leurs marchés. Ils espèrent obtenir un traitement aussi favorable que possible de la part des TOM pour les produits, les personnes et les capitaux qu'ils désirent y exporter.[12] Et surtout, ils espèrent pouvoir se fournir plus facilement en dehors des zones dollar et sterling pour réduire le *dollar gap* et le déficit chronique de leur balance des paiements. L'Europe occidentale croit ainsi pouvoir se libérer peu à peu de l'obligation de payer une grande partie de ses importations en dollars, notamment fournis depuis la fin de la guerre par les programmes d'aide américains tels que le plan Marshall. La question, à l'échelle mondiale, est de savoir dans quelle mesure l'Europe et les PTOM peuvent, en resserrant leurs liens économiques, constituer entre la zone communiste et la zone dollar une troisième zone économique, capable d'équilibrer ses échanges avec les précédentes.[13]

Le Congo, pré carré de la Belgique

Si, dans l'ensemble, la France peut difficilement envisager d'adhérer à la CPE sans ses possessions d'outre-mer, le *lobby* colonial belge en revanche n'admet en aucune manière de lier le sort du Congo au devenir européen de la métropole. Pierre Wigny, ancien ministre des Colonies et membre de l'Assemblée *ad hoc*, parvient d'ailleurs à faire accepter par celle-ci le principe selon lequel les États membres concernés peuvent, par une déclaration préalable, exclure unilatéralement leurs territoires d'outre-mer de la CPE (article 101).

Traditionnellement jalouse de ses prérogatives coloniales, la Belgique est farouchement hostile à toute perspective d'internationalisation des territoires africains dépendants. Des voix s'élèvent à Bruxelles pour réclamer la défense de la souveraineté et de l'unité nationales. Et Wigny d'alerter l'opinion belge sur les enjeux des projets fomentés à Strasbourg qu'il juge dangereux et prématurés.[14] Commentant les

12 Lefebvre, J., « Les territoires d'outre-mer dans l'intégration économique européenne » in *Zaïre*, VIII (avril 1954), pp. 352-363.

13 « La contribution des territoires d'outre-mer à la solution du problème dollar » in *Bulletin de la Banque centrale du Congo belge et du Ruanda-Urundi*, janvier 1953, pp. 1-10.

14 Wigny, P., « Nous prendra-t-on le Congo ? » in *La nation belge*, 17 octobre 1952, p. 1.

conclusions de la commission interministérielle d'études européennes qu'il a mise sur pied en juin 1952, Paul van Zeeland, ministre des Affaires étrangères, s'oppose de même à l'inclusion des PTOM dans la Communauté européenne.[15]

André Dequae, ministre des Colonies, fait lui aussi savoir que l'article 101 sera en tout état de cause utilisé par la Belgique via une déclaration, faite avant la signature du traité, selon laquelle le Congo belge, soumis à la seule souveraineté de la métropole, restera en dehors de la Communauté.[16] Pour les dirigeants de la colonie, les intérêts européens ne peuvent primer les intérêts africains. Ils craignent en outre que l'Europe ne devienne un instrument dirigiste et planificateur incontrôlable.

L'affaire est vivement débattue dans les cénacles politiques. Albert De Vleeschauwer, député et professeur de droit à l'Université catholique de Louvain, estime que le projet de CPE va bien au-delà de ce que la Belgique est en mesure d'accepter. Émanant d'un ancien ministre des Colonies, ce rejet ne passe pas inaperçu. Dans un discours à la Chambre en avril 1953, il réagit vigoureusement contre la Communauté européenne.[17] Dans son réquisitoire, De Vleeschauwer dissocie clairement l'avenir européen de la Belgique et sa vocation coloniale historique. Et il se refuse farouchement à concevoir le Congo comme un « cadeau de noces » à fournir aux États partenaires pour prix de la participation du pays à la construction d'une Europe unie.[18] Plutôt que d'être considéré comme un nouvel Eldorado pour l'Europe, le Congo doit représenter l'avenir de la Belgique et demeurer son domaine réservé.

Favorable au renforcement général de l'intégration économique Europe-Afrique, la Belgique ne peut pas en revanche accepter la moindre extension de cette collaboration des Six au domaine politique.[19]

---

15 Archives de l'Université catholique de Louvain (Louvain-la-Neuve), Papiers Paul van Zeeland, dossier 699, « Note sur la Communauté européenne », Bruxelles, 15 juin 1953, pp. 1-2.

16 *Annales parlementaires de Belgique*. Travaux de la Chambre des représentants. Session ordinaire de 1952-1953, vol. II, Bruxelles, 1954, pp. 12-13.

17 *Ibid.*, pp. 13-16.

18 *Ibid.* Voir également De Vleeschauwer, A., *L'intégration européenne et les territoires d'outre-mer. Traités internationaux depuis 1944-1945*, Bruxelles, Institut royal colonial belge, 1953, p. 45.

19 Dequae, A., « Le Congo belge et l'intégration européenne » in *La revue politique*, 31 août 1953, p. 7. Voir aussi « Les idées de M. Dequae sur le Congo belge par rapport à la Communauté européenne » in *La libre Belgique*, 6 septembre 1953, p. 2. Sur la position de refus du ministre Dequae d'intégrer le Congo belge dans la CPE, voir aussi AMAEB, Fonds Joseph Van Der Meulen, dossier AE 17771/1, « Intégration des TOM dans une Communauté politique européenne », Bruxelles, 6 juin 1953.

Depuis la reprise du Congo par la Belgique en 1908, le ministère des Colonies n'a cessé de considérer que les responsabilités que la Belgique assume en Afrique sont sans partage. Le Congo est continuellement présenté comme une œuvre nationale dont la Belgique tire une grande fierté. Le Congo belge appartient à la Belgique, ses affaires ne concernent donc que la Belgique.[20]

Le gouvernement colonial avance aussi un subtil argument juridique et constitutionnel pour justifier sa position. L'article 1er de la Constitution déclare en effet que le Congo est régi par des lois particulières – jugées plus adaptées à la situation coloniale – issues de la souveraineté belge. Celle-ci doit être sans partage. Les coloniaux belges considèrent par ailleurs que le Congo fait partie intégrante de l'État belge et que la terre congolaise appartient au territoire national au même titre que la terre métropolitaine. D'ailleurs, on présente volontiers la colonie comme la « dixième province » belge dans le cadre d'une « communauté belgo-congolaise ».[21] En 1953, le Parlement examine l'opportunité de réviser la Constitution pour permettre la ratification des traités et l'adhésion de la Belgique à des Communautés européennes supranationales. Certains plaident alors pour la révision de l'article 1er de la Constitution afin d'y faire inscrire en toutes lettres que la Belgique et le Congo constituent un seul et même État tout en maintenant l'existence de lois particulières à chacun.[22] Ils voient là un moyen de régénérer les relations entre Belges et Congolais et de se prémunir contre les menaces extérieures. Le moment s'y prête. Les 4 et 5 mai 1954, dans sa déclaration gouvernementale devant la Chambre puis le Sénat, le Premier ministre Achille Van Acker affirme solennellement que la Belgique entend maintenir fermement ses droits sur ses territoires d'outre-mer.[23] Ce qui n'empêche pas le ministère des Colonies et le ministère des Affaires étrangères, seul compétent pour la politique étrangère du Congo, d'admettre un droit de dissociation entre la métropole et la colonie en matière de conventions internationales.[24]

---

20 « P. Wigny parle de l'intégration du Congo dans un système communautaire européen » in *Le courrier d'Afrique*, 23 avril 1953, p. 5.

21 Durieux, A., *Souveraineté et communauté belgo-congolaise*, Bruxelles, Académie royale des sciences coloniales, 1959, p. 90.

22 Vertommen, G.A.M., « Kongo en de grondwetsherziening in België » in *Band*, juillet 1953, n° 7, pp. 261-264 ; Durieux, A., « La révision de la Constitution, le problème de l'intégration politique européenne et le Congo belge » in *Journal des tribunaux d'outre-mer*, 15 décembre 1953, p. 174.

23 Gobin, C., Closson, C., Deroubaix, J.-C., *La déclaration gouvernementale en Belgique (1944-1992)*, Bruxelles, Crisp, 1992, p. 159.

24 Durieux, A., « La Belgique et le Congo. Note de droit public » in *Zaïre*, VII (avril 1953), pp. 339-379.

Ainsi des traités ou des conventions conclus au nom de la Belgique peuvent n'avoir comme sphère d'application que le territoire européen ou le territoire africain, ou qu'une partie d'entre eux, tout comme ils peuvent trouver leur aire d'application simultanément dans ces deux territoires constitutifs du territoire national. Chose d'autant plus aisée qu'en Belgique, contrairement à ce qui se passe dans l'Union française, les colonies n'élisent pas de représentants au Parlement national. Les autorités belges peuvent donc continuer à décider seules de l'avenir des territoires d'outre-mer. Car à la différence toujours de l'Union française, la Belgique n'a obtenu dans le projet de statut de la CPE aucune représentation supplémentaire au titre des territoires qu'elle administre en Afrique. En réalité, le 10 février 1953, la sous-commission des institutions politiques de la Commission constitutionnelle discute de l'opportunité de confier à la Belgique deux sièges supplémentaires au titre du Congo. Mais des délégués néerlandais ayant immédiatement soulevé la question de la représentation du Surinam et de l'Indonésie, la sous-commission préfère finalement ne pas faire mention du tout de la représentation du Congo belge.[25] Sur ce point, les autorités coloniales belges se trouvent elles aussi face à un réel dilemme. En effet, renoncer à exiger des sièges à l'Assemblée de la Communauté pour le Congo et le Ruanda-Urundi peut être interprété en Europe comme l'entérinement public de la méconnaissance, par les rédacteurs du traité, de l'intérêt de ces deux territoires. Au risque en outre de se priver d'un atout quantitatif important au sein de l'Assemblée européenne où la Belgique se trouve déjà nettement minoritaire. En revanche, si la Belgique réclame et obtient ces sièges, nul ne sait à quel corps électoral il sera fait appel pour désigner les quelques représentants du Congo et du Ruanda-Urundi – des Européens ou des autochtones ? – à élire au Parlement européen. Le droit public interne colonial belge est totalement muet à ce sujet et le gouvernement colonial considère traditionnellement le corps électoral belge incompétent pour procéder à ce choix. Et Bruxelles envisage encore moins de déléguer à l'Assemblée européenne « des éléments de couleur dont les opinions politiques ne sont jamais sûres », ce qui, estime la direction générale de la politique du ministère des Affaires étrangères, risque d'ouvrir « une perspective dont nul ne pourrait savoir où elle nous conduira. En fait, on n'aperçoit pas quelles sont les limites qui pourraient être fixées à pareille évolution dans laquelle l'idée même de l'Europe pourrait perdre tout contenu précis ».[26]

---

[25] AMAEB, dossier NA 14603, janvier-février 1953, Note de L. Scheyven « Problème de la participation des territoires d'outre-mer aux Communautés européennes et en particulier à la CPE », n° d'ordre CPE/12/465, p. 3.

[26] *Ibid.*, pp. 4-5.

La particularité du statut international du Congo belge

Conformément à ses obligations internationales dans le Bassin conventionnel du Congo, la Belgique applique dans sa colonie le régime économique et commercial très libéral de la « porte ouverte » avec égalité de traitement. Le pays ne réserve en effet pas de traitement particulier et différentiel au profit de ses seuls nationaux.[27] Toutefois, le gouvernement du Congo, lui, ne peut être que du ressort exclusif de la métropole. Même en ce qui concerne le Ruanda-Urundi, c'est bien au gouvernement belge que les pleins pouvoirs d'administration, qu'il conçoit comme une « mission sacrée », ont été confiés par la Société des Nations (SDN) puis par l'Organisation des Nations unies (ONU) en vertu d'un accord de tutelle. Ces pouvoirs ne peuvent donc pas être partagés avec les représentants d'une Communauté d'États qui n'ont pas reçu pour ce faire un mandat formel de l'ONU et qui, de surcroît, sont amenés à apprécier à New York l'usage que fait la Belgique desdits pouvoirs de tutelle. Par ailleurs, qu'adviendra-t-il du Ruanda-Urundi, à supposer qu'il ne puisse adhérer à la CPE en raison, précisément, d'une opposition de l'ONU ? Est-il concevable que le Congo seul participe à la Communauté ? Les deux territoires africains, que la Belgique considère comme complémentaires et qui sont en situation d'union douanière, ne risquent-ils pas alors d'être soumis à deux politiques différentes et entraînés dans deux sphères d'influence divergentes ?

Les autorités coloniales redoutent en fin de compte que la Belgique, après avoir étendu la Communauté politique européenne à ses possessions africaines, n'ait à subir « les pressions de ses partenaires remuants ou puissants, sinon majoritaires au sein même de la Communauté, qui ne se bornera pas à agiter des questions de pure économie ».[28] En abandonnant une partie de sa souveraineté en Europe, la Belgique craint de mettre en jeu son statut de puissance coloniale et son prestige international. Elle refuse de courir le risque de voir les États non-possessionnés de la Communauté faire de la surenchère et tenter de monnayer la défense du bilan colonial franco-belge dans les enceintes internationales par des concessions croissantes sur le terrain économique ou politique.[29]

En vérité, cette hantise d'une intervention ou d'une interférence étrangère dans la colonie est une constante dans la politique étrangère

---

27 Yakemtchouk, R., « Le Bassin conventionnel du Congo » in *Cahiers économiques et sociaux*, décembre 1968, pp. 347-378.

28 AMAEB-MC, dossier AE-II 3049 (liasse 1126), Note de C. Dupont, inspecteur royal des Colonies, au ministre Dequae, n° 112/129973, 20 mars 1954, p. 2.

29 Voir à ce propos Montenez, P., « Le Congo belge et l'intégration européenne » in *Problèmes d'Afrique centrale*, 1er trimestre 1954, p. 8.

belge. En effet, l'idée que le Bassin du Congo puisse constituer une possible zone de concertation collective, de compromis ou de redistribution des cartes en cas de tension internationale n'a jamais totalement quitté les chancelleries européennes depuis la signature, en 1885, de l'Acte de Berlin. Des petites puissances telles que la Belgique et le Portugal ont d'ailleurs dû exprimer à plusieurs reprises leur totale opposition à tout ce qu'elles ont pu percevoir comme une menace de servitude internationale en Afrique centrale. Cette situation amène assez rapidement la Belgique à penser que le développement économique de ses colonies constitue en pratique la principale clé de sa survie en tant que puissance coloniale.[30] C'est ainsi que dans le climat anticolonialiste de l'après-guerre, l'ambitieux *Plan décennal pour le développement économique et social du Congo belge* (1949-1959) inauguré par le ministre Wigny comporte un élément évident de justification internationale.[31] Les éventuelles implications extramétropolitaines du projet de CPE ne font donc que raviver un complexe de citadelle assiégée très symptomatique de la colonisation belge. D'où la volonté, maintes fois répétée à Bruxelles, d'étendre à l'ensemble de l'Afrique le régime commercial de la « porte ouverte » que les Belges estiment avoir appliqué en précurseurs.[32]

Excluant la participation du Congo et du Ruanda-Urundi à la CPE, les autorités belges jugent beaucoup plus prudent de confier au Conseil de l'Europe et au Comité TOM de l'OECE le soin d'étudier les conditions d'une collaboration économique accrue entre l'Europe et l'Afrique. La Belgique, en qualité de puissance coloniale, y est en effet représentée au même titre que d'autres métropoles, dont le Portugal et la Grande-Bretagne que l'on sait très réservés par rapport à l'intégration européenne. La Belgique s'y sent par conséquent moins isolée. D'où la nette préférence des Belges pour les travaux d'institutions consultatives, délibératives et intergouvernementales dépourvues en pratique de tout réel pouvoir contraignant. De même, comme gage de sa bonne volonté

---

30 Vellut, J.-L., « L'ombre de la conférence et de l'Acte de Berlin sur l'histoire internationale du Zaïre à l'époque coloniale » in *L'Afrique noire depuis la Conférence de Berlin*, Paris, CHEAM, 1985, pp. 71-89.

31 Vanthemsche, G., « Une politique de développement économique colonial. Le "Plan décennal" du Congo belge (1949-1959) » in E. Aerts, B. Henau, P. Janssens, R. Van Uytven (dir.), *Studia Historica Œconomica. Liber Amirocum Herman Van der Wee*, Louvain, Universitaire Pers Leuven, 1993, pp. 337-355 ; Vanthemsche, G., *Genèse et portée du "Plan décennal" du Congo belge (1949-1959)*, Bruxelles, Académie royale des sciences d'outre-mer, 1994, 90 pp.

32 Katholieke Universiteit Leuven, Archives du Kadoc, Papiers André Dequae, Note de P. Deschamps, conseiller au ministère des Colonies, sur « L'Europe unie et l'Afrique », Bruxelles, 1953, p. 4.

diplomatique, le pays renvoie volontiers aux expériences conjointes menées depuis 1950 par la Commission pour la coopération technique en Afrique au Sud du Sahara (CCTA), conseil représentatif de six pays – Belgique, France, Grande-Bretagne, Portugal, Rhodésie du Sud et Afrique du Sud – chargé de coordonner les programmes de développement dans leurs aspects techniques et scientifiques.[33]

Aspects économiques et sociaux de l'Afrique belge

Le projet de traité de CPE contient de sérieuses ambitions économiques et commerciales. Par l'établissement progressif d'un marché commun et par la suppression des entraves douanières et des restrictions quantitatives, l'Europe recherche un élargissement des marchés nationaux jugés trop étroits ainsi qu'un accroissement des mouvements de capitaux. La nécessité d'élargir le marché des différentes économies nationales résulte notamment du fait que le caractère trop cloisonné des marchés empêche une productivité en série, à la mesure des développements industriels et technologiques modernes, au regard surtout de la production américaine.

Or, s'inquiète le *lobby* colonial belge, l'Europe intégrée, en cherchant à réduire sa dépendance économique et monétaire à l'égard des États-Unis, risque de freiner ou de détourner les échanges commerciaux importants entre le Congo et l'Amérique.[34] Les industriels redoutent aussi que l'arrimage des TOM à l'Europe des Six freine la vente sur les marchés étrangers des nombreuses matières premières du

---

33 Davis, C.H., « L'internationalisation de la coopération scientifique et technique en Afrique coloniale » in *Relations internationales*, 46 (été 1986), pp. 227-248 ; Michel, M., « La coopération intercoloniale en Afrique noire (1942-1950). Un néocolonialisme éclairé ? » in *Relations internationales*, 34 (été 1983), pp. 155-171 ; Kent, J., *The Internationalisation of Colonialism. Britain, France and Black Africa (1939-1956)*, Oxford, Clarendon Press, 1992, pp. 264-285.

34 En 1953, les produits en provenance des États-Unis représentent 12,18 % du total des importations au sein de l'Union douanière du Congo belge et du Ruanda-Urundi alors que celle-ci importe 37 % de ses marchandises de Belgique et 15,3 % de l'ensemble des cinq partenaires européens de la métropole. En valeur, la part américaine (23,2 %) occupe le second rang du total des importations congolaises après la Belgique (38,5 %) et ses cinq partenaires européens (14,3 %). En termes d'exportation, la Belgique absorbe 41,5 % des produits congolais, contre 12,5 % pour l'Europe des cinq et 5,7 % pour les États-Unis. En valeur, l'Union douanière du Congo belge et du Ruanda-Urundi exporte 39,9 % de sa production vers la Belgique, 10,8 % vers les cinq partenaires européens de celle-ci et 8,8 % vers les États-Unis. Données chiffrées calculées d'après l'*Annuaire statistique de la Belgique et du Congo belge. Année 1954*, t. 75, Bruxelles, 1955, p. 611.

Congo dont la demande croissante ne cesse de faire monter les cours.[35] Ils craignent qu'en concentrant ses relations économiques, financières et techniques avec l'Europe des Six, la « Petite Europe », le Congo belge doive s'outiller et s'approvisionner à des prix élevés nettement moins avantageux que ceux en vigueur sur le marché mondial stimulé par la compétition internationale. D'ailleurs, en soulignant fortement le caractère complémentaire des économies européennes et coloniales, le processus d'unification politique et économique de l'Europe ne risque-t-il pas de conduire à une spécialisation toujours plus grande des activités, notamment agricoles et minières, et à une division internationale accrue du travail ? Et par une telle répartition des tâches, les TOM ne se retrouveront-ils pas presque exclusivement voués à une activité économique primaire nuisible à l'industrialisation et à l'équilibre économique du Congo, ainsi maintenu *de facto* dans un état de sous-développement ?[36] On redoute que cette politique fasse renaître, sous une forme nouvelle ou déguisée, les erreurs passées du Pacte colonial : un système autarcique reposant sur une Afrique productrice de matières premières au profit quasi exclusif d'une Europe fabricante de produits finis.[37] Enfin, l'administration coloniale craint également que les capitaux que l'économie belge oriente vers le Congo soient, par le nouveau jeu des relations financières et budgétaires des Six, détournés dorénavant au profit de nouvelles priorités européennes.

Le projet de traité de CPE pose que la réalisation d'un marché commun se fera conformément aux principes énoncés aux articles 2, 3 et 4 du traité de la CECA. Or le gouvernement colonial belge estime que l'intégration du Congo dans la CPE n'apportera aux États membres aucun nouvel avantage qu'ils ne possèdent en fait déjà sous le régime commercial de la « porte ouverte ». Les dirigeants économiques du Congo aiment d'ailleurs rappeler que le Congo n'a pas attendu le projet de CPE et les études des experts européens pour appliquer les principes généraux de liberté commerciale qui y sont généralement préconisés et

---

35 Ces estimations à la hausse sont appuyées par différentes études dont le fameux rapport Paley qui prévoit, pour le prochain quart de siècle, une augmentation très importante (de 40 à 2000 % selon les produits !) de la demande américaine de produits agricoles et de matières premières industrielles : Paley, W.S., *Resources for Freedom. A report to the President's Materials Policy Commission*, Washington, juin 1952. Les efforts de réarmement atlantique rendus partiellement nécessaires suite à l'intervention militaire des États-Unis en Corée entre 1950 et 1953 ne sont bien sûr pas étrangers à la forte demande américaine en matières premières stratégiques.

36 « Quelques réflexions à propos du Congrès colonial national » in *Le courrier d'Afrique*, 9 juillet 1954, pp. 1 et 4.

37 Monheim, C., « Les territoires d'outre-mer et la Communauté européenne. La position de la Belgique » in *L'avenir belge*, 26 septembre 1953.

ainsi faire du Congo un marché commun du monde.[38] Aussi plaident-ils pour la généralisation de la politique de l'égalité commerciale et de la libre concurrence dans l'ensemble de l'Afrique :

> Nous croyons que la politique de la « porte ouverte », sans discrimination et avec des droits raisonnables, constitue la meilleure méthode. Si tous les pays ayant des responsabilités en Afrique voulaient faire l'effort nécessaire pour nous rejoindre, à cet égard, nous aurions fait un grand pas, autant pour l'Afrique que pour l'Europe.[39]

Car puisque le Congo applique déjà un régime économique très libéral, point n'est besoin, selon le gouvernement colonial belge, d'engagements autres que ceux qui définissent déjà son statut international.[40] Cette position apparaît d'autant plus fondée que la santé économique du Congo est excellente. Tous les indicateurs économiques le confirment. Au milieu des années 1950, le taux moyen annuel de croissance est de 8 % pour le Congo alors qu'il ne dépasse pas les 3 % pour l'ensemble des pays de l'Europe occidentale.[41]

Enfin, le projet de CPE soulève pour l'Afrique belge des enjeux sociaux. Malgré le régime de la « porte ouverte », la Belgique a souscrit à différentes conventions internationales, dont la Déclaration solennelle contenue dans la Charte des Nations unies de juin 1945. Elle est donc tenue de respecter le principe de la primauté des intérêts des habitants de la colonie. Afin de sauvegarder, dans la pratique, ce principe humanitaire, la métropole a toujours préféré appliquer une politique de restriction de l'immigration. De plus, elle a toujours veillé à ce que le développement du Congo demeure essentiellement entre les mains des Belges, seuls susceptibles de répandre chez les indigènes l'influence belge. Le pays veut que l'immigration au Congo, qui n'est pas une colonie de peuplement, soit strictement contrôlée pour éviter que ne se pose un jour le problème des *poor whites*, ces Blancs pauvres source de tensions raciales. Les autorités coloniales du pays sont d'ailleurs convaincues que cette politique sélective explique en partie la stabilité du Congo.

---

38 Katholieke Universiteit Leuven, Archives du Kadoc, Papiers André Dequae, résolution de l'Association des intérêts coloniaux belges (AICB), Bruxelles, 4 février 1954, p. 1.

39 Dequae, A., « Le Congo belge et la coopération internationale et européenne » in *Revue des sciences économiques*, mars 1954, p. 7.

40 *Congrès colonial national.* Dixième session. *Le problème de l'intégration de nos territoires d'outre-mer dans la Communauté européenne. Rapports et comptes rendus de l'assemblée générale du 26 juin 1954*, Bruxelles, 1954, p. 36.

41 Voir les analyses détaillées publiées mensuellement à ce sujet dans le *Bulletin de la Banque centrale du Congo belge et du Ruanda-Urundi* à partir de 1952.

Mais l'article 83 du projet de CPE pose, pour tous les ressortissants des six États membres, la liberté de se déplacer dans la Communauté et de se fixer sur le territoire d'un État membre aux mêmes conditions que les nationaux de cet État.[42] Fred Van Der Linden, membre du Conseil colonial et secrétaire général de la puissante Association des intérêts coloniaux belges (AICB), l'organisation patronale congolaise, profite de sa participation aux Journées eurafricaines organisées à Naples en 1953 par les milieux coloniaux italiens, et au cours desquelles il est beaucoup question des possibilités d'immigration européenne en Afrique, pour réaffirmer sans équivoque que jamais la Belgique ne pourra « admettre que le Congo soit placé sous la dépendance d'une autorité supranationale. Nous sommes hostiles à une internationalisation des colonies sous n'importe quelle forme ».[43] Et de citer l'expérience belge en exemple qui a su éviter les conflits raciaux : « Faire sauter la barrière de la qualité et de la sélection dans le domaine de l'immigration européenne serait ouvrir le Congo à toutes les aventures ».[44]

Conclusions

Le projet de Communauté politique européenne de mars 1953 constitue assurément une étape importante dans l'histoire des types de relations envisagées après la Seconde Guerre mondiale entre une Europe unifiée et les territoires d'outre-mer de certains de ses membres. L'Eurafrique, dont certains rêvent parfois depuis longtemps, semble peut-être enfin en voie de réalisation. Le grand débat suscité par les travaux de l'Assemblée *ad hoc* dans les six pays intéressés force la Belgique à sortir de sa réserve habituelle en ce domaine et à fourbir ses armes contre un plan dont elle ne perçoit que trop bien les nombreuses implications coloniales. En ce sens, l'initiative politique européenne, notamment dans ses virtualités supranationales, est sans doute trop audacieuse et ne peut, en l'occurrence, que susciter des crispations et heurter certaines susceptibilités impériales. La métropole sent ses positions à nouveau convoitées et menacées. Afin d'étayer leur refus catégorique d'étendre la CPE au Congo et au territoire sous tutelle du Ruanda-Urundi, les autorités belges développent une argumentation détaillée. La Belgique, qui présente souvent le Congo comme une

42 Van Der Linden, F., *Les territoires d'outre-mer et la Communauté européenne*, Bruxelles, Institut royal colonial belge, 1953, p. 19 et s.

43 Cité dans les *Atti della Giornata eurafricana. Ente autonomo Mostra d'oltremare e del lavoro italiano nel mondo*, Naples, 10 octobre 1953, Naples, p. 83 et s.

44 Rapport préparatoire de la section politique du CCN présenté par Pol Montenez, conseiller adjoint du Fonds du bien-être indigène in *Congrès colonial national.* Dixième session. *Le problème de l'intégration*, *op. cit.*, p. 132.

« colonie modèle », estime devoir rester seule maître du jeu. Aucune abdication de souveraineté ne paraît envisageable en Afrique centrale alors même que la colonisation belge est à son zénith. C'est que le rang et le *standing* international du pays sont en jeu. Le Congo et ses richesses doivent demeurer la chasse gardée de la métropole. Une intervention européenne conjointe ne semble ni souhaitable ni nécessaire. Il faut au contraire protéger la colonie contre ce que les coloniaux belges qualifient, avec une pointe d'ironie, voire de dédain, d'« aventure européenne ». Car ceux-ci craignent de voir la Belgique affaiblie au sein des structures institutionnelles prévues par le projet de traité et perdre ainsi sa capacité à décider seule de l'avenir de sa gestion coloniale. Et moins de dix ans après la fin de Seconde Guerre mondiale, la Belgique ne semble pas encore prête à favoriser, même sous couvert d'européisme généreux, la présence en Afrique de pays tels que l'Allemagne ou l'Italie.

D'autre part, d'un point de vue économique et financier, le bloc colonial belge ne croit pas que le Congo, dont l'économie est déjà très ouverte et prospère, puisse tirer grand avantage de son incorporation dans un système européen qu'il tient pour totalement inadapté aux réalités africaines. Cette attitude de refus est d'ailleurs confortée par la position également adoptée par le gouvernement belge qui exige surtout plus d'économique et moins de politique et entend bien ne rien concéder en matière d'autorité supranationale. De plus, la France est elle-même très divisée quant à l'opportunité ou aux modalités d'une inclusion de ses territoires d'outre-mer dans cette Europe en construction. Si bien même que le gouvernement de Paris obtient finalement, à la grande satisfaction des Belges, à force de mesures dilatoires, que le problème soit écarté des négociations diplomatiques en cours et reporté *sine die*. Enfin, le spectre d'une immigration massive ou incontrôlée d'Européens dans une colonie qui a toujours mené une politique extrêmement restrictive en la matière ne fait que renforcer la méfiance des Belges à l'égard de l'initiative européenne et de ses prolongements ultramarins éventuels.

Examiné par les gouvernements durant l'hiver 1953, le projet de CPE ne sera en fait jamais réellement discuté. Au lieu de permettre aux Six de progresser en matière de politique étrangère, la CPE connaît au contraire les mêmes hésitations et vicissitudes que la CED. Déjà virtuellement étouffé, le projet sera en effet confié à une commission d'experts qui rédigera en mars 1954 un nouveau texte jamais adopté par les gouvernements. Pendant ce temps, les querelles à propos de la CED deviennent de plus en plus virulentes. La mort de Staline en novembre 1953 semble augurer une période de détente. En France surtout, les « anticédistes » gagnent chaque jour un peu plus de terrain.

Si bien qu'alors que le traité est déjà ratifié partout en Europe, à l'exception de l'Italie qui s'apprête à le faire, l'Assemblée nationale française le rejette, sans examen, le 30 août 1954. Finalement, le projet pourtant édulcoré de l'Assemblée *ad hoc* est victime de son vice d'origine, qui est d'être issu de la CED à laquelle il est subordonné. Ce qui aurait pu devenir un rendez-vous historique entre l'Europe et l'Afrique devra être reporté. La ferme stratégie adoptée par le bloc colonial belge, rendue caduque à la suite de l'échec de la CED et donc de l'abandon *ipso facto* du projet de CPE, ne restera toutefois pas sans écho. En effet, moins de deux ans plus tard, cette campagne d'envergure s'avèrera particulièrement utile lors de la négociation des traités de Rome et de certaines discussions relatives à l'association des TOM à la Communauté économique européenne (CEE). Les arguments développés alors feront en effet écho aux discussions provoquées peu de temps auparavant par le projet de Communauté politique européenne.

Index

N

O

P

R

S

T

U

V

W

List of Contributors
Liste des contributeurs

Gérard Bossuat, Professeur d'histoire contemporaine, Chaire Jean Monnet, Université de Cergy-Pontoise.

Paule Bouvier, Professeure honoraire à l'Université libre de Bruxelles.

Jean-François Crombois, Assistant Professor of European Studies, American University, Bulgaria.

Étienne Deschamps, doctorant à l'Institut universitaire européen de Florence, membre du Groupe d'étude en histoire de l'Europe contemporaine (GEHEC), Université catholique de Louvain et chercheur au Centre Virtuel de la Connaissance sur l'Europe (CVCE), Luxembourg.

Pierre Gerbet, Professeur émérite des Universités, Institut d'études politiques de Paris.

Jussi Hanhimäki, Professor of International History and Politics, Graduate Institute of International Studies, Geneva.

Ginette Kurgan-Van Hentenryk, Professeur émérite d'histoire contemporaine à l'Université libre de Bruxelles.

Evgeny Kuznetsov, Dr., European University Institute, Florence.

Jacques Nagels, Professeur émérite d'économie politique à l'Université libre de Bruxelles.

Véronique Parqué, Chercheure, Centre d'étude de la région des Grands Lacs d'Afrique, Université d'Anvers.

Éric Remacle, Professeur, Université libre de Bruxelles ; Visiting Professor, University of Pittsburgh.

Filip Reyntjens, Professeur, Centre d'étude de la région des Grands Lacs d'Afrique, Université d'Anvers.

Pascaline Winand, Professor, Monash University (Melbourne, Australia) and Director, Monash European and EU Centre ; professeur, Université libre de Bruxelles.

"European Policy"

"European Policy" is an interdisciplinary series devoted to the study of European integration in a broad sense. Although mostly focusing on the European Union, it also encourages the publication of books addressing the wider, pan-European context, as well as comparative work, including other forms of regional integration on the world scene. The core disciplines are politics, economics, law, and history.

While being committed to high academic standards, "European Policy" seeks to be accessible to a wide readership, including policymakers and practitioners, and to stimulate a debate on European issues. Submissions will normally undergo a thorough peer-review process. The series publishes both in English and in French.

« Cité européenne »

« Cité européenne » est une collection interdisciplinaire ayant pour objet l'étude de l'intégration européenne au sens large. Tout en mettant l'accent sur l'Union européenne, elle encourage par ailleurs la publication d'ouvrages ayant une perspective pan-européenne, ainsi que des études comparatives, notamment sur d'autres formes d'intégration dans le monde. Les disciplines principales de la collection sont les sciences politiques et économiques, le droit et l'histoire. D'un haut niveau scientifique, « La Cité européenne » s'adresse tout autant au monde académique qu'aux acteurs politiques et aux praticiens et vise à promouvoir un large débat sur les questions européennes.

Series Editor / Directeur de collection : **Pascaline WINAND**,

Professor/Director, Monash European and EU Centre (Monash University, Australia)

Recent Titles / Titres parus

- N° 44: *America, Europe, Africa / L'Amérique, l'Europe, l'Afrique. 1945-1973*, Éric REMACLE & Pascaline WINAND (eds./dir.), 2009, 329 p., ISBN 978-90-5201-529-3
- N° 43: *Le paysage européen de la sécurité intérieure*, Pierre BERTHELET, 2009, 573 p., ISBN 978-90-5201-473-9
- No.42: *In Pursuit of Influence. The Netherlands' European Policy during the Formative Years of the European Union, 1952-1973*, Anjo G. HARRYVAN, 2009, 284 p., ISBN 978-90-5201-497-5
- N° 41: *Les États-Unis et l'unification monétaire de l'Europe*, Dimitri GRYGOWSKI, 2009, 472 p., ISBN 978-90-5201- 489-0
- N° 40: *Le Traité de Rome : histoires pluridisciplinaires. L'apport du Traité de Rome instituant la Communauté économique européenne*, Sandrine DEVAUX, René LEBOUTTE & Philippe POIRIER (dir.), 2009, 210 p., ISBN 978-90-5201-
- No.39: *European Integration from Rome to Berlin: 1957-2007. History, Law and Politics*, Julio BAQUERO CRUZ & Carlos CLOSA MONTERO (eds.), 2009, 288 p., ISBN 978-90-5201-464-7
- No.38: *European and Turkish Voices in Favour and Against Turkish Accession to the European Union*, Christiane TIMMERMAN, Dirk ROCHTUS & Sara MELS (eds.), 2008, 149 p., ISBN 978-90-5201-428-9
- N° 37: *Centre et centrisme en Europe aux XIXe et XXe siècles. Regards croisés*, Sylvie GUILLAUME et Jean GARRIGUES (dir.), 2006, 288 p., ISBN 978-90-5201-317-6
- N° 36: *Vers une Europe fédérale ? Les espoirs et les actions des fédéralistes au sortir de la Seconde Guerre mondiale*, Bertrand VAYSSIÈRE, 2006 (2e tirage 2007), 416 p., ISBN 978-90-5201-353-4
- N° 35: *Institutionnaliser l'évaluation des politiques publiques. Étude comparée des dispositifs institutionnels en Belgique, en France, en Suisse et aux Pays-Bas*, Steve JACOB, 2005 (2e tirage 2006), 271 p., ISBN 978-90-5201-078-6
- No.34: *Visions, Votes and Vetoes. The Empty Chair Crisis and the Luxembourg Compromise Forty Years On*, Jean-Marie PALAYRET, Helen WALLACE & Pascaline WINAND, 2006, 344 p., ISBN 978-90-5201-031-1
- No.33: *Networks of Empire. The US State Department's Foreign Leader Program in the Netherlands, France, and Britain 1950-70*, Giles SCOTT-SMITH, 2008, 516 p., ISBN 978-90-5201-256-3
- N° 32: *Le droit institutionnel de la sécurité intérieure européenne*, Pierre BERTHELET, 2003, 324 p., ISBN 978-90-5201-193-6

- N° 31 : *La crise autrichienne de la culture politique européenne*, Jacques LE RIDER & Nicolas LEVRAT (dir.), 2004, 241 p., ISBN 978-90-5201-188-2
- N° 30: *Les opinions publiques face à l'Europe communautaire. Entre cultures nationales et horizon européen /Public Opinion and Europe. National Identities and the European Integration Process*, Anne DULPHY & Christine MANIGAND (eds.), 2004, 228 p., ISBN 978-90-5201-186-8
- N° 29: *Droit et souverainetés. Analyse critique du discours européen sur la Yougoslavie*, Barbara DELCOURT, 2003, 487 p., ISBN 978-90-5201-179-0
- N° 28: *L'Europe et ses collectivités territoriales. Réflexions sur l'organisation et l'exercice du pouvoir territorial dans un monde globalisé*, Nicolas LEVRAT, 2005, 304 p., ISBN 978-90-5201-174-5
- No.27: *The European Union Transformed. Community Method and Institutional Evolution from the Schuman Plan to the Constitution for Europe*, Youri DEVUYST, Revised and updated edition 2006, 205 p., ISBN 978-90-5201-051-9
- No.26: *The Atlantic Alliance for the 21st Century*, Alfred CAHEN, Atlantic Treaty Association, 2001, 139 p., ISBN 978-90-5201-946-8
- N° 25: *L'Alliance Atlantique pour le XXIe siècle*, Alfred CAHEN, Association du Traité Atlantique, 2001, 139 p., ISBN 978-90-5201-945-1
- No.24: *Ever Closer Partnership. Policy-Making in US-EU Relations*, Éric PHILIPPART & Pascaline WINAND (eds.), 2001 (3e tirage 2004), 377 p., ISBN 978-90-5201-224-7
- N° 23: *Le pouvoir renforcé du Parlement européen après Amsterdam*, Andreas MAURER, Groupe d'Études Politiques Européennes, 2000, 126 p., ISBN 978-90-5201-928-4